教育思想的花园

教育基本理论前沿讲座

檀传宝　主编

教育科学出版社

·北　京·

出 版 人　李　东
责任编辑　何　蕴　薛　莉
版式设计　沈晓萌
责任校对　贾静芳
责任印制　叶小峰

图书在版编目（CIP）数据

教育思想的花园：教育基本理论前沿讲座／檀传宝
主编. —北京：教育科学出版社，2020.10（2021.12重印）
ISBN 978-7-5191-2338-3

Ⅰ. ①教…　Ⅱ. ①檀…　Ⅲ. ①教育理论—研究　Ⅳ.
①G40

中国版本图书馆CIP数据核字（2020）第184518号

教育思想的花园：教育基本理论前沿讲座
JIAOYU SIXIANG DE HUAYUAN：JIAOYU JIBEN LILUN QIANYAN JIANGZUO

出 版 发 行	教育科学出版社			
社　　　址	北京·朝阳区安慧北里安园甲9号	邮　　编	100101	
总编室电话	010-64981290	编辑部电话	010-64989421	
出版部电话	010-64989487	市场部电话	010-64989009	
传　　真	010-64891796	网　　址	http://www.esph.com.cn	
经　　销	各地新华书店			
制　　作	北京博祥图文设计中心			
印　　刷	保定市中画美凯印刷有限公司			
开　　本	720毫米×1020毫米　1/16	版　　次	2020年10月第1版	
印　　张	31.75	印　　次	2021年12月第5次印刷	
字　　数	439千	定　　价	88.00元	

图书出现印装质量问题，本社负责调换。

序言

教育思想的花园

一、身处教育思想的花园

感恩北京师范大学"教育基本理论研究前沿"（the frontier research of basic theories of education ，2016—2020）这门博士生专业课程，让我有机会近距离领略国内教育基本理论领域许多杰出学人的学术风采。

以这门课程名义邀请的校外专家包括陈桂生、陈洪捷、巴登尼玛、金生鈜、项贤明、丁邦平、黄向阳、刘云杉、冯建军、刘铁芳等。校内则有郑新蓉、周作宇、石中英（现在清华大学）、于述胜、肖甦、康永久、王曦影、余清臣、杜亮、班建武、丁道勇等同事的鼎力支持。若算上"教育基本理论研究前沿"课程的前身、2010 年前后开设的"教育基本理论前沿"课程，则支持我们的校内外专家名单还要更长。以陈桂生先生为代表的所有这些国内教育基本理论领域的杰出研究者，不仅给我们北京师范大学教育学部教育学原理专业的青年学子们带来了最为丰富的学术营养与最为敬业的研究示范，也让"旁听"的我一次次如饮甘泉、如沐春风。

同样感恩在北京师范大学工作所能获得的宝贵机遇。21世纪以来，我先后邀请过许多国外知名教育学者来校讲学。其中包括美国的内尔·诺丁斯（Nel Noddings）、艾略特·图里尔（Elliot Turiel）、詹姆斯·S.莱明（James S. Leming）、托马斯·S.波普克维茨（Thomas S. Popkewitz）、琳达·斯通（Lynda Stone）、拉里·努奇（Larry Nucci），加拿大的马克斯·范梅南（Max van Manen）、德怀特·博伊德（Dwight Boyd），英国的休·斯塔基（Hugh Starkey）、亚历克斯·穆尔（Alex Moore）、詹姆斯·康罗伊（James Conroy）、约翰·沃豪斯（John Vorhaus），德国的克里斯托夫·伍尔夫（Christoph Wulf），荷兰的丹尼尔·布鲁格曼（Daniel Brugman），澳大利亚的默里·普林特（Murray Print），日本的押谷由夫、伴恒信、池野范男和韩国的金泰勋等。他们中许多人，如内尔·诺丁斯、艾略特·图里尔、马克斯·范梅南等，都是当代世界在各自领域最有成就的教育学者。其中内尔·诺丁斯的讲座是她到中国大陆所做的唯一一次学术交流；范梅南教授对北京师范大学的访问，不仅是他个人的第一次中国之旅，更重要的是开启了此后持续十多年的中国教育现象学研究的热潮。

对我个人而言，有幸主持、聆听他们的学术演讲，无疑是将自己置身于世界教育思想的花园，尽情享用了一次又一次无比精彩的精神盛宴。

学术生涯有很多乐趣。聆听同行的精彩演讲，应该是最美妙的乐趣之一。

由于整理外文演讲费力多多，又由于接待外宾往往忙得不亦乐乎，当时也没有文稿整理的自觉，所以非常遗憾的是，除了极少数例外，已经没有将国外大师们的演讲转化为能够出版的中文读物的可能了。但是国内同行的演讲则不然，陈桂生教授课前就已经早早为孩子们准备了数万字的讲稿（以供分发），另外一些教授的演讲则存有录音整理，更多的演讲则已先后以论文形式发表于各大学术期刊。而让这些演讲稿或者相近主题的论文济济一堂，为更多对教育基本理论探索有兴趣的读者提供欣赏、学习的机遇，就是一个必须完成的美好任务了。

实现幸福的再生产，就是这本《教育思想的花园：教育基本理论前沿讲座》得以面世的最重要理由吧。

二、幸福如何实现再生产

《教育思想的花园：教育基本理论前沿讲座》得以顺利面世，完全得益于本书所有作者对于北京师范大学"教育基本理论研究前沿"课程的大力支持，以及对于本书出版的积极响应。

如前所述，陈桂生教授上课前就已早早为孩子们准备了数万字的讲稿。陈老师是我们的前辈，可谓当下全国教育基本理论领域研究者们的共同老师。先生八十高龄，仍然应允一个小辈的邀请，舟车劳顿，来北京师范大学讲课，已经让我们感动不已了。但更让我们感动的是老人家那几十页手写的讲稿。先生在来京前一个月就已早早将讲稿邮寄到我手上，反复嘱咐我一定要提前分发到每一个即将听课的博士生的手上，以便上课时"请教大家"。先生不仅以一个教师最高的敬业精神示范于我等，更是将其对于教育理论发展的高度责任感、对教育理论研究的无限痴迷淋漓尽致地展现在我和所有来听课的北京师范大学学子的面前。那一天，先生的讲堂挤满了听众却鸦雀无声，唯一能穿透时空的，想必是他理论思维的天籁之音吧。

除了陈桂生老师，陈洪捷教授对于德国"Bildung"等概念的精彩辨析、郑新蓉教授马克思主义的分析功底、金生鈜教授教育思辨的逻辑魅力、于述胜教授中国传统教育学的论述风格、巴登尼玛教授教育研究的文化人类学风采，以及康永久教授具身诠释的对于教育理论的痴迷等，所有这些杰出教育学人的演讲各有精彩，不仅帮助了现场听课的青年教育学人，而且也一定会通过本书的传播继续实现着教育学幸福的再生产。对此，我深信不疑。

石中英教授在给我文稿后又追发微信来，担心文稿和过去讲课的内容不完全一致："而且如果是演讲录的话，风格上也不一致。"我的回复是："没关系。你对杜威价值概念的分析等非常精彩。学生们不一定要从我们这里学结论，跟着我们学习概念的深入分析等，才是最基本的理论修炼？"最终我们达成了一致。他说："完全赞成！结论可以推翻，学术的精神和基本方法应该传承。"倘若这本书的出版能够些许助益于博士生等年轻学者的成长，也一定是由于本书的初心就是希望"授之以渔"。

本书中我个人自选的演讲实录，并非单个教育研究的介绍，而是笔者迄今为止唯一一次给博士生们做过的"一种学术的生命叙事"（2010）。我相信，若是有缘人，自会去深入了解我所做过的德育原理研究、德育美学观研究、信仰教育与道德教育关系研究、公民教育研究、劳动教育研究等具体工作。而我更相信，将我对于教育理论诸课题的内在兴趣、教育研究的真实体验与研究心得直言不讳地告诉我的"孩子们"，是一件更为美妙的事情。

本书所有文稿均按照研究问题的逻辑编排。在结构上分为"教育学与教育的元研究""教育的现实问题与时代课题""教育学的历史、文化与比较思维"上中下三篇，先有教育学及教育问题的元研究，再有对于若干重要教育问题的理论分析，最后再回到教育研究之历史、文化、比较的视角，实际上意味着对教育理论研究的回望、鸟瞰与反思。

由于思想云集、精彩纷呈，我相信说本书是"一个教育思想的花园"绝非虚言。我非常乐意邀请所有对教育理论有兴趣的读者尽情徜徉其间。我更是由衷希望，年青一代中国教育理论研究者能够因在这一"教育思想的花园"的流连而涌现最多配享幸福的人。

本书主编　檀传宝

2020 年 5 月 8 日、12 日，于京师园三乐居

目录

上篇

教育学与教育的元研究

中篇

教育的现实问题与时代课题

下篇

教育学的历史、文化与比较思维

教育学与教育的元研究

陈桂生 华东师范大学教授

教育学究竟是怎么一回事？

——略议教育学的基本概念 ①

如今，拿"教育"说事的洋洋大作成堆，教育学人（学士、硕士、博士）成阵，"教育学家"云集，以致"教育学"几乎成为常识性的学科领域。问题在于：教育学究竟是怎么一回事？其中有什么独到的见识？它是否已经成为一种以经验事实为依据、按照通行的学术规范建构的理论？这便同这门学科理论能否成立、是否成熟相关。

如果说教育学以教育问题为研究的对象，那么"教育是什么"便是其中一个前提性质的问题。因为任何一门基础性质的学科，只有形成本学科的专门概念，并且尽可能严格地保持自身的基本概念，进而培植出本学科独立的见识，作为研究范围的核心，才可能在林立的基础学科群中具有独立设置的价值。在教育基础学科建构的传统中，通常以"教育""教养""教学"和"课程"为本学科的基本概念，其他概念大抵是从这些基本概念中派生出来的。檀传宝博士曾有教育学的"鸡"和"蛋"的隐喻，这些基本概念就相当于教育学的基因，问题在于遗传因子本身存在是否健康的问题。故何谓"教育"，何谓"教养"，何谓"教学"，何谓"课程"？这几者之间的区别与联系如何？对这些问题的不同回答，同教育基础学科成熟的程度相关，可能会导致其立论也成为问题。

---

① 本文为作者 2017 年 10 月 19 日在北京师范大学教育学博士课程上的演讲稿。

事实上，在可知的大量教育学著作或拿教育说事的话语及文稿中，其能否立论，相当普遍地成为问题。因为所谓"教育""教养""教学""课程"，在建构教育学之初，原是依据古拉丁语词根建构的表述本学科基本概念的单义性术语，以避免本学科的基本概念同带有某种随意性的日常用语混淆。问题在于随着教育事业的普及，"教育""教养""教学""课程"逐渐成为尽人皆知的日常用语，导致日常用语或个人自主规定的语义进入教育学中。教育学基本概念的泛化，一方面在营业市场、图书市场中为拿教育说事大开方便之门，另一方面在一般人的印象中，教育学似乎并不成为一门专业学科，从而使正经的教育学人连带蒙羞。① 故无论为教育实践避免被误导，还是为教育学恢复其应有的学术声誉，都少不得从教育学基本概念的澄清入手。

一、"教育"是什么？

在如今这个教育如此普及的时代，"教育是什么"，几乎尽人皆知。至于教育究竟是什么，不讲别人，反躬自问，直到现今，读罢英国学者彼得斯（R. S. Peters）《教育即启发》一文，才发觉自己原先对"教育"自以为知，其实是强不知以为知。

据彼得斯称，"教育"本身并非是一种活动方式，而是衡量教学活动的价值标准。② 这种判断虽不免使人费解，其实不无经验事实的依据。

简单地说，我国汉语中的单音字"教"，一字两音，一词两义。其中，去声之"教"（今第四声，音"叫"），相当于现今的规范词"教育"，表明它属于价值观念；平声之"教"（今第一声，音"交"），相当于现今的"教学"，为中性词，指称教学活动。这表明自古以来就形成了价值性质的"教育"与活动性质的"教学"之间的区别。

---

① 20 世纪初期，英国教育学者亚当斯（J. Adams）在《教育理论的演进》一书序言中谈到关于教育学学术声誉不高的缘由，大意是，由于教育学不够深刻，以致"外行人干内行事"（涉足教育学）、"内行人干外行事"（把教育学作为别的学科占据的领域），从而无端地加重了教育学的困境。
② 彼得斯.教育即启发[M]//张人杰，王卫东.20 世纪教育学名家名著.广州: 广东高等教育出版社，2002: 629.

先秦时期所谓"以善先人者之谓教"（《荀子·修身》），"修道之谓教"（《礼记·中庸》），以及"教也者，长善而救其失者也"（《学记》），其中之"教"（阴平）是以长善救失为价值标准。古代的"经师""人师"之分，现代习俗用语中的"教书"与"育人"、"管教"与"管导"之别，同样表明价值性质的教育同活动性质的教学是性质不同的两回事。

这种区分表明，教育作为判断教学活动的价值标准，有别于教学活动本身，可算是人们心中所有、普遍认同，只是通常在口头或笔下若明若暗。直到彼得斯一语中的，才轻轻舔破这层薄薄的窗户纸。

问题在于，为何这个判断如此令人费解？简单地说，其实，在近代教育学科建构初期，教育学同教学艺术（教学法则）原是性质不同的两种并行的学科。由于教育毕竟是教学活动价值判断的标准，故两者早就萌生合流的意向。如果说早在17世纪中叶，夸美纽斯（J. A. Comenius）所谓"大教学论"，其"大"在于超越当时兴起的以拉特克（Ratde）为代表的称之为"新方法"的教学艺术（教学法则），而把教学艺术置于称之为"泛智主义"的教育价值和学校制度构想的前提之下，那么18世纪与19世纪之交，赫尔巴特（J. F. Herbart）则率先超越当时教育学和教学艺术（教学法则）并行的状况，把教学法则问题引入教育学，从而同"大教学论"异曲同工。

教育学同教学艺术（教学法则）融合的合理性在于教育以教学活动为价值判断的对象，而教学活动以教育为价值判断的标准，判断这种活动的正当性与合理性才有依据。于是，客观上便可能由此衍生出"把教学视为教育""把教育当作活动"的误解。虽然这似乎只是提法的不同，但是由于价值理性同实践理性之间存在逻辑的鸿沟，也就造成理论论证上的难题。

二、教育概念内涵历史性的变化

教育作为一种价值观念，其内涵是什么呢？

早在17世纪，培根（F. Bacon）在其《新工具》一书中就认定教育是不可定义的。现代英国学者彼得斯也持此见。这不仅是由于教育本身不是一种活动方式，实因不可定义的所谓"教育"系指"教育一般"，而非指一定时代、一定社会－文化中的教育，所以其上位概念难以确定，同位概念随之不定，也就不能按照属概念加种概念之差的逻辑学规则下定义。不过，这并不意味着教育概念没有一定的内涵，因为从"教育一般"到一定时代、一定社会－文化中具体的教育，其内涵是应当界定并可以界定的。否则其就不成为衡量教学活动的价值准则。

一般意义的教育，可算是"教育"的本义。其内涵大抵是所谓"核心时代"（公元前 800 年至公元前 200 年间）萌发的。在中国，自古以来就以"使人为善"为衡量教学活动的价值标准。"善"，原是伦理学上同"恶"对举的价值判断。不过，在这个意义上，只表示"善"的内涵中排除恶，并不表示"非恶即善"。因为"非恶"是一个负概念，到底如何"善"，尚有待界定。教育在其源头上同道德的区别，在于它原是教学活动中长善救失的价值准则。此义至今仍未失效。

然而，教育是一个历史范畴。其中，既有一脉相承的价值标准，其本义未变，而在不同时代、不同社会－文化之中，教育的内涵又不免发生历史性的变化。这种变化首先集中表现为从古代到近代教育价值追求的变化。

自古以来的教育，都以使人（首先是未成年人）形成善良的人格为价值追求。古代授业（教学活动）中传承的文化，以伦理为要义，旨在造就那种时代的道德人格。唯在等级制度时代，普遍漠视独立人格与个性自由。当时以道德人格为要义的教育，依法依规对不同社会等级成员的个性存在不同程度的放纵与束缚。至于不入等的平民（尤其是未成年人），更无独立人格的保障。以致随着中世纪向现代的变迁，教育内涵的更新和教学活动相应的变革势在必行。

现代教育价值观念的更新，是在生产及各项事业社会化客观需要与现实条件背景下逐渐形成的。生产社会化的过程，从简单协作开始，经过工场手工业阶段，直到机器大工业兴起，在产业革命过程中实现。

各种事业社会化的过程，客观上需要从根本上解脱传统社会等级制度加诸人们个性的束缚。为增进社会的活力与生机，尊重人格的独立与个性的自由。在此背景下，教育概念内涵的更新，集中表现为在培养现代意义的道德人格的同时，以形成个人能力多方向发展的独立人格为价值追求，通常以"人的各种能力协调发展"或"个性全面发展"为其标志性的口号。

问题在于现代所谓"个性"一开始就是一个复数的概念，泛指所有个人的各种个性，而不限于单个人的个性和心理特征，其表示每个人的独立人格、性格特点与行动自由都该受到尊重。由于个性是一个复数概念，故每个人的个性自由都以不侵犯他人的人格、行动自由和正当权益为前提。否则个人的自由便应受到干涉。在这个意义上，社会化时代普遍尊重个人的独立人格、个性自由，其实这种普遍的对独立人格的尊重，正是新时代个人应有的社会性。所以，社会学意义的"个性"，是指不同人在个体社会化过程中所形成的个人秉性、人格之类的差异。不过，这是后话。

三、教育概念内涵历史性的变化（续）

尽管"教育"的本义一直未变，而对教育本义的认知并不容易。尽管教育概念的内涵早已发生了变化，而对"教育"转义的认同，却未必不存在问题。为什么这样说呢？

以往总以为问"教育是什么"无非是从辞典或名著中寻求一个权威的定义而已。个中的缘由在于不明"教育"的本义原为教育的"一般"内涵，而一定时代、一定社会－文化中教育的界定，即使能够成立，也只是从教育的本义中派生的转义。关于教育，虽有各种各样"定义式表述"，而这种或那种貌似定义的表述如果游离教育的本义，其实同"教育"无干。以往由于不明此理，20世纪80年代我在阅读日本学者编著的《教育学的理论问题》一书时曾感到困惑。因为其中题为《什么是教育》的"序章"以及《增补版说明》的《教育的定义与教育学》一文（作者均为村井实）把教育界定为使儿童（或每个人）变得善良的各种活动，并认定此定义同涂尔干（É. Durkheim，亦译迪尔凯姆）、克里克（E. Krieck）、杜威（J. Dewey）所下的定义截然不同。理由是其他定义有意地回避了使之善这一内涵。当时我对如此判断百思不得其解，曾先后向五位同事请教，而他们对此问题并不关注。

后来我尝试对教育概念的内涵进行历史的逻辑的分析，才知道原来那位日本学者并未交代，其定义只是就一般意义的教育（"教育一般"）而言，而现代学者如涂尔干、克里克、杜威有关教育的"定义式表述"都属于现代教育"应当是什么"的见解。指其有意地回避了使之善，或由于这位日本学者把同教育本义相关的"善"看成凝固的概念。焉知现代社会－文化中，从漠视甚至压抑独立人格、个性自由的"善"转变为尊重独立人格、个性自由而谋求个体"各种能力健全而协调发展"的"善"，岂不是使个体的发展更加"完善"？这正是以"完善"为逻辑范畴，同作为逻辑范畴的善良之善的联结和会通。

研究教育概念内涵历史性变化的意义何在呢？

（1）揭示教育内涵演变的线索，从中可知现代教育从哪里来，有何历史特点，其新义何在。如果对形成中的现代教育的历史特点做进一步研究，按照肯定—否定—否定之否定的逻辑，还可能借以推测现代教育将"向何处去"。在讨论"教学"问题时，对这一点还将有所论及。

（2）把握现代教育的历史特点，便于运用以"人体解剖"为打开"猴体解剖"的钥匙的逆溯法，对"前现代教育"的历史特点重新加以审视。正如前文论及，在形成尊重独立人格、自由个性的现代意识之后，才知等级制度背景下所谓长善救失之教，"善"在哪里，"失"在何方。当时所谓"得"，或许正是独立人格之"失"；当时所谓"失"，倒可能是个性自由之"得"。如子贡表示"我不欲人之加诸我也，吾亦欲无加诸人"。在那种时代出现这种自尊尊人的意向非常难得。子曰："赐也，非尔所及也。"（《论语·公冶长》）这实际上肯定自尊尊人难得，从而显示出先师难得。难就难在那还是一个社会等级时代。

四、"教养"是什么

现代教育概念把"各种能力协调发展"作为教育题中应有之义。其实，"各种能力协调发展"本身属于"教养"问题。

在教育学中，所谓"教养"（德语 Bildung，俄语 Образование），是指使学生获得所处时代应有的科学知识与技能，从而成为"有现代教养的人"，以致"教养"本身便成为衡量教学活动的另一种价值标准。从此，现代教学活动不仅应有教育（狭义）价值，还须具有"教养"价值。涵盖这双重价值的"教育"，为"教育"一词的广义。

其实，教学活动自古以来就带有教养价值的意思。因为在教学组织形成以前，教育价值问题早就产生。而教学组织是在文字出现后才逐渐形成的。因为文字及书本知识主要借助于文化人的传授才能获得。即使是个人自学获得知识，也得在成年人的传授下从识字开始。问题在于古代的书本，无论是启蒙读物，还是"四书"之类经典著作，在授业中，原为道德人格陶冶的读本，以致中文"教养"一词的意思是"教育培养"，主要指一般文化品德方面的修养。以此为译词同原词原义并不完全对应。相比之下，现代形成的客观知识，均具有认识客观世界和人类本身的价值，故成为教学活动应有的独立的价值追求。

唯其如此，在德国教育学中，一向把"教养"作为同"教育"（狭义）并用的基本概念。据牛国兴的博士论文（导师董标）考察，在赫尔巴特《普通教育学》问世之前，自赫尔德（J. G. Herder）、洪堡（W. Humboldt）以还，早期教育学，如特拉普（E. C. Trapp）《教育学研究》、康德（I. Kant）《论教育学》、尼迈尔《教育与教学原理》以及施瓦茨《教育与教学学说》中，都以"教养"为基本概念（论文中把"教养"误译为"培养"）。倒是赫尔巴特《普通教育学》中未出现"教养"概念。他所谓"多方面协调的兴趣"，实际上便是赋予"教养"价值的内涵。至于以凯洛夫（N. A. Kaiipob）《教育学》为代表的俄国各种教育学，都把"教养"作为同狭义"教育"并用的基本概念。

关于在欧洲大陆以外的文化圈中，未以教养为教育理论的基本概念，尚须另眼看待。因为在英语地区既然把"各种能力协调发展"作为现代教育题中应有之义，自然不能不存在对教养价值的追求。事实上那里是把此种追求隐含在课程价值的选择之中。正如在欧洲大陆的德国、俄国教育（广义）文化中，存在普遍教养与职业教养、形式教养与实质教养之类的价值选择，英语地区同样存在诸如此类的价值选择。只是在我国通常把此类教养译为"普通教育"与"职业教育"、"形式教育"与"实质教育"，如此而已。

其实，如此译法倒也不无根据。事实上是否以"教养"一词表示价值取向，还不足以显示这两类地区教育文化的区别。因为这两类地区还存在"教育"概念的微妙区分。如果说欧洲大陆的广义教育存在"教育"（狭义）与"教养"双重价值标准，那么英语文化似乎把这双重价值标准融于广义"教育"之中了。如彼得斯所见，教学活动应当传授有价值的事物。使有价值的事物转化为学生的认知及价值追求，才具有教育的价值。其中所谓"有价值的事物"，并非单指同道德人格相关的事物，使学生掌握客观知识、通用技能也属现代"教育"题中应有之义。

《中国教育辞典》（中华书局，1928）与《教育大辞书》（商务印书馆，1930）均未收录"教养"条目。加之我国"教养"语义偏重道德人格内涵，这对"教养"价值的估量不无影响。

欧洲自中世纪以还，正规教育都以造就"有教养的等级"为价值取向。在19世纪以后，所谓"有教养的等级"受到有识之士的质疑甚至反对。越到后来，教育日趋平民化，传统"教养"观念也就随之淡化，但人们并不因此而漠视教养的价值。

不过，在我们中国，间或还可以听到，某些聪明过头的中学校长煞有介事地标榜培养绅士、淑女，他们恐怕认错了时代。因为果真如他们愿，究竟是否误人子弟，还是问题。

五、教育和教养的关系

教育概念内涵历史性演变的线索表明，古代教育和现代教育似乎是两种教育，然而从现代教育的内涵来看，这其实是广义"教育"同狭义"教育"的区别。因为现代广义"教育"，既涵盖以道德人格形成为要义的狭义"教育"，又肯定使客观知识、技能转化为学生的教养（即学生自己的知识和技能）为应有的价值追求。只是现代道德人格的内涵已经有别于传统的道德人格。

教育内涵的如此更新不仅是时代使然，而且就教育的成效来说，亦有其合理性。

西方"教育"一词为"引出"之义，意味着教育是把受教育者意识中原有的价值倾向引向应有的价值追求，而学习者原有的价值倾向是建立在相当有限甚至非常粗浅的认知经验水平上的，故学生的知识要靠外部输入。把外部输入的客观知识转化为学习者的知识，便成为学习者的教养。正是在这个意义上，存在"教育"与"教养"的区别。

那么，"教养"同"教育"（狭义）之间是否存在内在（必然）的联系呢？这就涉及现代"德育"价值取向同传统"德育"价值取向之间的区别。

古代，在社会等级制度（或称"礼制"）背景下，上等人相对于下等人依礼具有缺乏约束的独立人格，而下等人依礼对上等人不得不盲目服从。在当时那种条件下，那种道德人格自然有社会伦理意义的合理性。

时至现代，不同社会身份个体之间不再具有人身隶属性质的关系。人与人在通行的行为规范（法律规范、道德规范等）面前，原则上一律平等。为了维护正常的社会秩序，公共生活的行为规范客观上有待社会成员自觉的理性与自律的支撑。

中国古代"道"与"德"原是对举的概念。在对举的意义上，"道"大致相当于现代的伦理价值观念以及信仰，"德"相当于现代基于个人的品格自觉或不自觉地遵守公共行为规范。这两种不同道德标准的人格，是两个层次的道德价值标准使然。

如果说道德的行为规范的维护，主要诉诸公共生活的管理、纪律和公众舆论的约束，那么正当的价值取向，尤其是正当的人生观念、世界观念和主义、信仰，则主要见诸个人在教养基础上形成的理性的自觉与自律。在这个意义上，可以说，狭义"教育"以教养为基础。

由于教养毕竟是人生逐步形成的过程，往往远水不及近火，日常的道德行为指导与管理仍不可或缺。

六、"教学"是什么？

"教学"，更是尽人皆知的事情，殊不知这个概念更加含糊。

"教学"，在中国原先译为"教授"。"授"即传授，也就是教（阴平）的意思。陶行知针对"教"与"学"脱节的现象，把"教授"改译为"教学"，即教学生学的意思，意味着把原先的中性词改为规范词。不过，此后通常仍把这个词当作中性词运用。即不管"教"是否同"学"脱节，都称为"教学"。问题在于"教"同"学"毕竟是相互关联的两回事，两者不可能完全"合一"。如果"教学合一"，势必反而把"教学生学"之教同"未起到教学生学作用"之教的区别掩盖起来。原先的名目（如教授、教习）为中性词，其得失以教育与教养价值衡量。

"教"原是同"学"对举的概念。"教"与"学"的关系历史地形成因学而教的"学程"和因教而学的"教程"这两种基本类型与经验形式。

至于原始的"学程"，由于当时师资及有条件求学的人数有限，不仅"学无常师"，在家塾、书院之类私学中，教学活动通常以师–弟子之间一对一分别授受为基本方式，一般从识字入手，以道德人格的形成为价值取向。

古代所谓"学"，主要是指未成年人通过"学"成为那种时代所需要的"人"，可算是那种时代"个体社会化"的实现。正如子夏所说："贤贤易色，事父母能竭其力，事君能致其身，与朋友交言而有信，虽曰未学，吾必谓之学矣。"（《论语·学而》）孔子说得更深刻："好仁不好学，其蔽也愚；好知不好学，其蔽也荡；好信不好学，其蔽也贼；好直不好学，其蔽也绞；好勇不好学，其蔽也乱；好刚不好学，其蔽也狂。"（《论语·阳货》）这便是孔子对子路之"教"。尽管这是孔子针对子路的说教，仍反映出当时"教"与"学"的一般观念，并且表明那种时代的教学活动虽从识字开始，但基本上属于实现教育价值的方式。

古代教学活动，旨在使人成"人"。其实，当时造就的"人"，不是具有独立人格的正常人，而是当时那种等级制度的附属物。

后来形成的因教而学，虽似乎不近情理，其实"教程"的发生实植根于现代社会的客观需求。即在从压抑人性的教学活动向尊重独立人格、个性自由的教学活动转变的过程中，有必要促进个体"各种能力协调发展"，相应地普及人类积累的现代生活所需的基础知识与通用技能。在基础教育越来越普及的客观情势下，以一师多生、一生多师的班级授课制取代师–弟子之间一对一的个别授课制便成为较为可行的授业方式。

问题在于因教而学的"教程"，不仅模糊学生学习的动机和兴趣，限制其学习的自觉性与主动性，而且"一师多生"把众多学生当作一个"抽象的学生"，"一生多师"又导致师生关系疏远，从而难以改变学生被动学习的状态。因此，变革传统的"教程"便成为时代的呼声，至于是否以现代"学程"取代"教程"，尚须具体分析。

所谓"教程"与"学程"，是指教学活动历史性变化中的两种教学活动的程序。这种活动程序虽同教师、学生在这种活动中的地位相关，而教师与学生之间的教与学关系未变。否则，便不成为"教师"与"学生"。问题在于所谓"以教师为主导，以学生为主体"的论调一度甚嚣尘上。由于"主体"与"客体"、"主导"与"被导"是对举的概念，即有"主体"必有"客体"，没有"被导"便无所谓"主导"。所以这种论调的实际含义是：起主导作用的教师反而成为活动的"客体"，同时默认作为活动"主体"的学生在活动中倒处于"被导"的地位。如此滑稽的论调，妙就妙在并未明说教师是"客体"，不说以学生为"被导"。其实，各种空谈的秘诀正在于此。

与此相关，还有所谓"我的教学我做主""我的学习我做主""我的××我做主"的公式正在到处流传。尽管持这种论调者振振有词，且不说当事人是否做得了他的这个或那个"主"，还得问一问：难道教学活动无法无天吗？尽管诸如此类空谈或因纠偏而一时博得青睐，但其实空谈只能当作空谈，同正常的职责无干。

如以平常心看待"教程"与"学程"，其实，"教程"并非"教"而已，"学程"亦非"学"而已，它们同为教师指导学生学习的方式。其中如何教、如何学，不仅差别甚大，而且因人而异，岂能一概而论？"教程"与"学程"的选择，因客观条件与主观努力而定。这两种经验形式本身并无对错，其对错主要以教育价值、教学价值实现的程度衡量。教学活动历史经验反复证明，无视客观需要与现实条件，简单地在"教程"与"学程"之间议论对错，焉知不致存在向"前教程"时代回归的可能？

一个明显不过的教训是，曾经被奉为进步教育代言人的杜威，在所谓"新教育"试行约一代人时间之后（1946 年），无可奈何地提到："以新的一套思想和由新思想所引起的新活动为指导的各种运动，或迟或早，总会返回到过去表现为比较简单的和比较基本的思想和实践上去——现时的教育又在企图恢复古代希腊和中世纪的各种原则，这便是明显的例证。"①不仅 20 世纪 30 年代兴起的"要素主义""永恒主义"教育价值取向是对"新教育"的异动，就连同时期兴起的以凯洛夫《教育学》为代表的"教程"趋向，也属针对"儿童学"之类"新教育"的问题的反弹。教学活动周期性的反复，既表明"教程"有待改进，又显示出"学程"尚待建树。

七、何谓"课程"？

在新课程改革政策出台前夕，教育部基础教育司曾召开一次由教学论专家参加的座谈会，讨论教育调查提纲问题。在休息时，偶然听说筹备课程论研究会，我问施良方："这是怎么一回事？"他含糊回答："不知道。"我不禁产生疑问：难道"课程论"同"教学论"的研究对象是两回事吗？回学校以后，查阅资料，忽有所悟。

原来"教"与"学"是教学活动的两极，而课程为这两极的中介。只是在欧洲大陆和英语地区历史地形成的话语不同。"课程"是英语地区 19 世纪中叶以后才逐渐运用的概念，欧洲大陆文化中原先并无这个概念。在教学论中把两极的中介称为"教学内容"及与其相应的教学方式与方法。

虽然英语文化中的课程理论尚在形成过程中，课程理论也才现端倪，但值得考虑的是：在该地区教学理论如何逐渐演变为"课程"构想，"课程"同"教学活动"理论的构想有什么区别，如此区别的意义何在？

现代课程的见解可以远溯到 19 世纪中叶斯宾塞（H. Spencer）的课程价值比较学说。②20 世纪初期博比特（J. F. Bobbitt）和查特斯（W. W. Charters）沿

---

① 杜威 . 我们怎样思维 · 经验与教育 [M]. 姜文闵，译 . 北京：人民教育出版社，1991：246.
② 斯宾塞教育论以"智育"为课题。其中论及"教学活动"原理和各类学科价值比较，至于其中是否使用"课程"一词，可以不计。其中各类学科价值比较之说，对英语地区课程见解的形成不无影响。

着斯宾塞的思路，以人类活动分析为课程编制的文化依据，成为对课程进行"科学研究"的开端。此后，课程在教学实践中的影响逐渐扩大。

　　课程思路同教学活动思路的区别，突出地表现为以"课程方案"（计划）取代"教学计划"，以"课程标准"取代"教学大纲"，把"教科书"概念扩充为"教材"概念，以教学活动方式与机制的改革（如"道尔顿计划""设计方法"）取代或改进"分科教学法"。与此相关，课程发生相应的变化。

　　导致如此变化的缘由，虽同当地社会文化背景相关，但同教学观念变化的关系更为直接。其中最值得注意的，或许是杜威于 20 世纪初在《儿童与课程》一文（1902）中以"经验"概念（成人经验与儿童经验）取代教学理论中的客观知识与技能概念，埋下了"课程"观念的种子。

　　课程毕竟是教学活动中的问题。实际上是依据教育价值与教养价值形成的对教与学的规定性。由于施教的对象在总体上异常庞大，故建构普适性的课程理论经历了漫长的过程。

　　据称美国课程纲领性文本源于卡斯韦尔（H. Caswell）和坎布尔（D. Campbell）的《课程开发》（1935），由此衰变为"课程"略语，既是教学活动中的用语，又作为"课程"概念运用。[①]1947 年在芝加哥大学举行的一次会议上，第一次提出把有关课程的各种观点汇集在一起的设想。[②] 当时在芝加哥大学执教的泰勒（R. W. Tyler），随后在一次午餐会上忽有所思，即兴在餐巾纸上提出形成课程思路的四个问题。此后，他依照所提问题撰写的《课程与教学的基本原理》一书（1949）成为一部难得的课程概论之作。

　　美国是一个价值多元、地方分权的国度。关于课程的独到见解纷呈。如派纳等编著的《理解课程：历史与当代课程话语研究导论》一书，便属堪称把有关课程的各种观点汇集在一起的样本。其中把 1928—1929 年间的课程著作分为历史文本、政治文本、种族文本、性别文本、现象学文本、后现代文本、美学文本、制度文本、国际文本。鲜见普适性的系统的课程理论著作，即使是名

---

① 派纳，雷诺兹，斯莱特里，等．理解课程：历史与当代课程话语研究导论：上 [M]．张华，等译．北京：教育科学出版社，2003：11．
② 比彻姆．课程理论 [M]．黄明皖，译．北京：人民教育出版社，1989：序．

为《课程理论》的著作，往往带有《理解课程》缩编的色彩。

民国时期的学者曾把"课程"理解为"教学内容"，把 20 世纪初期的课程设计统称"新教学法"。这表明当时尚未越出教学理论的框架。在我国，如今仍把课程作为教学内容的同义语，不免匪夷所思。

八、教育学基本概念问题的再认识

近代以来的教育学原先以"教育""教养"和"教学"为基本概念，至少在欧洲大陆文化圈内如此。进入 20 世纪以来情况逐渐有所变化。如今德国教育学在"教育""教养"以外，还以"社会化"为基本概念。[①] 这种变化的合理性如何，为什么会发生如此变化呢？

社会价值观念是超越 18 世纪以来的人文价值观念的新理念。早在 19 世纪 50 年代，马克思就指出：18 世纪是产生"孤立个人的观点的时代"。当时流行的"孤立个人的观点"，其实"只是大大小小的鲁滨逊一类故事所造成的美学上的假象"。因为"产生这种孤立个人的观点的时代，正是具有迄今为止最发达的社会关系（从这种观点看来是一般关系）的时代"。"人是最名副其实的政治动物。不仅是一种合群的动物，而且是只有在社会中才能独立的动物。"[②]

19 世纪与 20 世纪之交，在西方发达国家，由于产业革命基本完成，进入社会化时代，新的社会关系正在逐步形成中。随着生产及各种事业社会化，越来越需要普遍实现个体社会化，相应地实施社会教育，进而使教育机制日趋社会化。

在社会转型的历史关头，有识之士如纳托普（P. Natorp）、涂尔干、杜威，早就有见及此。把"社会化"作为教育学的基本概念，可算是势所必至。问题在于究竟如何看待把"社会化"列为教育学基本概念。

---

① 霍尔纳等：《教育、教养、社会化：教育科学的基本概念》（2010），科勒：《教育科学的基本概念、理论与方法》（2014），杜品豪斯、乌坦夫：《教育学的基本概念》（2016），转引自：牛国兴. 情境、语言、观念与教育学：早期德意志教育学形态研究 (1780—1810)[D]. 广州：华南师范大学，2017.

② 马克思，恩格斯. 马克思恩格斯选集：第二卷 [M]. 3 版. 北京：人民出版社，2012：683-684.

在拙作《普通教育学纲要》中，曾经把"个体社会化"作为教育内涵演变中的一个独立的阶段。现在看来，那种提法似乎把"个体社会化"理解为同"教育""教养"并立的概念，以致可能发生"社会化"为"教育""教养"以外的价值追求的错觉。这种提法在一定程度上出于把"个体社会化"看成同"独立个性"对立的观念。其实，以追溯法观察这个问题，现代"个体社会化"学说着眼于对"独立个性"的重新界说，即认定"个性"实际上是个体社会化过程中显示出来的个别差异。对于个别差异，不论扬其长、补其短，还是救其失，主要还是在个体继续社会化过程中解决。这种问题的解决，更同"教育"及"教养"本身的社会化相关。

避免把实现"个体社会化"作为教育内涵演变中的一个独立的阶段，更因西方原无"近代社会"与"现代社会"之分。那里实际上经历了从文艺复兴到产业革命完成、逐步现代化和成为发达社会的过程，其历史并未中断。19世纪与20世纪之交，一度发生现代教育与传统教育之争，似乎把两者看成非此即彼的概念。其实当时所谓"传统教育"，实际上是形成中的现代教育。其中虽然存在有待解决的问题，固然同新时代教育价值取向有区别，但又有割不断的历史联系。

历史经验表明，当时对所谓"传统教育"简单地加以否定，另起炉灶，代之以远未成熟的欧洲"新教育"和美国"进步主义教育"，不可避免地导致20世纪30年代"要素主义""永恒主义"之类教育价值取向冒尖，这意味着传统教育反弹。自然，传统教育中的问题仍有待解决，新教育尚在探索过程中。那探索的成效如何呢？

美国学者库姆斯（A. W. Combs）1988年在《教育改革的新假设》中提到："多年来，各种各样的人一直在试图改变教育，但多半都没有获得成功。"列举以往30年间教育改革中的尝试，如语音学、教学机器、心理测验、视听装置、开放学校和开放教室、协同教学、"新教学"、"新科学"、行为矫正以及新近的行为目标、能力分组教学、凭证制度、计算机技术和"回到基础去"等。据称其中每一种尝试在其全盛时期都受到一些教育家、家长、学校委员会或立法者的热烈拥护，结果不免令人失望。①

其实，在我国多年来教育演变过程中，诸如此类稍纵即逝的尝试更为热闹。这表明教育社会化与现代化是一个历史的过程。历史性的问题只能历史地加以解决。现实社会中面临的问题只能从实际出发逐步加以解决。

九、西学东渐的再认识

中国现代化进程延误太久太久，以致近百年来经历西学东渐的过程。由于我国既有悠久的文明传统，现实社会 – 文化仍同西方社会 – 文化区别甚大，故如何借鉴西方教育研究成果，便是有待研究的课题。

（1）我们已知进入 20 世纪以来早就把近代以来的教育称为"传统教育"。其中不免包括对原先的"个性"观念、"人文教育"观念重新加以审视。然而在社会化时代反思的对象，正是我国尚待解决的课题，故是否亦步亦趋，便值得考虑。

时代毕竟变化了，故传统教育理论即使在我国也少不得具体分析。例如，在传统教育理论中基于个人身心健全发展，形成德、智、体、美之类教育理论成分的分解，后来，在从孤立个人的观点转化为社会意识之后，这种教育成分分解的意识便趋于淡化。因为基于教育成分的分解形成德育、智育、体育、美育等的分立，可能人为地肢解了对于人的整体的教育。何况在社会化时代理应实施什么教育，学生应有什么教养，都少不得着眼于个体社会化的客观需求。

（2）进入 20 世纪以来，西方教育理论研究的重心从欧洲大陆转向美国。从此教育理论趋于实用化，先后有社会适应论、社会改造论，并伴有对此类学说的质疑与反思，表明其教育理论并未成熟。如果我们把尚待成熟的理论当作定论，只得跟着变来变去。

（3）更重要的问题在于我国尽管经历长达百余年西学东渐的过程，迄今舆论与教育理论中社会意识依然薄弱。这是由于在我国古老的文明中，原本缺此

---

① 库姆斯.教育改革的新假设 [M]// 瞿葆奎.教育学文集：第 25 卷：国际教育展望.施良方，唐晓杰，崔允漷，选编.北京：人民教育出版社，1993：273.

内涵。典型的论调如"修身、齐家、治国、平天下"。其中家为缩小之"国"，国为放大之"家"。因为当时在"家"与"国"之间，尚不存在发达的社会组织，如业缘组织（各种企业组织与事业组织）及普及性的公益组织。问题在于如今虽然逐步社会化，而"修身、齐家、治国、平天下"观念仍有市场。在某些学者观念中，仿佛"市民社会"为"市民国家"的同义语。

鉴于在我国西学东渐已经长达一个世纪之久，单就教育学来说，在此期间，我国教育学从无到有似乎已成气候。不过，且不说在可见的如此之多的成果（其中包括我的些微建树）中，中国特色何在，就连它究竟在多大程度上堪称一种顺理成章的学术研究战果，也还成问题。其中的缘由何在，也就有反思的必要。

（1）在我国，以往多年来，一旦捕捉到西方教育界冒出什么新名目、新流派、新设想，既迫不及待地趋之若鹜，又很快随之销声匿迹，而更换的新名目、新流派、新设想仍如一阵风、一阵雨，反复风雨兼程。由此不免产生问题，借鉴西方教育研究成果，究竟应当察其本，还是舍其本、逐其末？只是察其本远非逐其末那么简单。

如上所述，西方教育学的根本在于其基本概念。因为基本概念的运用，势必贯穿于教育学的陈述之中。自然还存在由概念构成命题、命题与命题关系的论证是否合乎逻辑的问题。单就教育学基本概念来说，由于基本概念一般以本学科术语表达，而在我国是以汉语中的现成词汇作为其译词，也就在无意中自然地把日常用语的语义嵌入原词中，而又浑然不觉，以致西学东渐名义上属于中西文化交流，语言交流、文献交流虽然不难，由于事实上存在一词多义的情况，加上译词同原词的语义存在出入，形成学术交流沟通中的障碍。由于教育学基本概念和学术规范不易移易，不像新名目、新流派、新设想那样稍纵即逝，故闻风而动实属舍本逐末。

（2）在历史上，德国为现代教育学的故乡。进入20世纪以后，西方教育研究的重心才从欧洲大陆转移到美国。西方教育文化并非铁板一块，而美国教育研究与欧洲大陆教育研究（其中包括俄国教育研究）仍各有千秋。我国教育学者如不明其中的区别，便难免东拉西扯、乱贴标签。

对于我国教育学的建构来说，从明了这两类教育学基本概念入手，借鉴美国教育学界如何把欧洲大陆教育文化转化为适合美国国情的教育文化，而欧洲大陆教育学界面对美国教育实用化、市场化的优势，如何保持独立的态度，在原有的教育理论传统的基础上加以改进，或许有助于适合我国国情的教育学的建树。

（3）西学东渐过程中，曾经产生一种错觉，仿佛西方教育实践及其理论已经完善无缺。其实，那里的教育同样有得有失，教育理论争议不绝。其中有关教育的反思，对于我国教育的改进或许亦有所启发。例如，前面提到，美国学者库姆斯曾认定该国30年来的教育改革都没有获得成功。依他所见，导致如此结果的原因，首先在于"他们关注的是物而不是人"，即他们的努力集中于"物"上，如装置、机械、方法、学科，以及组织或管理的方式。然而教育是一项"人的事业"，且人员数量庞大。要在如此庞大而复杂的学校机构中进行真正有效的变革，唯有促进教师的变化才能完成。[①]

有意思的是，如此判断同我国学者梁漱溟早在1922年的说法或有某种不谋而合之妙。梁漱溟称：中国人说读书明理，其意盖指明人之理；西洋人若说读书明理，则要指明物之理。[②] 其实，中西教育的区别，更在于我国长期以来教师的组织程度甚高，这几乎称得上我国教育机构的专长。因此，我国不仅在长期物质匮乏、教育经费困难的条件下，依靠教师组织的力量，调动教师的主动性与积极性，促进基础教育迅速普及，而且在经济条件与物质条件具备后，有组织地开展大规模的师资培训。问题在于这种培训如不以普适性的教育常理、常法为基本内容，对于提高教育质量的意义终究有限。在这方面，进入21世纪以来美国"常识"取向的师资培训改革可资借鉴。[③] 在我国如试图消除大规模师资培训中其培其训同受培受训教师之间的隔膜，这种外来的经验当不无参考价值。

---

① 库姆斯.教育改革的新假设[M]// 瞿葆奎.教育学文集：第25卷：国际教育展望.施良方，唐晓杰，崔允漷，选编.北京：人民教育出版社，1993：273-274.

② 梁漱溟.东西人的教育之不同[J].教育杂志，1922（3）.

③ 洪明.当代教师培养解制路径的思想根基探析：美国"常识"取向教师教育改革思潮述评[J].比较教育研究，2009(8)：77-81.

黄向阳 | 华东师范大学教授

教育理论三分法
——布雷岑卡元教育学述评

近年来我国加强教育实证研究的呼声甚高。有人甚至认为实证研究是教育学走向科学的唯一出路，弄得不少习惯于理论思辨的研究者倍感失落和困惑。其实，这并不是什么新鲜事。西方教育学自诞生以来其学术性、理论性和科学性就一直受到怀疑，教育学是不是科学之类的问题差不多在每个时代都会被拿出来争论一番，把一个个忠实的教育学者骚扰得寝食难安。20 世纪 80 年代末90 年代初，我国教育学界在学科反思中也有过类似的困扰。我国教育学界曾经坚信"教育学是一门科学，既反映教育的客观规律，又指导我们的教育实践"①。可是，我国教育学一方面"理论水平不高"，另一方面"对教育实践的指导意义不大"，令人感到焦虑和迷惘。②那个时代，领衔我国教育基本理论研究的前辈们渴望教育学形成较为严密的科学体系，获得名副其实的"科学"称号，因而极力主张革新研究方法，通过加强实证研究逐渐达成教育研究科学化的目标。③当时的年轻学子备受鼓舞，跃跃欲试。随着学习和研究的深入，他们却

---

① 刘佛年. 教育学 [M]. 北京: 人民教育出版社，1979: 1.

② 陈桂生. 教育学的迷惘与迷惘的教育学: 建国以后教育学发展道路侧面剪影 [J]. 华东师范大学学报（教育科学版），1989(3): 33–40.

③ 叶澜，陈桂生，瞿葆奎. 向着科学化的目标前进: 试述近十年我国教育研究方法的演进 [J]. 中国教育学刊，1989(3): 2–6.

又对科学标准及实证方法是否适合教育理论心存疑虑。他们在教育研究方法论之类的课上，在学术沙龙上，甚至在提倡教育研究科学化的师长们面前质疑，从而引发了一场持续数年的学术争论和学科反思。

幸好德国学者布雷岑卡（W. Brezinka）的元教育理论（Metatheorie der Erziehung）被介绍到中国。① 布雷岑卡本人也应邀给《华东师范大学学报（教育科学版）》撰写特约稿，向中国同行阐述其关于教育学的知识哲学或认识论哲学。布雷岑卡根据陈述或命题的不同性质将教育理论区分为科学理论、哲学理论、实践理论，进而澄清这三种教育理论各自不同的任务和方法。这种教育学认识论哲学令我等教育学后进乃至老师辈学者们耳目一新。从那时起，许多学者不再拘泥于"只能有一种教育理论"的狭隘观点，也放弃了对科学的迷信和狂热，不再纠结于自己对教育的研究是否属于科学范畴。一些谨慎的学者不再宣称自己是在从事教育科学研究（教育科研），却也深信哲学取向和实践取向的教育研究不可取代，理直气壮地从事教育哲学研究，大大方方地开创中国气派的实践教育学。另一些学者则领悟到实证主义的科学标准在教育研究上的局限性，坚持对教育实践的经验形式进行历史－逻辑分析、历史－比较分析、历史－具体分析，致力于构建具有教育学特色的科学理论。

没想到，时过境迁，旧话重提，教育学及教育研究的科学性问题再度成为学界争议的话题。打着实证旗号围观和谴责种种非科学取向教育研究的思想又回潮了，思辨派和实践派又要抱团取暖、奋起反击了！为了避免历史上屡屡发生的学术混战，或者说，为使新的一轮学科反思不落窠臼，免于陷入布雷岑卡所批评的"教育理论卡特尔"② 之中，似乎有必要重温一下当年布雷岑卡引领我们在教育学认识论上曾经取得的若干共识，以及由此取得的若干进展。而为了理解布雷岑卡元教育理论的贡献，又不得不要回顾一下教育学的发展历程以及其中发生的有关教育学性质的认识论纷争，顺便看看历史上那帮"毒舌"是如何埋汰教育学的，教育学又是如何不屈不挠地生长和繁衍的。

---

① 黄向阳. 布雷岑卡"元教育理论"述评 [J]. 外国教育资料，1993(5)：46–53.
② 布雷岑卡. 教育学知识的哲学：分析、批判、建议 [J]. 华东师范大学学报（教育科学版），1995(4)：1–14.

一、从特殊教育理论到普通教育学

　　教育学其实非常年轻。若以赫尔巴特（J. F. Herbart）1806 年出版的《普通教育学》为标志，教育知识系统化、理论化成为一门学科或一门学问仅有二百来年的历史。可教育作为一种有意识的人类活动却跟人类历史一样久远。古往今来，但凡从事教育实践，总是需要依靠一定的知识或经验的，既需要有关所欲达成之目标的知识（诸如受教育者应当具备的美德、知识、信仰体系和能力等方面的知识），也需要关乎特定条件下适于达成既定目标之有效手段的知识，还需要关于教育对象个性、生活状况和处境的知识。这些知识最初几乎全都来自教育者及教育对象所属社会的传统。每个社会都有关于人的义务及人生意义的规范性信念，也有关于人性、人的特殊地位以及对人施加影响之可能的经验性假设。布雷岑卡认为，凡此种种规范性信念、经验性成果、对各种情境的解释以及教育工艺学猜想拼凑成一盘教育知识的大杂烩，这就是教育理论最为古老的形式。①

　　教育理论这种古老形式直到教师职业诞生之后才有所改观，那些以授徒讲学为生的早期思想家迫于教育实践的压力，不得不深入而系统地思考有关教育对象、教育目的及其实现手段等方面的问题。可令今日教育学之钟情者引以为憾的是，古人在教育方面深入而系统的思考并未催生出一门教育学，倒是催生出了一门叫作"哲学"的玩意儿②。正如德国伦理学家和教育学家包尔生（F. Paulsen）所言，早期职业教师对于"美德是否可教"之类的教育问题的讨论，标志着希腊道德哲学的开端。③杜威（J. Dewey）对西方哲学与教育历史的关联做过系统考察④，得出了与包尔生近似的结论，断言"欧洲哲学是在教育问题的

①　BREZINKA W. Meta-theory of education：European contribution from an empirical-analytical point of view[M]// CHRISTENSEN J E. Perspective on education as educology. Millburn：University Press of America, 1981：7.
②　黄向阳. 哲学诞生的教育语境：解读《美诺》[J]. 基础教育, 2010(2)：15–18, 23.
③　包尔生. 伦理学体系 [M]. 何怀宏, 廖申白, 译. 北京：中国社会科学出版社, 1988：407.
④　DEWEY J. Philosophy and education in their historic relations[M]. Boulder：Westview Press, 1993.

直接压力下（在雅典人中）起源的"①。类似的情况在中国哲学史上表现得更加明显，张岱年先生甚至认定中国古代哲学（特别是儒家哲学）其实就是教育家的哲学②；即使在现时代中国哲学研究者（特别是伦理学研究者）对于教育问题依然怀有特殊的兴趣。尽管哲学研究日益专门化，并不限于思考与教育有关的问题，但无论过去还是现在，哲学与教育总有一种难以割裂的联系，就像杜威所说，"哲学就是教育的最一般方面的理论"，而"教育乃是使哲学上的分歧具体化并受到检验的实验室"。③

这并不意味着教育理论全都依存于自古以来的哲学。实际上，历史长河中沉淀下不少教育经典，人们至今还在津津乐道，从中可以窥见前人针对特定教育对象、围绕特定教育目标构建出来的种种教育理论：先秦儒家为古代东方君子教育建立一种理论（《学记》），昆体良（M. F. Quintilianus）则为古代罗马雄辩家教育另建一种理论（《雄辩术原理》）；阿奎那（T. Aquinas）为天主教僧侣教育建立一种理论（《神学大全》）；伊拉斯谟（Erasmus）则为基督教徒教育另建理论，不但为王子教育建立一种理论（《一个基督教王子的教育》），还为骑士教育建立一种理论（《基督教骑士手册》），甚至为儿童教育再建一种理论（《论儿童的教养》）；洛克（J. Locke）为贵族的绅士教育建立一种理论（《教育漫话》）；卢梭（J-J. Rousseau）为自然之子的教育另建一种理论（《爱弥儿》）；裴斯泰洛齐（J. H. Pestalozzi）则为孤儿及平民子弟的教育再建一种理论（《林哈德和葛笃德》）……。这些特殊教育理论在宗教、道德、世界观等方面的规范性立场不同，在逻辑和系统性等方面的理论品质各异，经验性内容及实践和应用范围有别，但都具有鲜明的实践目的。它们是为培训教育者、指导其从事教育活动而建立起来的，包含对教育活动的建议和相关准则、章程或规范。它们是教育艺术指南，属于实践理论（praktischen Theorie）④，适用于家庭教师、宫廷师保、教会教士，也适用于关心子弟教育的家长们。

① 杜威. 民主主义与教育 [M]. 王承绪，译. 北京：人民教育出版社，1990：346.
② 张岱年. 儒家哲学是教育家的哲学 [J]. 华东师范大学学报（教育科学版），1989(1)：13-14.
③ 同① 346-347.
④ 布雷岑卡. 教育学知识的哲学：分析、批判、建议 [J]. 华东师范大学学报（教育科学版），1995(4)：1-14.

　　这种针对特定对象、围绕特定目标构建特殊教育理论的传统延续至今。但在正规教育的普及过程中，人们开始超越这种传统，试图一般地描绘教育以及影响教育的全部因素，探求普遍的教育原理。有人尝试构建一种"泛智教育论"或"大教学论（Didactica Magna）"，探求"将一切事物教给一切人类的艺术"①。有人则尝试为所有教育对象及其个性和发展设定普遍确当的教育目的，进而从这种普适的教育目的出发推演出实现教育目的的有效手段。赫尔巴特将这种一般教育理论称作"普通教育学（Allgemeine Pädagogik）"②，同时将各种特殊教育理论称作"教育学的特殊分支"③。

　　早期教育学，无论是普通教育学，还是教育学的特殊分支，都是为指导教育者的教育实践而建立起来的，在目的或任务上具有鲜明的实践取向，属于实践教育学。与实践目的相应，早期教育学在内容上具有明确的规范取向。一方面明确表达某种教育理想或教育目的，回答教育中的"应当是什么"的问题；另一方面制定教育行为规范，回答教育中的"应当做什么"和"不应做什么"的问题。因此，传统教育学也可以说是规范教育学。这种教育学给人印象最深的可能就是它的语言表述。它不会只是冷静而客观地使用描述性语言，而是充满感情地使用祈使性语言，试图使教育者了解与普遍信仰和道德规范相一致的教育活动，还试图激励他们去从事这样的教育活动。

　　对于一门学科或者系统学问来说，教育学不但对教育目的和教育手段进行规范，还对所规范的教育目的和教育手段进行论证或理论说明。由于教育学作为一门学科由哲学家草创，因而在论证上具有明显的哲学取向。从康德（I. Kant）的《论教育学》，到施莱尔马赫（F. D. E. Schleiermacher）的《教育学说》，再到魏茨（T. Waitz）的《普通教育学》，这些教育学最早的学术形式乃是一簇跟实践哲学（伦理学）连为一体的关于教育的艺术学（Kunstlehre）。④实践哲学（伦理学）不但提供有关教育目的的规范性知识，还提供有关教育手

①　夸美纽斯.大教学论 [M].新 2 版.傅任敢，译.北京：人民教育出版社，1984.
②　赫尔巴特.普通教育学 [M].李其龙，译.北京：人民教育出版社，2015.
③　赫尔巴特.教育学讲授纲要 [M].李其龙，译.北京：人民教育出版社，2015：123-76.
④　布雷岑卡.教育学知识的哲学：分析、批判、建议 [J].华东师范大学学报（教育科学版），1995(4)：1-14.

段道德方面的规范性知识。因此，这种教育学在 19 世纪的知识领域分类中基本上可以归入实践哲学（伦理学）范畴。有学者甚至干脆将这种教育学视为应用伦理学。①

赫尔巴特试图把教育学建立在实践哲学（伦理学）和心理学的基础之上，以前者说明教育的目的，以后者说明教育的途径、手段与障碍。不过，赫尔巴特在自己的普通教育学中并没有真正从心理学上全面阐述有关教学、训育和管理等教育措施或手段的经验基础。因为那个时代心理学尚未从哲学中独立出来，心理学像伦理学一样也被视为哲学的分支，带有浓重的形而上学色彩。因此，那个时代以伦理学和心理学为基础的实践教育学或规范教育学自然也被视为一门哲学学科，在这个意义上，也可以说是哲学教育学。

总而言之，自古以来大量关于教育的纯理论探讨积压在哲学之中，唯有关于教育的实务性探讨才作为教育论著独立成篇。早期的教育学保持着实践关切，属于实践理论，同时也是规范理论，还是哲学理论。这种教育学跟布雷岑卡所说的"教育理论最为古老的形式"一样，是各种评价性命题、规范性命题和经验性命题的混合体。有所不同的是，这些命题在作为一门学科的教育学之中显得更加系统、更具理论性。因为这些命题有一部分来自伦理学，还有一部分来自心理学和历史学，或者说，这些命题在某种程度上得到了伦理学、心理学、历史学的说明和论证。

二、对教育学科学性或理论性的质疑

教育学作为一门学科草创于近代德国，这门学科的诞生源于普鲁士普及义务教育对大量师资的迫切需求。鉴于哲学与教育长久的密切关联，为义务教育培养师资的任务自然就落到了各所大学的哲学院（philosophische Fakultät）头上。哲学教授们为那些有志于担任教职的大学生轮流举办教育学研讨班（pädagogisches Seminar）或者开设教育学讲座，开着开着顺便就把教育学这门

---

① 陈桂生. 历史的"教育学现象"透视：近代教育学史探索 [M]. 北京：人民教育出版社，1998：109-129.

学科给建立起来了。① 这就意味着，教育学并不是因为教育知识不断积淀、不断丰富、不断系统化、最终瓜熟蒂落而自然形成的一门学术性学科，它是应师资培训之急而仓促建立的一门实践性学科。但就渊源而论，教育学毕竟是从哲学分化出来的，德国大学哲学讲坛是近代教育学的摇篮②，那根哲学的脐带还是颇具学术气质的。即使特拉普（E. C. Trapp）1779 年在哈勒大学开设独立的教育学讲座，1780 年出版《教育学研究》，标志着教育学开始摆脱对哲学的依附，跃为专门的学术领域，德国的不少哲学家依然保持了教育学探索的热情。从格斯纳（J. M. Gesner）到林德纳（J. G. Lindner），从博克（F. S. Bock）到彼萨斯基（G. C. Pisanski），从康德到赫尔巴特，众多的哲学家参与了教育学的早期建设，为襁褓中的教育学赢得了较高的学术声誉，并且从一开始就企望把教育学建设成为一门科学。

　　在康德看来，人降生时处于未完成状态，在完善人性的最初努力中需要他人的帮助和指导。人只有通过教育才能成为人，人纯粹是教育的产物。也就是说，人的天性不会自然发展，而需要人工的协助与指导，所以一切教育都是艺术（"艺术"一词在西文中就是"人工"的意思）。康德因此在其教育学讲座中明确表示，这门艺术不仅应当成为一门学科，还应当成为一门科学，用教育实验去检验和纠正人们对教育的种种习见。③

　　赫尔巴特进一步提出了科学教育理论的设想。他受裴斯泰洛齐教育心理学化思想的影响，强调以心理学为基础阐明教育手段的经验性内容，因而将这种科学教育理论称作"心理学教育学（psychologische Pädagogik）"。在他的设想里：

① CUBERLEY E P. The history of education：educational practice and progress considered as a phase of the development and spread of western civilization[M]. Boston：Houghton Mifflin Co, 1920：Part 4, Chapter XXII; BUCHER E F. The educational theory of Immanuel Kant [M]. New York：AMS Press, 1971：15-16.
② 黄向阳. 康德与教育学. 庆祝瞿葆奎教授八十五寿诞暨从教六十周年[M] // 郑金洲. 教育的意蕴. 福州：福建教育出版社, 2008：47-57.
③ 康德. 论教育学 [Z]. 黄向阳, 译. 上海：华东师范大学教育系内部打印, 1992.

心理学教育学纯粹是理论教育学。由于它仅把教育作为一种事实加以解释，它使每一种恶行及其影响就像善行一样可以理解。由于它实际上忽略对错之别，所以每个人都可以使用它，可以从这面镜子中看到自己正在做的事情。……因此，心理学教育学根本不具改革性（reformatorisch），它仅有启发性（aufklärend）。[①]

也就是说，在赫尔巴特心中，心理学教育学作为科学教育理论并不给教育实践提供改革性建议或规范性知识，而只是提供有关教育事实的信息或经验性知识。然而，赫尔巴特本人并没有创建出他设想的那种作为科学理论的心理学教育学。早在 1806 年他就意识到他的《普通教育学》止步于实践关切，以实践哲学（伦理学）为基础阐明"教育者应当带着什么样的意图去着手进行他的工作"，进而详细分析"我们按迄今具有的认识所必须选择的各种措施"。他坦率地承认，这并不是教育学的全部，而只是教育学的"前半部"（即"实践教育学"）。在他看来，教育学还有"后半部"，它超越实践关切，"在理论上说明教育的可能性，并按各种情况的变化去说明它的界限"。可是，连他自己都承认，所谓"后半部"教育学（即"理论教育学"或"科学教育理论"）"只能是一种虔诚的愿望而已"。[②]因为在他生活的那个时代，科学教育理论必须赖以为基础的那种心理学并不存在。

直到 1879 年冯特（W. M. Wundt）在莱比锡大学建立心理实验室，开创心理实验，心理学逐渐摆脱"神学的奴婢"和"哲学的附庸"地位，步入科学发展轨道，以心理学为基础建立科学教育理论才有了可能。赫尔巴特提出的"心理学教育学"设想，先是由拉伊（W. A. Lay）和梅伊曼（E. Meumann）在"实验教育学（experimentelle Pädagogik）"的名义下得以初步落实[③]，进而由菲舍尔（A. Fischer）与洛赫纳（R. Lochner）在"描述教育学（deskriptive Pädagogik）"

---

① HERBART J F. Pädagogische Schriften[M]. Bd 2. Leipzig：Verlag von Leopold Voss, 1880：293.

② 赫尔巴特. 普通教育学 [M]. 李其龙，译. 北京：人民教育出版社，2015：6.

③ 拉伊. 实验教育学 [M]. 2 版. 沈剑平，瞿葆奎，译. 北京：人民教育出版社，2005；MEUMANN E. Abriss der experimentellen Pädagogik[M]. Leipzig：Engelmann, 1914.

的名义下得以发展①，最终在现代"教育心理学"中得以实现。但是，这些科学取向的教育学成果的理论基础和研究方法相当复杂。即使是实验教育学也并不是像一些人宣称或想象的那样是纯粹以心理学为基础、以实验为研究方法的科学教育学。拉伊对此有非常明确的解释："实验教育学力图按照生物学、社会学，以及道德和伦理学的规律和规范，通过实验、统计和系统的观察，以解决教学和教育中的问题。"②

　　教育理论的科学化从德国延续到法语国家。19世纪末20世纪初，随着社会学兴起、发展以及对教育问题高度关注，"教育科学（la science de l'education）"作为一门独立的学科出现在法国大学课堂上，由像涂尔干（É. Durkheim）那样深谙实证研究方法的社会学家主讲。在那个时代的法国，教育学和教育科学并行不悖，分别由不同类型的人员研究、讲授和学习。③20世纪以来，自然科学和社会科学的许多分支纷纷涉足教育研究，形成学校卫生学、教育心理学、教育社会学、教育历史学、教育文化学、教育人类学、教育生态学、教育政治学、教育经济学等诸多教育科学分支学科。④人们开始以复数"教育科学"（la sciences de l'education）统称各种以教育为研究对象的学科。这种用法起初在法语社会流行，到20世纪80年代得到国际社会的响应。⑤如果说单数"教育科学"意味着一门独立的教育科学，即科学教育学，那么，复数"教育科学"意味着不存在一门独立的教育科学⑥——教育成了"别的学科领地"⑦，或者干脆说成了自然科学和社会科学的殖民地或租界，复数"教育科学"不过是自然科学和社会科学中与教育相关的分支学科的一个总称而已。就

①　FISCHER A. Deskriptive Pädagogik[M] // Leben und werk. Bd. 2. Munich：Bayerischer Schulbuch-Verlag, 1951：5–29; LOCHNER R. Deskriptive Pädagogik[M]. Reichenberg：Stiepel, 1927.
②　拉伊.实验教育学[M].2版.沈剑平，瞿葆奎，译.北京：人民教育出版社，2005：10.
③　贝斯特."教育学"一词的演变[M] // 瞿葆奎.教育学文集：第1卷：教育与教育学.瞿葆奎，沈剑平，选编.北京：人民教育出版社，1993：335–336.
④　唐莹，瞿葆奎.教育科学分类：问题与框架[J].华东师范大学学报（教育科学版），1993(2)：1–14.
⑤　米亚拉雷，等.教育科学导论[M].思穗，马兰，译.北京：教育科学出版社，1991.
⑥　黄向阳.教育知识学科称谓的演变：从"教学论"到"教理学"[M] // 瞿葆奎.元教育学研究.杭州：浙江教育出版社，1999：291–306.
⑦　陈桂生.略论教育学成为"别的学科领地"的现象[J].教育研究，1994(7)：38–41.

像古代对教育的深思并没有成就教育学，而成就了哲学，现代对教育的科学研究也没有成就一门教育科学，而成就了诸多的教育科学。教育心理学自认是心理学的一个分支，教育社会学也自认是社会学的一个分支……，都没有归在教育学的名下。正如英国学者赫斯特（P. H. Hirst）所描述："教育研究往往要么成了一系列互不相关甚至相互竞争的理论追求，要么成了一场关于教育问题的混乱讨论，其中哲学议题、心理学议题、社会学议题或历史学及其他议题相互倾轧，没有一个得到充分探讨。"[①]

即使在教育科学研究繁荣的今天，教育学也难以享有"科学"声誉，因为"教育学"名下只保留着沿袭近代传统的实践教育理论。人们一方面拒绝将有关教育的众多科学研究成就归属于教育学，另一方面又批评教育学缺乏科学性或学术性。这种批评发端于德语国家。早在 1882 年，奥地利学者维尔曼（O. Willmann）就斥责教育学没有学问，指出"通俗的推理乃是其主要成分"，"富于建议和美好祝愿"，却"匮于观察和事实"。[②]1888 年，德国学者狄尔泰（W. Dilthey）鄙视教育学"崇高的通俗性"，认为这正是它不属于正宗科学的标志。狄尔泰认为教育学过于强调教育目的，调侃它"将道德生活田野上最美丽的花朵（幸福、至善、伦理人格等）扎成了一把友爱的花束"[③]。

类似的批评扩大到整个欧洲大陆。1909 年，意大利学者蒙台梭利（M. Montessori）出版《蒙台梭利方法——运用于"儿童之家"的幼儿教育的科学教育方法》，开篇就指出：医学的进步，生理心理学或实验心理学的兴起，形态人类学在儿童体格研究上的应用，为科学教育学的建立开辟了广阔的前景，"但科学教育学至今尚未形成，也没有一个明确的定义。我们所谈论的只是一种模模糊糊的而实际上还并不存在的东西。到目前为止，科学教育学仅仅是一种科学的直觉或科学的暗示"。她对教育学的现状极度不满。她认为，借助于实证科学和实验科学，把结论建立在实证和实验结果的基础上，教育学才能冲

---

① HIRST P H. Educational theory[M] // TIBBLE J W. The study of education. London：Routledge and Kegan Paul, 1966：30.

② WILLMANN O. Didaktilc als Bildungslehre (1882)[M]. Vienna：Herder, 1957：18.

③ DILTHEY W. Über die Möglichkeit einer allgemeingültigen pädagogischen Wissenschaft[M]// Gesammelte Schriften, bd. Vi. Leipzig und Berlin：B. G. Teubner, 1924：60.

破重重迷雾，成为一门科学展示在人们面前。①1911 年，法国学者涂尔干为《教育学与初等教育新词典》撰写"教育学"词条，痛砭教育学囿于思辨，缺乏科学的实证追求，不顾乃至鄙薄过去和当下的教育事实，无怪乎教育学经常像拉伯雷（F. Rabelais）、卢梭和裴斯泰洛齐阐述教育新思想的作品那样，"仅仅成为一种乌托邦式的文学形式"②。1928 年，德国学者菲舍尔抨击教育学"与其说是各种事实的知识，不如说是各种创意的大杂烩"，这种教育学的"核心依然是哲学，其信条和断定多于知识和证明"。③

　　进一步的批评蔓延到英语国家，并且愈演愈烈。1958 年，美国学者特拉弗斯（R. M. W. Travers）在《教育研究导论》中写道：绝大部分教育政策和教育实践通常都建立在种种通俗理论的基础之上，因此，"通常所谓的教育理论与其说是科学，不如说是民间知识更为恰如其分"④。另一位美国学者布劳纳（C. J. Brauner）在 1964 年出版的一本题为《美国教育理论》的书中进而言之：

　　人们所写的大量有关教育的东西在实质上、形式上和语汇上几乎无一例外都是失败的，不能做科学解释，不能做交流，也不能做教学指南。就实质而言，它开始似乎要探究人类的行为，却往往以对人性的断言告终；就形式而言，对思辨的关注往往重于在观察或逻辑分析上所做的努力；就语汇而言，从其他领域中引进的术语很快就丧失原先赋予其独特含义的准确性，变成常用词汇矫揉造作的同义词。……因此，我们在教育上面对的是一门书面表达贫乏的学科。⑤

---

① 蒙台梭利. 蒙台梭利方法：运用于"儿童之家"的幼儿教育的科学教育方法 [M] // 蒙台梭利. 蒙台梭利幼儿科学教育方法. 任代文，译. 北京：人民教育出版社，2001：52.

② "教育学"词条后来改名为"教育学的性质与方法"，作为独立的一章收入涂尔干《教育与社会学》一书。（详见：涂尔干. 道德教育 [M]. 陈光金，沈杰，朱谐汉，译. 上海：上海人民出版社，2001：326–344. ）

③ FISCHER A. Die pädagogische Wissenschaft in Deutschland[M]//Die neuzeitliche deutsche olkssksschule. Bericht über den Kongreß in Berlin 1928. Berlin：Comenius, 1928：76–93.

④ TRAVERS R. An introduction to educational research[M]. New York：Macmillan Company, 1958：13.

⑤ BRAUNER C J. American educational theory[M]. Englewood Cliffs, N.J.：Prentice Hall, 1964：303.

英国学者彼得斯（R. S. Peters）表达了类似的不满。他在 1966 年出版的《伦理学与教育》一书的序言中指出，教育理论长期处于对于各门基础学科的无知状态，成了"一团无法分辨的烂糊"①。

传统教育学（实践教育学）如此不堪，在学术上遭遇越来越多的质疑，在科学性上受到越来越重的批评，在实践中的根基和地位却并未动摇。19 世纪西方普遍认为实践教育学是唯一可能的教育学，这种教育学信条并没有因为教育科学日益繁荣而失势。时至 20 世纪，以至当代，世界各地依然还有众多支持这一信条的教育学者。在他们看来，教育学不从实践的角度去研究教育问题是不可想象的。即使是教育科学倡导者，也不得不承认教育科学解决教育问题的实践取向。例如，19 世纪、20 世纪之交的儿童学研究常被人视为教育学研究，实验教育学创立者却不以为然。梅伊曼认为，"儿童学（儿童研究）是一门起辅助作用的科学，它不是教育学的一个分支"。拉伊进一步解释：儿童学研究和实验教育学研究虽然都采用实验方法，都关注儿童或学生，"但儿童学完全从理论的角度，而不是从实践的角度来研究问题，而实验教育学只追求解决教学和教育方面的实际问题"。拉伊强调："只有当一项实验的主要目的是解决教育学的问题时，这项实验才是教育学实验。"②

唯有严格坚持科学标准（只提供有关教育事实的信息）的人士才眼里容不得沙子（提供教育实践规范），十分介意教育学的纯理论性和纯粹科学性。他们不但否认实践取向、规范取向、哲学取向的传统教育学是科学，而且嘲笑坚持这种传统的教育学者是不讲科学的"卫道士"（unscientific moralists）。受到批评的教育学家则反戈一击，挖苦那些科学取向的学者是缺德的"科学家"（immoral scientists）③。这种明显的分歧和相互攻击又引出一种折中的观点，强调教育学可以既是一种实践理论又是一种科学理论。涂尔干甚至认为，教育学作为实践理论倘若牢牢依赖于教育科学，就像应用化学一样可视为"实践科

---

① PETERS R S. Ethics and education[M]. London：Allen and Unwin, 1966：7.

② 拉伊．实验教育学 [M]. 2 版．沈剑平，瞿葆奎，译．北京：人民教育出版社，2005：10.

③ BREZINKA W. Meta-theory of education：European contribution from an empirical-analytical point of view[M]// CHRISTENSEN J E. Perspective on education as educology. Millburn：University Press of America, 1981.

学"。①对此，大多数教育学者欣然接受。随着教育学在师范教育机构中逐渐跨入学术性学科行列，人们逐渐习惯于把它看成一门特殊的科学——直至20世纪70年代，德国教育学界还有学者坚持教育学是实践科学②，我国教育学界则普遍宣称教育学是一门既反映教育客观规律又以教育规律指导教育实践的科学③。实践研究、问题导向研究、行动研究、对策研究等统统大言不惭地自称"教育科学研究"或简称"教育科研"，连实证研究或实验研究也偏好狗尾续貂，在研究报告的最后忍不住就相关教育问题的解决提出对策或建议，或者就研究发现谈对于教育实践的若干启发，仿佛没有实践关切、不最后落实在教育实践上就不是教育科学研究。

但是，严守科学标准的人士并不苟同。他们鄙视这种所谓的"实践科学"，认定它不过是将性质上截然不同的各种教育命题一锅煮的"大杂烩"，不配享"科学"的称号，甚至不配称"理论"。在他们眼里，"理论"对于教育学来说更像一个溢美之词，称教育学为"理论"简直就是一种抬举。就像英国学者奥康纳（D. J. O'Connor）所言，"理论"这个术语虽然可以用来表示"指导或控制各种行动的一组或一系列规则或一整套的箴言"，但更为恰当的是像自然科学那样用"理论"表示一个被观察所证实的假设，或者表示一组在逻辑上相互联系的假设。只有从后一种意义上理解和使用"理论"一词，才有可能评定任何一种自称为"理论"的东西的价值和用途。在奥康纳看来，现行的教育理论中虽不无经验判断，但充斥着大量的形而上学论断以及价值判断。他由此下结论说：

　　"理论"一词用在教育语境之中通常是一个礼貌的称谓。唯有在我们将心理学或社会学公认的实验结果应用于教育实践的场合，这个称谓才名副其实。即使在这个场合，我们亦当意识到我们的理论与其所依托的事实之间可能的鸿沟之宽，宽到了足以令我们的逻辑良心不安。我们可以寄希望于各种社会科学

---

① 涂尔干. 道德教育 [M]. 陈光金，沈杰，朱谐汉，译. 上海：上海人民出版社，2001：335-336.
② RITZEL W. Pädagogik als praktische Wissenschaft[M]. Heidelberg: Quelle und Meyer, 1973.
③ 刘佛年. 教育学 [M]. 北京：人民教育出版社，1979：1.

的未来发展使这道鸿沟变窄，而这种希望又激励着人们去发展这些科学。①

　　总而言之，教育学自诞生之日起一直因其实践关切而饱受诟病。崇尚学术的学者们因其过于通俗而嫌它浅薄缺乏学术性，崇尚科学的科学家们因其在价值和规范问题上喋喋不休而否认其科学性，迷信科学的理论家们甚至否认其理论性，连几乎不涉猎教育研究的好事之徒都敢埋汰教育学："在大学里，理科学生瞧不起文科学生，外国语文系学生瞧不起中国文学系学生，中国文学系学生瞧不起哲学系学生，哲学系学生瞧不起社会学系学生，社会学系学生瞧不起教育系学生，教育系学生没有谁可以给他们瞧不起了，只能瞧不起本系的先生。"② 此言刻薄，令教育学人耿耿于怀，却又无言以对。一方面，教育学确实浅陋。维尔曼、狄尔泰、蒙台梭利、涂尔干、菲舍尔、特拉弗斯、布劳纳、彼得斯等人对教育学的批评不仅切中时弊，而且充满预见。这么长时间过去了，教育学几乎不见有重大改观。自说自话，夸夸其谈，在教育问题上奢谈价值、意义、必要性，并将此当成高深学问加以卖弄，这种风气在各地教育学界依然盛行。另一方面，学术界并不买账。教育学作为一门学科至今尚未在国家科学院或社会科学院谋得一席之地，连教育科学研究课题都不得不在自然科学和社会科学之外另设立项与评审体系。诸如此类的非难、调侃和不受待见，着实令教育学者自惭形秽、尴尬不已。有些人甚至像本文作者这样吃着教育学这碗饭又砸教育学这口锅，逮着机会就试图背叛这门令人不齿的浅薄学问。

三、实践教育学与理论教育学的分野

　　教育学因其实践关切而在学术性、科学性、理论性上饱受质疑，也因其实践关切而保持强大的生命力。这个事实让西方一些学者逐渐意识到，教育学作为实践理论有其存在的合理性，可以同教育科学并行不悖、各安其事、各得其

---

① 　O' CONNOR D J. An introduction to the philosophy of education[M]. London：Routledge and Kegan Paul, 1957：110.

② 　钱钟书 . 围城 [M]. 2 版 . 北京：人民文学出版社，1991：72.

所。据布雷岑卡考察，这种认识论在 19 世纪末的西方学术界就初露端倪，远可以追溯到奥地利的维尔曼、法国的涂尔干、德国的洛赫纳 ①，也见诸布雷岑卡同时代的学者。其实，这种知识哲学或认识论在西方有着更为古老的思想渊源。早在古希腊，亚里士多德就把为学术本身而探求的知识与为其应用而探求的知识区分开来，并且认为前者比后者更接近智慧，称前者为"高级学术"、后者为"次级学术"。② 这种区分在近代演变成"纯粹理论"与"实践理论"的分野，甚至在康德的思想体系中上升为"纯粹理性"与"实践理性"的分立。在科学日益昌明的岁月里，又演变成"理论科学"与"实践科学"（"应用科学"）的区分。鉴于"实践科学"包含大量非科学陈述，严守科学标准的学者拒不承认它是科学，而坚持称之为"实践理论"，于是便有了"科学理论"与"实践理论"的分野。在他们看来，科学理论是为它自身而探求知识，考察各种事物的原因和原理；而实践理论的目的在于知识的应用，以指导行动。人们在科学理论中试图描述和解释是什么与曾经是什么，在实践理论中则试图表述应当是什么、应当做什么以及不应做什么。这种理论"二分法"在西方历史悠久，影响至今，一直引导人们在坚守严格的科学标准的同时，将实践教育理论当作一种不同于教育科学的理论加以对待。

1876 年，维尔曼在布拉格德意志大学发表题为"教育学百科全书"的演讲，他基于教育过程的理论观点和实践观点，明确区分出科学教育学与实践教育学这两种理论形式。维尔曼还将这种区分跟规律（Gesetzen）与规则（Regeln）的区别联系起来，强调规律乃是关于是什么的陈述，而规则规定应当做什么。维尔曼认为，科学教育学自限于陈述社会和文化事实。它对应当做什么保持沉默，"既不做规矩，也不下指示，而只做解释；它关乎什么，它把教育作为事实，从教育的社会和心理方面加以解释"。与之相反，作为实践教育学的教育学说包含一套不能从科学知识中推导出来的行为规范或戒律体

---

① BREZINKA W. Meta-theory of education：European contribution from an empirical-analytical point of view[M]//CHRISTENSEN J E. Perspective on education as educology. Millburn：University Press of America, 1981：7-25.

② 亚里士多德. 形而上学 [M]. 吴寿彭，译. 北京：商务印书馆，1959：3-4.

系，具有鲜明的祈使风格，是规范性的、"提要求的"或"做规矩的"教育学，"它规定在某种特定情况下应当发生什么"。①

尽管维尔曼坚信"教育学只有作为社会科学的一部分才能得到科学上的待遇"，但他同时认为实践教育学有其正当性，实际上也不可或缺。他无意于主张废除实践教育学，也无意于提议用科学教育学取代实践教育学，他只是反对实践教育学冒领"科学"的招牌从而将实践教育学与科学教育学混为一谈。这种观点并没有引起注意，最终淹没在历史尘埃中。毕竟那个时代科学教育学只是一种设想而尚未面世，奢谈科学教育学与实践教育学的分野实在过于超前。实际上连维尔曼本人也没有坚持初衷。据说，他后来实际上采纳了教育学是一门混合型的、规范－描述性的学科的观点，他最后甚至将"科学教育学"与"基督教教育学"混为一谈。②这并不奇怪。只有科学教育学的范本面世之后，人们才会真正注意科学教育学与实践教育学的区别。那都是维尔曼年过六旬之后的事了。

1902年，涂尔干在巴黎大学开设道德教育论课程，开场白就谈及教育学与教育科学的区别，并且基于两者的区别肯定了教育学存在的必要性和合理性。

教育学不是一门科学。这并不是说不可能建立一种教育科学，而只是说教育学不是这种教育科学。教育学与教育科学必须加以区别，以免我们根据只适用于严格意义上的科学研究的原理去评价教育理论。科学是从人们尽可能审慎地研究中得到的，它不是某一个时候获得的结果。教育学则无权有这样的忍耐，因为它要满足不能久等的至关紧要的需求。当环境的变迁要求我们有一种适当的行为时，这种行为是不能推迟的。教育学者能够和应该做的一切，就是尽可能认真地综合科学所寻得的一切材料，使之时刻能够指导行动。除此之

---

① WILLMANN O. Vorlesung 'Enzyklopädie der Pädagogik' (1876) [M]. PFEFFER F. Die paedaqogische Ldee Otto Willmanns in der Entwicklung. Freiburg：Herder, 1962：103.
② POHL W. Otto Wilimanns religioeser Entwicklungsgang[M]. Vienna：Oesterreichlscher Bundesverlag, 1935.

外，我们决不能向教育学者再提出什么要求。……教育学是教育理论之总和。用这种方式看教育学，它确实接近于科学。但它又有别于科学，因为科学的理论以说明现实为唯一目的，而教育学的理论之直接目标是指导行动。……教育学是在实践中表现它存在的理由的。①

涂尔干后来在《教育学的性质与方法》②一文中进一步指出：人们可以出于科学的目的去研究教育，也可以出于实践的目的去思考教育。在前一种情况下，人们试图描述和解释"是什么"或"曾经是什么"，尝试所得的结果就是科学理论。在后一种情况下，人们试图确定"应当是什么"，这方面思考的结果就是涂尔干所说的"实践理论"。"它们的取向既不是过去也不是现在，而是未来。它们并不想表达既存的现实，而是去制订行动的准则。它们并不告诉我们存在是什么，为什么存在，而是告诉什么是必须做的事情。"涂尔干称科学教育理论为"教育科学"，称实践教育理论为"教育学"，反复强调教育学与教育科学大不相同。

在涂尔干看来，教育学是介于艺术与科学之间的实践理论。这种理论反思人们采取的行动过程，"不是为了理解和解释这些行动过程，而是为了评价它们所具有的价值：它们是否是其所应是，人们是否不再有必要去改变它们，甚至说人们究竟采取什么样的方式用全新的程序替代它们"。"它并不通过科学的方法研究教育体系，但是，它却对这些教育体系进行了反思，从而为教育者的活动提供具有指导意义的观念。"

另一方面，在教育科学中，人们把教育现象作为社会事实加以研究。在涂尔干看来，教育科学的主要问题是各种教育体系的起源和功能问题。它试图把教育体系作为社会体系的要素加以观察，进而描述、比较并揭示与各种不同类型的社会相对应的典型表现。一旦识别出各不相同的教育类型，就对它们进行解释，查明每种类型的独特性所依赖的条件，查明一种教育类型是如何从另一

① 涂尔干.道德教育论 [M]// 张人杰.国外教育社会学基本文选.上海：华东师范大学出版社，1989：387–388.
② 涂尔干.道德教育 [M].陈光金，沈杰，朱谐汉，译.上海：上海人民出版社，2001：326–344.

种教育类型衍生出来的，从而把握支配教育体系演化的规律。因此，教育科学的目的在于描述现在或过去的教育现象，寻找这些现象的原因，确定这些现象的结果。

涂尔干反复强调教育学与教育科学是两种不同的教育理论，但他又承认教育学作为一种实践理论倘若依赖于教育科学就可以成为"实践科学"，这在一定程度上又模糊了他反复阐述的科学标准。其中的苦衷如他自己所言，教育科学的发展首先必须运用心理学和社会学的研究方法。可在他所处的时代，教育科学尚在萌芽中，心理学和社会学都是相当不成熟的新兴学科，教育学可依赖的科学基础相当薄弱。在这种情况下，对于作为实践理论的教育学的科学性不求之过严似乎是一种无奈的选择。

最严格坚持科学教育理论与实践教育理论"二分法"的学者可能就是洛赫纳了。作为教育科学研究的倡导者和践履者，他在 1927 年发表教育科学专著《描述教育学》[1]之后，又在1934年出版了一部名为《教育科学》的教科书。洛赫纳在这部教科书中像维尔曼那样将实践教育理论称作"教育学说"，视之为与教育科学截然不同的教育理论。在他看来，教育科学是经验科学，"它的主题领域是个人生活与社会生活中的教育事件、它的发展过程、它的结果及影响"，其目的"不在于影响教育活动，而在于识别现存情形。在那种意义上，它仅仅指向是什么"。另一方面，教育学说的目的在于行动——"教育学说以包括教育科学在内的各种科学为基础；其任务是阐述应当是什么，提出各种教育目的并使人们接受它们，评价各种教学方法，并制定规范"。[2]洛赫纳在1947年出版的《教育科学纲要》中补充道：教育学说所制定的规范，不仅规定人们的行动以及这些规范的履行方式，还充当着"判断和评价各种行动、行为模式和条件的标准"。[3]

与诸多前辈不同，洛赫纳并未止步于对实践教育理论的一般评论。他在

---

① LOCHNER R. Deskriptive Pädagogik[M]. Reichenberg：Stiepel, 1927.

② LOCHNER R. Erziehungswissenschaft[M]. Munich：Oldenbourg, 1934：2.

③ LOCHNER R. Erztehungswissenschaft im Abriß[M]. Wolfenbüttel：Wolfenbütteler Verlagsanstalt, 1947：7.

1963 年出版《德国教育科学》一书，对 18 世纪以来德国的教育学说进行系统考察，全面分析历史上出现过的各种实践教育理论的认识论结构，以确凿证据认定德国教育学说一直以来描绘的是"教育应当如何进行，即一个教育者在努力产生教育影响时应当怎样做以及应当考虑什么。教育学说关心的是目的和规范……及其清晰的阐述。其倾向不是研究，而是给实际行动以帮助"。它"在群体中出现时力求影响教育实践，就是说，为它的改善提出建议"。① 有鉴于此，洛赫纳主张将教育学说与教育科学彻底地区分开来。正因为他严格坚守科学标准，拒不承认作为实践理论的教育学说的科学性，也不用科学性去要求实践理论，反而看到了实践教育学存在的合理性。

英国学者赫斯特持类似的看法。他在 1996 年发表《教育理论》一文，明确表示不同意奥康纳将"理论"简化进而等同于"科学理论"的狭隘观点，因而也反对那种以科学理论替代教育理论的激进主张。赫斯特坚持自亚里士多德以来的西方学术传统，从更广的意义上看待理论或学术。他承认教育理论在学术中有一席之地，在此基础上将其与科学理论区别开来。

科学理论与实践活动理论在特性上是截然不同的，因为它们行使极不相同的功能，它们是为了做不同的工作而建构出来的。就经验科学而言，一种理论就是一套经受了经验检验并且表达我们对物理世界某些方面的理解的陈述。这样的得以检验的理论乃是科学研究的目标，即科学研究的最终产物。它们是追求知识的结论。然而，在关涉教育之类实践活动的场合，理论的地位全然不同。它并不是追求知识的最终产物，它是为决定和指导这种实践而建构出来的。这种理论的功能在于准确地决定教育中应当做什么以及不应做什么。

教育理论作为一种更加广义的理论，与严格意义上的科学理论相比较，不仅在特性和功能上各不相同，在内容和逻辑形式上也有重大区别。

---

① LOCHNER R. Deutsche Erzichurtgswissenschaft. Prinzipiengeschichte und Grtcndlegunq[M]. Meisenheim: Anton Ham, 1963: 511.

就内容而言，广义理论必然动用科学之外的知识，例如，它必定还动用历史的、哲学的和道德的理解。特别言之，无论人们可能如何看待形而上学的真理断定以及道德价值的辩护形式，这两者都参与了教育原则与判断的构建。不能对它们视而不见，或者置之不理。就形式而言，广义理论不是仅仅关注对科学模型给出解释，而是关注为在一个实践活动领域中应当做什么构建理性上得以辩护的原则。因此，归根到底，科学理论与教育理论如同实然判断与应然判断一样在逻辑上是截然不同的。[①]

根据赫斯特的观点，知识既可以结构化为数学、物理、化学、动物学、生物化学、历史、哲学、伦理学、美学等独特的"形式"；也可以出于某种理论旨趣动用多种知识形式，进而将相关知识组织成为地理学或现代欧洲思想之类不同的"领域"；还可出于某种实践目的动用多种知识形式，进而将相关知识组织成为工程学、医学、政治理论、教育理论等各不相同的"实践理论"。也就是说，在赫斯特的知识论或认识论中，教育理论既不是一种独特的"知识形式"，也不是一个专门的"知识领域"，而是一种"实践理论"。教育理论作为一种实践理论，在逻辑结构上不仅有别于被他归为"知识形式"的科学理论，也有别于被他归为"知识领域"的科学理论。他反复强调，实践理论与知识形式及知识领域之间的区别其实就是"实践知识的理论"与"理论知识的理论"之间的传统区别。他提醒，"企图以纯理论话语的性质和模式去理解实践话语的性质和模式，只能导致对实践话语的极度误解"。

赫斯特上述有关教育理论与科学理论区分的说明，跟维尔曼、涂尔干、洛赫纳等人的观点有所不同。但是，他的分析提醒人们，长期以来西方学术界关于"教育科学"与"教育学"（"教育学说"）的二分主张，赓续的是亚里士多德关于为学术本身而探求的知识与为其应用而探求的知识的二分传统，简明地说就是"纯粹理论"与"实践理论"的区分。在这种有关教育的知识论或认识论中，所谓的"教育学"实指实践教育学，而与之分立的所谓"教育科学"实

---

① HIRST P H. Educational theory[M]// TIBBLE J W. The study of education. London: Routledge and Kegan Paul, 1966: 40-42.

指理论教育学。因此，本节所涉及的所谓"教育科学"与"教育学"（"教育学说"）的二分主张，准确地说都是"理论教育学"与"实践教育学"的二分主张。其中的理论教育学大多数时候使用"教育科学"之名，但未必名副其实，不全都具有科学的特性。

四、教育科学与教育哲学的分野

世界上存在一支批评教育学缺乏科学性进而呼吁发展教育科学的队伍。这支队伍浩浩荡荡，延绵不绝。稍加留意就不难发现其中虽不乏科学家，但更多的却是哲学家。近代德国哲学家不但创建了教育学，而且从一开始就企望把教育学建设成为一门科学。后来的哲学家虽然在不停地制造哲学作品，并不从事科学研究，却比科学家们更钟情于科学，甚至显得比科学家们还懂科学，责备起教育学的科学性欠缺来毫不留情。他们在批评中传达的科学精神和科学标准却令科学家们很无语。

颇耐人寻味的是，德国学者里特尔（C. G. W. Ritter）1798 年发表《作为普遍教育科学之必要性证明的教育学批判》，虽明确提出"教育科学（Erziehungswissenschaft）"概念，却鄙视经验主义，极力主张以费希特思辨哲学为基础进行纯粹的演绎，推演出普遍教育科学。[①]赫尔巴特也持类似的"科学"概念。他在《普通教育学》中开篇就数落经验的局限性，大谈超越经验的普遍理论追求；在《教育学讲授纲要》中更是明确提出，教育学作为一种科学不但以心理学为基础说明教育的途径、手段与障碍，还以实践哲学（伦理学）为基础说明教育的目的。[②]从今天的立场看，以思辨哲学或实践哲学（伦理学）为基础推演教育理论，并将这种理论称作"科学（Wissenschaft）"，简直就是匪夷所思，为科学家所不容。可是，"科学"一词的这种用法在 19 世纪西方语

---

① RITTER C G W. Kritik der Pädagogik zum Beweis der Notwendigkeit einer allgemein Erziehungswissenschaft [J]. Philosophisches Journal einer Gesellschaft Teutscher Gelehrten, 1798,8,H1：47–85.

② 赫尔巴特 . 教育学讲授纲要 [M]. 李其龙，译 . 北京：人民教育出版社，2015：3.

言中相当普遍，这种习惯用法至今在德语文献中也不少见。因为连哲学或伦理学在德语中都可以称作"科学"。正如施莱尔马赫所言，影响年青一代是成年人的一项道德任务，因而纯粹是一个伦理事项；教育学因此是一门"与伦理学紧密相连并源于伦理学的应用科学（angewandte Wissenschaft）"，是一门"伦理科学（ethische Wissenschaft）"。① 这种"科学"自然不是经验科学意义上的"科学"，或者说，德文"Wissenschaft（科学）"跟英文"science（科学）"并非一回事。

作为施莱尔马赫的追随者，狄尔泰对此做出了解释，他在 1883 年出版的《精神科学引论（第一卷）》中写道：

> 我们通常运用"科学"这个语词来表示一个由各种命题组成的复合体：一，这些命题的成分都是一些经过完全界定的成分，也就是说，它们在囊括一切的逻辑体系内部都是永远普遍有效的；二，它们的各种联系都具有充分的理由；三，最后，就这种复合体而言，各个组成部分都为了进行沟通而被联结为一个整体。②

从这份详细说明中可以看出，德文"Wissenschaft"与其说是"科学"，毋宁说是"系统知识"或"纯粹理论"。这是理解 19 世纪以来德国学者主导的教育科学追求以及对传统教育学科学性质疑的一把钥匙。使用德语的学者所主张的教育科学未必是"经验科学"，多数语境中指的是"系统教育学"或"理论教育学"。他们喋喋不休，批评实践教育学缺乏科学性，未必是嫌它价值－规范判断泛滥而事实判断贫乏，更多是嫌它理论性不强或学术性不够。

这并不意味着德国学者不信奉经验科学的标准，而是意味着德国有大量学者意识到经验科学的局限性。经验科学的标准适用于关乎自然的理论或学问，却并不完全适用于关乎人文的理论或学问；自然科学的方法适用于研究可

---

① SCHLEIERMACHER F. Pädagogische Schriften: bd1. [M]. Herausg. von E. Weniger. Küpper: Düsseldorf, 1957: 11f.
② 狄尔泰. 精神科学引论：第一卷 [M]. 艾彦，译. 南京：译林出版社，2014: 13.

重复出现的自然现象，却不适用于研究独一无二、不可重现的人文现象。人们可以置身于自然现象之外研究自然现象，却难以置身于人文现象之外把握人文现象。根据狄尔泰的观点，一切人文现象都是历史现象，只能放在历史－文化背景之中通过内在的体验和同情加以把握。这就超出了物质或自然的范畴，而进入了精神领域。狄尔泰因此提出了与"自然科学"对应的"精神科学（Geisteswissenschaften）"概念，用以统称一切以社会实在和历史实在为研究主题的人文学科。他所构建的精神科学宏大体系涵盖了今天人们通常所说的文史哲社在内的几乎所有与人的知识有关的学科，包括经济学、政治学、社会学、人类学、历史学、心理学、法理学、文学、教育学，甚至包括哲学、伦理学、美学。

狄尔泰不但在精神科学中赋予教育学以科学地位，还用精神科学的观点和方法重建教育学。1888 年，他发表《论普遍有效的教育科学的可能性》一文①，对当时各种自命为"科学"的教育学流派进行考察和分析。一方面，他批评传统教育学企图从一定的世界观、宗教、哲学、伦理学及其规范出发，并将这些规范视为超越历史约束、永恒不变的前提，从中演绎出普遍有效的教育规范体系。在狄尔泰看来，从臆想普遍有效的哲学、教条、世界观中是不可能引申出有关教育情境、教育目的、教育方法的普遍有效的科学体系的。人全然是历史的存在，教育和教育理论同样也是历史现象。教育科学必须符合这个基本认识，从历史背景出发去研究当前现实的教育问题，去发现目前仍在发生影响的历史。另一方面，他批评教育思想界方兴未艾的企图运用自然科学方法来处理教育现象和教育问题的实证主义思潮。在狄尔泰看来，自然科学方法只能把握人存在的自然方面，或者说，把握自然决定的教育先决条件，但人的发展及教育的主要过程是一种精神艺术，或者说是历史艺术。为了能够对这种现象与过程做出解释，必须发展历史解释学方法。

1888—1894 年，狄尔泰在柏林大学连年开设教育学讲座②，在考察教育学

①　DILTHEY W. Über die Möglichkeit einer allgemeingültigen pädagogischen Wissenschaft[M]//
Gesammelte Schriften, Bd. VI. Leipzig und Berlin：B. G. Teubner, 1924.
②　DILTHEY W. Pädagogik. Geschichte und Grundlinien des Systems[M]//Gesammelte
Schriften, Bd. IX. Leipzig und Berlin：B. G. Teubner, 1934.

体系的历史与原理中发展历史解释学方法，影响到一批年轻的学者。斯普兰格（E. Spranger）、诺尔（H. Nohl）、利特（T. Litt）、弗利特纳（W. Flitner）、韦尼格尔（E. Weniger）纷纷以历史解释学方法研究教育问题，第一次世界大战结束之后形成了一个新的教育学流派。[1] 他们的研究成果起初被称作"精神科学教育学（geisteswissenschaftliche Pädagogik）"，后来又因其方法论也被称为"解释学教育学（hermeneutische Pädagogik）"或"文化教育学"。这种所谓的精神科学教育学跟传统教育学以及实证取向的科学教育学有一定区别。如前所述，传统教育学是一种规范体系，从一定的世界观、宗教、哲学、伦理学及其规范出发，并把这些规范视为超越历史约束力的教条。精神科学教育学则把教育和教育理论看成历史现象，用历史解释学的方法加以考察。实证取向的科学教育学或经验科学教育学试图用自然科学的方法来研究教育现象，处理教育问题。它把研究对象作为没有生命的存在物来对待，使研究的主体和客体处在二元对立的外在关系之中。而精神科学教育学视研究对象为有生命的"活生生的人"，强调研究中主体与客体思想感情的交融和新的意义的生成，用解释学方法去体验和理解教育现象与教育过程。这种人文研究的思想和方法在德国学术界拥有众多的追随者。

　　第二次世界大战结束后，精神科学教育学继续发展，并且与战后文化哲学、现象学及存在主义等思潮汇合。其中，以博尔诺（O. F. Bollnow）的存在主义教育学和人类学教育学为代表的精神科学教育学尤具影响力，在联邦德国教育理论界享有颇高的学术声望。[2] 这种打着"科学"旗号强调生命、体验、理解、解释、表达的精神科学教育学并没有抛弃德国学术界根深蒂固的思辨传统，实质上是一种教育哲学或者说是一种哲学取向的教育学。它在联邦德国教育理论界的学术影响力使经验科学教育学长期处于弱势地位和边缘地带。直到20世纪60年代末，由于布雷岑卡挑起"经验科学取向的教育学与人文取向的教育学的论争"，这种格局才开始发生变化。

---

[1]　克拉夫基. 精神科学教育学：成就、局限性、批判的转变 [J]. 华东师范大学学报（教育科学版），1993(1)：31–40.

[2]　邹进. 现代德国文化教育学 [M]. 太原：山西教育出版社，1992.

　　布雷岑卡早年留学奥地利和美国，其学术思想深受克拉夫特（V. Kraft）的结构主义、波普尔（K. R. Popper）的批判理性主义或证伪主义以及美国的经验主义、实用主义的影响。他认为，科学理论须满足以下条件：第一，它的所有命题的真假都可以为人们的经验所判断；第二，它的所有命题在逻辑上相互一致；第三，它的所有命题都是暂定的结论，具有可证伪性；第四，它是帮助我们认识世界的工具。[1] 这种学术背景及经验科学观在他同时代的德国教育学者中是较为少见的。他对德国各种充斥价值偏见、意识形态泛滥的教育学说甚为不满。从 20 世纪 60 年代起，他高举经验 - 分析研究的旗帜，开始对德国种种自命为"科学理论"的精神科学教育学和实践教育学的传统发起挑战。

　　1965—1966 年，学术声望如日中天的博尔诺相继出版或再版了多部教育学著作或教科书：《存在哲学与教育学》《教育学中的人类学考察方式》《语言与教育》《新教育哲学》。1966 年，布雷岑卡针锋相对，发表讨伐檄文《科学教育学的危机在新近出版的教科书中的表现》，笔尖直指博尔诺的存在主义教育学和人类学教育学，尖锐地指出德国传统的教育理论缺乏科学性[2]，极力主张"从教育学转向教育科学"[3]。表面上看，他是在向博尔诺的精神科学教育理论发难，但就他提出的教育科学纲领看来，他实际上是在单挑整个联邦德国各种带有价值取向的教育理论。他的主张一见诸报刊，迅速引起争议，文化哲学、解释学、神学和西方马克思主义方面的教育学者纷纷撰文，同布雷岑卡展开论争。民主德国学者意识到他们信奉的马克思主义教育学的科学性遭到了挑衅，也加入反驳布雷岑卡经验科学教育学主张的队伍之中。

　　布雷岑卡时至而立之年，血气方刚，笔战群儒，在这场论争之中逐渐形成了他的元教育理论体系。1971 年，他出版专著《从教育学到教育科学：元教育理论导论》[4]，虽然给实践教育学和精神科学教育学留有余地，但在教育学命题

① 方正淑. 布雷津卡：从教育学到教育科学 [M] // 崔录，李镜流. 20 世纪世界教育事典：名人名著 100 篇. 天津：天津教育出版社，1989：103-105.

② BREZINKA W. Die Krise der wissenschaftlichen Pädagogik im Spiegel neur Lehrbücher[J]. Zeitschrift für Pädagogik, 1966(11)：270-287.

③ BREZINKA W. Von der Pädagogik zur Erziehungswissenschaft. Vorschläge zur Abgrenzung[J]. Zeitschrift für Pädagogik, 1968(14)：317-334, 435-475.

④ BREZINKA W. Von der Pädagogik zur Erziehungswissenschaft. Eine Einfürung in die Metatheorie der Erziehung[M]. Beltz：Weinheim, 1971.

体系中将事实陈述与价值判断严格地区分开来，并未改变其科学主义取向以及
对传统教育学非科学性的批判态度。此书的出版引起很大反响，国际教育学术
界围绕布雷岑卡提出的教育学体系新构想继续展开热烈的论争。布雷岑卡本人
在论争中也不断地修正和发展自己的观点，1972 年出版了该书的第二版，1975
年出版了第三版，1978 年经全面修订后又出版了第四版，并更名为《元教育理
论：教育科学、教育哲学、实践教育学基础导论》。他在书中把教育学命题体
系分为三类：描述性命题体系——教育科学；规范性命题体系——教育哲学；
规范性 - 描述性命题体系——实践教育学（表 1）。[①]

表 1 布雷岑卡的教育学理论类型

教育科学或科学教育学	理论教育科学		
	教育历史学		
教育哲学（规范教育哲学或教育道德哲学）或哲学教育学	教育目的规范哲学		
	教育手段规范哲学	教育者规范伦理学	教育者美德规范伦理学（美德论）
			教育者活动伦理学（义务论）
		教育物质手段评价理论	教学内容规范理论（规范教学论）
			教育组织规范哲学
教育实践学或实践教育学			

（一）教育科学或科学教育学

布雷岑卡认为，理想状态下的科学教育理论是逻辑上紧密关联并且多少得
以证实的假设性规律体系。教育科学的任务，是获取关于教育活动领域的科学
知识。首先，把现在或过去的教育现象作为社会 - 文化情境的一部分而尽可能
客观地加以描述和分类。其次，在目的 - 手段关系的结构中理解各种教育
活动。

---

① BREZINKA W. Metatheorie der Erziehung. Eine Einfürung in die Grundlagen der
Erziehungswissenschaft, der Philosophie der Erziehung und der Praktischen Pädagogik[M].
München：Ernst Reinhardt Verlag, 1978.

在布雷岑卡看来，撇开教育目的而单单考察教育手段是不充分的，教育科学研究者须把教育的目的－手段关系完全看成教育科学的核心课题，以探讨实现教育目标的各种条件。教育科学不同于别门科学，它不是一门仅仅描述事实的科学，而是一门目的论－因果分析的科学。也就是说，教育科学必须以人们所期望的、试图在教育中实现的目标（目的）为起点，进而调查教育现象中的各种因果关系，以查明教育活动介入的种种可能性。在教育科学中，"人们寻求获取与既定理想多少一致的人格（一系列的心理倾向）所依赖的种种条件，进而询问，这些条件能否产生以及可以怎样产生。教育科学家不能将自己局限于描述各种教育活动和教育制度，为了检验这些活动和制度事实上是不是恰当的手段，或者说，为了检验它们是否可能产生与期望截然不同的效果，更应当将它们与特定的目的以及受教育者的处境联系起来。在教育手段被证明不恰当时，必须寻找原因；然后，寻求在特定环境下更为有效的其他手段"①。

为了实现这一目标，必须运用科学方法。布雷岑卡认为，就方法论而言，教育科学与其他经验性的社会－文化科学或人文科学并无重大差别。其基本程序和要求为：以某一问题领域的合用知识为基础提出问题；提出解决问题的各种假想（假设）作为暂时的答案；根据这些假设与事实的一致性，以及它们与其他各种相对来说已经得到证实的理论假设之间的逻辑联系，检验这些假设。

（二）教育哲学或哲学教育学

根据布雷岑卡的考察，在"教育哲学"名义下至少可以有 8 种不同的陈述系统。布雷岑卡的元教育理论主要关注的是规范教育哲学。布雷岑卡把规范教育哲学看成教育科学的补充，它回答教育规划和教育活动中产生的各种价值问题与规范问题，其任务是给教育者和主管教育的政治家提供评价取向和规范取向，这是经验教育科学所不能办到的。

在规范教育哲学中，首先要讨论的是各种与评价有关的问题。这些问题涉

---

① BREZINKA W. Meta-theory of education：European contribution from an empirical-analytical point of view[M]// CHRISTENSEN J E . Perspective on education as educology. Millburn：University Press of America, 1981：18.

及教育情境中的全部因素，尤其涉及各种目的和手段。教育哲学家应当指明各种教育现象有价值或无价值，确立善（或价值）的优先地位，并通过确立最高的目的（理想、价值或善），赋予人生与教育以意义。其次要制定各种规范。布雷岑卡把表示应当是什么的规范与表示应当或不应当做什么的规范区分开来，称前者为"教育理想"、后者为"教育行为规范"。

布雷岑卡按照目的－手段模式，把规范教育哲学划分为教育目的规范哲学和教育手段规范哲学。他所说的教育手段是相对于教育目的而言的，包括人的因素和物的因素，因此教育手段规范哲学又划分为教育者规范伦理学以及教育物质手段评价理论。前者又细分为教育者美德规范伦理学（美德论）和教育者活动伦理学（义务论），后者细分为教学内容规范理论（规范教学论）及教育组织规范哲学。即使细分到这种程度，也不完备。正如布雷岑卡本人所指出的那样，规范教育哲学对过去的或现行的教育进行各种价值判断。除进行道德价值判断之外，规范教育哲学还思考教育的法律价值、审美价值、经济价值、卫生价值以及其他价值。这些都是规范教育哲学的题中之义。

（三）教育实践学或实践教育学

教育实践学（praxiology of education）即实践教育学，布雷岑卡在英文中才把实践取向的教育学称作"教育实践学"。布雷岑卡对于实践教育学的看法似乎有矛盾：一方面他反对在同一种教育学命题体系中将描述性命题与规范性命题混在一起；另一方面他又把实践教育学这种混合型的规范性－描述性命题体系纳入他描述的教育学体系之中，使之与教育科学、教育哲学构成三足鼎立之势。在他看来，实践教育学不具有科学目的，但具有直接的独立的实践目的，它为教育者提供与教育实践有关的各种理性知识。因此，它既非教育科学之附庸，亦非教育哲学之附庸，它是一种独立的教育学形式。

实践教育学把教育义务以及履行这种义务的有效手段告诉全体教育者，并根据确当的意识形态和道德激励其教育行为。其具体任务是：向教育者提供有关社会－文化情境的评价性解释；阐明各种教育目的；为教育活动和教育制度的形成提供各种实践观点、规则和教学建议；激发、鼓励并支持具有道德价值的教育活动（或教育者的职业美德）所必需的价值取向和各种倾向。因此，实践教育学具有情境阐释成分、目的论成分、方法论成分或技术成分以及伦理学成分等。

从上述布雷岑卡元教育理论简介中可以看出，布雷岑卡主要是根据命题性质的不同从已有的教育学中识别出教育科学、教育哲学和实践教育学这三种理论类型的。在此基础上，他清晰地区分出这三类理论的不同任务和研究方法。这个教育理论"三分方案"不仅在一定程度上承认了作为规范性命题体系的教育哲学，而且在一定程度上承认了规范性命题和描述性命题混杂在一起的实践教育学。可以说，这是人文取向的教育学者为其学术流派极力辩护的结果，他们的反击使布雷岑卡多少意识到单纯运用自然科学方法（经验方法或实证方法）无法全面解释和解决教育这一人类活动的全部现象与问题。不过，布雷岑卡依然坚持把描述性命题与规范性命题严格区分开来，反对把规范性的教育理论也称作"科学理论"。而且，他认为规范性命题体系也不是不可以批判的纯粹意识形态，这些命题需要有充分的根据加以论证，因此也需要科学的批判态度。

正如前一节的分析所示，布雷岑卡元教育理论面世之前，实践教育学作为一种有别于理论教育教学（通常以"教育科学"的名义现世）的教育学类型早就被维尔曼等学者识别出来了。布雷岑卡元教育理论的真正贡献，在于从通常以"科学"名义彰显的理论教育学中区别出了科学教育学（教育科学）和哲学教育学（教育哲学）。尽管布雷岑卡在其教育科学元理论中吸纳了德国精神科学教育学流派有关教育的历史、文化、社会考察的科学成分，但出于经验科学的理念以及精神科学教育学鲜明的哲学取向，他反对把精神科学教育学归入教育科学阵营，坚持将其归入教育哲学阵营。布雷岑卡以一己之力对抗德语将"Wissenschaft"泛指系统知识或纯粹理论的传统，试图将这个词严格限于指称经验科学（与现代英语中的"science"对应），这令德国教育学者尤其是精神科学教育学学派的学者感到十分棘手。一方面他们不得承认布雷岑卡将理论教

育学区分为科学教育学和哲学教育学有其合理性，另一方面他们又不能不用
"精神科学"这个旗号继续发展布雷岑卡元教育理论中所谓的哲学教育学。这
就不免让精神科学教育学学派学者以及其他试图为哲学教育学谋取"科学"美
名的教育学者感到尴尬。

　　不过，总的来说，布雷岑卡 20 世纪 60 年代末发起的那场"经验科学取向
的教育学与人文取向的教育学的论争"并没有持续多久。论争的主要方面（布
雷岑卡和以博尔诺为代表的精神科学教育学学派）在 20 世纪 70 年代之后就在
很大程度上取得了基本共识。持精神科学观点的教育哲学家对布雷岑卡的经验
科学理想以及将教育科学与教育哲学区分开来的主张表示同情和理解。而在布
雷岑卡方面，他不但承认规范教育哲学有存在的必要性，而且认识到教育科学
并不纯粹是一门描述性科学，而是一门特殊的科学，必须在目的－手段关系
中了解教育现象。显然，这是精神科学影响的结果。实际上，在全面回答教育
是什么或曾经是什么这一问题上，经验科学教育学和精神科学教育学也可能是
互补的。精神科学教育学能够依靠历史解释学方法，较有效地理解教育意图和
教育观念，理解关于教育的见解、教育改革的动机以及有关各方对教育的评价
等。经验科学教育学则能够凭借实证方法，较有效地查明教育过程实际发生过
和正在发生什么，教育者的意图是否得以实现，教育者的具体行动是否符合他
们自己提出的纲领性目标，是什么因素在对学校教学过程发生影响，等等。因
此，完全否认精神科学教育学的科学性，确实会让其学派感到难以接受。

　　对一个人乃至一个学派全部的教育理论进行是教育科学或教育哲学的简单
归类分析是困难的，几乎是不可能的，即使可能，也往往是不恰当的。事实
上，一个人或一个学派的整个教育理论成就中，既可能有事实陈述体系，也可
能有规范陈述体系，因而无法简单地划入教育科学阵营或教育哲学阵营。但就
具体的纯理论陈述进行分辨，将其归入教育科学阵营或教育哲学阵营却是可能
的。这样看待布雷岑卡提出的理论教育学中教育科学与教育哲学的分野，或许
就可以避免许多不必要的纷争。

五、从元教育理论回到教育理论

从1966年到1978年，布雷岑卡一直处在德国教育学科学性质论争的中心。他以《科学教育学的危机在新近出版的教科书中的表现》一文挑起这场论争，又以《元教育理论：教育科学、教育哲学、实践教育学基础导论》一书对这场论争进行了总结。他对德国教育学非科学性的批判曾经深深触动过以精神科学教育学为代表的各种哲学取向以及实践取向的教育学派，他关于教育理论的三分方案让教育科学、教育哲学、实践教育学这三种类型的教育理论各安其位、各司其职、并驾齐驱、各得其所，也在一定程度消解了教育学自诞生以来屡屡因为科学性问题遭到不明就里的好事者以及心怀科学傲慢的学者横加的种种责难。可是，40多年过后，时常来中国讲学的德国教育学家本纳（D. Benner）却在华东师范大学教育学系一次演讲中表示，布雷岑卡元教育理论在德国的影响已经微乎其微。这种评价或判断也许可以反映德国教育学根深蒂固的思辨传统并没有受到实质性动摇，评价本身却未必中肯。2000年，德国教育科学协会曾经邀请全体会员推荐"20世纪最重要的教育学著作"，统计结果显示布雷岑卡的《元教育理论：教育科学、教育哲学、实践教育学基础导论》一书名列第12位[①]，可见布雷岑卡元教育理论在德国的影响并不像本纳所说的那样不值一提。

不过，布雷岑卡元教育理论在德国之外似乎更容易被人理解和接受，国际影响更大。他的代表作《元教育理论：教育科学、教育哲学、实践教育学基础导论》被陆续翻译成多国文字，其中有1980年意大利文版、1990年日文版、1992年英文版，据布雷岑卡本人说另有捷克文版以及俄文版。2003年，华东师范大学出版社出版根据此书英文版翻译的中文版（随英文版更名为《教育知识的哲学》）。这本书在中国的出版引发了不少有关布雷岑卡元教育理论的述评，也使一部分心领神会者对于教育学的科学性问题有了全新的认识。

---

①　BILANZ IN BÜCHERN. Pädagogish wichtige Bücher im 20. Jahrhundert[M]. Berlin：Bibliothek für Bildungsgeschichtiche Forschung, 2000：29.

布雷岑卡的元教育理论给人们的启发就在于严格区分教育科学、规范教育哲学、实践教育学。这三种理论类型的教育学各自回答不同的教育问题，它们各自的有效范围都是有限的，但它们可以相互补充。因此，一方面不能强求教育科学具有实践性或规范性——为解决实际教育问题提出建议或处方；另一方面也不必硬称教育哲学和实践教育学为"科学"，我们应当理直气壮地肯定它们的非科学性，因为它们试图解决的是科学所无法解决的问题。教育学可以朝着多元化的方向发展，即使朝科学方向发展，实证研究也不是唯一的出路，历史考察也不可或缺。实证研究也许适合于回答教育中是什么的问题，却不一定能够回答教育中曾经是什么的问题。更何况对教育中是什么的问题的回答有赖于对曾经是什么的问题的回答，在教育科学发展上历史研究的重要性丝毫不次于实证研究。

这样的元理论探讨意义重大，因为澄清各种教育理论相应的认识论基础，才有可能弄清楚现行的教育理论何以不合时宜，以及怎样才能构建更为合宜的教育理论。正如布雷岑卡所言，"教育学的理论质量在很大程度上取决于教育理论家们认同了哪种元理论（或认识论）规范，以及他们如何遵循这些规范"①。不仅如此，他们的元理论观点还将通过教育学教材和讲座等影响教育职业的培训水平，进而影响教育实践的质量。

但是，这样的元理论构想以及元理论绝对并不足以创建更为合宜的教育理论，对认识论基础的分析须伴随系统的理论工作。元教育理论并非教育理论，而是关于教育理论的理论。谈论元教育理论只是在为教育理论建设做认识论上的准备，本身并不是教育理论建设。作为元教育理论的开创者，布雷岑卡深知侈谈元教育理论的风险。他曾经告诫人们："关于教育学的元理论论争耗费了许多教育理论家过多的精力，他们本可以运用这些精力更加有效地解决他们各自学科领域中种种实际的问题。"② 正是出于这种清醒的认知，布雷岑卡并没有

① BREZINKA W. Meta-theory of education：European contribution from an empirical-analytical point of view[M]// CHRISTENSEN J E . Perspective on education as educology. Millburn：University Press of America, 1981：17.

② 同① 12–13.

满足于提出一整套教育理论三分及建设方案。《元教育理论：教育科学、教育哲学、实践教育学基础导论》出版之后，他立即着手教育理论的建构工作，搜集资料，潜心研究十来年，于 1990 年出版《教育科学的基本概念：分析、批判和建议》，1991 年出版《信仰、道德和教育：规范哲学的考察》，1992 年出版《教育目的、教育手段和教育成功：教育科学体系引论》。尽管他的教育科学及规范教育哲学论著距离他自己的元教育理论有关教育科学和规范教育哲学的构想还相当遥远，甚至成了像本纳这样成熟的教育理论家的笑柄，但毕竟是在尝试进行教育理论建设。这比空谈元教育理论（教育学认识论）强多了，也比空谈实证研究方法强多了！

金生鈜 浙江师范大学教授

教育实践及其构成 (constitution)

——兼论教育是人类最高形式的实践 ①

非常感谢檀传宝教授邀请我来北京师范大学给教育学原理专业的博士生们上课。谢谢檀传宝教授以及在座的各位老师和同学们。在此次演讲中，我将对教育的实践性做一教育哲学的阐释，并论证教育为什么是人类最高形式的实践。

对于教育理论来说，实践似乎是一个不言而明的概念。但是什么是实践？为什么是实践？在何种意义上是实践？是何种实践？对于这些问题教育学界并没有认真追究，只是把"教育实践"作为"教育"现实或过程，并没有在实践哲学的规范性层面阐明实践的独特意义，这使得教育实践被降格、被扭曲，与技术、劳动生产等过程和行为混为一谈，从而湮没或消除了教育作为实践的独特品质。今天在这里我将站在实践哲学的视野，分析教育实践，把教育实践定义为人类最高形式的实践，分析教育作为人类根本实践的本质内涵。我的目的不是说明理论与实践的区别，而是确立教育的实践性及其地位，为教育实践作为人类最高的实践形式辩护。

---

① 金生鈜教授原讲题为"教育实践及其构成——实践哲学的视角"（2018 年 10 月 25 日）。

一、问题的提出：扭曲的"教育实践"现象

在当下的教育现实中，教育"实践"已经成为现实化的意识形态和为经济发展服务的工厂式生产人力资源的过程，这一过程从制度政策、教育行政和学校管理，到课程设计与教师行为，都以一种程式化的运用某种知识的专业技术行动为标志，这一"实践"的工具化和生产化特征已经占据主流。教育实践是否是这样的呢？

我们的许多人可能不加反思地认为，教育实践是实际的操作行动及其发生的实际状态，所以教育理论是对实际状态、操作过程和程序的把握或认知，是为了使教育行动更有效率。因此，理论的适切性是看它是否能够被应用到"教育实践"之中去。这种理论与实践的二分，已经成为教育学理论的某种"定论"，但是，这种理论会导致两种非此即彼的观点，即：要么把实践看作理论的附属，理论问题的回答或解释就是实际问题的解决，实践仅仅是理论运用到具体过程中的程序和操作，仅仅是一个实施理论或者应用理论的操作过程；要么是实践高于理论，实践是实际存在的状况、模式以及条件，理论的解释与回答要放置在实践过程之中，唯有符合了实践本身，才会被实践所接纳，才会应用到实践之中。其实，这两种意见都把实践看作具体的操作行为，把理论看作对教育存在或现实的镜式反映，是对控制教育运行的客观规律的把握和反映，实践是对理论提供的操作方案的运用，理论是实践操作模式的发明，必须对具体的教育的实际运作过程有用才有价值。这是典型的教育技术主义、操作主义、技能主义的观点，是以生产过程来看待教育的具体表现。①

当教育被区分为理论和实践两个维度之后，教育理论就是纯粹认识教育现象的过程，而教育实践无非是运用教育理论来达成教育操作的过程。这样就把

---

① BIESTA G J J. Why 'what works' won't work：evidence-based practice and the democratic deficit of educational research[J]. Educational Theory, 2007, 57(1)：1-22；BIESTA G J J. Bridging the gap between educational research and educational practice：the need for critical distance[J]. Educational Research and Evaluation, 2007, 13(3)：295-301.

教育实践与教育理论彻底分离开来。教育理论从而外在于教育实践过程，教育理论被看作对教育现象进行认识的科学范畴，而教育实践是完成教育过程的操作范畴。这意味着教育理论认识可以彻底地反映教育现象，而教育实践活动就是通过运用理论知识控制教育过程从而有效地实现相关目标的"生产"活动。[①]这是以自然科学和技术劳动生产的方式，来理解教育理论与教育实践的关系。然而，这种认知主义和行为主义的理论与实践模式，不但不能解释人类教育生活的价值和伦理特征，反而掩盖了人类教育实践本身的目的性与生成性，隐匿或湮没了人的生产劳动与教育实践的根本区别，从而扭曲了教育实践。[②]

　　除去这种技术主义的实践模式之外，意识形态模式的教育实践观也对教育理论和教育行动本身产生了巨大的影响。这种模式把教育实践看作服务于特殊的意识形态的社会工具，如阶级斗争的工具、经济增长的工具、某种特殊的意识形态的传播或灌输的工具等。意识形态模式把教育看作隶属于某种狭隘的意识形态目标的实践，从而对教育进行意识形态的控制。控制的方式之一就是通过教育理论对某些意识形态话语进行解释，对教育具体实践进行指导。在这种取向中，教育理论无非意识形态的注脚，为意识形态控制教育而服务。在意识形态的实践模式中，既存在对教育理论的限制与贬抑，也存在对教育实践的误导与扭曲。

　　教育如果是隶属于特殊意识形态的事业或实践，那就意味着教育本身没有价值，只存在作为工具的价值，这同时也意味着人本身没有价值。因为教育只有隶属于意识形态，按照意识形态的需要，赋予受教育者为意识形态服务的素质，教育才有价值，那么这种教育本身的工具化和人的工具化并不符合我们关于人性的理解，不符合我们对于教育的理性判断，不符合教育与人性的本质关系。在这种意识形态模式教育实践的规定下，所谓好的教育实践不过是迎合了意识形态控制的需要而制造出工具人的教育行为。因为不允许教育追求其自身

---

① SAITON. The gleam of light: moral perfectionism and education in Dewey and Emerson[M]. New York: Fordham University Press, 2005: 149.

② 生产劳动直接的结果是产品，约束生产劳动的是技术性原则或技能型知识，生产劳动也可能应用知识或理论，也可能需要行动者具有一定的机智。但由于目的的外在性和工具性，行动与目的不统一。

的价值和目的，教育实践被扭曲和贬低在所难免。

不论是技术主义的模式，还是意识形态的模式，都否定了教育作为实践的内在本质。① 技术主义的认识理论忽略了教育实践的价值生成特征，因而不能完整地指导教育实践，运用理论的技术行动也难以使得教育实践成为一种好的、有效的、具有价值意义的行动，因为教育实践作为人类理性的、创造性的行动，整体上并不受制于固定的因果律，也不是技术生产的过程。而意识形态的模式为了片面、扭曲的立场或利益而扭曲教育实践，教育实践被意识形态的目标所控制和决定，失去了本身的目的和价值。这两种关于教育实践的意见不仅使得言说教育实践的方式发生了变化，使得教育作为实践的一些根本问题不再被提及和讨论，而且使得教育失去了实践的目的和伦理品格。

正是因为对实践的错误理解，使得我们的"教育实践"可能不是教育，所以，有必要为实践正名。

二、实践是什么

为了说明教育实践之为实践的重要性，我们援引亚里士多德（Aristotle）以来的实践哲学。尽管在柏拉图（Plato）的著作中有实践概念，尽管柏拉图的整个哲学都是关于人的生活的哲学，但是亚里士多德是实践哲学的奠基人。亚里士多德把"实践"概念作为反思人们目的/行动的一个特殊的哲学概念，它属于"人学"范畴。实践是属人的行动。"动物没有实践"，动物的生活是 zoe，而人的生活是 bios。人有实践是因为人有返回自身的自我塑造与生活方式的行动，而这一人的目的行动的发生或者不发生取决于人的自由判断与决定，也表现了人的自由。康德（I. Kant）、阿伦特（H. Arendt）、伽达默尔（H-G. Gadamer）等都延续了实践哲学的理性传统，在人是实践的主体与目的的意义上，突出地强调了实践的独特性。

亚里士多德区分了理论（theory）、制作或技艺（poiesis, making）和实践

---

① CARR D. Rival conceptions of practice in education and teaching[J]. Journal of Philosophy of Education，2003，37（2）：253 – 266.

（praxis）①。这三者都归属于行动，理论是知的行动，制作是生产特定产品的行动，实践是人追求美好生活的行动。理论是一种理性的观看②，制作（创制）是以技艺为本的生产，而实践是明智（或智慧）的、善的行动。亚里士多德的三分法意味着三种理性的共在或共同作用：实践理性——实践，理论理性——理论，创作理性——制作。实践理性与创作理性的区分在于：创作理性面向创制品，而实践理性是创造自己。道德理论的创造也是实践理性的任务，行动的道德是实践理性的任务。

理论地把握事物的原因和原理，求索普遍性和必然性，这是有闲暇的人自由从事的活动，是以自身为目的的活动。理论是纯粹惊异地观看，因为惊异而观看，因观看而惊异，理论表现了人面对事情或世界为什么是这样存在的惊讶，即对存在的本质、事物的本原的惊讶，因此是探究的、是面向真的，盯着真理。理论是在沉思中揭示令人惊异的事情的本质真实。理论的沉思或观看本质上不受功利性的目标所控制，也不需要手段性的条件为支撑，所以理论是纯粹的。理论的操心不令人烦心，反而令人宁静和谐，所以理论的沉思是幸福的，因而是最高贵的活动。

学校所进行的学习活动本质上是理论活动，所以是闲暇。学校是放飞思想的地方，或者说，是放飞主体的理论遐思的地方，是通过理论的享用而实现精神成长的地方。从享用意义上看，学校生活是闲暇活动。闲暇活动的本质是思想探究，是遐思，是学会以思想追问、理性直观的方式观看世界、领教意义的

---

① 亚里士多德把人的认识或知识分为五种形式：（1）Nous（intuitive reason，直观智慧），理智直观，是对存在理念（ideas）的认识，其获得的方式是默观静思（contemplation）；（2）Sophia（philosophical wisdom，哲学智慧），是对形式的认识，哲学智慧以 Nous 为前提，Sophia 是以 meditation（沉思）和 speculation（思辨）为主的活动；（3）Episteme（scientific knowledge，科学知识），这是对自然的具体存在物的认识；（4）Phronesis（practical wisdom，实践智慧），这是在实现价值目的中的明智，是一种深思熟虑（deliberation）；（5）Techne（技艺），技艺有艺术（art）和技术（craft）两种，技艺导向制作或生产，制作是技艺的运用。

② 尽管理论不是实践本身，但是理论与实践不是对立的，真正与实践对立的是生产或制作。理论是洞察美好事物的方式，与人的理性紧密相连，是人类表达实践理性的方式，在这个意义上，理论是实践不可缺少的，不是与实践分离的。理论展示了共同的目的与原则，因此，理论是共同的见识。（参见：伽达默尔.科学时代的理性 [M].薛华，高地，李河，等译.北京：国际文化出版公司，1988）

活动。闲暇活动的美好是因为它让人通过思考最高远、最重要的事情而获得了教益，获得了主体性成长的愉悦。因此，闲暇活动是理论性的、是教育性的。学校这种闲暇活动方式，引发儿童对世界万物包括自我的惊奇，激发他们对世界的爱、观看和退思。学校的学习作为闲暇活动是最纯粹的智慧活动，即理论活动，它脱离了对功利的忧虑，是无惧、无忧、无扰的思想活动。

实践面向的是人的行动的善及人本身的完善，是经验的、抱负的、幸福的、繁盛的（造福的）。虽然实践的实现需要手段性条件，但实践本身不是为了手段性利益的获得，而是为了善的实现。实践的生活方式包括伦理的生活方式和政治的生活方式，这两种生活方式的具体行动虽然不同，可能相互重叠，但都面向人的完善，面向人的美好生活。伦理与政治是两种不同的生活方式。

这里，我想特别需要区分的是实践与生产的区别：实践贯穿生命的时间，而生产是以获得产品为结束。实践出自人的目的，蕴含人类的普遍价值与意义，而生产本身出自人的自然欲望与欲求。实践指向人性品性的完善本身，而生产指向物质性产品的制作。实践是人与人之间的主体—主体关系，而生产是人与客体之间的人—物的关系。实践行动的启动是因为人自身的理性奠基或理由反应，而生产的启动是因为产品的刺激。在生产中，人的主体的行动的依据发生了外移，即生产人类生存所必需的生活资料。这是人类出于自然必然性的强制而不得不从事的活动。它以产品为目的，自身只是手段。

实践是目的论的。在亚里士多德看来，实践主要包括伦理和政治行动。这些行动具有自由选择性，并且以自身的善和善生活为目的。目的（telos）有三个意思：最终的，完善的，最好的。所以，实践的目的是终极目的，涵盖了其他各种内在善，是最高的善，而不能作为目的。只能把实践的终极目的定位于人性的卓越和生活的幸福，因为它们无法构成实现其他目的的手段，因而是终极的。实践的目的也是自足的，即实践目的本身来自自身，它可以因其自身而被追求。终极目的总在其自身是可欲的，且不是欲求其他事物的手段（亚里士多德《尼各马可伦理学》1197a33-34）。因为实践是为实践的纯粹内在目的即实践本身而存在，实践活动因其自身之故而被实践主体追求，所以实践活动的良好状态是高尚。理论和制作都不是实践，因为这两项行动的目的都指向外在的善,是获得外在结果或产品。因此,制作或生产的实际过程,不是真正意义上的实践,因为制作或生产的直接目标在于自身的行动之外。"只有那种目的寓于其中的活动才是实践。"(亚里士多德《形而上学》1048b20–25)

实践的目的不是预先由人选择并确定的,实践的目的是实践自身所蕴含的,实践的目的不是外在的由实践行动去获得、去达成的结果或实现的状态。实践的目的是一个导引、一种规范、一种意义。实践的目的作为行动的意义或本质属性而存在。因此,进行实践要认识实践是什么,认识实践的目的是什么。在进行实践时,理解评价实践是否符合目的。

对于亚里士多德来说,因为目的规定了实践,目的自身是善的、值得追求的,所以,实践趋向目的就是实践行动的完善。[①] 实践实现目的,就是实现了善。实践是向善的作为,即向善的行动。实践趋向善,意味着实践趋向内在善,即内在的目的,因为实践与这个内在目的或内在善是统一的,由于这个善是内在于实践本身的,实践实现这个善,就是实践在完善自身。实践实现的是行动本身。实践的目的就是实践本身所包含的,实践的方式就是目的的实现本身。所以好的实践就是实现行动的内在目的。

对于现象性、事实性的实践而言,重要的是实践活动是否在实现内在目的,因为只有实现内在目的,这个实践才是其所是、才是完善自身,所以,判断一个实践行动的方式,就是看其是否是把内在目的的实现作为行动的根本任务。只有这样,那行动才成为其自身。实践不是选择或确定目标,而是体现或实现目的。实践的目的是无条件的,是规定性的。

实践活动是 energeria(实现活动)潜在的本质功能(dynamis,ergon)的方式。实践是趋向目的的行动,而实践的目的是自身,实践的对象就是实践自身,教育实践的对象就是教育自身。实践本身是正确的行动(eupragia),即完满地完成自身构成目的的行动。所以,正确的行动是实践,而这种行动的正确性在于其完成了蕴含在其自身的目的,即完满地完成了自身。在亚里士多德看

---

① 唯物主义提出了三种实践形式,即生产实践、科学实验以及社会实践,但是亚里士多德的实践是与改造世界的运用理论知识或技能知识而生产客观物的过程有别的。自然物质的变化和改造,不直接涉及人通过积极的行动而实现灵魂完善的行动,因而不是实践。

来，这样的实现自身的内在性的行动只能是伦理与政治的行动。

亚里士多德的实践概念指根据实践智慧和伦理关系而进行的生活行动，包括政治行动、道德行动。这种实践就是实践哲学的对象。亚里士多德的政治学或伦理学所探究的就是实践，就是导向善的生活，即幸福的行动（个人行动和共同体行动）。这种实践是人的主体行动，所谓主体行动就是自主、自由的规范行动。亚里士多德把实践看作人的行动的基础，人的行为、活动千姿百态，但都是朝向终极的目的——幸福。因此，实践成为枢纽，成为奠基，成为构成性行动。实践具有本质性与基础性。

亚里士多德的实践概念突出了人的生命实践或生活实践的含义。实践是人所理解和抉择的生活方式（bios），是生命表现意义的活动。实践并不是日常意义上的概念，它是哲学概念。作为哲学概念，实践不是所有人做出的行为或事情，它是指"为人"的行动与事情，或者说是指作为人而做出的目的内在于其中的行动，这种行动本身目的在于人（包括人类共同体）活得好、行得好与变得好。实践致力于福祉（well-being）、繁盛（flourishing），改善人的生活并改善人自身，这是人类实践行动的基础。

实践就是人追求美善生活与美善人性的方式和行动。实践是指作为理性的生命主体的人实现自身完善的生活行动，其过程以人的完善实现为标准，实践表现了人的生命本质，它是人的生命本质或活力的表现。所以，实践意味着人所具有的一种实现善的生活方式。在这个意义上，实践就是人的生成与完善的过程性的行动。

实践是一个特殊领域。如果用实践来指称一切人类现实或事实的活动，实际上就会湮没实践领域与人类其他领域的活动的区别。所以，亚里士多德的实践概念区分实践与生产的意义十分重大。实践的目的内在于自身，而生产的结果（产品）外在于生产；实践是规范性的，而生产是事实性的；实践是趋向善的，而生产本身是无所谓善的，生产由外部产品来规定。实践的行动者既是行动者也是受动者，这意味着实践本身是自我返回的，而生产是行动者的外向行为。在实践中人是主体，既是自由自主的，也是为了自身完善的，但是在生产中人作为行动者不过是完成生产产品的手段而已。所以，在生产中人生产却服从于产品的产出，但是在实践中人属于自身，实践是自由的。

三、实践哲学及其"实践"概念的复兴

从哲学思想史上看，实践作为一个哲学概念，在延续了亚里士多德的实践哲学的传统的基础上有所变化。

从哲学的桥梁康德哲学来说，康德的实践概念是伦理的，是在道德领域中的。康德把实践看作理性在道德领域的活动，所以，在道德领域中，理性是实践的，理性本身具有实践的本质功能。人在理性的功能上的实践能力，是基础性的、自由的、善良意志所推动的能力。这个实践不仅仅是行动，更重要的是人的自由意志能够自由自觉地为自己立法，并根据这种立法而行动，也就是说实践依据普遍的法则而行动，或者依据客观普遍的法则而行动就是实践。"把我作为一个理智者的价值通过我的人格无限地提升了，在这种人格中道德律向我展现了一种不依赖于动物性、甚至不依赖于整个感性世界的生活，这些至少都是可以从我凭借这个法则而存有的合目的性使命中得到核准的，这种使命不受此生的条件和界限的局限，而是进向无限的。"①自由概念来立法是由理性造成的，而且是实践性的。不过只有在实践中理性才是立法，在理论知识方面只是引出结论来，只有自由概念的道德上的实践才能真正体现人的立法性。这种立法性实际上表现了人的自由性和自主性。正是由于人的实践人才能够以人的方式存在，并朝着人的方向发展。康德的实践概念是自由意义上的实践。如果人的一切行为都是实践的话，那是把实践当作了一种自然行为，而不是理性原则奠基的自由意志的行动。康德的实践其实还是在实践哲学范畴中的。

黑格尔（G. W. F. Hegel）扩大了实践概念，实践包含了生产 – 技术活动，指的是与外界世界的积极联系。实践表现为主体的意志或实践的意识（精神），实践指向外在的目的和兴趣。在实践中，人把外在的对象作为实践的对象。对于黑格尔来说，实践是人与自然、主体与客体的经验（事实）关系，实践因此

---

① 康德. 实践理性批判 [M]. 邓晓芒，译. 北京：人民出版社，2003：221.

与生产并不相区别。实践的目的只是主体性通过具体的活动而从自然中显现出来，即主体借此生产出客观性的主体性。虽然实践创造了主观精神，但实践不是一个具体的领域或活动方式。尽管黑格尔把实践普遍化了、抽象化了，但黑格尔的实践概念是面向主体的主观精神的生成的。

马克思（K. H. Marx）的"劳动"概念是一个抽象化的"劳动"概念，即一般劳动（labour in general），指商品化与社会化的劳动。这种劳动的特点在于抽掉了其他特质而仅仅剩下生产价值与交换价值的特质，劳动成为可以用货币统一度量或换算的活动。马克思在这种劳动的基础上分析了劳动人（劳动阶级），其目的是批判把劳动者当作手段、工具的异化现象，而批判的方式把劳动上升到实践层面。人的生命本质在于人将自己的生命本身作为对象加以生产，劳动就是这种生产生命的活动。因此，劳动就是生命本身的方式与目的，而不是获利的手段。这里其实可以看到马克思将劳动提升到存在论的高度，"把劳动动物提升到传统上由理性动物所占据的位置"①。在亚里士多德那里，实践是非生产性，实践就是其本身，并不达成某种结果，而在马克思这里实践是生产性的，实践生产着交换价值，同时各种具体的劳动还生产着具体的结果，如政治形态、道德等。

近代自然科学技术的发展以及生产制作领域的飞速膨胀，遮蔽了实践领域与实践之知，甚至扭曲了实践领域。由于生产领域的功利性，人们更加重视生产，而生产依赖于技术之知，这使得技术之知成为知识的中心，而技术之知应用于生产过程的模式成为实践的模型。因此，近代以来的实践其实更多指称生产，这不是亚里士多德的实践概念，是生产或制作的概念。一是这个实践概念造成了对"生活领域"及其独特性的遗忘，胡塞尔（E. G. A. Husserl）明确地感受到了这种遗忘，海德格尔（M. Heidegger）所谓对存在的遗忘也蕴含了对人的此在领域的实践性的遗忘。二是这个实践概念造成了理论与行动的分离，理论变成了一种有待于运用的东西，而所谓的实践变成了运用理论而生产的过程，这样就造成了理论与实践的分离。实践成为一种事实，成为用理论来操

---

① 阿伦特. 人的境况 [M]. 王寅丽，译. 上海：上海人民出版社，2009：63.

作，实践本身变成了一种操作，政治变成了一种操作。

现在流俗的观点把实践行动看作产生某种具体结果的行为，这种结果或效果是根据其有用性来评价的。这种实践的泛化或事实化，将抹去实践目的的终极性与统摄性。结果是外在的、手段性的目的可能会成为最终的目的。结果是实践外在化了、技术化了，实践的目的变异为产品的生产，而不是人性及其完善的生命存在的承诺。结果是实践自身伦理中性化，实践自身不再具有伦理属性。结果是人的本质性的生活领域变得越来越技术化、生产化，海德格尔称之为人的生活的经济化、技术化。

伽达默尔试图重新确立实践哲学的价值，实践领域的遗忘造成人性问题和人文学科的危机。人性之善和生活之善的问题可能是技术之知与生产制作行动所服务的对象或目的，在这个意义上，人性完善与生活完善的行动是最基础的行动，重新回归这一领域并确立这一领域的根本地位才能给回应人类生活的危机带来希望，而探究这一领域的实践哲学事实上就成为具有基础性的哲学，怪不得列维纳斯（E. Lévinas）把伦理学称为第一哲学。

哈贝马斯（J. Habermas）也与伽达默尔一样，反抗技术－生产模式对实践领域的湮没。哈贝马斯认为，理论与实践的真正困难在于不再区分技艺或生产的力量与实践的力量，不再区分实践领域与技艺领域。当生产成为实践、实践成为生产时，真正的人性存在的生活世界就受技术理性或欲望理性的支配，生产的模式与方式成为人的生活领域，如政治、教育、伦理领域的模式，人在实践领域的智慧、自由、行动原则全部让位于生产的效率、效果、效益，人也逐渐地失去了对于技术生产领域包括生产结果的控制。

哈贝马斯把行动分为：（1）目的性－策略行动，这是选择有效手段的工具性的实现行动的外在目标的行动。（2）规范调节的行动，社会成员通过认定或遵循共同价值或规范而产生的行动。（3）戏剧行动，这是主体展示自己的情感、品质、愿望、动机等的行动，这是在公共空间中展示自我的行动。（4）交往行动，主体间相互交往达成共识的行动。商谈伦理就是一种交往行动。

哈贝马斯的实践领域是广义的生活世界，他看重的是交往理性下的交往行动。交往行动是生活世界中的基础性行动，是主体间通过语言对话而形成人文理解的行动，总体上的生活世界是主体间的交往活动。交往活动发生在文化、社会整合、人格生成领域。文化再生产是主体共同参与的解释文化意义的、与文化互动的过程，这一行动是主体在文化再生产中获得文化装备的过程。社会整合是社会团结和参与到社会的合法秩序之中，政治、道德都是这一社会整合的行动。人格是主体通过思考、言说、行动的能力与过程而提升自我的行动，这是主体自我认同的行动，这是生活世界中的价值行动，即价值性和规范性的行动。

阿伦特区分了劳动、工作与行动。她把劳动看作那种生产生命自然需要品的身体活动，其产品没有持久性，因而没有世界性。而工作生产了某种使用物品，这种使用物品具有一定的空间性，人们使用它们并占有它们，形成了一个交换或使用的关系，工作产生人工物品，这些人工物品具有一种长久性，因而具有世界性。而行动是人类事物的言说和创造，这是一种产生公共事物并且把复数的人联结起来追求更好的生活方式的活动。在劳动中，人是自然性的；在工作中，人是物化的；只有在行动中，人是人性的。行动面向人类事务，展示人格力量，成为故事，成为精神文明，成为历史。行动依赖于人们一代代的持续在场，依赖于观看、记忆、追问、叙事，依赖于参与、经验、事件。阿伦特的行动概念具有亚里士多德的"实践"概念的意蕴。

阿伦特把行动看作一切政治生活的必然条件和充分条件，即每个人必须以一定的方式生活在人群之中，这种生活形式就是行动。行动致力于政治体的创建与维护。[①] 行动是公共领域中的政治性的活动。阿伦特所谓的行动的生活就是亚里士多德的政治的生活的（bios politikos）的重新解释，在奥古斯丁（S. Augustin）那里就是"交流或实践的生活"。行动的生活就是一种致力于公共政治事情的生活。这里必须广义地理解政治。政治生活服务于人类事务，政治是因为公共和集体，行动具有一种在场性，即与他人在一起的在场性，行动从来处于公共之中，而工作和劳动都是属于私人领域的。

实践哲学重新对实践概念的哲学化定义其实意味着在科学、技术、生产、

---

① 阿伦特．人的境况 [M]．王寅丽，译．上海：上海人民出版社，2009：2.

市场迅猛发展的时代对人的纯粹的生活世界与生活方式的肯定：一方面把实践哲学重新树为人文学科的基石；另一方面重新解释"实践"对于现代性处境中的"人性完善""美好生活"的意义，重新解释"人如何生活的问题"，也就是重新拯救"人性"。因为"构成实践的，不是行为模式，而是最广泛意义上的生活。……实践与其说是生活的动力（energein），不如说是与生活相联系的一切活着的东西，它是一种生活方式，一种被某种方式（bios）所引导的生活"①。只有在实践意义上确定生活本身，我们的人性及其发展才能被引导。否定独特的实践领域，等于就是否定人性独特的表现领域。

四、教育实践的构成性条件

我们能否把教育过程理解为实践哲学意义上的实践？甚至能否把教育理解为人类行动中最高形式的实践？亚里士多德以降的实践哲学并没有更多地讨论教育的实践品格。教育能否被纳入哲学的"实践"范畴？实践哲学以往是指政治哲学和伦理学，而没有谈论教育学或教育哲学。我认为，从教育扎根于人类实践和"生活世界"的角度来看，教育也是实践哲学范畴中的"实践"。

实践哲学只把政治、伦理等追求终极目的的行动，看作人的终极实践。因为有些行动虽然本身具有一定的内在价值，但行动本身服务于更高的行动，或者行动本身仅仅是工具性的，所以不属于实践的范畴。政治和伦理之所以是终极的实践，在于二者是人类追求美好品质和美好生活的根本方式，是直接促进人性的优秀与公共福祉的内在善的行动，即行动的过程、方式与内在目的直接与人的福祉和德性（人性的优秀与卓越）相关，这一类型的行动不具有从属于其他行动的工具职能，因而是终极的。在这个意义上说，实践是人类理性追求终极目的的行动，是以人为主体的行动。这一终极目的就是人的发展，通过社会的改造实现人的改造。在实践中，人性通过善的行动而得以美好，所以，那

---

① 伽达默尔.科学时代的理性 [M].薛华，高地，李河，等译.北京：国际文化出版公司，1988：79.

种构成了人整体上自我创造、自我提升的行动或生活方式，才是实践。① 因此，教育活动应该属于"实践"的范畴。教育行动的目的是终极的，与政治、伦理一样，不论是经济交易的，还是制作生产的，都可看作从属于教育的活动。

实践本身是内在善的，是在行动理由上正当的、正确的行动。因此，不是所有发生在政治领域的行为或者道德领域的行为都是实践，教育实践也具有这种内在的善性。正如那种破坏道德的所谓的"道德"行为就不是道德实践，或者那种违背正义的政治行为就不是政治实践，那种违背儿童的人性健全发展的"教育"行为不是教育实践。一项行动是否是实践，主要看其是否符合价值，是否能够符合目的所蕴含的应然标准。称得上实践的行动是合价值、合道德的，是善的。在这个意义上，实践本身具有伦理标准，也就是说，实践本身必须符合道德价值。② 实践本身是道德的行动，本身牵涉正当性（right）和正义性（justice）的问题，牵涉善恶的问题，牵涉行动上正误的问题。实践的正当、正确，不是说在方法上和手段上合适，而是意味着在目的、方式、动机上的价值合理性和正当性。③ 实践的这种道德性和价值性，是由实践行动的本质所蕴含的。

实践是人追求美善生活的价值行动，反映了人类行动的价值理念，反映了人对于正当的、理想的、符合价值的行动的渴望，反映了人对于自己行动的自

① 伽达默尔认为，实践意味着人类的自我设定的行动。（参见：伽达默尔. 赞美理论：伽达默尔选集 [M]. 夏镇平，译. 上海：上海三联书店，1988：69）伽达默尔发扬了实践哲学的传统，实践其实就是人作为主体的自我改造与发展的过程。这一点其实也是马克思主义主张的实践的主体属性和发展属性（改造世界与改造自我的统一）所包含的。实践哲学传统意义上的实践与马克思的实践观本质上不矛盾，因为实践哲学的实践把人看作政治、伦理、教育等人类重要实践的主体，而且这些实践形式不仅改造人的生活世界，如政治制度、社会风尚、教育体制等，也改造人自身，即促进人性的卓越发展（德性的内涵）。

② 实践本身的结构，只有在目的、方式、过程、结果、动机、手段等各个方面是善的，才是正当的，所以，实践本身的道德性是实践之为实践的根本特性。其他的行动本身都不具有这种道德性，只可能在行动的后果上具有道德性。如违反生态伦理的研究，它本身的行动结构是依据科学方法产生某种科学结果，这本身不存在道德与不道德的伦理问题，它的伦理问题产生于结果的运用上，也产生于研究者对于问题的选择上。又如，生产毒气或生产伪劣食品的制作过程本身（输入原料—制造产品）是不涉及道德的，而恰恰是生产行动之前的获利意图（人的意图、动机）以及产品本身的社会利益牵涉伦理问题，这恰恰是实践行动的内容。所以，实践及实践意识高于其他行动。

③ GADAMER H-G.The idea of the good in Platonic-Aristotelian philosophy[M]. New Have: Yale University Press，1986：166.

我约束和自我规范。也就是说，因为实践的规范性理想，行动者给予自己的行动重要的道德选择，使其真正地实现行动的目的和道德指向，如果没有这种对于实践的自觉意识，那么行动就不可能成为一种实践。一种行动之所以能够被评判为实践，就在于它是为了人的福祉与人性完善的道德行动。[①]

实践哲学的传统把政治和伦理看作教育性的实践。政治不仅是组织和创造共同的美好生活的形式，更为重要的是也是德性教化的形式（即引导人性优秀的形式）。从这点上看，政治与伦理的目的具有共通性：不仅仅是维护公共生活的良好秩序和品质，而更为重要的是人通过伦理生活的教化而实现人之为人的优秀品质。在人性的提升和灵魂的完善意义上，政治和伦理行动不过是教育的途径与方式，政治和伦理是为了教育而存在的。

从实践的规定性上看，教育是人类最重要的实践之一，因为教育实践是培育优秀人性的活动，指向人的福祉。教育不能被看作生产人的某些特定素质的过程，也不是为经济、政治和文化服务的活动。或者说，在实践哲学意义上，教育不是技术操作式的生产，而是价值实践，因为教育的目的与过程本身是向善的，是着眼于人的灵魂的完善与人性的优秀的。如果现实中教育是一种着力训练和发展人的工具性职能的方式，是柏拉图所谓的"服务于社会和个人赚钱意图的教育"，那么，这种教育仅仅生产着人的某些可以被使用的功能性素质，把人作为手段或工具加以生产。这种面向工具人生产的工具化教育根本不是教育实践。

教育培育人性，行动与目的是一致的。同时，教育不可能从属于任何其他的文化、经济、政治等活动，教育实践及其目的是终极的，不论是教育培养的人，还是教育自身，都无法成为实现其他目的的工具，不可能从属并服务于其他行动，因为人的发展是教育的根本目的。这一目的是终极性的，是自足、独立、完备的目的。

称得上实践的行动，至少具有五种根本的特性，那就是合目的性、合理

[①] 实践的规范性不仅说明实践的价值性，也说明实践是自我确立原则的。也就是说，实践具有关于自身的理想。这种规范性引导主体对于自己的行动的反思，即行动是否实践，重要的是反思我们的行动是否实践，反思我们的心智和心灵是否能够引发实践。

性、规范性、合道德性以及主体性的自我构成。这些特性是判断一种行动是否是实践的关键特征。教育是实践，意味着所有的教育行动应当符合这些特性。

1. 教育是一种目的性实践，它以培育优秀人性为目的

教育的这种目的是终极目的（telos），不是某个政府或者某些人随自己的意志所选择或确定的外在目的或目标，而且，这个目的是普遍的和永恒的，是人类称之为教育的那种行动本身所指向的本真目的，由教育行动的本质所包含。一种行动之所以是实践，就在于行动本身蕴含了内在善的目的，行动主体做出这种行动就意味着去判断和追求这种目的。所以，离开了这个内在目的，行动就不是实践，或者离开了这种实践，也就无法追求内在目的。从这个意义上说，教育行动必须符合内在目的。这意味着教育的内在目的规定了教育行动作为实践的特性，也排除了那些不是教育实践的"行动"和"行为"。

教育实践的目的性意味着实践主体必须具有目的意识或目的感。教育实践要求教育者具有目的感，具有对"内在目的""行动原则""正确方式"的认识和反思。目的意识就是以终极目的为教育实践的指引，即以目的为原则来反思、规范或指导教育行动。任何一个国家、任何一个教育者的具体的教育选择，必须追寻教育的真正目的，也就是说，追寻教育的终极目的而使行动符合目的。没有终极目的意识，也就意味着没有实践意识。工具化的、技术化的教育是没有目的意识的，这种"教育"仅仅把实现某种任意的外在目标作为终极目的，造成教育实践向工具性行动的倒退。

教育实践者具有目的意识，才能选择符合教育本真目的的行动。由于教育的本真目的是善的，所以符合教育目的的行动是保持教育实践善性（goodness）的根本方式。① 教育实践是培养人的美好品质的行动，其根本特性是向善，如果教育实践主体的行动不是为了人性的优秀，那根本就称不上是教育行动。一个真正的教育实践者就是认识到教育行动的成善属性并以此为理由而行动的人，他认识到教育本真的目的并以此目的作为自己行动的最高伦理准则，也就是说，他是由教育目的推动行动的人。

---

① 具有善性的行动才是实践。实践是人的生活形式，其根本特性是向善，所以，实践是善业、是向善的行动，实践行动具有成善的属性。

2. 教育实践依赖于理性或实践理性（practical reason）

教育事业以及教育行动存在着正当与非正当、善与恶、正确与错误的界限，所以，不论在国家的公共层面，还是在教育者个体层面，教育实践都需要运用实践理性进行判断与选择，需要实践者具有明智而健全的判断力。因此，教育实践是人的理性行动，其目的、价值、方式与结果必须经过理性的慎思、判断、审定和选择。教育实践是公开运用理性和德性的行动。[①] 德性即优秀（excellence）。对于一切可能做得更好或者没有做到更好反而做得更坏的行动来说，德性都是必需的。

人类的行动具有实践的意涵，是因为人所做出的行动是意向性的，同时也是经过理由辩护的。行动可能是有德性的、有规范的、有趣的、有境界的，这些都是实践形式可能所表征的。意向、意愿、深思熟虑表征一个行动必须具有意向，是有意愿的，是经过考虑的意愿，这是我作为 agent 的行动者的行动所表征的。实践理性的运用意味着教育实践需要寻找正确行动的目的、理由和方式，意味着实践者对教育目的与方式的正当性的反思。也就是说，教育行动者依靠实践理性去追问和提出正确行动的目的与方式，提出和反思教育行动的普遍原则，反思教育实践本身及其后果的伦理责任，从而形成正确的价值判断，并且明智地按照原则行动。这是教育者负责的、慎思明辨的理性精神。[②] 人类行动本质上是理性所引导、理由所响应的。人具有理由响应的能力！实践理性所提供的就是目的、方式、过程以及结果状态的理解与判断。这恰恰是实践的本质特征所要求的。这就是说，人有能力考虑据之以行动的理由，把行动放置在理性的引导之中。实践的结构性特征就是合理性和合目的性。

因此，真正的教育实践意味着教育实践者依靠理性的力量和准则，去分辨正确和错误、善与恶、正当与非正当、美与丑，使教育行为符合美好、善良和正义等价值标准。可以说，只有通过实践理性的公开运用，教育行动才能避免

---

① 阿伦特继承了亚里士多德的思想，她把行动看作发生在公共领域中的基于判断力而选择的行动，她区分了劳动、工作、消费、行动，把行动看作人性之教化和展示人性之优秀的根本方式，行动具有伦理性和政治性（参见阿伦特《人的条件》第三、四、五章，上海人民出版社 1999 年版）。
② 张汝伦. 历史与实践 [M]. 上海：上海人民出版社，1995：93–107.

盲目、教条、偏见、狭隘、封闭、愚蠢、轻率、麻木以及无责任心。

实践理性的卓越表现是实践智慧（phronesis），实践智慧不仅是理性智慧，也是伦理智慧，实践智慧既是实践者的判断力的表现，又是实践者的伦理慎思的表现。教育实践总是处于由习惯、信念、欲望、价值、利益、条件、环境等构成的活生生的关系之中，因此，需要教育者真正在教育的立场上分析各种影响教育行动的因素，明智而正当地做出教育行动的选择。所以，具有教育实践智慧是选择好的行动的基础，没有实践智慧，就不可能做出正当、正确的教育行动，就不可能正确地判断教育行动的目的、价值与方式。①

亚里士多德的实践智慧包含四个基本特征：一个瞄准德行的特别判断，一种正确的时间感，一种意识到失败可能的选择，一种确定的倾向。教育实践的构成性条件是承认之关系以及实践之知。实践之知（phronesis）是伦理之知，而不是技术之知，这种知识是实践者在具体的实践情境与实践行动中知了对行动的伦理要求。这与其说是一种知识，不如说是一种智慧。实践之知的伦理之知完成于实践行动之中。这种实践是人最重要的生活领域，或者用胡塞尔的生活世界概念来说，是先于科学的原初的生活领域，而实践智慧是人在这个重要的生活领域中重要的理性成就。智慧本身是实践的，智慧使得所有的行动呈现为一种成就、一种行动的成就、一种人格的成就。也就是说，智慧说明行动出自教化、教导、见闻和智识。实践必须由智慧引导，而智慧则由实践加以规定。

3. 教育实践作为规范实践具有规范性

规范性是人的实践行动的一个共有特征，即作为主体的人的行动的"规范性"（normativity）。实践的本质特征之一就是规范性，这是因为实践是受价值规范调节的行动。只要行动者的行动从属于价值规范评价，他们所进行的行动就是价值规范性的，因为他们的行动是由规范所构成的，规范本身说明了实践行动的正确性来源。规范行动是出于理由的行动，也是有原则规导的行动，理由是使得行动成为值得去进行、并且在伦理上以及行动的价值上是经得起考察

① 亚里士多德认为明智是明察对于人类是有益和善的灵魂的能力，涉及一种与正当的尺度相联系的行动品质。参见亚里士多德《尼各马可伦理学》1140b5。

的。理由是行动进行的辩护。

规范性判断是我们指导人类行动的关键。任何规范的目的就在于有效地约束或指导行动者，规范在人类生活中是普遍存在的，不仅存在规范性的指令话语，也存在规范的评价话语。规范性是指一个规范、理性、标准、原则、规则对于行动主体的行动具有主导意义，规范性主要是对行动者的规导、指导性，一个规范就是向我们发出命令、请求、祈使等。①

规范表现为指导实践的命令的陈述。这是一种价值陈述，或者是规范陈述，即具有价值意向性。规范指的是行动准则，是关于行动的应然或应该的陈述，一个规范能够向行动者施以某种命令、指导、倡导、要求，引导我们去做某件事，或者以某种应然的方式去做应该去做的事情。规范具有实践性、应然性等。规范是一个指导实践或行动的原则体系。

教育实践的规范也包括两个不同的层面：一是教育实践应当是什么，教育培养的人应当是什么；二是我们在教育实践应当做什么，应当怎样做。前者是教育实践的理想，后者是教育主体的行动规范。教育本质上是一种规范性实践，存在规范性问题。这是说教育行动是由教育理想或目的所限定并由伦理规范所规导的行动。

当且仅当一个行动本身是具有伦理规范制约的，当且仅当一个行动是由规范理由或道德理由支撑时，这个行动是规范的并且要求着行动者执行规范，即行动者完成行动需要执行规范或遵循规范或原则。这就意味着没有原则制约的行动不是规范性行动。

从教育的目的、行动方式来看，教育实践就是这样一种实践，即教育实践本身是规范性的、朝向善的、具有理性的形式和理想的目的，同时，教育实践受伦理原则或规范规导和约束。教育实践因为实践本身的规范性是以规范或原则的约束为基础的，这些规范本身是判断这种实践好坏的根本标准，而不是根据实践带来的某种后果。

---

① 徐向东. 道德哲学与实践理性 [M]. 北京：商务印书馆，2006：53.

4. 教育实践具有伦理标准

教育是一种伦理实践，是价值行动，教育和教学都是道德事业。教育实践行动一方面必须符合道德上善的目的，另一方面必须具有道德理由，反映教育实践的政策、措施、行动方式、方法手段必须是符合道德原则和具有道德价值的。教育实践培养具有道德品格和承担道德义务的人，是营造好社会的方式，因此，教育实践具有道德标准。根据这种标准，教育行动可以分为好的或坏的、正确的或错误的。[①] 任何缺乏道德价值的教育政策、违背道德原则的教育行为都僭越了教育的根本目的，都是教育的反面，即失去了教育价值，不是真正的教育实践。

教育实践的伦理特性意味着实践者必须具有伦理感和伦理承担。教育实践主体具有合乎价值地行动的义务，也就是说，实践主体的教育行动必须有教育终极目的的引导和约束，必须以实现教育的终极价值为己任，必须经得起道德价值的衡量，必须对自己的教育行动具有一种清醒和敏感的道德反思，使自己的教育工作与教育的伦理标准相符合。[②] 教育实践者实现教育行动的道德价值的义务，是他的教育实践本身所包含的，因为如果教育行动失去了道德价值，那就意味着他所发出的行动根本就不是教育实践。

5. 教育实践具有主体构成性

教育实践作为实践是由实践主体发出的。规范行动本身包含行动主体对规范的判断，这种判断既表示了行动者自身按照规范进行行动，即遵循规范的承诺（根据理性，他有义务做某事）。这是主体理性自觉的表现，他理性地选择了兑现对规范的承诺；同时又表示了行动主体有权利去遵循规范（根据理性，主体被允许可做某事）。当然，规范本身设置了行动的界限，不被许可的事情在理性上没有权利去做。

当教育研究主张了一个教育行动的法则（law）、规范或原则时，不仅仅是

---

① BIESTA G J J.Values and ideals in teachers professional judgement[M]//Gewirtz S，Mahony P，HEXTALL I，et al. Changing teacher professionalism. London：Routledge：184-193.

② CARR W. For education：towards critical educational inquiry[M]. Buckingham：Open University Press，1995：15.

描述了关于行动的本质的认识，而且也表明了客观的合理性理由，这种理由表现了一种召唤的结构，向理性主体表明一种情感和态度。这是因为规范是行动者自己给自己提出的法则、准则、规则，自己给自己提出的标准、理想或根据。

人的实践理性的判断使得自由意志向自身的自主行动提出了法则或原则。所以，理性主体的理性行动是建立在自己给自己立法基础上的，即理性行动由理由奠基、受原则规导。一个有自由意志的行动者通过确立规范及其检验标准树起了自己的心灵和意志的权威，这就是自治，即自由、自我主导，这种自我主导恰恰说明规范本身具有塑造行动主体的力量。

接受或遵循一个规范，也就意味着接受一种标准、接受一种评价，也就是为我们的行为确认规则或标准，意味着主体应当也将按照规则规导的方式行动，也意味着响应规范的召唤，承诺遵循规范而行动，而且这是好的行动的基础。好的行动不仅构造世界，也构造自我。

所以，对于实践的主体而言，教育实践对于实践的主体性具有构成性。只要是实践，在合目的性、合价值性与合伦理性意义上，就对实践主体具有生成性。实践主体是能动者（agent）。能动者的含义是符合理性（being rational）和具有能动性。符合理性，意味着对于行动提出合理性的理由，或者依据理性推理行动的原则并遵循原则而行动，即指导自己的行动。具有能动性，则意味着具有主动自发地完成某件事情的意向。主体依据理由或者依据行事的理由与规则则内在地将行动者的行为指向了规范与规范性。实践所具有的基本形式召唤行动者把自身作为一个实践的实践者，作为一个目的的理解者和判断者，作为行动理念和原则的认识者与实践者，作为实践理由的理性辩护者而存在。这样行动者即实践者成为实践的内在构成。因此，在实践中，实践者在展示着自己的人格、能力、品质、感受、价值、取向，实践者成为实践的重要源泉，实践者发现自己的主体性成为实践是否实现内在目的的条件。实践者展示自己，表达自己的实践承担，表现自己的行动是值得的。我们的主体性不仅构成了实践，我们处在实践之中，同时实践也处在我们之中，实践也导致了我们的自我构成（self-constitution）的形式。①

实践是主体参与的互动，而不仅仅是主体对客观世界的改造，或者是对产品的创制性劳动。因为在这之前，得有主体与世界的互动。这不是把世界看作客体，而是主体以融入世界的方式与世界发生了共感且参与的关系。没有这一关系，主体与世界在存在论上就是分离的，主体对世界、对创制产品仅仅就是一种物化，而其间不会有交往关系。而物化则是与世界的糟糕的关联方式、相互扭曲的方式，因为没有互动的共感且参与的承认，世界与人之间是疏离的，世界可能被遮蔽，而人的生活或实践会被毁坏。

五、教育实践的枢纽地位

甚至能否把教育理解为人类行动中最高形式的实践？

亚里士多德在《尼各马可伦理学》中把人的终极实践看作追求最高的善的行动，最高的善是人的福祉和人的德性完善，即灵魂的完善，这也是人的幸福（eudaimonia）的内涵。因此，最高的实践是完善人的德性、完善人的灵魂的行动，即是为了人的发展的。② 这意味着人是实践的终极目的。马克思主义的实践观也强调，人的发展是社会发展的最终目的，历史以人的存在为前提，其目的是人。所以，实践的终极目的，也就是最高目的是人的发展。③

实现终极目的的行动就是最高的行动。④ 人类行动多种多样，在众多的行动及其方式中，增进人类的福祉和灵魂卓越的行动是终极的或最高的实践，因

---

① 科尔斯戈德.规范性的来源 [M]. 杨顺利，译.上海：上海译文出版社，2010：中译本序言.
② "如果有一个行动的目标，我们因它自身而欲求它，其余的目标也只是因它之故才欲求；……那么显然，这样一个目标就是终极目的，是最高的善。"（亚里士多德《尼各马可伦理学》1094a20）。
③ 马克思主义认为，人的任何实践活动都以个人的存在为前提。这一观点也印证了本文提出的教育实践的终极目的是人的发展的观点。人是实践的目的，教育实践是人的存在形式之一，是属人的，也是为了人的，教育实践是最高形式的实践，意味着教育以人的发展或完善为目的。因为人的发展是终极目的，所以致力于此目的的教育实践是最高形式的实践。
④ 欧克肖特（M. Oakeshott）提出，政治实践所追求的目的是非实质性目的，而不是实质性目的，非实质性目的都是不可工具化的目的，实质性目的都是可工具化的目的。实践拥有的目的是非实质性的目的 telos（参见欧克肖特《政治中的理性主义》157–193 页，上海译文出版社 2003 年版）。我认为，非实质性的目的是终极目的，telos 一词的正确翻译应当是终极目的。

为没有比人类福祉和灵魂完善更高的目的或行动。毫无疑问，人类众多的行为存在层级和秩序，在这些行动体系中，工具性行为归属于本身就是善的行动，技术性操作归属于目的性行动。因为实践实现的是终极目的，所以它统摄其他的过程性或手段性行动。也就是说，既然实践实现的是终极目的，既然工具性行动是为实现终极目的服务的，那么，工具性的目标和行动是从属于最高的善与最高的行动的。（亚里士多德《尼各马可伦理学》1097b）

教育本身是为了人的灵魂的完善，其行动是灵魂完善的过程，即是人的发展的方式，人类其他活动如经济的、生产的、艺术文化的行动在目的次序上从属于人的发展的目的。人的发展是终极的，因此，实现人的发展的活动不是工具性活动，从灵魂的完善、精神的变革、人性的提升来看，教育目的是非实质性的目的，不可能成为实现其他目的的条件价值和手段价值，再也没有比这更高的目的，因而是终极的目的。从这个意义上说，教育实践是实现终极目的的最高形式的实践。[①]

教育的终极目的是构成性的，也就是说，追求终极目的是教育之为实践的标准。教育行动的正当性，依赖于教育的终极目的的实践，终极目的是实践应当追求的，因为人的发展作为教育的终极目的是正当的、是内在合理的。[②] 不论是教育制度的选择，还是教育观念的运用，不论是学校的管理行动，还是教师的教育教学行动，只有符合了教育的终极目的，才能获得价值上的正当性，才能称得上是进行教育实践。[③] 如果教育没有把人的发展作为终极目的，或者教育仅仅把某些工具性目标作为终极目的，那么，教育就放弃了它应当追求的根本目的，这种教育就不是真正意义上的实践。

终极目的是非实质性目的，而不是工具性的实质目的。这意味着教育的终极目的不是具体的实质性目标，学习成绩、升学率、服务于经济增长等都不是

① 实现终极价值，往往要借助于一定的手段善或工具善，或者说，借助于工具目的，但是如果把手段善或工具善作为终极善而追求，那么，终极目的就被僭越了。正当的价值秩序是工具价值服务于目的价值，即手段价值服务于目的价值，如果把手段当作目的，就是价值错位。

② 就人类的实践而言，正当意味着应当，正当的行动就是应当的行动。

③ 正义以终极善或价值为目的，如果违背了道德善，就根本谈不上正义和正当，不善的事物或者恶的事物怎么是正义的呢？

教育的终极目的，因为它们都是工具性的实质目标。教育作为培育人性、完善灵魂的发展人的实践，不能把工具性的目的作为终极目的。也就是说，教育不能把人性作为工具来培养，因为人性不能作为手段。如果把实质性的工具目的当作教育的终极目的，那就意味着工具目的僭越或湮没了终极目的，意味着教育本身和人性都被工具化了。[①]

　　为什么说教育是人类最高形式的生活实践？为满足人的自然需求的生命活动或生产活动是最低级的活动，虽然满足人的精神愉悦感受需要的艺术活动高于满足自然需要的活动，但还是低于满足人的美善生活需要的政治活动或伦理活动，政治或伦理生活高于生产生活，而沉思或理论的活动更不受制于日常生活的需求，并且实现了人的最重要的部分（理性美德）。尽管政治与伦理行动是人性高贵所在，体现了真正的人性，但是，由于沉思使得人分有人性，所以理论是最高的实践形式。（亚里士多德《政治学》1235b15ff）海德格尔在《给人道主义的一封信》中重述了思在展现事物之存在的存在论地位，他实际上还是把思看作终极性的实践行动。他的学生阿伦特则勇敢地主张沉思其实是疏离实践的，她把公共领域中的行动看作最高形式。教育是一种公共行动，其面向人性的完善。这一点说明了教育的实践属性，即教育的本质就是教育的目的，或者说教育目的内在于教育的本质，内在于教育行动之中，教育是实践哲学意义上的实践。与理论与制作（生产）虽然相关但截然不同。政治的任务是实现美善生活，即实现幸福，这一方面依赖于德性，同时也在完成德性，甚至我们可以说政治是为了人的完善的，因此，政治是为了教育的，伦理本身就是教化，人性的完善的教育是最高形式的实践。

　　在教育中，人的精神受到启蒙、陶冶、培养和发展，从而使得人的精神在变革中更新、成长、完善，这是教育之为教育的根本。尽管人类期望教育实现其他的目的，如使受教育者获得知识、经验、职业能力等，但这从属于人的精神整体健全发展的目的。所以，人的精神的健全成长、灵魂的提升和德性的卓越发展是教育的终极目的，这个目的不可能成为实现其他目的的手段，因为这

[①]　我认为，康德关于人及人性永远是目的而不是手段的观点是正确的，因为，人如果可以是工具，那就意味着对人的尊严的贬低，对人的压迫和利用就是有理由的了。

是自足终极的、本身就是善的，教育实践是内在地蕴含这一终极目的的行动，人类的教育再也没有比这一终极目的更高的目的，也没有比实现这一目的的教育实践形式更高的实践行动。①

　　尽管在教育外部，在教育事业之外，人类具有其他的非常重要的行动，但是，教育实践促进人格精神的发展，把人性引向崇高和完满，把精神引向健全与丰富，人类没有任何的其他行动高于这一行动。我们不能说促进精神健全发展、把人性引向崇高的目的是经济增长，或者说人的发展是为了增加社会或国家利益，或者是为了社会的和谐稳定，因为这样都把人性当成了手段。在教育内部，尽管存在着多种多样的有价值的教育行为或活动，但是，只有为实现教育的终极目的服务，具体的活动才具有价值，也就是说，教育的种种活动的价值合理性在于促进人的精神完满和人格健全发展。在教育的实践结构中，尽管我们有学习知识的活动，有课外活动，有体育活动，有艺术活动，等等，但这些层级的活动只有归属于最高目的即人的发展才是有意义的，是否归属于终极目的就是评判这些具体活动的价值的方式。

　　如果教育仅仅培养获得知识的能力，或者进行某一种特定化的工作技能训练，那仅仅是在训练人的部分能力，很难说是在完善灵魂和提升德性，很难说是促进人的健全发展。灵魂的完善意味着人完整的精神成长，不是单纯的认知能力的形成。面向终极目的的教育实践，不是单纯的理智能力的训练和知识的堆积，更不是为了获得考试成绩和竞争某种社会地位，那样的教育放弃了教育的终极目的，即忽视了教育促进精神健全发展的使命。如果教育的目的背离了这点，教育就失去了正当性，或者说，那样的"教育"就根本没有做正确的事情，所以根本就不是教育实践。②

---

①　教育是人的精神共同成长的家园。人通过教育才能获得人之为人的精神本质。教育其实创造了人类共同的教化方式，人在其中获得启蒙、陶冶、培养和发展，从而使得人的精神本质得以实现。因此，离开了促进人的精神达成优秀的终极价值，教育就不是教育。教育只有把作为终极价值的价值作为自己的目的，才能创造合乎人性的形式。

②　人的精神的完满发展，意味着人的行动不断地追求超越和完善，追求人格的优秀。人的精神的完整性体现在这一过程之中，人格发展不是仅仅以道德、知识或者能力为表征，发展某些特定素质是精神成长的途径，是为精神成长服务的。在这个意义上，教育面向人的完整精神的发展，而不是以仅仅教授知识或者提升某些特定素质为全部内容。

教育作为最高形式的实践，是教育实践的本质所规定的。如果真正能够把教育实践作为人类最高的实践形式，可以把教育与制作或生产分开，便能够对近代以来的教育的工具化进行反抗，这是对人的教育的一种理论上的拯救。

六、现实的教育向"实践"的回归

在现代性转型中，教育或被当作制作或生产模式，遗忘了教育的实践属性，即面向人性之善与生活之善的实现的本质。这是教育乃至人类面临的根本挑战，功利性的生产僭越、扭曲了实践，生活的实践之知被面向生产的实用功利之知所取代，生活之善的问题被生活之利的问题所取代。在教育中生命如何谋利的素养取代了人性如何实现善好的品质或精神。教育越来越实利化和狭隘化。

理论与生产都是为实践服务的，尽管它们具有独特的目的，但是它们的目的只有服务于人的总体的统摄性目的，它们才是处于秩序之中的。近代的理论逐渐远离了人与世界的总体的秩序，而不再关注总体关系，而只是把自身放置在实证化的因果关系的解释之中，说明确定的事实，只服务于生产过程，而离实践领域越来越远了。

教育学所谓的科学化技术性地对待人的教育行动，如人的成长行动。用数据化和技术化的模式解释人的生命实践，就会扭曲对人的认识，把教育看作一种生产某种产品的过程。

当教育实践衰退为生产工具人的操作行为时，探询教育实践之真义就显得特别困难。然而，这一困难也说明，教育本身亟须重新唤醒实践意识，并积极地使自身成为真正的实践，因为教育的工具化和技术化不仅扭曲了实践本身，而且也扭曲了指陈实践的理论和思想，当然，提供技术方案的教育理论迎合了教育的工具化，从而变本加厉地扭曲了教育实践。

教育实践是规范性的，是我们集体主体和个人主体所发出的积极追求善的行动。回归教育实践，不是简单地适合或迎合实际，而是让教育行动成为一种伟大、高尚、美好的伦理行动。如果教育行动仅仅是技能化的操作行为和操作程序，仅仅是追求实质性目标的工具行为，不需要价值意识和伦理反思，没有必要进行实践理性的判断，不需要伦理智慧和道德追求，那么它们就不可能是教育实践，所以，对于教育现实来说，必须考虑如何把教育行动上升为规范性的教育实践。

唯有教育成为人类追求美善生活和优秀人性的行动，它才是实践。教育行动虽然是发生在具体的历史与社会境况中的，但是，如果面向终极目的，教育实践就会按照终极目的规定的"价值应然"观念来改造教育的现实秩序，即把教育目的包含的终极价值赋予教育的结构和秩序，从而使得教育行动符合人的健全发展的目的。所以，教育实践是把美好、高贵、正当等价值给予现实，使得现实的教育完善，并带来人性和精神的变革。这样的实践如果不是人类的根本行动，不具有价值重要性。那什么样活动和行为对人来说才是根本的和最高的呢？

"回到实践本身去！"这也许是本文对国家、社会、学校、家庭和教师提出的一种请求。对于现实中的教育制度选择、学校发展、课程设计、教育教学等种种行动来说，重要的是回归实践，即让教育行动成为真正以人的健全发展为原则的实践。我们现实教育的种种扭曲，正是违背了教育的终极目的，"学校"不成为学校，"教育"不成为教育。现实中的工具化和技术化的"教育"，迎合了生活的经济化和技术化，但是却把教育缩减或降格为失去价值意识和伦理反思的训练社会工具与经济工具的控制技术。让教育成为实践，也许是我们对真教育最为急迫的希望和呼唤。

在这个意义上，教育理论是否回归"实践"，就不是看与所谓的教育实际联系是否紧密，而是看它能否真正想象美善、崇高、正当的伦理价值，能够言说或辩明教育的终极目的以及对教育实践的意义，辨析教育行动的理由与原则，探寻正当和正确的教育行动，并以此来引领和塑造教育行动主体的实践心灵，激发或启迪所有教育者的目的感、"实践"意识和"道德感"，引导他们形成慎思明辨的实践能力，引导他们真正地把教育行动提升为实践。这个意义上的教育理论，才真正回归了实践。①

---

① 　金生鈜.教育哲学是实践哲学 [J].教育研究，1995(1)：17–22；金生鈜.论教育哲学的实践意识 [J].高等师范教育研究，1992(1)：15–18.

项贤明

南京师范大学教授

关于教育学之解释力和批判力的一个验证①

.

教育学作为一门社会科学，其有效性和可靠性一直受到质疑。在世界各国教育改革和发展的实践中，我们的确也看到了教育学的苍白无力。如果说牛顿的绝对时空观无法解释宇宙中很多现象，这不能说明物理学这门经典科学本身不科学，因为随后的爱因斯坦相对时空观重新赋予了物理学以解释力。那么，教育学面对社会现实教育问题苍白无力的表现，到底是这门学科自身之科学性的问题，还是我们用来解释和解决社会现实教育问题的具体理论模型存在问题？或者说，教育学对现实教育问题到底有没有可能具有解释力和批判力？本文试图通过例证来从理论上给出一个肯定的答案。

一、社会科学的解释力和批判力

作为一个经常出现在教材中的科学哲学常识，我们知道，"科学活动的目标之一是，对于为什么事物会发生或者为什么事物是它们所展现的那个样子给出解释"②。所有科学都是我们用来解释这个世界的理论体系，它以经验为基础

---

① 项贤明教授在本课程中的实际讲题为"教育活动中的主客体关系"，演讲时间为 2016 年 10 月 19 日。本文为项贤明教授提供的另外一项成果，已经发表于《北京大学教育评论》2018 年第 2 期。

② 毕夏普．社会科学哲学：导论 [M]．王亚男，译．北京：科学出版社，2018：319.

并高于经验因而更加具有可靠性和普适性。技术可以建立在这种理论解释基础之上，也可以建立在经验基础之上，但建立在科学理论基础之上的科学技术较之经验技术具有更大的可靠性和可迁移性。一门科学的生命力，往往集中表现为其理论对研究对象的解释力；而社会科学的生命力，则主要体现在其理论对相关社会现象和观念的解释力与批判力上。

科学是人类解释世界的理论体系。"所谓理论就是一些系统地联系在一起的命题，包括在经验上可检验的某些规律似的概括（law like generalization）。"①这些命题的真与假，除了需要基于经验事实的逻辑论证外，最终还要回到实践中去接受检验。我们今天来谈教育学的科学性问题，当然离不开社会科学哲学最新进展的大背景，这个背景就是"实证主义科学哲学的消亡，或者更确切地说是向约定主义（conventionalism）的转变"②。我们已经认识到，"不仅是社会科学，而且所有科学都存在着不稳定的传统连续性，在这种连续性中持续着各种解释的冲突"③。这种充满解释冲突的不稳定传统连续性表明，在科学王国里根本不存在永恒真理，科学的目的不是在变动不居的万事万物背后发现永恒不变的绝对真理，而是要面对事物的发展变化不断修正其解释模型。社会科学自然也不例外，正如哈佛大学的荷曼斯（G. C. Homans）在其《社会科学的本质》一书中所言，"社会科学最大的困难不是发现而是解释"④。对各种社会现象是否能够提出具有解释力的理论模型，这是包括教育学在内的所有社会科学的命脉。

人类对万事万物的解释总体上有两种，一种是机械论（mechanism）的解释，另一种是目的论（teleology）的解释。"如果我们希望寻求更深入、更具备普遍性、更强有力的解释时，我们应该采用机械论的解释。"⑤尤其是在自然科学中，目的论的解释之局限性是显而易见的。在自然科学中，自然界本身没

① 鲁德纳.社会科学哲学 [M].曲跃厚，林金城，译.北京：生活·读书·新知三联书店，1988：20.
② 奥斯维特.新社会科学哲学：实在论、解释学和批判理论 [M].殷杰，张冀峰，蒋鹏慧，译.北京：科学出版社，2018：91.
③ 同②.
④ 荷曼斯.社会科学的本质 [M].杨念祖，译.台北：桂冠图书股份有限公司，1991：61.
⑤ 李万中.思维的利剑：批判性思维让我们看清自己看清世界 [M].北京：清华大学出版社，2017：123.

有目的；但在社会科学领域，人类是有目的的，然而客观社会历史过程本身是没有目的的，因此我们尤其应防止目的论解释在社会科学领域的滥用。"我们要用社会学、经济学、政治学等社会科学中所提出的假说和理论来解释复杂的人类社会现象，而不是将其拟人化然后再采用目的论的解释。"① 这些社会科学的假说和理论，一般都属于机械论而非目的论的解释，但目的论解释在社会科学中也大量存在，譬如我们以一个人的某种内在动机来解释我们观察到的他的某种行为的原因。不过，科学的解释与一般目的论解释不同，它还必须接受验证，即以可靠的方式确证这种动机的实际存在。这既是科学和迷信的分水岭，也是我们严防社会科学滑向某种主观迷信的关键点。

不过，我们也不能因此就认为社会科学的解释模型是独立于我们主观世界的、某种坚不可摧的客观事实的自我显现。科学哲学的研究早已证明，科学的解释力并非来自发现客观事物不得不如此的某种规则，而是建构某种可以解释客观事物为什么如此的规则。这些规则或定律，亦即科学的解释模型。正如弗拉森（B. C. V. Fraassen）所言，"科学活动是建构，而不是发现：是建构符合现象的模型，而不是发现不可观察物的真理"②。包括教育学在内的社会科学，其研究活动的实质不是在教育或其他社会现象背后发现某种先验的真理，而是以经验事实为基础，按照逻辑的和历史的相统一的原则，在理论上建构能够有效解释这些教育和其他社会现象的理论模型。一种理论模型能够解释我们面对的相关社会现象，它就是有效的理论；一旦它无法解释某种相关的社会现象，我们就必须通过进一步的研究来修正抑或否定这一理论。也就是说，所有社会科学的解释模型都是人建构的，因而是可错的，并且也因此是可批判的。当然，社会科学批判的对象并不限于各种解释模型。

社会科学的解释力与自然科学有着重要的差异。其中最重要的一点就是，"对社会科学的解释涉及人的自由的行为，人的自由既不能简单地归结为语义

---

① 李万中. 思维的利剑：批判性思维让我们看清自己看清世界 [M]. 北京：清华大学出版社，2017：123.

② 弗拉森. 科学的形象 [M]. 郑祥福，译. 上海：上海译文出版社，2002：6–7.

学，更不能归结为因果关系，由于涉及解释者的参与，就不能排斥语用学了"①。罗森博格（A. Rosenberg）提出，"不要把科学看成真理之间的抽象关系，而要把它看成一种人类建构、一种信念、一些我们在世界之中可有效运用的方法"②。因此，理论体系内部的逻辑自洽只是其成立的必要条件之一，要证明一种理论解释模型的生命力，还要回到社会实践中，看其是否能够行之有效地解释或解决我们面对的实际社会现象和社会问题。在社会科学领域，我们不可能找到某种绝对客观的真理，同时我们也不能因为找不到这样的绝对客观真理而陷入相对主义。社会科学解释模型的可错性和可批判性本身就说明了其与相对主义的不兼容性。社会科学对其解释模型不断进行修正、否定和更新，恰恰是持续保证这些解释模型有效性的根本措施，这也是社会科学自身不断发展的实质所在。

与自然科学的生命力主要表现为其对自然现象的解释能力不同，社会科学由于涉及主体和权力等，其价值和生命力不仅在于它对社会现象的解释力，还表现在对社会现象和观念的批判力上。所谓"批判力"，指的是社会科学在认识社会现象和观念，包括认识社会理论的过程中，表现出来的一种质疑、否定和推动进步的力量。面对纷繁复杂且变动不居的社会现象和观念，社会科学需要不断修正或改变其解释模型才能持续保持其科学的生命力。因此，就社会科学自身的发展而言，批判力也是十分重要的。巴斯卡（R. Bhaskar）的批判实在论认为，"在自然科学中，知识的对象独立于关于对象的知识生产过程外，而在社会科学中，关于对象的知识生产过程与所研究的对象的生产过程具有因果的、内在的相关性"③。由于解释者自身的社会语境和价值立场等的影响，这些意义的建构本身却可能在显现实在的过程中实现对实在的遮蔽："意识既可以是真的，也可能是假的，因而任何企图理解它的努力都必定能划分出这一区

---

① 闫坤如. 科学解释模型与解释者信念研究 [M]. 北京：中国社会科学出版社，2016：66.
② ROSENBERG A. Philosophy of science：a contemporary introduction[M]. London：Routledge，2000：37.
③ 殷杰. 当代社会科学哲学：理论建构与多元维度 [M]. 北京：北京师范大学出版社，2017：200-201.

别。社会分析不能只是描述，它还必须是（可能的）批判的"①。在教育学研究
领域，唯有凭借教育学的批判力，我们才可能辨别那些关于教育现象的既存解
释模型的真假，才可能辨别某些被我们当作教育改革前提和目的的问题之真
假，才可能穿透蒙在某些理论上的看上去很美的"面纱"而直视其本质。如果
说解释力是社会科学有效性的基础，那么批判力则是社会科学进步的动力，它
能够让我们发现别人未能发现的问题，看透别人未能看透的实质。

　　社会科学批判的观念对象多数时候主要指的是那些"指导社会团体成员行
为的假设、价值观和目标"②，亦即一般意义上的"意识形态"。为了避免因对这
个概念的不同理解而产生误解，本文将尽量避免直接使用"意识形态"这个词
来表达这个概念。批判是我们防止社会科学理论教条化的重要手段。"一种一
以贯之的批判主义不允许任何教条，在每个可能的权威方面却必然包含一种可
误论。"③不仅我们的社会科学理论是可误的，公共政策是可误的，看似眼见为
实的调查结果是可误的，而且那些权威的经典理论和思想也同样是可误的。即
便这些经典理论和思想已经得到广泛的认可，成为指导社会团体成员行为的基
本准则，即便它们一直被所有人都认为是正确的，也不能否定其内在必然包含
着可误性，以及由此而来的接受检验的必要性。

　　社会科学理论的解释力和批判力有赖于其解释模型的可检验性，因为"可
检验性是合理性的必要条件"④。正如卡尔那普（R. Carnap）所言，"一切由科学
概念构成的命题原则上都可以确定其真假"⑤。因此，所有科学理论都是可检验
的，或者用波普尔（K. R. Popper）的话来说，是可证伪的。在波普尔看来，"知
识，特别是我们的科学知识，是通过未经证明的（和不可证明的）预言，通过
猜测，通过对我们问题的尝试性解决，通过猜想而进步的。这些猜想受批判的
控制，就是说，由包括严格批判检验在内的尝试的反驳来控制"⑥。从思维特征

---

① 特纳，罗思 . 社会科学哲学 [M]. 杨富斌，译 . 北京：中国人民大学出版社，2009：62.
② 奥尔森 . 社会科学的兴起：1642—1792[M]. 王凯宁，译 . 北京：科学出版社，2018：5.
③ 阿尔伯特 . 批判理性论：增订第五版 [M]. 朱更生，译 . 杭州：浙江大学出版社，2016：36.
④ 鲁德纳 . 社会科学哲学 [M]. 曲跃厚，林金城，译 . 北京：生活·读书·新知三联书店，1988：5.
⑤ 卡尔那普 . 世界的逻辑构造 [M]. 陈启伟，译 . 上海：上海译文出版社，1999：325.
⑥ 波普尔 . 猜想与反驳：科学知识的增长 [M]. 傅季重，纪树立，周昌忠，译 . 上海：上海译文出
版社，1986：1.

来说，科学多采用机械论的解释模型，而"与目的论的解释不同，机械论的解释是可以用实践检验的"[①]。可检验性是科学的一个普遍特征，是我们用来判别科学与迷信的试金石。社会科学之所以是一种科学，也是由于其可检验性。只有不断回到社会现实中去接受检验，社会科学才能证明其解释模型具有解释力和批判力。教育学若承认自己是社会科学的一分子，它也同样必须面对并且不断地、永远地面对这样的检验。

二、作为一个例证的理论模型

本文以我在《泛教育论：广义教育学的初步探索》一书中提出的一个关于教育活动中主客体关系的解释模型作为例证，来尝试检验其有效性，证明教育学具有解释力和批判力的可能性。关于这个解释模型的论证，限于篇幅，这里不再重复展开，我们这里先简要阐述这一理论模型，然后联系实际教育问题集中进行有效性的验证。这个理论模型的形式化表述就是这样一个命题："教育是作为主体的人在共同的社会生活过程中开发、占有和消化人的发展资源，从而生成特定的、完整的、社会的个人之过程。"[②]我以图1[③]所示的形式来呈现这一抽象的理论模型。

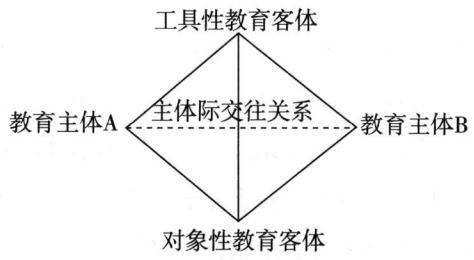

图1 关于教育活动中主客体关系的解释模型

---

① 李万中. 思维的利剑：批判性思维让我们看清自己看清世界 [M]. 北京：清华大学出版社，2017：124.

② 项贤明. 泛教育论：广义教育学的初步探索 [M]. 太原：山西教育出版社，2000：40.

③ 同②37.

　　首先简要阐述这一理论模型中的几个基本概念。在这个菱形模型中，教育主体即参与到教育活动中的人，无论这个或这些人是教师、学生、家长还是其他什么人，只要他（她）或他（她）们参与到教育活动中了，便成了教育主体。需要特别说明的是，在这个解释模型中，教育主体有着四重表现形态，即个人、小型集团、大型集团和人类。个人形态的教育主体即参与教育活动的现实的社会的个人。小型集团形态的教育主体指的是参与到教育活动中的小型社会群体，这些社会群体与个人的日常生活直接相关，其成员活动较为直接，如家庭、班级等。大型集团形态的教育主体是指参与到教育活动中的大型社会群体，这类社会群体多以文化和意识形态的认同为基础，与整个社会总体结构直接相关，如民族、阶级、政党等。人类形态的教育主体是教育主体的最高层次，人类的发展是人的教育所追求的最高目标和终极结果。在这个菱形示意图中，无论是教育主体 A 还是教育主体 B，都可能是这四重形态中的某一种。工具性教育客体是指人在教育活动中使用的各种中介手段，如语言、教材、教具等；对象性教育客体是指我们在教育活动中要开发利用的人的发展资源，包括科学文化知识、道德、经验等。人通过教育这种实践活动实现主客体统一，从而将这些发展资源转化为自身的本质力量，实现人的发展。工具性教育客体和对象性教育客体还有更细致的分类，由于对本文的验证影响不大，这里不再赘述。要特别强调的是，模型中连接两个教育主体的是虚线而非实线，意在突出主体际交往关系永远要借助于客体中介，简单地说，也就是我们永远不可能直接面对和把握另一个主体的主观世界，因此，这个模型并不违背主客体相关律。

　　我在《泛教育论：广义教育学的初步探索》中试图用这个理论模型来揭示教育的本质，也就是要解释到底什么是教育。这个模型适用于包括学校教学在内的各种教育现象。为了方便理解，这里我们以学校教学为例来说明这个理论模型是如何解释教育活动的。我们假设教育主体 A 是一名（或多名）教师，教育主体 B 是一个或一班学生。作为教育现象之一的学校课堂讲授性的教学，不过就是这样一个过程：教师（教育主体 A）用他说的话、他在黑板上写的字和画的图、他的体态语等（工具性教育客体），把他希望学生理解和掌握的科学文化知识（对象性教育客体），以他认为他的学生容易理解的方式表达出来；他的学生（教育主体 B）通过对老师的话、字、图、体态语等（工具性教育客体）进行解释，认识和理解了某种科学文化知识（对象性教育客体），形成自身的能力、技能或素养。这就是一个典型的教育活动过程，教育的本质也就体现在这样一个过程之中。这个解释模型还反映了教育过程在很多时候是双向的。譬如在这个讲授性的教学过程中，学生（教育主体 B）也通过他们的各种反应向教师（教育主体 A）传达着信息，这种信息对教师的专业发展和个人发展都是有价值的。因此，用 A、B 来区分教育主体，仅仅是为了行文中指代方便，并非强调教育活动的某种方向性。教育现象无时无刻不发生在我们的社会生活中，教育活动中主体之间现实的、具体的关系也是多种多样的，但在教育学理论中把它抽象成这个菱形图所示的主客体关系，从而完成了从具体到一般的认识过程，建构了这样一个超越特殊性的具有普适性的理论模型。

我们这里只是以课堂讲授性教学为例，实际上，对社会生活中所有的教育现象，这个理论模型都是普适的。譬如我们常说的"听君一席话，胜读十年书"，这是一个社会生活中经常出现的教育现象，我们仍然用这个菱形图示的理论模型来尝试进行解释：君（教育主体 A）用一席话（工具性教育客体）表达了某个道理（对象性教育客体）；我（教育主体 B）通过理解这一席话（工具性教育客体）明白了这个道理（对象性教育客体），丰富了我的主观世界，实现了我的发展。

再举一例来说明这个理论模型的普适性，如我们社会生活中的经常性活动——读书。对读书这样一种自学性质的教育现象，这个理论模型同样可以做出简洁的解释：作者（教育主体 A）通过其著作中的文字、图表等（工具性教育客体）表达和阐释了某种知识、原理或其他观念（对象性教育客体），作为自学者的读者（教育主体 B）通过理解著作中的文字、图表等（工具性教育客体）掌握了那种知识、原理或其他观念（对象性教育客体），其结果是自学者自身获得了发展，一个教育活动过程得到阶段性的完成。

我们还可以将这个解释模型应用于其他教育现象，无论是在教室、校园、客厅、车厢、工作间或其他什么地方，我们都可以用这个解释模型来对教育现象进行描述和分析。理论模型的这种普适性源自其对解释对象本质的认识，并且反过来也说明了该理论模型对其对象本质的把握，因为只有认识和把握了对象的"质的规定性"，理论模型才可能获得对所有相关对象的普适性。一旦这种普适性失效，也就意味着该理论模型需要进行修正或被新的理论模型所取代。科学的理论模型总是处在这样一种等待被证伪的过程之中，从这个动态的过程来说，其真理性恰好来自这种未被证伪的状态。就此而言，詹姆斯（W. James）的这段话说得并非毫无道理："一个观念的'真实性'不是它所固有的、静止的性质。……它的真实性实际上是个事件或过程，就是它证实它本身的过程，就是它的证实过程，它的有效性就是使之生效的过程。"① 波普尔揭示了这种动态"证实"的真理观之内在矛盾，并以"证伪"的动态过程取而代之。一个科学理论模型的"证伪"过程，也就是其普适性的不断验证过程。其普适性的失效，也就意味着这个科学理论模型被证伪。这是同一个过程的不同方面。

这个菱形的理论模型运用关于主体际关系的交往行动理论等，以社会生活中相关的经验事实为基础，进行分析、抽象和概括，从而建构起来。正如前文所述，无论是以实验的方法，还是以从公认为真的前提出发通过逻辑推导而得出结论的方法，其结论只要是一种理论，就一定是人用来解释某种社会现象的主观建构的产物，而不是某种可以放之四海而皆准的纯粹客观真理。这个菱形图所示的理论模型本身当然也包含着我作为解释者的某种信念，但通过理论论证达成的超越个人视域的主体际视域融合，赋予了这个理论模型真理性和普适性。从主体际性的角度看，我们的认识并非来自独立于我们的客观世界，也不是来自孤独个体的内省，而是来自我们的交往行动，来自文化历史。在科学中，"我们称之为'说明'或'理解'的东西最终取决于我们与世界之间正在进行的相互作用以及我们彼此之间的相互作用"②。撰写本文进行有效性验证的过程，其实也是这种"我们彼此之间的相互作用"的一部分。

---

① 詹姆士. 实用主义：一些旧思想方法的新名称 [M]. 陈羽纶，孙瑞禾，译. 北京：商务印书馆，1979：103.

② 特纳，罗思. 社会科学哲学 [M]. 杨富斌，译. 北京：中国人民大学出版社，2009：362.

作为教育科学理论，这个理论模型同样要面对证伪问题。譬如，有人质疑这个理论模型模糊了教育现象与其他社会现象之间的"边界"。我的回答是：实际上，在一级学科层次上，所有的社会科学都在研究同一个对象，即人的社会活动。当我们从社会活动对人的成长发展的作用的角度来研究它时，我们就在进行教育学研究，这个对象也就成了教育现象。因此，不仅教育学无法在教育现象和其他社会现象之间划定一个实实在在的边界，经济学、政治学等同样无法为经济现象、政治现象等划出实实在在的边界，这里的"边界"只能是由于研究视角的不同而产生的抽象的边界。再如，还有人从教育者和受教育者的关系出发，质疑这个理论模型无法清晰区分教育者和受教育者。我的回答是：教育思想史上长期存在的所谓"教育者"和"受教育者"这对关系，其实是个不尽合理的虚构的关系。在菱形图所示的理论模型中，所有参与教育活动的现实的教育主体，都既是教育者又是受教育者。如果作为个体的某个教育主体不在现场，那他也一定曾经既是教育者又是受教育者。用马克思的话来说，就是"教育者本人一定是受教育的"①。至于交往的主客体关系，这个理论模型要面对的证伪问题，与交往行动理论所面对的证伪问题是一样的，包括哈贝马斯（J. Habermas）在内的很多哲学家已经回答了这些证伪问题。关于菱形模型的理论建构和应对证伪过程，限于篇幅，这里仅举例说明，不再展开。

三、解释力和批判力的理论验证

科学解释的过程，也就是将某种抽象的一般理论模型用来描述、分析和阐释相关具体对象的过程。在亨普尔（C. G. Hempel）看来，"科学解释的'标准观点'是解释的'覆盖律模型'（the covering-law model），……覆盖律模型认为解释就是把特殊事件置于普遍规律之下"②。尽管对这一观点如今已有许多质疑，并且因果－机械模型、功能模型等加以修正，但它仍然揭示了科学解释最

---

① 马克思. 马克思论费尔巴哈 [M]// 马克思，恩格斯. 马克思恩格斯选集：第一卷 . 3 版 . 北京：人民出版社，2012：138.

② 闫坤如. 科学解释模型与解释者信念研究 [M]. 北京：中国社会科学出版社，2016：1.

根本的特点：以普遍规律解释特殊事件。上文关于教育活动中主客体关系的解释模型，是在最一般的抽象层面对人类教育做出普遍的本质意义上的解释，这一普遍的解释模型能否有效地运用于特殊的教育现象？我们将以几个例子来做验证。

自古希腊开始，教育思想史上就有一个非常有趣且十分深刻的问题：美德（arete）[①]是否可教？在智者派之前的古希腊人看来，美德是不可教授的，"人的才能和品德是自然的，它是人在成长过程中由父母长辈的影响、范例的感染自然而然地成就的，是潜移默化的结果，而不是由别人有意识有目的地教育的成果"[②]。苏格拉底等人也持这样的观点。"作为智者运动的开创者普罗泰戈拉无疑地是主张arete是可以传授的，而且必须从小教育和训练。"[③]我们今天可以尝试用前文中菱形图所示的理论模型来辩证地解答这个古老的教育理论问题。在这里，"对象性教育客体"就是包含了知识、美德、才能等内容极其丰富的arete。所谓关于arete（对象性教育客体）的教育，实际上就是教育主体 A 通过语言、文字等（工具性教育客体）以教育主体 B 容易理解的方式阐述了arete（对象性教育客体），教育主体 B 通过教育主体 A 的阐述（工具性教育客体）理解和掌握了arete（对象性教育客体）。问题在于，教育主体 B 理解和掌握的这个arete（对象性教育客体），是他对教育主体 A 的表述（工具性教育客体）进行解释的直接结果，而不是教育主体 A 的表述之直接结果。也就是说，教育主体 B 所理解和掌握的arete与教育主体 A 所表述的那个arete并不一定是同一个东西。譬如教师同时给两个学生讲授"$a^2-b^2=(a+b)(a-b)$"，学生 A 将其正确地理解为平方差公式，而学生 B 却将其错误地理解成"$2a-2b=(a+b)(a-b)$"。这种差异表明学生的认识不是教师讲授的直接结果，但若以菱形图所示的理论模型来分析，教师的讲授对学生形成认识的过程显然有重要作用。从学生的认识

---

① 古希腊语哲学中的"arete"一词，汉译多为"美德"，实际上，据汪子嵩先生等考证，"对于古希腊的 arete，中文找不到一个对应的确切的译词；即使是拉丁文及近代各种西方文字以及日文，所有学者都公认找不到本国的一个与之确切对应的译词。……arete 在品德和才能两个方面都具有丰富的含义"，所以，我们切不可在现代语言狭隘的意义上来理解这里的"美德"一词。（汪子嵩，范明生，陈村富，等 . 希腊哲学史：2[M]. 北京：人民出版社，1993：170-171.）

② 汪子嵩，范明生，陈村富，等 . 希腊哲学史：2[M]. 北京：人民出版社，1993：171.

③ 同②176.

并非教师教学的直接结果角度看，学生的 arete 的确不是教师教授给他的，而是他通过理解教师的讲授而自己形成的；从学生的认识的确是在与教师的主体际交往关系中形成的这个角度看，学生的 arete 又确实是他参与其中的教育活动的结果。

亨普尔认为，"科学解释可被认为是对为什么问题（why-question）的回答"①。我们再通过解答现实教育领域一个有趣的"为什么问题"来验证菱形模型的解释力，这个问题就是：大学为什么还需要有教师？大学生都具备良好的阅读能力，似乎大学不应该需要教师，只要编制好每一门课程的书目，图书馆备好充足的书，在书上画出重点，让学生去阅读，期末来考试就好了。用菱形图所示的理论模型来回答这个问题，关键就在于教师（教育主体 A）是以他认为他的学生（教育主体 B）容易理解的方式，通过语言、文字等（工具性教育客体）来阐述书本上的知识（对象性教育客体）的。书本上的文字是没法改变的，它在每个学生面前都是同样的，但每个学生的认识水平是不一样的，因此，即便学生都认识书本上的文字，由教师根据学生的水平以最容易被学生理解的方式来进行讲授，也仍然是有必要的。这个解释实际上揭示了教师在教育过程中的作用，这种解释对中小学教学同样有效。教师的作用并不是把知识或美德直接"传授"（或曰"灌输"）进学生的脑子里去，而是帮助学生更好地理解教材上的知识。这又涉及另一个有趣的教育问题：教师使用所谓"灌输式教学法"，同时给所有学生灌输了同样的东西。为什么有的学生被"灌"进了北大、清华，有的学生却被"灌"回家种地去了？

如果以菱形图所示的理论模型来解释教育过程，那么世界上其实根本不可能存在什么"灌输式教学法"。两个不同主体之间的相互理解，永远必须要在主体际交往关系中通过某个共同客体的中介作用才可能达成。这条哲学常识已经告诉我们，没人能够把某种知识或观念直接"灌"进另一个人的脑子里。前文曾特别提醒读者朋友注意，在菱形图所示的理论模型中，连接两个教育主体的是虚线，就是要强调教育客体的中介作用在这个主体际交往关系中是不可

① HEMPEL C G . Aspects of scientific explanation and other essays in the philosophy of science [M]. New York: The Free Press, 1965: 245.

或缺的。按照这个理论模型的解释，在教学过程中，所有的学生都是通过对教师、教材编写者等所说的话、写的字、画的图、演示的场景等进行自己的解释和理解，才形成了自己的知识和观念的。在这个知识形成过程中，不仅教师的讲解，还有学生自己的知识背景、认识水平、生活阅历等，都会影响学生认识的形成。也就是说，面对教师说的或教材上写的同样一句话，不同的学生完全有可能做出不同的理解，因而形成不同的认识。这也恰好是教师要发挥作用的地方，他必须要考虑到不同学生的不同认识水平，尽力用学生容易理解的方式来讲解教材上的知识或观念，帮助学生正确认识、理解和掌握知识或观念。

再看个人在教育活动中经常体验到的一个令人困惑的问题。我国通行的教育学教材和很多教育政策文献都明确表述："我们的教育目的是……"，然而，我们扪心自问，有谁真的是抱定这样的目的走进学校的呢？恐怕多数人都是为了一个好职位、一个晋升机会、父母期望，抑或仅仅是满足自己的兴趣爱好，甚至只是为了避免挨父母的骂，才走进学校的。那么，是不是教育学教材和教育政策文献中所表述的教育目的是骗人的假话？如果我们用菱形图所示的理论模型来解释教育目的，就很容易发现教育目的的多重性，也很容易明白这个表面上矛盾的现象其实是正常的。前文曾强调过，在这个菱形图所示的理论模型中，两个教育主体都可以有自己参与教育活动的目的，并且无论是教育主体 A，还是教育主体 B，都可以是四重形态中的某一种。从个人形态的教育主体来看，参与教育活动的每个学生和教师都可能会有自己的目的，这些目的很多时候都是多种多样的。如果其中的教育主体 A 是党和政府，那么教育学教材和教育政策文献中表述的那个教育目的就好理解了。在这种情况下，党和政府（教育主体 A）通过编写教材、培训和规范教师教学、落实教育理念等各种显性或隐蔽课程（工具性教育客体），向全体学生（教育主体 B）呈现某些知识或观念（对象性教育客体），学生（教育主体 B）通过充斥于学校生活方方面面的各种显性或隐蔽课程（工具性教育客体），认识、理解和掌握了这些知识或观念（对象性教育客体）。在这个过程中，作为教育主体 A 的党和政府发起和参与教育活动的目的，就是我国通行教育学教材和教育政策文献中所述的那个教育目的。

我们再来对这个菱形图所示的理论模型进行批判力的验证。关于批判，不同的理论有不同的表述，但其基本精神是一致的。在康德（I. Kant）那里，批判是一种从质疑走向新发现的理论考察和省思；在福柯（M. Foucault）那里，"批判是主体对权力的质疑，是主体的反抗和反思，是对主体的屈从状态的解除"①。在这里，简而言之，批判者，批评、判断也。理论的批判，就是要对某些判断进行反思和批评，并做出我们的判断。

我们从一个引起我国各界广泛关注的教育判断开始："应试教育是错误的。"应试教育到底错在哪儿？难道考满分还不如考"鸭蛋"吗？既然考高分不是好事，为什么高校还专门争抢高分学生呢？这不是自相矛盾吗？面对这类问题，我们教育学界一直没有在理论上给出令人信服的回答。要说明应试教育为什么是错的，首先要说明什么是应试教育。我们可以用菱形图所示的理论模型来对应试教育做一个界定。这里以政治课教学为例，一个典型的应试教育应该是这样一个过程：政治教师（教育主体 A）对学生（教育主体 B）说："同学们，这道政治题如果出现在高考试卷上，你们一定要记住答出五层意思，我将其总结成五句话（工具性教育客体），每个同学都必须把这五句话背下来。"于是，学生（教育主体 B）立刻把这五句话（工具性教育客体）背诵得滚瓜烂熟。有学生提问："老师，这五句话（工具性教育客体）表达了什么政治学原理（对象性教育客体），它们如何解释我们的社会生活？"老师严厉应答："别废话！记住了高考就能过关！"这就是一种典型的应试教育。在这里，作为对象性教育客体的知识或观念实际上是被忽视的。这个教育过程实际上只完成了一半（教育主体 A—工具性教育客体—教育主体 B），并且省略的恰好是最重要的那一半。这正是应试教育错误之处。应试教育之所以大行其道，也正因为它不同程度地忽略对象性教育客体，从而大大提高了应付考试的效率。毕竟，讲解明白原理，教会学生正确熟练地运用原理，比记住几句话要难得多。这个批判性的解释也说明了另一个道理：说我们中小学全部都在进行应试教育，这也是不公允的。如果一名教师通过教学让学生很好地掌握了所有应该掌握的物

---

① 福柯.福柯读本 [M]. 汪民安，主编 . 北京：北京大学出版社，2010：135.

理学原理，学生在高考中物理科夺得高分，这当然不能说是应试教育。只是应试教育目前在我们的中小学中的确十分流行，且日渐盛行，确须尽快遏止。

我们近年来的教育改革，有一个重要的前提性判断："中小学生的学业负担是过重的，因而减负是教育改革的重要任务。"我们办学就是为了让学生学习，为什么我们竟然害怕孩子们学习了？为什么我们又是降低难度，又是减少教学时数，又是减少考试次数，却不见学生的学业负担变轻？这些广泛存在的困惑，也没有在理论上得到很好的解决。其根本原因在于，我们没有在理论上真正揭示出学业负担过重问题的实质。学业负担过重是我们中小学教育的一个综合征，其成因十分复杂。限于篇幅，这里我们以菱形图所示的解释模型为批判工具，仅从一个角度来做一个批判力验证。按照菱形图所示的理论模型，在教育活动中，无论是教育主体 A，还是教育主体 B，都是参与教育活动的主体。教育并不是教育主体 A 去改造教育主体 B 的过程，教育主体 B 真正获得的任何发展都是他自身活动的直接结果，教育主体 A 只是在教育主体 B 的发展过程中提供了帮助，并且在这个帮助过程中，教育主体 A 自身也获得了发展，如果这个教育主体 A 是教师，其发展的主要表现就是教育教学能力的提高。由此可见，教育主体 B 在教育过程中的作用也十分重要。只有教育主体 B 对教育内容充满兴趣，有着强大的持续不断的学习内驱力，他才能全身心地投入到教育过程中来，教育过程也才可能是轻松的、充满乐趣、成果丰硕的。然而，我们如今在理论和实践两个方面都把教育理解为教育主体 A 通过自己的教育工作去改造学生（作为被教育主体 A 改造的对象，这里的学生在逻辑上已不再是主体，而是客体），相信只要教师的教育工作做得足够好，教育（改造）就一定能成功。于是，学生在教育活动中陷入了被动的境地，自我发展的活动变成了应付各种任务的活动，兴趣日渐被消磨殆尽，学习内驱力弱化乃至丧失。在这样的状态下，再少、再简单的学业也都会是负担。因此，中小学生学业负担过重问题的背后有一系列深刻而复杂的成因，难以简单地一"减"了之。

再来讨论一个看上去很美的教育判断："教师是红烛。"看看现实的师生关系，我们发现，在很多时候，"红烛"不但没有照亮师生关系，反而烧毁了师生关系。体罚、羞辱屡禁不绝。很多一心一意"为了你好"的教师，最后成了学生眼里的暴君或施虐者，师生关系紧张、扭曲、异化。为什么看上去很美的判断，却引起很多相反的效应？我们还是从菱形图所示的理论模型来看，教师（教育主体 A）和学生（教育主体 B）之间是主体际交往关系，"教育行为属于主体之间的交往行为，而不是人改造自然的目的合理的行为，它不是工具性的，而是伦理性的"①，因此，在师生关系的调节规则中，伦理规则高于技术规则。在教育活动中，只要一种手段违背了社会伦理，即便效果再好，教师也不应使用。体罚之所以要禁止，不只因为它有害学生身心健康发展，更在于它违背了当代社会的伦理。传统社会的伦理允许长辈体罚晚辈，私塾先生体罚学生很正常，甚至连赫尔巴特也把体罚当作一个科学的教育方法，但现代社会的伦理不允许一个人侵犯另一个人的身体和尊严，所以现代教育也不允许教师体罚或羞辱学生。同样，由于师生之间是主体际交往关系，教师的人格尊严、个人利益等也理应受到学生的尊重。只有师生关系恢复到正常的主体际交往关系状态，而不是教师作为教育主体改造作为教育客体的学生的关系，并且像所有的社会关系一样接受伦理规则调节，健康的师生关系才能形成并得到保障。用"红烛"把师生关系特殊化，将其从一般社会关系中抽离出来，不但没有优化师生关系，反而使师生关系处于"失范"状态。

　　解释力和批判力的综合，还进一步形成了教育学对教育实践的指导能力。我们再举两个例证来对教育学的指导能力进行简要的验证。

　　我们常常听到很多校长、教研员等要求教师在备课过程中要"吃透教材"。我们不禁要产生这样的疑问：一名受过高等专业教育的教师，怎么会连本专业的中小学教材都"吃不透"呢？从菱形图所示的理论模型来看，教师发挥作用的关键在于"工具性教育客体"的选择，即他必须以他的学生最容易理解的方式来把相关知识、观念等阐述清楚，前提是他必须了解学生的知识背景和认识水平等。如果他还了解学生的兴趣爱好，其阐述不仅容易被学生理解，而且学生还喜闻乐见，那教学效果就会更好。因此，备课的关键并不是什么"吃透教材"，而是要"吃透学生"。教师作为教育主体 A，只有深入了解作为教育主体

①　项贤明.泛教育论：广义教育学的初步探索 [M]. 太原：山西教育出版社，2000：22.

B 的学生，才能更好地在主体际交往关系中发挥教育作用。可见这个菱形图所示的理论模型对教师教学工作可以发挥一定的指导作用。

再来看教师的专业发展问题。很多领导和专家都强调，教师每年要接受一定的专业培训，以促进其专业发展，而很多教师却认为这些培训对他们的专业发展作用甚微。到底应该如何促进教师的专业发展呢？我们从菱形图所示的理论模型来看，教师（教育主体 A）和学生（教育主体 B）都是参与教育活动的主体，不只是学生，教师同样也会在这种活动中获得发展。譬如：学生的尊重会让教师产生职业自豪感，学生取得好的学习成绩会让教师产生成就感，学生在课堂上一脸茫然的表情会促使教师反省自身的教学在哪里出了问题，等等。正是在和学生的交往关系中，教师学会了如何深入地了解学生，摸索出越来越多有效的教育教学方法。因此，要促进教师的专业发展，除了必要的离岗培训之外，更主要的还是在教育教学实践中不断促进教师的专业发展。可见菱形图所示的理论模型对教育管理者也可以有指导作用。

教育学作为一门社会科学，它对我们社会生活中教育现象的解释力和批判力都是毋庸置疑的。教育学作为一门社会科学，其科学性是完全可能的。我们有些教育学者常常用教育现象的复杂性、独特性等来为其教育理论的苍白无力辩护，认为由于教育学涉及人这样复杂而独特的存在，不可能成为一门真正的科学，似乎教育学缺乏解释力和批判力是其先天的学科性质决定的。这其实是一种缺乏科学勇气的搪塞。鲁德纳早就对这类观点进行了深刻的批判，他指出：如果由社会现象的复杂性导出社会科学的不可能，那么"所有现象都是复杂的，因此所有科学都是不可能的"①，同时，在严格意义上，"所有现象（而不仅仅是社会现象）都是独特的"，因此，"不仅社会科学，而且所有科学都是不可能的"②。教育学在教育改革发展的实践中苍白无力的表现，问题并非出在这门学科本身，而是我们教育学者所提出的理论模型缺乏解释力和批判力。

教育学要成为科学，它就必须勇敢地把自己的理论拿到社会实践中去接受

---

① 鲁德纳.社会科学哲学 [M].曲跃厚，林金城，译.北京：生活·读书·新知三联书店，1988：138.

② 同①142.

检验，以其对现实教育现象和教育问题的解释力与批判力来验证自己的科学性。当然，如果我们连自己的理论模型都提不出来，甚至连理论体系内部的逻辑自洽都做不到，只是人云亦云，做政策注解，反反复复地说一些漂亮话，那就别提什么教育学的科学化之梦了。

巴登尼玛

四川师范大学教授

教育的根本任务是实现人的尊严 ①

学校的办学水平源自办学者对教育存在的理解，学校的水平本质上由办学者对教育的理解程度所决定。当下人们大都将教育理解为长辈对晚辈的培养活动，所以许多学校发展便囿于培养者与被培养者的关系之中，民族地区学校教育的情况更是如此，这制约了学校教育发展的整体水平。在中国特色社会主义进入新时代的今天，认真厘清教育与人的基本关系有助于学校教育向纵深发展。本文以"尊严"作为讨论教育与文化、社会关系的一个关键概念，从人本角度展开对教育的思考。

一、教育的基本含义

任何国家对学校教育的安排都来自对教育基本含义的理解。不同时期、不同国家、不同民族对教育理解的方式与结果是不同的，这导致世界各国对学校教育的安排和教育教学活动各具特色，呈现出丰富多彩的学校模式和教育教学活动。

汉文化在两千多年前对教育的理解可见于《中庸》："天命之谓性，率性之

---

① 巴登尼玛教授在北京师范大学的实际演讲题目为"人类文明与教育"（2017 年 10 月 12 日），本文为与演讲内容相近的文稿，已经刊于《民族教育研究》2019 年第 3 期。

谓道，修道之谓教。"此理解就是在今天也意义深远，人的生命源于大自然的馈赠，其性乃人性，将人性引导出来就是道，如何将这种引领人性的道修好，这就是教育，可见古人对教育认识的深刻程度。

瑞士人裴斯泰洛齐（J. H. Pestalozzi）也把教育看作完整的人的发展，将教育的最终目的定位为"发展各人天赋的内在力量"①。而德国人福禄培尔（F. W. A. Frobel）把教育理解为"激发和教导作为自我觉醒中的、具有思想和理智的生物的人有意识和自决地、完美无缺地表现内在的法则"②。这种法则也就是人性的境界，所以，教育的目的是表现忠于天职的、纯洁的、完整无缺的，因而教育也就是神圣的生活。美国人杜威（J. Dewey）把教育看成儿童的生活，生活即生长。学校就是经过精心设计的、优于现实社会的理想社会，学生在其中都拥有社会公民的角色，建设并维护着社会（学校）。学生毕业后便以学校中养成的公民意识和知识去改造、建设现实社会。

无论是中国还是欧美，一流的教育学家们都触及教育之核心——人，理解人便是理解教育本质的必要路径。无论是中国的教育科学家还是外国的教育科学家，其教育思想、理论和实践都是从对人的理解开始的。人是什么？人的内涵是什么？这是哲学的终极问题，也是教育的终极问题。对此，古今中外所有的思想家、哲学家都努力回答此问题，有从人的机体来寻求答案的，也有从人的奇妙的大脑来寻求答案的，也有从人与自然的关系来寻求答案的，更有从灵魂与生命的关系来寻求答案的，其多样的答案成就了人类教育思想的丰富和现实教育行为的多样。

然而，从教育的角度来思考人的问题则自然逃不过如何将人性区别于其他物种的问题。人与其他物种的最重要的区别点在于人有着与其他动物所不同的"尊严"，这是为人者最本质的人性的集中体现。为此，从人的角度（而不仅仅是从纯哲学的角度）来理解教育就应当从人的尊严来思考教育的根本意义。

---

① 任钟印．西方近代教育论著选 [M]．北京：人民教育出版社，2001：238.
② 福禄培尔．人的教育 [M]．孙祖复，译．北京：人民教育出版社，2001：6.

二、尊严的基本含义

从人类思想史来看，尊严是人类认识自己存在的基础。古希腊学者提出"人是万物的尺度"（protagoras），这一尺度便是人的尊严和位置，并以此来反对"神是万物的尺度"。"人之所以幸福是因为被赋予了选择的自由，人是具有理性的存在，不同于动植物，人的尊严在于能够根据自己的理智进行选择。"①意大利思想家米兰多拉（G. P. D. Mirandola）在讨论中把人的本质最终归结为尊严。康德（I. Kant）把人的尊严视为超越一切世俗价值的价值，把人的尊严上升到道德范畴的最高形式，指出"在目的王国中，一切东西要么有一种价格，要么有一种尊严。有一种价格的东西，某种别的东西可以作为等价物取而代之；与此相反，超越一切价格、从而不容有等价物的东西，则具有一种尊严"②。换句话说，我们可以将人的尊严看成一切可判断的价值的本源。日本学者岩崎允胤认为，"道德是个人尊严和价值实现的实现，人的生存尊严以及道德价值的实现过程就是人性全面展现的过程"③。为此，极端的个人主义是不对的，同样，湮没个体的集体主义也是道德的缺陷。人的尊严是一切价值的基础。伦理则是通过社会所有成员共同拥有的价值、良心、责任、义务、善，存在于个体的人的价值所蕴含的正义、仁爱、诚信等来展现的社会整体对人的尊严的理解。

"对人类家庭所有成员的固有尊严及其平等的和不移的权利的承认，乃是世界自由、正义与和平的基础。"这是 1948 年《世界人权宣言》开篇的句子。这也是国际公约中确认人的公民权利和政治权利的基础，尊严成为权利运用的立论依据。然而，每个人的尊严并非来自身体本能冲动所驱使的那种只管当下身体快感的力量，也不是日常生活中存在的面子。

每个人都生活在族群之中，族群社会构成的方式来自群体生命与自然环境长期交互作用而形成的生存经验，其中有物质生存的经验，更有精神追求的经

---

① 米兰多拉. 论人的尊严 [M]. 顾超一，樊虹谷，译. 北京：北京大学出版社，2010：25.
② 康德. 康德著作全集：第 4 卷 [M]. 李秋零，主编. 北京：中国人民大学出版社，2005：443.
③ 岩崎允胤. 人的尊严、价值及自我实现 [M]. 刘奔，译. 北京：当代中国出版社，1993：45.

验。正是这些经验支撑着群体成员相互依存、生生不息，形成了丰富多彩的人类文化。

文化一词最难界定，文化是千百年来人生存的结果，不仅包括工具性的自然科学知识，更包括人在特定自然条件中产生的情感与希望；文化也可以是人类所经历事件的全部结果，包括人与自然的交流，也包括不同区域人群经验的交流与融合，也包括人对自身反思的成果。正是文化中存在的异常重要但又常被忽略的生命情感与希望给予人生生不息的动力，将个体的人凝聚成不同类型的社会。共同的生命情感让每个个体相互依存，让每个个体既知道自己在群体中的身份又赋予其合适的位置。这里的身份是个体对自己在群体中的理解，位置是在这种理解基础上对自己和他人的社会身份的认识。个体在社会中的这个认识过程便是自我定位、反思、自我评价的过程。换句话说，这也是每个人自我尊严建构的过程。尊严建构过程的功能不仅让个体不断调节自身需要，更是人"社会规范能动性"的来源。① 规范能动性与心理学中提到的元认知概念相仿，但元认知只是对自己的认识过程进行认知，而本文所借用的英国哲学家格里夫（J. Griffin）的"规范能动性"是指人对自己在社会中存在的位置及其重要性的一种认知。正是这种认知产生"尊严"。所以我们认为，尊严的内涵不仅在于知识的多少，更在于人的情感构建，或者说是人对自己作为人的理解与认识的不断升华过程。如果说知识是人尊严建立的基础，那么最重要的知识则是人性的知识，是关于什么是人的知识。这些知识不是学校能够完全提供的，而是学生在生活和学习中点点滴滴积累起来的能够对其情感建构直接发挥作用的知识。

本文将"尊严"理解为"人的不可剥夺的义务、责任与权利"。前文已经提到，尊严源自人对生命意义的理解及在社会中身份的定位。义务是个体对自身生命的理解，是所认识到的自己在社会中应主动承担的任务，即自己在相应的社会关系中应当主动付出的价值。尊严的心理建构逻辑为：生命理解—人的需要—社会情感与价值—主动的社会行为。责任是社会对个体的任务要求，不

---

① GRIFFIN J . On human rights[M]. New York：Oxford University Press，2009：32.

同的社会结构会有不同的任务要求，这是社会学讨论社会类型时的话题，本文
不在这里赘述。义务是个体主动的、发自内心的情感外显，责任则是社会赋
予个体的任务。对此，个体可以认为是正当的，也可能认为是不正当的，关键
在于个体对自己义务理解的水平。如果一个人对自己的义务的理解包容了责
任，这个人对社会赋予自己的任务就是积极的；如果一个人认为自己应承担的
义务与责任无关或小于责任，那么这个人对社会工作便不会主动，甚至持消极
态度。

权利是个体应得的利益，即每个人在相应的社会中应该获得的价值回报，
包括个人的物质利益和社会地位的利益。个人的物质利益主要指人不可剥夺的
关于生命存在的物质条件；社会地位的利益主要指身份、主张、资格、自由
等。在社会现实中，个人的物质利益和社会地位的利益是相互交融的，不能截
然分开。不同社会类型的人对自己和他人的权利的理解与构成也不相同。

尊严将人的义务、责任与权利统摄在一起，让人知道自己是谁，知道如何
去理解别人、理解社会；知道怎么对待自己、对待别人；知道自己应享受什
么、付出什么。人的权利不是谁能赋予的，而是通过自己的义务与责任来实现
的。有的人幻想自己的权利是被外在的某人或某物或神或圣所赋予的，便很容
易走向迷信。迷信的含义就是把自己的义务、责任与权利分开，将自己的义务
与责任交托出去，祈求某神或某圣施与自己以利益。

从社会整体角度来看，尊严是因社会赋予每个人的"身份"而产生的需
要、情感、价值及其行为的综合。这种身份不是简单地指职业身份或者职务身
份，而是作为同样的人被承认作为人的资格程度。由这种资格程度来决定这个
人是否有知情权、参与权和自己的其他权利。社会伦理便是从人生理论上理解
社会身份后建起的群体身份心理规则和行为境界。法律则是社会对身份定位的
契约条规，或者说是社会规定的必须遵守的身份规范，是行为的底线。怎么理
解人就怎么定位人的身份，社会中的人就以此来解读自己的身份，从而认识自
己的义务、责任与权利。所以，尊严的理解也是社会性的，受到一定传统文化
的影响和制约。同时，尊严又是一个不断建构、完善的过程，这个过程便是教
育存在的价值。

三、人的尊严是教育存在的根本

从尊严的角度出发，教育要承担的不仅是社会规范个体化的任务，更要承担人自身对尊严的认识与建构任务。

"教育兴则国家兴，教育强则国家强。"（习近平）教育是人认识自我、认识自然、认识社会及设计未来命运的过程，其核心内容就是对尊严的认识及由此而生的自我理解和社会行动的价值构建。人的认知结构是很复杂的系统，许多学者对此进行了深入的研究。美国学者布鲁纳（J. S. Bruner）从心理学的角度来阐释认知结构，从个体对外界事物认知的过程阐述了认知结构是对外界事物从感知到归类的一般方式，是人的经验生成过程所组成的观念结构，是形成了的一种认知经验的规律，以某种意义形成的一个模式，是"一套感知的类目"[①]。奥苏贝尔（D. P. Ausubel）进一步将此具体化为有意义学习过程，强调学生头脑中的概括性、清晰度、牢固性，认为这一过程具有可辨别性的自然特质，将其用于解释这种认知结构，其在学习中的可利用性是成功学习的前提。[②]这些研究对教育的意义重大，然而，他们都是从学习过程中来讨论认知结构的，如果我们从文化视野来讨论人的思想结构，将进一步对教育过程的整体内容的安排做出新的阐释。

本文认为，文化的基本结构与人的思想结构相对应，由里向外层层派生为信仰与观念→价值→行为与习俗→制度与机构四个层次（图 1）。

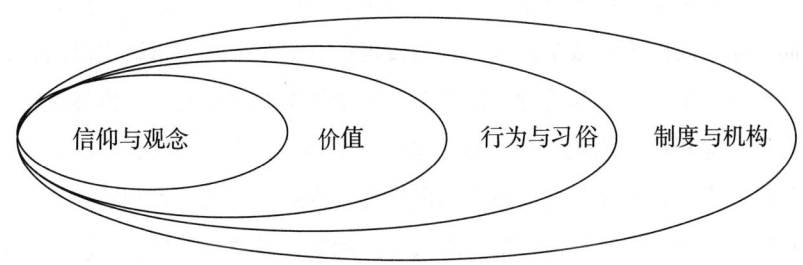

图 1　文化的基本结构

---

① 布鲁纳. 教育过程 [M]. 邵瑞珍，译. 北京：文化教育出版社，1982：65.

② 施良方. 学习论 [M]. 2 版. 北京：人民教育出版社，2001：220–249.

信仰是人对生命的终极回答，形成人生观与世界观，并产生超越生理的人性需要，文化第二层是由其需要产生的价值意识，用于判断事物对自己生命需要的意义，并由此启动了为了满足生命需要的各种物质行为和精神行为。人的社会属性，人的所有行为都囿于与之相应的各组织机构中。家庭是最小的组织机构，政府是最大的组织机构；自在的组织机构有家庭、家族、协会等，自为的组织机构有寺院、教会、政府、学校、医院、福利院、企业、法庭等。社会中所有组织机构的目的、宗旨、理念、规则与结构方式是其社会成员共同的生命观、世界观、行业观、职业观、行为习俗的外化形式。

事实上，没有绝对的物质文化，也没有绝对的精神文化和制度文化，任何物质成果中都蕴含着精神，任何精神文化也都有相应的物质形式，所有的制度与机构都是物质和精神交互作用的结果，同样，制度与机构又是物质和精神层次的固着形式。

人是文化的产物，文化深层结构中生命理解的微妙差异直接影响着享受其文化的人的尊严的理解。

与文化结构相对应的是人的心理思想结构，首先是信仰，然后是价值，再是行为、习俗。每个人自来到现实世界就不断地追寻生命的答案。生从哪里来，死往何处去？这个问题将伴随人的一生，其答案就是信仰。生命的答案或源于自然，或源于超自然的某种原力，不同的文化有不同的答案。其源自人与自然的交流，不同自然环境中的人得出不同的答案。生命的终极答案被人们一代代加工，并神圣化，为享受其文化的每个成员所共同承认，成为民族凝聚的动力和共同行为的价值依据。人一出生便置身于这个生命答案衍生出的社会共同体中，一切物质生活与精神生活都在其生命答案的规范之下，潜移默化地强化此答案（除极少数精英对其提出质疑，并追寻其答案的超越外），这便是教育的功能。生命答案直接规训着人的世界观的养成，设定了人判断事物的时空阈限。每个人所理解的生命时空的阈限是其判断、思考所有事物的基点，是自我价值形成的源头，也是尊严自赋身份和自我义务理解的依据。

价值是关于两个事物之间关系的语词，其本质是客体对主体需要的满足、接近或一致。这里的主体是人，客体是对这个人有某种意义的客观事物。过去我们在讨论价值时更多关注的是客体，讨论客体对主体的意义，忽略了主体本身需要。作为价值的主体，我们应该关心的是主体需要的状况及其来源。对需要的研究主要集中在心理学，心理学家们对需要都做了自己的解读，但大都是在马斯洛（A. H. Maslow）需要理论的基础上的拓展，总是把物质需要放在最前面。事实上人的需要并非简单的从物质到精神的梯级排列，物质需要与精神需要总是伴随在一起，随着人的成长，精神的成分便渐渐增多，直接制约着物质欲望。同样，所有的精神需要总有相应的外部表现。我们认为，作为价值主体的人的需要首先来自对生命的理解。在婴儿时期，生命的答案还没有形成，其需要状况是在生理本能的基础上参照母亲的引导。幼儿时的需要已经不再是单纯的生理需要，而是在文化要求下的生理需要了。随着教育的延伸，文化中生命的答案通过生活空间的各种符号和长辈们的诱导渐渐进入人的心灵，人产生出符合自己生命答案的主体需要，并以此来判断外部事物对自己的意义。自己所理解的生命、时间、空间的意义，成为行动的信念和目的。所以，个体的价值意识来源于其对生命意义的理解（信仰）。

信仰产生需要，从而形成两方面的思想元素：一是情感体验；二是对外部事物的评判标准，即价值。情感是人对自身需要满足状态的感受，如果自己的需要能够得到满足，就产生愉快的体验；如果自己的需要不能得到满足，便产生失望或痛苦的体验。单纯的生理需要满足与否的体验则是情绪，情绪是短暂的，情感产生于有理性参与的较稳定的需要，所以是较稳定的。

情感与价值总是相互依存的。价值是对行为意义的判断与预测，而情感则是启动并维持行为的力量。行为本身是否能满足自己的需要，这是价值；行为及其结果是否带来自身的愉快，这是情感。然而，人的社会性决定其行为的群体性，只有群体承认的行为才是社会满意的，否则将受到社会遏止。

思想的外层是关于群体道德与社会伦理的知识结构，对人的内心深处的价值、情感与需要起着协调与控制的作用，弗洛伊德称之为超我。然而，这种社会伦理也是经过一代代个体与个体之间思想深处的信仰、需要、情感和价值交流后慢慢形成的文化共同价值意识，也是社会人群共同愿望的理论定位。其核心内容表现在时空两个方面：从空间上看人与人之间存在着平等与等级两种状态；从时间上看有过去、当下与未来的关系理解。这是文化世界观在个体身上的客观反映，是当下及时行乐，还是将当下置于未来时空之中的良性循环，这便是个体人在其文化价值塑造下所表现出的尊严状态，也是个人、民族乃至国家整体素质在具体社会行动中的外部表现。

文化就是这样通过信仰、需要、情感与价值来不断演进的。人类历史是这样，个人的思想变化也是这样，这种演进也是教育的功能。

个体思想修养的结果表现在尊严上，社会进步的程度表现在文明上，而社会文明是所有社会成员的尊严的整体表现，没有个体成员的尊严便没有社会文明的存在。

然而，个体尊严的水平和类型是教育的终极目标。换句话说，人的尊严实现的过程便是教育的全部任务，只有让人懂得何为人、何为生命、何为义务、何为责任，人才能知道自己的权利。具体来说，教育的基本任务有四点：一是研究人的尊严应当基于生命平等理解还是等级理解；二是让人知道生命的意义，形成超越动物本能的人的理性世界和宽广的时空胸怀；三是助人形成超越身体需要的情感基础和价值观念；四是面对现实，将博大的胸怀及其价值观念转换为做人做事的行动能力，知道自己作为人应有的义务、作为社会成员理当承担的责任，并通过履行义务与责任来获得自己的权利。

首先，教育要研究并让人知道作为人的生命的意义。教育要讨论人性是什么，讨论从古至今的人性理论，讨论平等、公正的内涵和依据。人性这部分的知识属于哲学领域，所以哲学是教育的基础，也是其他知识的平台。人性知识丰富多彩，积累于哲学、伦理学、美学、心理学、社会学等领域，是建构宽广的世界观、形成超越一般动物的情感与价值、提升个人对义务的理解、建设社会伦理的坚实基础。

其次，教育要帮助学生建构包括自己在内的符合社会乃至人类的现实与未来需求的情感与价值观，审视自己在现实中的义务、责任与权利，审视社会的伦理要求是否平等与公正，审视社会运行的方式与目标是否符合未来需求。为此，教育内容的选择与安排一方面要根据学生思想结构的层次，结合身心发展的规律；另一方面又要根据人类社会文明的不同类型，立足本土文化的特色，展示社会构成的基本原理与规律，用科学知识来帮助学生理解自己的义务、责任与权利，不断建构自己的尊严。

最后，教育要运用具体的学科知识将世界观、人生观和情感、价值运用于自己的社会活动之中。社会中的每个人，其做人、做事的目的、态度、能力和方法涉及自我与群体，涉及对他人利益的理解与处理，涉及对未来社会的意义。有了博大的情怀、宽广的胸襟，还需要具体的能力来践行，所以具体学科知识中所蕴含的人文社会与自然原理的知识安排是非常重要的。教育要解释每个知识点（无论是自然科学知识还是人文社科知识）与生命的关系和意义。对所有知识的掌握并非教育的真正目的，教育的根本目的是提升人性，使人懂得自己的义务，理解社会赋予的责任，并靠自己的义务与责任来获得应有的权利。不能将学科知识的教学置于人性教育之上，具体的学科知识只是实现人性的工具。

四、民族教育的根本任务

民族教育存在的意义在于让民族学生懂得自己的义务、责任与权利，成为国家有尊严的建设者。

新中国成立后民族地区学校教育飞速发展，其硬件条件已经达到相当水平，除了特别边远的个别学校，基本上实现了校校通，都能用上多媒体设备。然而，在课程建设和教学水平上仍然存在不少问题。基层政府教育管理部门和学校都以提高学生升学率和统考成绩为目标，很少有学校关注学生的尊严与素养。学生统考成绩和升学率仍然被作为教育"成功"与"进步"的评判标准。民族地区学生要用其他地区统一的成功标准来要求自己，其结果自然是失去自信，进而失去自尊。以其他地区学校升学标准来要求学生，在客观上把学生推向"自卑"，对"知不足然后能自反"的片面理解造成了隐性的不良后果。

首先，自卑造成冷漠、麻木。在成绩的压力下学生成天专注于书本知识，不仅对社会漠不关心，甚至将自己身边的同学视为对手、竞争对象，没有团结，没有合作。民族文化差异与地区差异使学生的学习压力成倍增长，其造成的自卑程度远远大于其他地区学生。老师和家长都有这样的感觉，即成绩越好的学生感情越淡漠，成绩差的同学更重感情。

其次，自卑带来严重的心理问题。许多学生在学校和老师的排名、"表扬"、"赞赏"下变得易怒、敏感、忧伤。学生没有了欢乐、没有了笑容、没有了自己的爱好，升学的"社会"成就动机使得他们总是与"失败"相伴。孩子的天真、活泼被自卑锁住，以致对家人和亲友的关爱都感到心烦。

再次，随着时间的推移，升学教育在民族地区的实施已经渐渐深入，全社会也慢慢地从传统文化中走出来，家长们也开始追求"学而优则仕"的教育等级价值。平等、公正、关爱、协作等文化品质与情感正随着这样的"升学教育"慢慢消失，"读书出人头地"的观念正以惊人的速度蔓延。学校里学生的麻木、冷漠正逐渐蔓延到社会，那种人人相依为命、互敬互助的社会伦理正渐渐地离去。

自然条件决定了民族文化的人文情感是不可能全部被取代的。如果因升学教育而失去本土文化，人都努力奋斗而麻木冷漠、勤劳勇敢而自私贪婪，长此下去，不但不能建设和谐社会，反而会给社会未来带来不可估量的可怕后果。

教育给学生以尊严，学生才有未来建设者的担当。根据文化结构及人的思想结构的规律，教育要想让人获得尊严就要让所有享受教育的人懂得自己生命的意义，知道自己作为人应该具备什么样的义务，在自己的社会人群中不同年龄段的人应当承担什么样的责任，理解自己的权利只有通过履行自己的义务与责任来实现。也只有使每个人在学校中获得尊严，其才能成为社会建设的担当者。

学校文化要让人拥有归属感，充满人的情感，显示出自由、平等、公正的社会主义价值内涵。学校文化由信仰与观念、价值、行为与习俗、制度与机构几个层次构成。每个层次的表达既有文件法规，也有其他时空符号；既有静态的文化标识，也有动态的活动过程。学校文化的每个层次都应以每个学生尊严的获得为宗旨，以人人懂得自己的义务、责任与权利为具体内容。学校文化的每个元素都是教育实现人的尊严的途径和方法。

学校课程目标、课程结构与教学过程是让人获得尊严的基本过程。所有学科知识的讲解都要与学生寻求生命答案发生联系。低年级所授知识很容易与生命直接发生关系，高年级所授知识与生命的关系更多是间接的，教师的任务便是找到这种间接关系，并予以解释。只有让学生为获得尊严而掌握知识、享受知识，才是成功的教育。

学校管理机构与政府管理机构不同，与企业管理更不同。学校是一个人文的社会，是每个人享受知识、获得尊严的社会，不是为了某个经济目标或人群等级目标而竞争的社会。社会主义核心价值观的中观层面最适合学校管理。严格说来，学校是以筛选并总结出的文明思想来满足学生、引领社会的组织机构，今天每个学生的尊严便是未来社会的尊严。

学校必须以社会主义核心价值观作为工作的基本方针。自由是每个人追求的能够自己掌握自己的命运的愿望。换句话说，自由是每个人对自己负责，懂得自己的义务、责任与权利，并有实现其尊严的能力。平等是指每个人天赋生命的同质性，没有等级差别，只有生命先后的时间差异。生命的平等意味着基于每个人生命特色的不可剥夺性。平等是公正的前提。公就是大家，是超越环境、家庭、出身、性别、身体等的人性的平等之公，是平等的具体化；正是指正义。公正的意思就是公平的正义。正义的确认基于所有人的意愿，只有所有人都同意的正义才是公正。理性的学校工作如果都以社会主义核心价值观为方针，学校工作就会事半功倍，学校社会就和谐，教师和学生就幸福、快乐，每个人都会因此而获得尊严，每个人都能够担当，每个人都既尊重别人也尊重自己。

刘云杉

北京大学教授

自由的限度

——再认识教育的正当性 ①②

一、问题的提出：作为理念型的"博放教育"

中国当下基础教育领域，尤其在某些最具有典型性与影响力的高级中学，无论是对优质教育的理解，还是具体办学的实践，都出现了两种看似不同的取向，准确地说，是两种对立的"理念型"：一种为"精约教育"，它强调严格的制度与纪律，养成习惯，砥砺品格，磨砺意志，用"苦中苦"或"苦中乐"以实现做"人上人"的目标；另一种为"博放教育"，它努力将约束降到最低，主张解放学生，提出让学生在集体之外成长，让每一个学生可以变得伟大。③

① 本文已经发表于《北京大学教育评论》2016 年第 2 期，刘云杉教授于 2016 年 10 月 26 日在北京师范大学做同题演讲，收入本书时有修改。

② 在文章的写作中，渠敬东、应星提供过理论资源，陈向明、康健、刘坚、高峡、郭华参与过专题讨论，提出诸多批评意见；我的学生们——无论是在秋季的涂尔干读书会，还是春季的赫尔巴特读书会，他们像勤奋而灵敏的蜜蜂，不断采集花粉，酿蜜成为我们共同的事业。最后要感谢《北京大学教育评论》责任编辑李春萍，她以明确的问题意识不断地把文章拉回与现实的直接对话中。就此意义而言，这篇文章远不是我个人的作品。当然，文章中的不足由我负责。本文受北京市教委"创新人才培养的课程体系研究"项目资助。

③ "博放教育"来源于白璧德（I. Babbit）对人文主义的一对描述概念：博放时期（era of expansion）与精约时期（era of concentration）。"博放"与"精约"二词取自白璧德《学衡》，系徐震堮 1924 年译定的专名。主导博放时期的是解放运动，即对感官、才智的解放，它以勃勃的生气打破传统的镣铐和束缚，易滑入无纪律和无序状态以及自我的张扬与放纵。因此，博放时期之后常是"精约时期"。这是一对彼此构成修正与反拨的对立概念。（白璧德 . 文学与美国的大学 [M]. 张沛，张源，译 . 北京：北京大学出版社，2004：11–12）

我们不难看到这对"理念型"教育模式之间明显的分歧及所呈现出的中国社会的断裂：大城市尤其是社会的中上阶层开始体验与享受素质教育的成果，而中小城市、乡村与社会中下阶层信任与选择的仍是"应试教育"；中国社会的中上阶层与中下阶层在对"继承人"的培养途径、对精英的塑造策略上出现了明显的分歧。①

这对"理念型"的教育模式背后是主导近三十年中国基础教育改革的应试教育与素质教育之争。作为一个概念，素质教育产生于 20 世纪 80 年代中期，其诞生伊始便是应试教育的对立物，是针对"应试教育"且向"应试教育"开战的旗帜。② 吊诡的是，应试教育作为批判的靶子，不同的力量虽各有侧重，但指向却清晰、贴切且有力；素质教育作为建设的目标，内涵却是纷乱的，面目是模糊的——素质教育更准确的定位：作为批判的武器依附于应试教育的躯壳上，就此而言，应试教育与素质教育早已成为一对相互依存的阴阳合体。在对应试教育漫长的围剿中，逐渐形成三股立场鲜明且分工明确的力量。

其一，中国社会独生子女的家庭结构为人本主义者提供了坚实的情感基础，因其广泛动员的力量，他们充当了围剿应试教育的"马前卒"。对应试教育最直接且切肤的批评来自温情的独生子女家长，他们多为朴素的人本主义者，希望孩子们能有更为轻松、自然且自由的童年。他们尖锐地批评应试教育是"精致的暴政"。③ 人本主义教育者坚信：想象力是第一生产力，儿童的好奇心和想象力是民族的未来，要坚持"儿童优先"的原则，保障儿童的教育权利；要善待儿童，保护儿童的想象力、创造力，给儿童提供免于恐惧的教育。人本主义教育宣言：从应试教育突围，为生活重塑教育。④

① 我们应该谨慎地去体认"理念型"与现实的区别，理念是对现实高度的抽象与概括，理念型是以漫画般的笔法简洁勾勒事物的典型特征，即传其神而非画其形；本文的写作旨趣为从真实、自然且丰富的教育实践中抽离出带有典型特征的"理念型"并加以剖析讨论，而非翔实地记录与评价某所或某几所中学，这是非现实版的故事，但它们并非虚构的故事，而是比现实更真实的故事。这并非"别处"的故事，而是以丰富的具体形态发生在我们身边的每一所学校中的故事。
② 王策三.认真对待"轻视知识"的教育思潮：再评由"应试教育"向素质教育转轨提法的讨论 [J].北京大学教育评论，2004(3)：5–23.
③ 蔡朝阳.做一个不被世界改变的人 [J].中国青年，2014(23)：68–69.
④ 杨东平.人本主义教育宣言 [J].生活教育，2015（11）：5–7.

其二，知识界的自由主义思想传统，在中国现代性思潮发展的历程中，反专制主义、反权威主义、追求思想与个性的解放一直具有深刻的影响力，此为人本主义者的思想资源与精神灵魂。中国新文化奠基者——"五四"一代即提倡儿童的"蛮性"，提倡"童话精神"，提倡创造"新青年"，把对老大帝国的反抗不假思索地转换为对新的少年中国的热情讴歌。自由主义的论述建立起儿童与知识、童年与学校的对立，集中体现在鲁迅所描述的"百草园"与"三味书屋"的意象中。这对隐喻直指教育世界对儿童自然世界的剥夺：他们所受教育的全部目的就是把他们天生的好奇心、探索热情全部抹杀掉，这些从睁开眼睛就要忙着背书、做习题的孩子，已经没有时间欣赏自然的"黎明"之美，又从何去体验精神上的"黎明感觉"？因此，要保卫童年，保证他们在自由的时间、空间里的成长的权利和欢乐的权利。①

其三，21 世纪初，教育部发布《基础教育课程改革纲要（试行）》。"素质教育"从批判的武器转变为建设的纲领，它宣称要重建概念，建立起"学科、教师、讲授"与"经验、学生、探究"三者之间的对立：首先，以经验对抗学科，主张在基础教育阶段淡化对学生的学科专业训练，强调学生整体素质或综合素养的形成，关注学生在学习中的心理感受②；其次，以学生主体替代教师主导，在师生平等中彰显教育民主的价值；再次，以探究替代讲授，"自主、合作、探究"推动学习方式的变革。

据此，人本主义的前锋和自由主义的灵魂合力于"破"——对应试教育具有摧枯拉朽之势；阵地战由新课程改革来完成，它致力于"立"——人云亦云的素质教育落地生根时究竟是什么形态？这就有了博放教育的关键词：学生兴趣、选课、个性化的课表、走班、取消行政班与班主任、社团、俱乐部、创造与提供机会、让学生为自己的成长负责……。内涵模糊的素质教育呈现出来的现实形态既熟悉又陌生。说熟悉，它几乎是 20 世纪早期活跃于美国的进步主义教育思想的简单移植。说陌生，中国版的进步主义教育又增加了若干本土经

---

① 钱理群 . 我理想中的中小学教育 [J]. 班主任之友，2009 (2)：49-51.

② 钟启泉，崔允漷，张华 . 为了中华民族的复兴 为了每位学生的发展：《基础教育课程改革纲要（试行）》解读 [M]. 上海：华东师范大学出版社，2001.

验：帮助学生在集体之外成长，集体主义教育成为负资产；教师权威被扭曲为"警察"的权力与"保姆"的琐碎后，作为服务业的教育有了新的身份认同，学校成为货源充足的课程超市。我们时代的"博放学校"无字的箴言是：这里提供你感兴趣的一切，这里成就你想拥有的一切。

然而，故事一定还有更纵深的层面：美国的进步主义教育活跃在1910—1950年之间，反映着其时放荡不羁的个人主义倾向。进步主义一直受到连续不断的质疑与批判，尤其是苏联的人造卫星上天之后，进步主义所主张的"儿童中心"更是饱受非议，批评者认为美国姑息儿童的日子太久了，国家变得懦弱了。① 在美国教育思想史上，既有儿童中心的人本主义、民主主义教育思想，同时还有人文主义、永恒主义的教育理念与实践作为制衡。在欧洲教育思想史上，不仅有启蒙以后的浪漫主义与自然主义，更有始于古希腊且至今仍有深刻影响的人文主义的传统。两派之间既相互对峙，又相互制衡。我们在宣称与世界接轨时，怎能只取其一脉而无视另一传统与实践呢？

素质教育化解我们自身的困境了吗？学生学业负担减轻了吗？学校的确减负了，家长们却忧虑了，校外培训机构高兴了。减负将学校的主阵地让渡，将教育的关键责任外包，在自主且愉快的校园，在多元的评价中，学生们是没有区分度地普遍地好；然而，核心竞争已经移步于校园之外，在课余、在假期，在各种收费贵贱不等的培训班、补习班中，在奥数、英语、书法、钢琴等各种考或不考的技艺与特长的培训中。此"减"彼"增"意味着教育的育人与择人的两大功能有了离奇的分离：在应试教育中，学校既培育亦筛选，学得好就能考得好。如今，在愉快的校园生活背后，有多少身心疲惫的孩子与负担沉重的家庭？温情的人本主义者此刻已成为急躁的功利主义者，纸上谈兵的"虫爹"完全败给精明强干的"虎妈""狼爸"。家长们不心疼孩子吗？不懂拔苗助长的道理吗？"不能输在起跑线上"，既是培训机构蛊惑人心的广告词，也是家长们彼此绑架、推高投入的心魔。②

在应试教育与素质教育的对峙中，出现了教育的培育功能与筛选功能的离

① 陈友松. 当代西方教育哲学 [M]. 北京：教育科学出版社，1982：70-92.
② 刘云杉. 何为人民满意的教育 [N]. 中国教育报，2014-03-19（2）.

奇分裂，这还只是教育变革大戏的第一季。如今，戏剧的第二季已深入到学校的内部，博放教育的出现意味着在教育最核心的部分发生了断裂：教书与育人的断裂，既有无教育价值的学习，也有无教学根基的育人。在教育学的奠基之作《大教学论》的扉页，夸美纽斯写到：懂得科学、纯于德行、习于虔敬——习知识、修德行、致信仰，这是教育的阶梯与秩序。假如抽离了德性与信仰这两个维度，教育的大厦塌陷了，裸奔的知识教育或者左倾，知识的权威与教育的专制窒息了心灵的活力，是为"精约教育"；或者右倾，兴趣的易变与知识的碎片，以及平等的权利诱惑着欲望以及意志的肆意生长，是为"博放教育"。然而，精约与博放看似为不同的形式，实则既高度合谋又内在一致。说高度合谋，是因为绚丽的博放教育实验高度依赖于校外教育培训机构中的精约教育，体制内的素质教育与体制外的应试教育离奇地组合在一起。说内在一致，是因为严苛的制度躯体同样沉溺于博放的迷梦中，准确地说，中国当下的精约教育徒具严苛之形而内在的严肃堪忧，博放看似对精约的逆反，实则为精约教育"虽不能至，心向往之"的励志版。失去内在严肃性的精约教育不过是博放教育的亚类型，博放才是其化蛹成蝶的目标所在。

摇摆于精约的严苛与博放的虚妄之间，教育内在的严肃性究竟何处安放？其后究竟是什么样的制度逻辑，以及何种民情风尚呢？

二、博放教育的制度逻辑

（一）减负：兴趣与努力

过重的学业负担是中国基础教育的沉疴，纠正课程内容的繁、难、偏、旧，改变教学过程中的死记硬背、机械训练，关注学生的学习兴趣和经验，倡导学生主动参与、乐于探究，这是国家基础教育课程改革的出发点。如何减轻学业负担成为一个见仁见智的实践热题。博放教育认为，强迫学生学习不喜欢的东西他们才会感到有负担，感兴趣的东西会让他们着迷，他们会在学习中感受到极大的愉悦。他们引用爱迪生对传统教育的控诉：人类大脑发展的可能性几乎是无限的，但重要的是不要让小孩子去学习他们不喜欢的东西，因为那就

变成了一种伤害。如果你让一个孩子学习他不喜欢的东西，并且一直持续到 14
岁，那他的大脑就被永久地损害了。由此，道尔顿教育计划的目标是：让学校
变得像游戏一样吸引人，让教育像游戏一样寓教于乐。① 博放教育强调儿童的
兴趣，儿童只有把所学的东西与自己的兴趣结合起来，才能主动、快乐地学
习——兴趣是乐学的基础。

在某博放学校的人文讲堂张贴着学生对来校做讲座的教育专家的质疑：

教授说兴趣是你想做就做，不想做就不做——那么，兴趣与随心所欲有什
么区别？学习如同工作一般，是必须完成的。所以把兴趣作为工作与学习的前
提，是可疑的。教授讲天才与学校的关系，引用郑渊洁的案例。写作是郑渊洁
的兴趣，他虽然只有小学毕业，却有了不起的成就，他对教育充满不满与不
屑。然而，这些幼时不学的名人是小概率事件，推及一般，以此否定学校，这
是不客观的！教授还强调"高智商的人"应该怎样做，我不止一次听到专家告
诫：如果你智商够高、能力超强，你应该适当地回避现在的教育，你最终还是
能获胜。很遗憾，我不属于教授所说的"高智商的人"。这么说来，"兴趣至上"
的理论是不适合我这样大多数的普通人的，那么，针对中国众多人口的教育又
怎么能依据这样的培养少数"英才"的教育理论来改革？②

这段文字密集地质疑博放教育中的关键词：兴趣、天赋、高智商与英才。
儿童天生的、自然的兴趣可靠吗？外在的兴趣可以是一般的好奇与猎奇，也可
以是嗜好与欲望，更可能是浮皮潦草的浅尝辄止。当然，兴趣也可以不停留
于此，它向内转、往深走，这就需要训练与努力。唯其如此，外在的兴趣才
能成为持久的、稳定的内在兴趣；进而，它才可能与责任结合，成为内在动
机。遗憾的是，在博放教育"保卫童年"的逻辑中，却将兴趣与努力、训练对
立起来，或者以兴趣替代努力，或者指责训练扼杀了兴趣，或者虚张天赋的神
秘——既诱惑又贬抑普通孩子平凡的心智。兴趣是天生的吗？教育的园艺隐喻

① 帕克赫斯特.道尔顿教育计划 [M]. 陈金芳，赵钰琳，译.北京：北京大学出版社，2005：20.
② 本文的仿宋和楷体字部分皆引自博放学校的相关材料，后文不再一一注明。

对儿童的天然能力充满着信任，蒙田针锋相对地用肥沃的"闲地"与"野草"来比喻儿童未经规训的性情和易变的兴趣："正如我们看到一些闲地要是肥沃富饶，就会长满千百种无益的野草。"儿童的奇思异想与胡思乱想看起来都很炫目，"若要加以利用就必须翻地播种，才能对我们有用。……思想也是如此。如果不让思想集中在某一事物上，不加指引，无所约束，就会漫无目的地迷失在幻象的狂野中"①。疯长的性情常将幻象与真实颠倒，而野草般自生自灭的兴趣只会导致狂妄与懒散的性情、浮躁的忙碌以及浅表的快乐。兴趣与学习、努力究竟是什么关系？人们要求青少年对学习与认识产生兴趣，学习是目的，兴趣是手段（或前提），但赫尔巴特却说，我要把这种关系颠倒过来，学习应当为从中产生兴趣而服务。学习将过去，而兴趣应在整个一生中保持下来。②这被称为教育学中哥白尼式的拨乱反正。

兴趣还是努力？天赋还是习惯？乐学还是苦学？这组对立的旨趣反复出现于教育观念的流变中，而教育实践也如同钟摆一样。回顾历史，我们可以看到永恒主义责问进步主义：准许儿童易变的兴趣对他所学的东西发生这么大的影响，岂不荒唐？今天的兴趣可能与昨天的报纸一样无聊，一个孩子想当牛仔，我们对他这种兴趣能够让步到多大程度呢？如果他想要射击印第安人，我们对他的这种兴趣又能鼓励到多大程度呢？③永恒主义者继续检讨，儿童成长中最重要的特征就是理智的增长，大多数美国青年人的头脑从来没有真正受过学习理智教材的锻炼，这是因为教师们过度漠不关心并且没有抓紧这种锻炼。由儿童明显的懒惰和肤浅的爱好来决定他们学习什么，那实际上妨碍了他们去发现自己真正的才能。自我实现要求有自制力，但如果没有外铄的纪律就不能养成自制力，每个人身上都潜在有一种或几种高尚的兴趣，但如果不下大量的苦功夫，这些兴趣在通常情况下并不能显露出来。④在天赋还是努力的问题上，精约学校一位毕业生的一篇影响甚广的文章道出了几分真谛：努力才是真正的天

---

① 蒙田.蒙田随笔全集：第 1 卷 [M].马振聘，译.上海：上海书店出版社，2009：24.

② 赫尔巴特.普通教育学 [M].李其龙，译.北京：人民教育出版社，2015：171.

③ 陈友松.当代西方教育哲学 [M].北京：教育科学出版社，1982：72-80.

④ 同③69.

赋。天赋决定一个人的上限，努力决定一个人的下限，也决定一个人当前所能达到的高度。目前大多数人之努力程度，还远远达不到比拼"天赋"的地步。努力并不是一件容易的事情，一天伏案十多个小时学习或工作，看似简单，其实很难，因为日复一日的劳作至少需要三点保证：集中力、精力和耐力。坦诚地讲，学东西的快慢，其实大部分人都差不多，但是想要精通某事，比拼的就是集中力、精力和耐力了。① 这几乎是要素主义的立场的翻版：学习的本质就要求刻苦，并且往往要强迫自己去专心致志。与进步主义强调个人兴趣相反，要素主义强调努力：在正常情况下，较高与较持久的兴趣并不是一开始就能感觉到的，而是通过大量的刻苦用功才能产生的，虽然儿童一开始对这种刻苦学习并不感兴趣。② 与进步主义主张儿童的自由相反，要素主义则坚决主张纪律的重要性，他们不强调儿童眼前的兴趣，而极力主张儿童要献身远大的目的。学校正是用一套严格制度，将生活的节制、纪律的约束融进学生的身体惯习中，教育不是空洞的鼓励与信任，也不是淡漠的隔岸观火，教育是具体且细致的，它不仅将向上的动力如同一部发动机一样安置在学生的心中，同时还用一套细致且严密的制度，确保其完成身心的蜕变，养成其终身受用的习惯和品格。康德《论教育学》中特别指出训诫的重要性，训诫是把野性从人身上去除的活动，它防止人由于动物性的驱使而偏离人性，这必须及早进行。因此，人们把孩子们送进学校时，一上来首要的目的并不是到那里学习知识，而是让他们能由此习惯静坐，严格遵守事先的规定，以便他们在将来不会随便想到什么就真的马上去做什么。③

训诫最可靠的方式是习惯的养成，在西方的教育观念史中更强调另一个核心概念：习惯。柏拉图说：习惯可不是小事，习惯成自然。习惯——这人造的天性，据此可替代人的自然性情——为动物性所驱使的野性。蒙田说得很真切：习惯最大的威力就是抓住我们不放，蹂躏我们，以致我们靠自己力量很难

---

① 胡小鹄.十载寒窗：努力才是真正的天赋 [EB/OL].（2019-07-27）[2020-01-30]. https：//www.sohu.com/a/329765398_202914.
② 陈友松.当代西方教育哲学 [M].北京：教育科学出版社，1982：88.
③ 康德.论教育学 [M].赵鹏，何兆武，译.上海：上海世纪出版集团，2005：4.

摆脱，……习惯是习俗内化在我们身体上的强制，习惯构成了我们的第二天性。习惯可具体落实到个体的日常举止、生活惯习，又因"习俗"勾连传统与社会，达成教化。① 习惯的养成需要反复、单调甚至枯燥的练习，一定的练习、适当的苦学是必要的。洛克强调习惯养成的艰苦性与细致性，教学是反复的练习。"只靠一次有关音乐和绘画的演讲就培养出优秀的画家或者即席表演的音乐家，靠一套法则说明正确推理的步骤就培养出思考有条理的人或者推理严密的人，是很难有希望的。"② 在洛克看来：幼童不是通过规则就可以教育好的，规则往往会在他们的记忆中消失。……如果可能的话，还要创造机会，让他们通过必不可少的练习，把事情做好。这种方法能够在他们身上形成习惯，习惯一旦养成，做起事来便轻易而自然，无须再借助记忆。③ 以技艺的习得为例，只有在不断重复的练习中，技能与技巧才会迁移到学习者的身体上，譬如工匠的手艺、舞蹈家的肢体、画家的眼光，也正是训练——在这不可省略、不可偷懒的反复的、枯燥的练习中，教育潜移默化地发生着——用习惯把抽象的概念变成身体的记忆、动作的倾向，形成持续的、稳定的兴趣与内在驱动力。

　　好的习惯如同被精心耕种的良田。夸美纽斯指出，对青少年来说，持重、节制、坚韧与正直是最为重要的德行。对生于安乐的年青一代，博放教育难道可以轻率地否认节制、坚韧这些德行以及忍劳耐苦的训练吗？应当要求教孩子们在饮和食、睡眠与起床、工作与游戏、谈话与缄默方面，在整个受教期间实行节制——"一切不可过度"。坚韧要求从自我克制中去学习，要压下游戏的欲望，要抑制急躁、不满足和愤怒。我们应当使儿童不受冲动的指挥，而是根据理性去行动，因此要求他们学会忍劳耐苦。既避免过度的压力，又有勤奋的性情，使身心不断有事可做，使人活泼，受不了惰性的安逸。夸美纽斯引用辛尼加的话作小结："培养成高贵心理的是劳苦。"④

　　这样我们才能理解苦学的必要性。"这孩子很聪明，只是不够用功。"这句

---

① 蒙田.蒙田随笔全集：第 1 卷 [M].马振骋，译.上海：上海书店出版社，2009：98-104.
② 洛克.理解能力指导散论 [M].吴棠，译.北京：人民教育出版社，2005：16.
③ 洛克.教育片论 [M].熊春文，译.上海：上海世纪出版集团，2005：134.
④ 夸美纽斯.大教学论 [M].2 版.傅任敢，译.北京：教育科学出版社，2014：146-147.

话麻醉了多少人？似乎智商更重要，努力不过是笨人的功夫。殊不知，他不努力，怎么配得上有天赋？古典教育论者阿兰（Alain）论道：

> 什么儿童乐园，什么寓教育于娱乐之中的等等发明，我是不太相信的。……他们既然沉湎于这种易得的快乐，他们就丢失了稍鼓勇气、稍加专心即可到手的那种更高的快乐。发现一种高卓的快乐，还有什么比这经验更能使人提高的呢？谁不在开头吃一些辛苦，谁就将终究愚昧无知。……不可能使儿童像尝蜜饯那样尝一尝科学和艺术的味道。人是靠辛苦的陶冶而成其为人的。他必须自己去赢得自己的真快乐。他必须自己配得上这快乐。先付后收，这是规律。①

（二）选课：差异与共同

"不见树木，只见森林"是传统教育的弊端。博放教育的使命是发现那棵树，学校所面对的学生并不是一个抽象的整体，而是在志趣与性情上有着种种差异的、鲜活与具体的个体，学校要为学生的个性发展创造条件，"个性化课表"为每个学生"私人定制未来"。因此，博放学校建设了庞大的课程超市，既有分层次的，也有分类型的，既有综合的，也有专项的，还设置了一对一的特需课程，压缩必修课，以给学生提供最大限度的选择性。譬如，某校设置2%的必修课、98%的选修课。②

学校真要办成满足不同学生不同需要的超市吗？在课程内容上，博真的就好吗？在课程组织中，是立足于培养共同性，还是尊重甚至放纵差异性？如何面对知识的碎片化、学习的浅表化？教学的教育价值究竟是什么？让我们来一一加以讨论。

首先，博还是专？这里指的不是知识的种类，而是教学的过程。学生面对

---

① 王承绪，赵祥麟.西方现代教育论著选[M].北京：人民教育出版社，2001：267.

② 博放教育的材料参见：李建平.中国教育寻变：北京十一学校的1500天[M].北京：教育科学出版社，2015；李希贵，等.学校转型：北京十一学校创新育人模式的探索[M].北京：教育科学出版社，2014；李希贵.面向个体的教育[M].北京：教育科学出版社，2014.

庞杂的课程，很可能是忙碌穿梭、浅尝辄止，诸多知识皆有所涉猎，却只知皮毛。我们常说，读书不走心、不开悟、不养性，正是因为教与学太庞杂了、太匆忙了，所学的知识并未真正嵌入学生的心智结构中。准确地说，这些东西只是通过了他们的脑子，却没有牢固地固定在那里，如同把流水泼到筛子上去。[①]即便记住了，也仅是一些知识的皮毛，不过是真知识的影子而已，或者是怀特海所说的"呆滞的思想"（inert idea）[②]。这些知识毫无活力，如同电脑硬盘的无用碎片，占据了空间，成为垃圾。

教学是极为谨慎的工作，无论是教学的内容、教学的时机，还是教学的方式，都需要谨慎选择。教学的原则有基本的要求。其一是谨慎。要谨慎地挑选最基本且重要的知识。"没有一个希望在他的田地、果园和花园里面结出果实的人会去种植莠草、苎麻、蓟草和荆棘，他只会去种良好的种子和果树。一个想要修建一座好房子的建筑师，不会去收集谷梗、尘芥、垃圾或柴块，而会去收集石块、砖头、橡木板，以及诸如此类的质地良好的材料。"[③] 其二是专心。肤浅地涉猎对人的心智与性情的影响极坏，学习中应心神专注、持之以恒、坚持不懈（即夸美纽斯的教学的彻底性原则）。学习不在量多，不在速捷，而在"静"与"敬"，在于由"静"达"敬"。只有"静"，才能让人心沉静下来。诸葛亮在《诫子书》曰：夫学须静也，才须学也，非学无以广才，非志无以成学。中国最早的师范教学创办者张謇指出：凡教之道，以严为轨；凡学之道，以静为轨。[④] 其三是秩序。教与学应循序渐进，不能随意打乱。模块课程如同积木，可以随意拼搭，看似方便学生，实则根基脆弱。"模块"隐喻了知识的"破碎性"（fragmentation）；"模块化"带来的不仅是知识组织的"去中心"，更是知识选择的无序化，对一个成长中的学习者而言，这不啻是一种不堪承受之重。[⑤]

其次，学校真的要提供一个由学生的需要、趣味主导的超市吗？校园中出

① 夸美纽斯.大教学论 [M].2 版.傅任敢，译.北京：教育科学出版社，2014：93.

② 怀特海.教育的目的 [M].庄莲平，王立中，译.上海：上海文汇出版社，2012：2.

③ 同① 94.

④ 陈学恂.中国近代教育文选 [M].北京：人民教育出版社，1983：318.

⑤ 吴刚.建构主义与学习科学的崛起 [J].南京社会科学，2009(6)：98–104.

现了"水课"与"虐课"之分。俗语中的"水"即注水、冲淡浓度，其主导思想是"广泛涉猎"，鼓励学生到处走走看看，多是一些入门性的简介，缺乏知识的系统性，学习难度低。"虐课"则相反，多是一些基础课程、必修课程，要求严格，内容艰深甚至枯燥，这一部分知识用严格的教学"融化"到学生的认识、心灵与性情之中。扬（M. Young）对课程社会学的研究指出，知识与教学组织有难易、高低的层级之别，其中，书面文字的学习高于口语的学习，独自的学习高于合作的学习。① 在博放校园中，合作学习、小组讨论、动手操作、口头发表充斥了课堂；专注、独自的阅读与解题，成为"应试教育"的特征而被贬斥。其后，教学的难度降低了，学生有活动而少学习。 与"虐课"相比，学生学习"水课"既轻松又能拿高分。博放教育理念中要求教师少讲、精讲，给学生的自主学习留下空间，这是合理的，但实践中讲授法这一最基本的教学法却遭遇了"有罪推定"。② 将学生主动的学习与教师有效的教学相对立，讲授法能被简单地质疑为教师的个人秀场吗？选课还重构了师生关系，准确地说，它不是"碾平"了等级关系，而是在形式的平等背后重释了教学的内涵——学习商品的销与售：当学生拥有了知情权、选择权、表达权与评价权时，当他们以商品购买者与消费者的形象出现时，他们真的能成为学习的主人吗？

一名学生做错了数学题，老师让他改错后再做两道同类的题目，他做了一道，抬头和老师商量：老师，我做一道行吗？

为什么？老师反问他。

我想去操场玩会儿球。

"怎么才能让学生喜欢我的课？选我的课？"博放校园中出现了过去从未有过的现象：学生与教师碰面，许多教师会主动先向学生问好。教师与学生说话，非常在乎学生的感受，开口常是："行了吗？""这样可以吗？"博放校园

① YOUNG M.Knowledge and control: new direction for the sociology of education[M].London: Collier-Macmillan, 1971.
② 丛立新. 讲授法的合理与合法 [J]. 教育研究，2008(7): 64-72.

已成为一个买者不得不取悦卖者的市场，教师迎合学生的趣味，纵容学生的懒散，教师忙于亲和、妥协，怕被指责为"权威主义"的严师。学生的喜欢成为最高的标准，学校成为学生喜欢的乐园——快乐是有高下之分的，今天的喜欢不等于明天的珍惜。学生的所有快乐、一切需要都需要尊重吗？所有的快乐一律平等，应该受到同样的尊重？苏格拉底反驳道：有些快乐来自高贵的好的欲望，应该得到鼓励和满足；有的快乐来自下贱的坏的欲望，应该加以控制与压抑。[①]学生最大的需要是成长的需要。阿兰（Alam）说，儿童有儿童的轻浮，儿童有运动和吵闹的需要，这是游戏的一部分。但是，儿童还必须在从游戏到工作的变化中感到自己的成长。这壮美的过程，远远不是使它不知不觉，我愿它是鲜明突出的、庄严隆重的。你强迫过他，儿童会感激你；你奉承过他，儿童会蔑视你。[②]如巴格莱对进步主义教育的分析：未成年人选择必须学习什么的自由，同他们日后免于匮乏、恐惧、欺诈、迷信和错误的自由对照起来，它的重要性是微不足道的。[③]

再次，差异还是共同？必修课程是普通高中学生发展的共同基础，根据学生全面发展的需要统一设置。《普通高中课程方案》中要求必修课应占学分数的61%。在个性化的课程理念下，博放学校的必修课仅占课程门类的2%。能将必修课的共同性视为工业中的标准化生产吗？必修课仅是"让每一个人全都躺在那张一样大小的魔床上，把他们锯得一样长"吗？博放教育坚信教育的本质是解放人，解放人的智力和心灵、思维和情感，而不是束缚人、压抑人和限制人。如何逃离魔床呢？采取个别化的教学、个性化的课表、特需课程，甚至一生一案。在这个看似应有尽有、热诚服务于顾客的学习超市背后，我们应该深思剑桥大学三一学院院长休厄尔（W. Whewell）的断言：这不是教育，这不是人的教育；因为所唤起的不是人本身的东西，也不能将人与人联系起来。这不是培养一个人的人性的教育，而是对他的个体性的纵容。[④]赫钦斯（R. M.

---

① 柏拉图.理想国 [M].郭斌和，张竹明，译.北京：商务印书馆，2011：341.

② 王承绪，赵祥麟.西方现代教育论著选 [M].北京：人民教育出版社，2001：268.

③ 同② 161.

④ 赫钦斯.美国高等教育 [M].汪利兵，译.杭州：浙江教育出版社，2001：43.

Hutchins）认为：西方教育多建立在个体差异学说的基础上，人是不同的，我不忽视它，但我否认它；我不否认个体差异这一事实，但我不相信它是关于人的最重要的事实，或是教育制度应该建立在其之上的事实。[①] 他批评其时的美国进步主义教育：基础教育的首要目标是培植我们共同的人性，然而，那时的美国教育却将共同人性的培植与差异性的发展混淆，前者是首要的、必不可少的，而后者是第二位，在多数情况下并非必要的，这种混淆最终导致最坏的教育，而教学过程的分裂最终将导致社会的分裂。赫钦斯还指出，课程的丰富多样以及选课制度剥夺学生共同的心智文化，让美国的学院文化趋于贫瘠，足球与其他课外活动在美国学院之所以占有主要地位，大部分缘由是只有这些活动才是学生共有的。[②]

由于实施了选课制，刚性的时间变成了柔性的，空间和时间上对学生的限制变小了，学生不必局限在某一特定的时间和空间，他们可以按照自己的意愿和计划安排自己的学习，甚至可以决定在哪个时间段学习哪门学科，师从哪位老师，在什么地点学习。

德廉美修道院大门的入口处镌刻着这样诱人的字眼：学习你所喜欢的一切。它的宗旨是做你爱做的事情——象征了个人的绝对自由和个性的绝对解放。[③] 然而，碎片化的知识如何培育整全的人？教学过程的分裂如何避免群体的分裂？教学内容的多元如何铸造学生共同的心智文化？缺失了共同的文化基础，社会的团结如何奠定？

（三）走班：个体与集体

实行选制后，学校将所有的教室改为学科教室，任课教师常驻教室，学

---

① 赫钦斯. 民主社会中教育上的冲突 [M]. 陆有铨，译. 台北：桂冠图书有限公司，1997：74.

② HUTCHINS R M.The conflict in education in a democratic society[M].New York：Greenwood Press，1972：60-62.

③ 白璧德. 文学与美国的大学 [M]. 张沛，张源，译. 北京：北京大学出版社，2004：70.

生走班上课。走班来源于道尔顿制，它批评班级教学如同一个教师主导的"教学帐篷"：是教师的工作而非学生的工作，是教师的速度而非学生的速度，是教师的兴趣而非学生的兴趣，所以，需要重组学校机构，让学生们的能量从课程表和"教室帐篷"解脱出来，彻底解放儿童，绑在一起就意味着强迫，道尔顿制的主要目标是废除任何形式的强迫。[①]

实施选课走班后，学生每节课进的教室不同，同桌也不同，孩子们好像没有根的叶子飘荡起来，突然失去了认同感、归属感。部落定居模式转换为族群迁徙甚至个人迁徙模式。

《普通高中课程方案》指出，学校应探索行政班与教学班并存的管理制度，为选择性课程走班实施提供保障条件。博放学校改革得更为彻底：取消行政班，提出"在集体外成长"。班集体、集体这一制度的躯壳真成为约束自由、自主与活力的过紧的"外套"？真成为拖住快速前进步伐的过重的行囊？集体真成为教育的负资产了吗？学校教育最为重要的功能是在个体的身上建立社会，学校中的一切制度、仪轨、惯习都是社会事实建立的重要机制。当固定的教室、确定的班级取消后，"各就各位"的空间感、班组的认同感以及情感上的同伴感、心理上的归属感将寄居在什么样的制度躯壳上？进而，学校德育的日常载体在哪里？替代性的机构究竟有何种育人功能？

夸美纽斯在他的"泛智学校"所勾勒出的班级教学就是一项"社会性"的建设，在漫长的、仪轨性的班级教学中，将"社会"植入个体的习惯与性情之中。其一，按年龄与成绩的分班制度，把学生结合成一个整体，学生学习同样的内容、奔向同一目标。结合的原则是年龄与成绩，而非兴趣，因为年龄是青少年成长最基本的参照与陪伴原则。其二，固定的位置。只有在固定的空间，才能将他们与外界的闹声隔绝，教者和学者才能无妨碍地做自己的事情；只有各就各位，才有稳定的空间认同感、相应的安全感与秩序感。其三，班组的团

---

① 帕克赫斯特.道尔顿教育计划 [M].陈金芳，赵钰琳，译.北京：北京大学出版社，2005：99-104.

体学习。群体的陪伴学习不仅可以产生效用，而且可以产生愉快，因为他们可以互相激励、互相帮助。其四，同伴督促。要选年龄最大、才能出众或特别勤勉的学生担任组长。他的职责是：观察全体组内成员是否都按时进教室和各就各位；督促每一个学生学他所该学的；如果发现谁能力较差或较迟钝，因而不能赶上别人，就应该帮助这位同学或告诉教师。①

博放教育在认识上有以下错误。

其一，仅从知识习得的角度将班级教学视为工业社会的"规模经济"。道尔顿制对班级授课的批评是：教师怎么可以把 25 个人的头脑当作一个人的来对待？今天个性化的学习完全可以将个体从标准化的流水线中解放出来。这忽视了个体在集体中学习与成长的内在需要，在夸美纽斯的教学论中，知识、德行与信仰环环相扣，班级教学的重点不在个体获得知识的快慢与多少，而在集体中每一个人这三个维度的和谐发展。因此，课程的难易度要适合中等智力，要让敏锐和迟钝的学生都有可能在同一时间内学完。对智力过于发达的人应加以限制，使他们不致过早地衰退；对头脑太迟钝的人则应用榜样和同情激励他们，带动和帮助他们，使他们至少不至于掉队。② 班组同伴学习是极为重要的，骏马有敌手要赛过或有先导马可追随的时候，才是它跑得最快的时候。尤其是年轻的儿童，用榜样总比用训条容易领导、容易管束，把一个学生作为另一个学生的榜样和刺激是可以产生更好的结果与更多的快乐的。③ 在这个环节，是不能抢速度的，因为上帝已经"赋予我们缓缓而过的青春，以便为了做好生活的准备，谁也不致感到时间不够"④。

其二，简化或贬抑行政班级。行政班级的作用绝非仅是管理考勤、卫生等琐碎的事务。班级是集体建设的制度土壤，不能用集体发育不充分来否定行政班级制度。集体不是单子式的个人肤浅、随意的组合，不是不得不绑在一起的松散的团队。我们需要再认识班级。稳定的班组是学生的首属群体，这是学

---

① 夸美纽斯 . 夸美纽斯教育论著选 [M]. 2 版 . 北京：人民教育出版社，2005：247–251.

② 同①254–255.

③ 夸美纽斯 . 大教学论 [M]. 2 版 . 傅任敢，译 . 北京：教育科学出版社，2014：31.

④ 同①246.

校教育中最基础的社会单位，绝非暂时组成的团队合作可以替代。需要强调的是，以班组为单位竞争是很好的激励机制，能让每一个体踏实地参与且建设集体，把单薄且脆弱的"我"变成"我们"，让他们用集体的荣誉感替代个体的虚荣心。帕森斯（T. Parsons）指出：班级是正规教育"事务"实际进行的场所；学校教育中社会化与选择这两项重要的功能均是在班级中完成的，即胜任未来成人角色所需的责任感和能力是在班级中内化于学生的。同时，它还是儿童经历的第一个社会化的机构，学生在此挣得自己的地位，这常是其人生第一个获致性地位——有别于先赋地位的个人成就，在班级中将此制度化。①

　　其三，陷入认识与实践中的二元对立，即将自我与他人、利己与利他、个人与社会简单对立。在思想认识上易走极端，或仅强调集体、利他、服从与纪律，而否认个体对集体的依附的情感及对纪律与团结的内在需要。如是，集体易成为凌驾于个人之上的压迫性机制，强调利他一定是自己利益的牺牲，服从纪律一定是对个体自主性与自由的放弃。或将利他主义、对一己之外更高事物的依恋之情视为一种神秘的、非同寻常的能力。如是，因其高蹈虚妄，又易被视为一种意识形态的宣传与制度的强迫而加以彻底否定。我们应该重新认识这两者之间的关系，它们不是非此即彼的对立关系，而是相互的嵌入关系，即嵌入利他主义的利己主义与嵌入利己主义的利他主义。②涂尔干特别强调学校纪律与课堂道德对学生社会化的重要作用。学校的纪律绝不是各种复杂规范的外在的专制，它不是一种旨在保证教室表面平静的简单手段，也不是允许这项工作四平八稳地进行下去的手段，它是连接温馨的、自由自在的家庭生活与严肃的社会生活的中间环节。正是经由学校的规范、课堂的纪律，儿童才能养成自我控制和约束的习惯；正是经由课堂的道德，儿童初步懂得了义务的严肃性，严肃的生活开始了。

　　其四，在实践中，我们常常强调社会与集体是外在的、高高在上的压制性存在，强调规章制度的严肃性与细密性，强调作为权力机制的纪律的严苛性，而忽视纪律的另一面——因为富有教育价值所具有的权威性。精约教育常

① 　张人杰.国外教育社会学基本文选 [M].上海：华东师范大学出版社，1989：506–530.
② 　涂尔干.道德教育 [M].陈光金，沈杰，朱谐汉，译.上海：上海人民出版社，2001：208.

如此。矫枉过正，博放教育又完全否定集体与社会，将其化约为散沙般的个人的聚合，用功利主义的视角将纪律与规则视为协商的产物，相应规则的严肃性与纪律的权威性被消解了。如何将一个班级、一个课堂建设成一个既能温暖人的心灵又能鼓舞人的意志的集体，一直都是学校教育尤其是道德教育的重要内容，也是新中国教育的宝贵传统。马卡连柯在《教育诗》中指出，在成熟的集体中有一种"社会胶"，是行动与工作、责任与帮助的一致，它既基于对集体远大目标的服膺，更基于集体中每一份子的本领。[1]它不是客客气气的面和心不和的表现，也不是为博取皆大欢喜的激情表演，更不是基于个体的委曲求全的隐忍。在富有教育精神的集体中，它真实地存在于集体中每一份子的心中与行为中，既给他们温暖的情感，又催人奋进，赋予其勇敢前行的不息动力。我们常说，一个人或许可以走得更快，但一群人可以更轻松地走得更远。好的班集体有共同的远景，有共同的良知，有共同的情感甚至共同的意志。正是在班级中，学生实实在在地生活着。班级、班级荣誉、班级精神都不是一些抽象的表述，当学生切实体验到"我们"的快乐，就不会对"我"津津乐道了。正是这共同生活中所形成的共同的观念、共同的责任与共同的感情，这种团结感与共同感将"社会"具体、切实且持续地镌刻在每一个人的身上。[2]

在博放学校，班级解体了，最能突出集体精神的运动会变成了体育季：

> 同学们还是强烈地怀念过去大规模的运动会，有热情的观众，有自己的同学在身边加油鼓劲，为集体荣誉而跑特有动力。而现在，跑了半天没人看，没人喝彩，真没劲！——校长勉励：要为自己而奔跑，重要的是养成锻炼的好习惯，不是跑给谁看的。

取而代之的是教学班与社团、俱乐部。然而，一个学生要同时融入 10 多个教学班，同时要求每一个学生始终是一个独立的个体，又是团体中的一员。

---

① 马卡连柯.教育诗：第三部 [M].许磊然，译.北京：人民文学出版社，1959：810.
② 涂尔干.道德教育 [M].陈光金，沈杰，朱谐汉，译.上海：上海人民出版社，2001：231–233.

A生可以在数学班是全校瞩目的"学霸"，是剧组中的灯光负责人，还是技术课上的学徒工。他可以很快进入新的团队，找到自己的位置，扮演不同的角色，承担自己的责任——未来合格公民所需要的素质。

"独立的个体"，随时能够进入不同的团队，承担相应的责任，这个孩子得有一颗多么强大的心！他的情感连带呢？他如何缔结温暖且深刻的友谊？我们需要更仔细地比较行政班与教学班的区别。一个学生同时参与多个教学班，时间、空间与心理的投入上是有限且零散的，学生的同伴、学习小组也缺乏持续、稳定的制度保障，教学班立足的是知识习得的内容与进度，而非对整全人的塑造。最终的结果是，学生在校园中如同在迪士尼的乐园，或兴奋或倦怠地忙碌地参加一个个项目，转换之快捷、逗留之短暂、同伴之易变已经使他难以与任何一个群体、任何一个知识空间建立恒定、持久且深刻的联系。他确实"不再是班集体的附庸，也没有必要去为班集体的追求做无谓的牺牲"，因为他已经没有任何集体可以依附了。

在借鉴引入选课与走班制时，不少教育研究者指出，这一教学组织制度在西方学校实践多年，是成熟的制度，我们需要用宽容的心态来逐步适应它。然而，需要注意几个环节。

其一，国外实行选课与走班制的学校多是小规模学校，小规模学校的空间、时间与人际互动的紧密性与博放学校大规模和细分的复杂及碎片化相比，是全然不同的学校生态环境：

实施选课制后，初中一个年级1120名学生组建了456个教学班，学生的交往范围由过去平均每人40个同伴，变成现在平均每人300多个同伴，结识的伙伴多了，但多是点头之交。

其二，迁徙的族群可以抵御个体的孤独，学校帮助学生结交伙伴，学生之间逐渐形成不同的"圈子"："我跟哪些人在一起？"——基于选择与自愿，它没有捆绑机制，因而常是松散、易变的。同理，社团与俱乐部所强调的是共同的兴趣、爱好，可选择性以及充分的自由性，其活动时间有限，机构的正常运行、组织的稳定性堪忧。在书院等学生自治机构中，虽然正在逐渐形成书院标识、书院文化、书院符号等诱人的表述，但个体参与的切己性与稳定性究竟如何？集体不能仅是一个想象的符号，集体是呵护个体成长的制度躯壳。要学会热爱集体生活，我们就得过集体生活，不仅在我们的内心和想象中过集体生活，更重要的是在现实中过集体生活。只有通过持之以恒的实践，这种集体生活倾向才能逐渐具有足够的力量来塑造行为。①

学生自治的社团、俱乐部与书院能否替代集体的教育功能？社团的本质是在建立在自由选择与随意组合基础上的同辈文化。帕森斯特别指出：同辈群体被认为是儿童摆脱成人控制、行使自主权的领域，同辈群体常给孩子们提供一个非成人赞同和认可的源泉。②而集体教育让儿童体验到纪律的权威性与政治社会的严肃性，学校的环境既不来源于血缘关系，也不来源于自由选择，它更接近于政治社会。集体聚合的基础应该是年龄，而非所谓的智商与兴趣。因为它是道德形成的稳固基础，道德也只有在集体生活中通过持之以恒的反复实践，才有足够的力量来塑造个体的行为。将学生凝聚在一起的不仅是兴趣，不仅是单薄的知识内容，还有更为严肃的责任与义务，是"共同成长"这一"社会性"的使命。

其三，国外学校背后的家庭与社区多有宗教与共同体的传统及其后的情谊联结。然而，在中国现代性的建立过程中，传统的大家族解体及其伦理支撑弱化，单位制解体，替代性的社区制薄弱，我们的切实的人伦支持与情谊资源已经销蚀殆尽，其后是大量游离的"核心家庭"及其既缺手足之情、又少邻里同伴的独生子女们。

如今，他们来到了学校，没有了集体，在充满各种选择的课程中，找到了更多的同伴，尤其是有共同爱好的同伴。他们获得了更多的选择，但制度如何给他们充裕的时间、和缓的心性去相互陪伴，共同经历失败与成长呢？"同学"没有了"共同学习"的实质，变成了"同好""同购"与"同事"，他们或者是

---

① 涂尔干. 道德教育 [M]. 陈光金，沈杰，朱谐汉，译. 上海：上海人民出版社，2001：221-225.
② 张人杰. 国外教育社会学基本文选 [M]. 上海：华东师范大学出版社，1989：506-530.

学习超市的"同购"，或者是同事——因时、因地、因事而灵活组合的合作伙伴，或者是渴望被围观、被点赞、被羡慕或被嫉妒的彼此的观众与参照。在所谓的"兴趣"与"选择"下，在这些非常外在的、偶然的人际关系中，我们所托付的只是最肤浅的部分。如何真正形成且体验友谊呢？友谊的内涵是"帮助的手"与"同情的心"：如果你的好朋友在学习中落后了，你要帮助他克服困难赶上去。如果你不关心他的落后，就说明你是一个冷漠无情的人。在精神上给朋友的温暖、善意、关怀、提醒、挂念、爱抚越多，给你生活带来的快乐也会越多。[①] 人道主义的入门教育就是要让孩子在精神上给别人以温暖的时候，自己也能从中感受快乐，要让孩子会感受别人的痛苦、忧伤和不幸，并和需要同情、帮助的人共忧患。学会给别人带来快乐，能够敏锐地体察别人的苦恼，这是道德教育中人道主义的重要课程，由此培养心地善良、温存的品质。[②]

共同的兴趣与共同的爱好是群体的基础吗？卢梭指出：人之所以合群，是因为他的身体软弱；我们之所以心爱人类，是因为我们有共同的苦难；如果说共同的需要是通过利益把我们联系在一起的，那么共同的苦难就是通过情感把我们联系在一起的。与其说是由于我们感受到他们的快乐，不如说是由于我们感到了他们的痛苦。怜悯心是甜蜜的，妒忌心是痛苦的。[③] 在自由选购、自由组合的市场模型中，那些需要帮助的人、需要同情的人都到哪儿去了？或者我们自己身上、我们的情感以及我们的心灵中，那些需要帮助、需要怜惜、需要同情的部分如何面对？在这看似快速的疯长中，我们体受了多少隐秘的内伤？博放教育中"自己对自己负责的独立个体"暗含着"成长难以承受之重"。

在博放教育所信奉的无拘无束、自由与主动中，义务（对他人的义务，对集体、对社会的义务）的位置呢？如果将集体视为一个约束人的牢笼，将友情纽带视为一副枷锁，单子化的个人就会越来越难以忍受他人和集体的约束。当年，面对教条主义理论家们的质疑——苏维埃教育学的目的是培养人自由表现

---

① 苏霍姆林斯基. 帕夫雷什中学 [M]. 赵玮，王义高，蔡兴文，等译. 北京：教育科学出版社，1983：199–200.

② 同① 234–240.

③ 卢梭. 爱弥儿：论教育：上卷 [M]. 李平沤，译. 北京：商务印书馆，2009：333–334.

他的创造力，表现他的爱好和主动性，而不是培养义务，马卡连柯驳斥：人的主动性不是天启，不是虚无缥缈地凭空而来；主动性来自任务，只有在有了任务，有了完成这个任务的责任，（而这个）不能耽误时间的责任只有在集体有这样要求的时候（才会出现）。① 只有在集体中，义务才不会被视为过重的负担，而是被转换为责任；这个责任也不是干巴巴的机械的责任，而是在集体的滋养与情感的温润下，进而变成内在的愉悦的需要，纵然失败也不会令人悲伤，纵然是烦恼和疼痛也好像有很高的价值。同时，对秩序与日常纪律的关注和操心是一种集体的本能，它不是在出了事、发生了吵闹或歇斯底里发作时才去注意这些问题，集体的注意是时刻不懈的。②

共同生活的团结感体现在集体的成就——"同志"中，每个人的价值都是全体价值的函数，我们的行动既是原因也是结果，超出了我们个人人格的范围。我们也不再是自给自足的，而是一个包含我们、深入我们和支持我们的整体的组成部分。③

高中本是一个人孤独的旅行，我们要习惯一个人去完成很多事情，我们可以不再刻意去找人陪，而是更多地关注自己要做的事情。

中国的独生子女们走出家庭的寂寞，在本该体现"集体学习"的学校，在选课、走班的每一个环节，成为"自己对自己负责的独立个体"：他（她）用精致营造的忙碌排遣着寂寞，或者不得不独享孤独之美——"高冷"成为流行的气质。如果在科学活动、艺术活动、职业活动等人类活动中，在所有构成我们的生存内核的活动中，我们都习惯于像狼那样特立独行，我们的社会气质就根本不会有什么机会强化自身、发展自身。我们明显地倾向于一种极端的个人主义，从而使社会生活的各种义务在我们看来都似乎是不堪忍受的，使我们体

---

① 马卡连柯.教育诗：第三部 [M].许磊然，译.北京：人民文学出版社，1959：822–824.

② 同① 808.

③ 涂尔干.道德教育 [M].陈光金，沈杰，朱谐汉，译.上海：上海人民出版社，2001：236.

验不到社会生活的乐趣。①

没有了实质意义的"同学"，友伴、集体与社会成为一种"自由不能承受之重"，其后，抽象的个人在蓬勃地生长。

三、博放教育背后的民情风尚

（一）究竟何为创新？

在教育中尤其是中学教育中，我们所谈论的创新究竟是什么？在这个热词的过度消费中，既有"钱学森之问"所掀起的对创新性人才培养的焦虑，还有对"儿童想象力""青春叛逆精神"的推崇，在张扬的个人主义之下，"创新"究竟意味着什么？它意味着承认且尊重个体的独特性，每颗生命的种子都是独特的；"发现那棵树"，让他成为自己，他不是一个翻版而是全新的创造；"即使我不比别人更优秀，那么我至少是与众不同的。"每个人被相信是一个原生的天才，爱默生有类似的表述："尊重孩子吧。等着瞧自然的新产品。自然热爱类似而不是重复。""难道我们不能让人们成为自己并以他们自己的方式享受人生吗？你要把他变成另一个你吗？一个你就够了。"难道我们还要"在未受教育的身体上长了一双受过教育的眼睛"吗？②

进而，它意味着标新立异，"有些灵魂因为得天独厚而无法走常规道路"，浪漫主义把"我"放大，在这个"我"面前，陈腐的权威、惯例和传统，一切都滚开吧，它们阻碍了人类及其自发性，使他无法和"自然"直接交流。让他重新看到黎明中闪烁神奇光辉的新鲜世界吧。为了达到这一目的，让他扔掉书本（乏味的、没完没了的搏斗），就像是"在他以前没有存在过任何人"那样来生活吧。③博放教育立足的是个体形成中的经验，而非共同积累的文化。

"鸡蛋从外打破，是食物；从内打破，是生命。人生，从外打破，是压力；

---

① 涂尔干．道德教育 [M]．陈光金，沈杰，朱谐汉，译．上海：上海人民出版社，2001：225-226.
② 帕克赫斯特．道尔顿教育计划 [M]．陈金芳，赵钰琳，译．北京：北京大学出版社，2005：18-19.
③ 白璧德．文学与美国的大学 [M]．张沛，张源，译．北京：北京大学出版社，2004：147-156.

从内打破，是成长。"这是博放学校年级教育顾问写给学生的"心语"。

"西方的孩子往往都有一个属于他自己的发动机，而我们的孩子的发动机则在家长和教师手中。"如何把每个孩子唤醒，装上发动机，找到人生的发力点呢？

首先，少教。博放教育检讨，过去的课堂教师是主角。

在课堂中，教师尽情释放自我的专业能力和个人魅力，把一个个知识点讲熟、讲透，赢得学生喝彩。学生在教师的引导下，亦步亦趋，踊跃发言，高潮迭起；教师讲得越多，学生自主学习得越少。教师讲得越清楚明白，学生自主钻研、思考、探究的意识也就越弱。

在新课程改革中，课程（curriculum）的拉丁词根 curricula 由名词形式的"跑道"转变为动词形式的"奔跑"，课程观变了。名词变成了动词意味着建构主义的课程观以个体的"建构"替代了学科的"结构"，由动的能力替代了静的知识。在这一概念的动名词转变中，却未认真辨析知识与能力的内在关系，将能力与知识对立，将发展与知识割裂。在天真的人本主义者对儿童自然想象力、奇思异想的迷恋中，学科知识成为窒息性的约束机制，似乎只要一松绑，学生的能力与素质就会像雨后春笋般直冒。轻视知识，减其量，降其质，强调学生的直接见闻，即"事事直接经验"，强调活动课程与体验课程，这意味着从根本上否定了教学的必要性。学生可能学到一些经验知识、生活技能，获得一些初级能力；或许近期颇见成效，但从长远和根本上说，不能很好地发展其高级能力，如理论思维能力、真正的创新能力等。④博德在《处于十字路口的进步教育》中指出：（进步教育认为）从传统的形式主义解放出来并改进学习的条件，就能够做到重视人的个性和获得人的最大限度的发展，这种设想是错

---

④　王策三. 认真对待"轻视知识"的教育思潮：再评由"应试教育"向素质教育转轨提法的讨论 [J]. 北京大学教育评论，2004(3)：5-23.

误的。① 解除约束不等于尊重，更不必然导致发展，三者之间没有因果关系，甚至前提条件都未必成立。我们的推导怎么就如此粗疏呢？解除过严、过度的知识约束之后，我们的替代物是什么？

其次，多疑。当课程不再作为"轨道"规约、限定着学习的内容、方向与速度时，一群学生会怎样奔跑呢？有可能是没有方向感的乱跑，或者是沿着错误方向的野跑，还有可能是原地踏步、发呆、遛弯……。实践中要求教师少讲、精讲，学生能学会的不讲，学生有疑问才讲——看似充分保护学生自主学习的能力，但是"他没学会，怎么能提出问题？""他如果不学，怎么提问题？"教学中这些极为真实的情况在这样的论述中完全不见了。

教师不再站在讲台上，学生的思维越来越活跃，提出的问题越来越难对付。"挺完美的教案，你走不下去，全给你颠覆了。插条实验你说插24小时，学生偏要插72小时；你说正着插，学生要倒着插。"

语文老师给一名学生的作文判了较低的分数，学生拿到作文本，大声质问老师：你根本就不了解我，你不能指出我的问题，我别的学科都进步了，就语文没有进步。

教师的知识权威被挑战，教师与学生在知识上不再是"一桶水"和"一滴水"的关系。教师常发现，学生提出的问题，自己接不住，这些问题都极具挑战性。"你对我感到惊奇吗？"学生欣然自得的独特性，在青春期张扬情感恣肆喷薄的同时，更将教师逼迫到"好像总是游走在能力的边缘……"

再次，真实地表达自我，不怕标新立异。

说出你真实的想法，无论你阅读的文章别人怎么看，也无论权威已经发出什么样的声音。你都要说出自己的想法，这是你的权利。只有这样，你才能维护你的心灵。

---

① 梅逊.西方当代教育理论 [M].陆有铨，译.北京：文化教育出版社，1984：109.

　　他们把怀疑、批判与率性不羁的表达视为创造力与个性。"风格"与"个性"这些过去用来描述和激励贝多芬与歌德的词语，如今用于每一个学龄儿童身上；挂在嘴边的"创造力"这样不同凡响的大词也已经平庸、琐屑化，宣称人人都有创造力并不是科学或严肃思考的结果，而是顺应大众愿意接受"人人都是创造者"的民主的迷思。传统校园的走廊、教室的墙壁，陈列着科学家、文学家、杰出校友的画像、名言警句，学校的隐性课程彰显着学习的秩序感与权威感，让年轻的心灵在先贤、经典与教师严格的引导下严肃地成长。如今，同样的地方挂满学生的作品，同样的位置成为学生自我表达的舞台。"创造力"成为内容空洞的热词，作为美德、勤奋、理性和品质的替代词，左右我们的判断，成为教育的目标。①

　　尼采饶有趣味地分析过文科中学的德语作业。德语作业被看作文科中学教育的顶峰，最有天赋的学生兴致盎然地在这个领域嬉戏，他们挑选别致的题目，并用个性化的方式来完成，这对年轻人有致命的诱惑！天性中所有的放肆从其深处发出呐喊，所有的虚荣不再受到约束，年轻人从这时起自以为已经成熟，已经是一个擅长言说和发表见解的人，甚至觉得自己被邀请这样做。譬如，让他表明他对诗人的作品的立场，用简明的形式概述历史人物，独立阐述最严肃的伦理问题，乃至反省他自己的变化过程，提交有关自己的批评性报告。总之，整个拥有最深刻任务的世界展现在迄今几乎是懵懂不知的目瞪口呆的年轻人面前，需要他做出决定。在这里，所要求的是原创，而那个年龄的原创性又遭到拒绝；每个人被看作允许对最严肃的事和人持有己见的文献专家，正确的教育恰恰是要全力克服可笑的独立判断之要求。然而，学生们学会带着幼稚的优越感讨论我们独一无二的席勒，习惯于讥笑他的最高贵的、最具德国性质的构思——对于这种讥笑，德国的天才会感到愤怒，优秀的子孙将为之脸红。②

　　在文科中学德语作业这出喜剧中，不仅有荒谬，更有危险。在这个领域中

①　布卢姆.美国精神的封闭 [M].战旭英，译.南京：译林出版社，2007：138-139.
②　尼采.论我们教育机构的未来 [M].周国平，译.南京：译林出版社，2014：43-46.

培育最认真、最一丝不苟的习惯和眼光，这是正规教育的最高任务之一，而全面放任所谓的"自由个性"则无非是野蛮的标志。白璧德讲过一个趣事，有人建议雪莱夫人送儿子去教他独立思考的学校学习，雪莱夫人回答："我的上帝，还是教会他像其他人一样来思考吧。"雪莱夫人曾经和一个真正的天才生活过，她知道自己说的是什么。教育是教会分辨自己和别人身上哪些是创新，而哪些是稀奇古怪的东西。[①]白璧德引用纽曼（N. Newman）主教的论述：专门性大学是以"一个伟大的常规手段来达到一个伟大但平常的目标"，这一目标就是提供趣味和判断力的原则，训练以明智、集中的观点，提供背景与前景，并且至少激发起——如果不是遵从的精神——对以往历史所应有的尊重。白璧德说，教育不应该像今天这样通过的大力卖弄学识的办法来追求创新，教育应该体现出我们民族生活中保守与团结的因素。教育不是为了帮助学生表达自我，而是获取更多的人文教养。[②]

学校教育究竟做什么？培养"人"还是"超人"，或者是"非常人"？是表现真实的自我还是培植共同的人性？我们可以记住人文主义的批评：在儿童解放与对儿童天性的推崇中，未区分自然（nature）与人性（human nature），将人性降低为自然性。[③]康德清晰地区分了自然与人性，他肯定人的自然禀赋，但人不应局限或仅仅被动地持守自然的禀赋，人需要通过自己的努力逐步从自身中发展出来。[④]人的塑造与培养绝非一个轻松嬉戏的过程，它是一场艰苦卓绝的战争，人文主义区分了人的法则与事的法则，对一个人的成长来说，重要的不是他作用于世界的力量，而是他作用于自己的力量；人们认识与评价一个人，不但要看他做了什么，更要看他克制住没去做什么。因此更为强调信条与纪律。[⑤]

我们需要重新理解教育中的创新，教育中最重要的创新是塑造新人。我们重视所谓知识的创新，而忽视知识创新与传承背后人的培养和塑造，譬如将

---

① 白璧德. 文学与美国的大学 [M]. 张沛，张源，译. 北京：北京大学出版社，2004：154.

② 同① 154-156.

③ 同① 1-23.

④ 康德. 论教育学 [M]. 赵鹏，何兆武，译. 上海：上海世纪出版集团，2005：5.

⑤ 同① 36-38.

学者分为"生产型"与"接受型"，生产型的学者可居学术体系中的核心，而
"接受型"仅为知识的分发者，在校园的学术权力格局处于脆弱的地位，其工
作极易被教学机器、学生自主学习所替换掉。这一分类完全无视"教与学"中
学习者的蜕变，即人的头脑从接受转向反思与同化，这绝非一个被动接受的过
程，它需要主动的甚至强悍的气概来协调知识的散乱的片段，并将这些片段与
理性、意志甚至与性格联系起来，这是一个神奇的化合作用，单纯的知识转变
成文化，吸收过去和现在最优秀的事物并将其改造为适用于我们自身及他人的
东西，这一任务绝非不需要独创性，相反需要我们采取某种类似创造的手段。①

　　借知识育人性，"春风化雨"常用来隐喻育人的创造性，这也是自由教
育的精髓。何谓自由教育？施特劳斯（L. Strauss）的定义是：自由教育是在
文化之中或朝向文化的教育，它的成品是一个有文化的人（a cultured human
being）。文化（culture）首先意味着农作：对土壤及其作物的培育，对土壤的
照料，按其本性对土壤品质的提升。自由教育在于以特有的小心，研读最伟大
的心灵留下的伟大的书。生命短暂，我们只能选择和那些最伟大的书生活在
一起，我们最好从这些最伟大的心灵中选取一位作为我们的榜样，他因其常
识感（common sense）成为我们与这些最伟大的心灵之间的中介。自由教育是
一种在最高形式上的温顺（modesty）中的锻炼——虽不能说这温顺就是谦卑
（humility）。自由教育在于倾听最伟大的心灵之间的交谈，最伟大的心灵们在
独白，我们必须把他们的独白转换为对话，使他们"肩并肩"进入这一聚会。
这是伟大的传统在不同时空、不同世代心灵中的传递、激荡与回响，在这温顺
与谦卑中，自由教育恰是最严格的教育。②

　　尼采仔细论述人文教育始于严格的语言训练。正确的、严格的教育首先是
服从和习惯：对于每个认真从事的人来说，情况就像必须学步的小孩或士兵一
样，对于那些刻意学来的步伐和站法，每次都无望轻松自如地完成；他惊恐地
看到自己一脚脚迈得多么笨拙生疏，害怕自己学错了每一步，永远学不会正确
地走路了。然而，有一天他突然发现，人为地练会的那些动作已经变成新的习

---

① 白璧德. 文学与美国的大学 [M]. 张沛，张源，译. 北京：北京大学出版社，2004：68.
② 刘小枫，陈少明. 古典传统与自由教育 [M]. 北京：华夏出版社，2005：2-8.

惯和第二天性，从前步伐的稳健和有力得到了加强，并且作为训练的结果，增添了若干优美。现在，他也懂得走路的艰难了，可以取笑那些步法粗糙的经验主义者或者那些迈着时髦步子的业余爱好者了。①朱熹这样阐述敬畏："敬非是快然兀坐，耳无所闻，目无所见，心无所思，而后谓之敬；只是有所畏谨，不敢放纵。如此，则身心收敛，如有所畏；常常如此，气象自别。存得此心，乃可为学。读书须将心贴在书册上，逐字逐句，各有着落。方始好商量。大凡学者，须是收拾此心，令专精纯一，日用动静间，都无驰走散乱，方始看得文字精审，如此方是有本领。"②此本领是将心贴在书上，而不是把知识贴在心灵的表面，成为一种亮闪闪的贴片。这样知识才可能渗透到心灵的深处，形成心智的基本秩序，奠定着人性的基本结构。

自由教育在于唤醒一个人身上的优异与高贵，使人从庸俗中解放出来，庸俗是缺乏对美好事物的经历。虔敬是一种重要的态度，是自由教育的灵魂。然而，在唯新是从的今天，我们的角色发生了变化，不再是专注且温良的倾听者，而成为指挥或者驯狮员，大量肤浅的错觉使我们相信自己的观点比那些最伟大的心灵的观点更为高贵、更优越：我们是，或者能够是，比过去最智慧的人更聪明。③因为我们站在巨人的肩上。

正是在这种自负的氛围中，critical thinking 翻译为中文时强调批判性思维，即强调否定性、不同的意见，最近才开始有"审辩性思维"的翻译④，即谨慎地、小心地做出判断。在批判性思维中，强调培养学生的大胆质疑的怀疑精神，这背后的危险在于：假如头脑里什么都没有，凭借什么来质疑呢？质疑的理据与资源是什么呢？批判性精神是否会导致怀疑主义、空洞的虚无主义乃至价值观的塌陷呢？

布卢姆在《美国精神的封闭》中指出：今天学生们甚至在没有任何信念以前，就学会了怀疑一切信念。今天的教育致力于去除学生的偏见，像打保龄球

---

① 尼采 . 论我们教育机构的未来 [M]. 周国平，译 . 南京：译林出版社，2014：49.

② 孟宪承 . 中国古代教育文选 [M]. 北京：人民教育出版社，1985：274.

③ 刘小枫，陈少明 . 古典传统与自由教育 [M]. 北京：华夏出版社，2005：2-24.

④ 谢小庆 . 审辩式思维能力及其测量 [J]. 中国考试，2014（3）：9-15.

一样把它们打倒。然而，偏见被打倒了，取而代之的是什么？他们是否还相信存有真理，取代曾经的偏见去指导其人生？他们是否还能热爱真理，还能寻求没有偏见的信仰？"仅在方法论上把诸神和英雄投射在洞穴岩壁上的影子从想象的心灵中抹去，并不能促进人们对心灵的认识，这只会抽掉其精髓，削弱其力量。"①

没有了传统的权威，没有了习俗的庇护，如今，我们走到了一个唯新是从的大众民主时代。这一时代的特征是莫名其妙的自负，人们自视拥有一种前所未有的全新的生活方式，人们确信自己拥有无比的创造力，却又不知道应该创造些什么；他可以主宰一切事物，却又掌握不了自己的命运；他在自己的充盈富足中茫然不知所措。我们第一次遇到了一个将一切古典事物视为无物的时代，人们认为过去没有任何东西在今天还值得我们引以为楷模与典范。② 这也是今天儿童想象力崇拜与青春叛逆精神张扬的时代背景。

教育面向未来，时间的链条被砍断了，纵向的秩序被消解了，一切都被夷平了。托克维尔（A. de Tocqueville）指出，民主主义不但使每个人忘记了祖先，而且使每个人不顾后代，并与同时代人疏远。它使每个人遇事总是只想到自己，而且最后完全陷入内心的孤寂。③

（二）究竟何为平等？

一切都夷平了，在这个平的世界里，人人都变成了独立的个体，教育变得更"真实"了吗？

自习课上，一名学生在玩手机，自习管理教师上前制止，学生反问：哪条法律规定不许玩？还是自习课，另一学生坐立不安，教师干预：如果总管不住自己，你可以出去！学生大声喊道：我凭什么出去，这是我选的教室，我就在这里学习，这是我的权利！

---

① 布卢姆.美国精神的封闭 [M].战旭英，译.南京：译林出版社，2007：导言 17.
② 加塞特.大众的反叛 [M].刘训练，佟德志，译.长春：吉林人民出版社，2004：29.
③ 托克维尔.论美国的民主：下卷 [M].董国良，译.北京：商务印书馆，1988：627.

　　我们以理性与权利解放了自己，我们更自主了吗？民主制下最典型的形象是加塞特描述的大众人（a mass-man），其对立概念是被"拣选的少数"——即对自己有严格的要求，并赋予自己重大的责任和使命的"贵族"。"大众人"则放任自流，游移不定，随遇而安。这是一种新型的人，自其出生，他所处的世界就没有强迫他局限于任何固定的形式，没有对他设置任何否定性的条件，而是不断刺激他的欲望。所有外在的压力、限制都被取消，所有可能的冲突都不复存在，他没有体验过任何限制，他竟然开始相信他自己是唯一的存在。因此他们习惯于唯我独尊，而不考虑、顾及他人，特别是不相信别人比自己优秀。①托克维尔分析民主制下的个人主义：随着身份日趋平等，大量的个人便出现了。这些人无所负于人，也可以说无所求于人。他们习惯于独立思考，认为自己的整个命运只操在自己手里。②他们否认禀赋与才能上的差异，因此不再强调资格，而是基于权利：个人拥有没有任何特殊条件限制的主权，已经从昔日的法理学观念或理想变成一种扎根于普通人心目中的理想状态，源自充分民主之理想的平均主义要求已经由灵感和热切的渴望变成了欲望和无意识的假定。每个人都自己做出决定，他为人处世都是为了自己，他想得到各种各样的好处和享乐；他坚定地伸张自己的意志，他拒绝任何帮助，他不再服从任何人。③然而，每个公民都觉得自己前程远大的这种平等，实际上是使全体公民各自变成了软弱无力的个人。这种平等从各方面限制着人的力量，但同时扩大着人的欲望。他们虽然推翻了同胞中某些人拥有的特权，但又遇到了要同所有人进行竞争的局面。限制依然存在，只是改变了形式而已。当人们到了大家彼此几乎都一样和走着同样一条道路的时候，任何人都难于迅速前进，难于从彼此拥挤的密集人群中很快穿过去。④

　　民主用大众的标准与趣味重塑了"精英"的内涵与标准。当平等成为一种

---

① 　加塞特.大众的反叛 [M].刘训练，佟德志，译.长春：吉林人民出版社，2004：50–52.

② 　托克维尔.论美国的民主：下卷 [M].董国良，译.北京：商务印书馆，1988：627.

③ 　同①16–17.

④ 　同②669.

权利时，多数成为重要的参照，从众成为安全的策略。"随着人们更加彼此相似，每个人也就越来越感到自己在大家面前是软弱的。每个人看不出自己有什么出人头地或与众不同的地方，所以在众人同他对立的时候，他立即会感到自己不对。他不仅怀疑自己的力量，而且开始怀疑自己的权利，而当绝大多数人说他错了的时候，他会几乎完全认错。多数不必强制他，只是对他进行说服。"① 因此，"卓尔不群是不得体的事情"，任何一个与其他人不相像的人，没有像其他人一样考虑问题的人，都面临被淘汰出局的危险。② "杰出"与"卓越"开始俯就民众，或者"杰出"被解构为"奇葩"，"杰出"通过自损或他损以求得安全，或隐身于多数，或完全消弭。 当平等成为一种权利时，"凡是在某一点上超过他们能力的东西，都被他们视为使他们的愿望不能实现的障碍"③。如果他们没有达到高的标准，那是因为标准造成的剥夺或标准本身的错误。他们不是要抬高自己而是要削平标准，他们对强加给卓越者和整个共同体的剥夺感满不在乎。民主在智识场域有了如下意涵的转折：民主的本质在于不否认每个人都能拥有美好事物（或达到美好的境界），但如果确有美好事物不是人人所能分享，就干脆否认这些事物的存在（譬如，让不是艺术的东西成为艺术）。④ 施特劳斯指出，现代民主是一种大众文化：它被没有任何智识和道德努力的最低劣的能力所占据，并且是极为廉价地占据。平庸的心智尽管知道自己平庸，却理直气壮地要求平庸的权利。当平等成为一种权利时，一切内在的禀赋与才能都可以夷平，一切都可基于外显的绩效与表现进行比较。在民主化的今天，"德性的高贵"成为一个可疑的视角，取而代之的是突出的能力与成就；"贵族"成为传统的遗老，大众人推崇的是"精英"——最强的绩效、突出的指标以及不俗的表现。精英与贵族的差异在于：前者强调的是绩效，后者的根基在于禀赋与德行；前者是民主社会开放的竞争中的获胜者，后者是传统社会封闭的先赋资格的继承人。

---

① 托克维尔 . 论美国的民主：下卷 [M]. 董国良，译 . 北京：商务印书馆，1988：809.

② 加塞特 . 大众的反叛 [M]. 刘训练，佟德志，译 . 长春：吉林人民出版社，2004：10.

③ 托克维尔 . 论美国的民主：上卷 [M]. 董国良，译 . 北京：商务印书馆，1988：225.

④ BLOOM A .The closing of the American mind[M]. New York：Simon & Schuster, 1988：183.

　　于是，有了博放教育中的"让数据说话"：每个学生都有电子档案，从入学到毕业所有的信息，包括每一次考试成绩、参加的实践活动、特长爱好、有无过失等。同时，过程性评价如同一面镜子，他们可以对照镜子不断调整自己。过程性的课堂评价重学习表现，重证据获取。在博放教育中，"看见"成为关键词，既让学生看见自己，也让学生被看见——在各种数据、评估指标与奖励维度上"显现"。"看见"及其后的"可视性"与"可表现性""可隐藏性"成为新的权力技术。

　　这一权力技术的危险性在于：其一，在"看见"中，教育者用心的体察与判断的智慧被排斥了，在精确、有效且有限的数据中，没有了常识、常情与常理的位置；相比较于个体成长的丰富性与微妙性，数据是简洁的也是粗粝的，甚至还是扭曲的；教育中"春风化雨"教化之美扭曲为基于简单数据的诊断与评价。其二，"看见"是"可视"的指标，外显与内在有复杂的关系，既可以是量与质的关系，也可以是行为与价值的关系，两者既可能一致，也可能完全分离。所谓的表演逻辑（"亮点"）与表现主义（量化评估）僭越其限度，甚至侵入道德领域（见表1）。

表1　某高中学生学业评价方案（部分）

评价等级		A+	A	B+	B	C+	C	D	F
评价描述		卓越	出色	优秀	良好	较好	一般	及格	不及格
		Outstanding	Excellent	Very Good	Good	Above Average	Average	Minimum Achievement	Fail
绝对评价		100—95	90	85	80	75	70	60	低于60
相对评价		10%	25%	45%	65%	85%	95%	96%—100%	
学分绩点	普通课程	4.5	4	3.5	3	2.5	2	1	0
	荣誉课程	5	4.5	4	3.5	2.5	2	1	0

　　注：1. 学科类课程划分为8个等级。活动类课程划分为5个等级（即表中A/B/C/D/F），结合实践活动领域的活动类课程按学分和项目划分模块，只认定学分，不评定等级，不计绩点。无绩点课程如晨会、拓展等课程等级为P，即通过。由于不可抗力，经校方同意无法修完某门课程则等级为I，可在新学段继续修完本课程。

2. 学生每完成一个模块课程的学习和评价，系统将根据课程学分以及学生获得的评价等级计算该模块课程获得的学分绩点，计算公式为：模块学分绩点 = 模块的学分 × 绩点。

3. 平均学分绩点是对学生学业表现的量化评价标准，是对学生全部模块学分绩点的平均，计算方式为：平均学分绩点 = 学分绩点总和 ÷ 所修习学分总和。

整齐的桌椅展现教室的线条美，加 3 分

拾金不昧，乐于助人，积极做好事，视情况每人次加 2-5 分

在重大活动或临时性工作中，表现突出的班级视情况加 5-10 分

当我们的学生被要求不厌其烦地记录所做的每一项公益服务，用于报奖举证时，公益服务是不会成为行为习惯与本能的，而是一项投资——在单位时间、能力与机会成本下获益最大的投资。

在"可视"的"亮点"多是"大事"与"出风头"的前提下[①]，孩子们快乐地、安静地助人的自然的善行、质朴的情感会被尊重吗？如果我们为他人、为公益所做的每一件事情，都希望被看到、记录、表彰与感谢，否则就认为"白做了"或"得不偿失"时，我们还能培养出义务感、关切感与责任感吗？道德不仅是一种行为习惯，更是一种情感能力，人要做好事，不是因为想听到什么赞扬（在道德教育中赞扬是一种十分微妙，而又并非毫无危险的手段），而是因为他如果对之漠然不顾的话，他为此感到内疚。[②] 对德性真正的奖赏在于道德行为所带来的尊敬、同情，由此产生的情感的愉悦，以及一种高尚的情感。涂尔干在其《道德教育》中论述学校中的奖惩时特别指出：人们主要把学校里的奖赏是当作激励智力的手段来使用，而不是当作激励心灵和性格方面等品性的手段。它们与成功有关，而不是与道德价值有关。学校中奖励的常是聪明与能干，而非正直与善良；奖赏是智力文化的工具，而不是道德文化的工具。[③]

---

① N 校在册学生社团 200 多个，学校用"社团分"来要求学生加入社团，学生踊跃创建社团（有家长劝孩子退出别人的社团，自创社团，以便给履历表提供可视的加分），但无法联系的社团却占相当的比例，更有甚者，拨打社长电话，接电话的竟然是其不明真相的家人。

② 苏霍姆林斯基. 帕夫雷什中学 [M]. 赵玮，王义高，蔡兴文，等译. 北京：教育科学出版社，1983：195.

③ 涂尔干. 道德教育 [M]. 陈光金，沈杰，朱谐汉，译. 上海：上海人民出版社，2001：197-198.

我们不仅用奖励来鼓励才干，还指望用奖励来鼓励德性。不当的奖励也有可能会滋生野心和贪婪，助长浮夸、傲慢和虚饰。

这一权力技术还建立在科学的绩点（Grade Point Average，GPA）评分以及细密的等级分类上。绩点评分是相对评价，即"你在同类中的位置"——"比较"成为学习的心理原动力，它将每一个人都视为竞争对手，其后是一个人与一切人的战争。卢梭说，（在孩子的生长中，）在他的自然的情感中，尽量不要掺杂个人的利益，尤其是不要掺杂虚荣、竞争、荣耀以及那些使我们不能不同别人进行"比较"的情感；因为这样比较的时候，就必然会对那些同我们争先的人怀抱仇恨，就必然会自己估计自己是应该占先；所以，这样一来，我们不盲目行动就必然会心怀愤怒，不成坏人就会成为愚人。[1] 如果说刚性评价的绩点更接近国内的高考，准备申请海外学校的学生更看重 GPA——它给被评者留足了"经营"空间，一个严格修习了一门"虐课"的学生，他的 GPA 分值常被拉低，一个 GPA 分值高的学生可能修习了若干门分数膨胀的"水课"——课程超市中的兜徕者以此来招徕顾客，继而，精明的供货商推出若干"荣誉课程"加权高级课程的分值，以此引导学生。然而，深谙评估技巧的学生会非常谨慎地选课，或者专选轻松且易拿高分的课程，或者专挑自己擅长的科目，他们刻意回避那些对自己有挑战或证明自己不行的课程。成功学主导的课程经济重新诠释了学习的内涵。过程评价与过程指导是设计精巧、控制严格的生产线模式：用举证评分制下建立"优秀学生、卓越学生、荣誉学生"的序列搭设了一个循序渐进的台阶，驱使学生拾级而上。每一次成功、每一项奖励都是一个证明自己的符号。竞争中的"锦标赛制"及其逻辑——更多、更高与更强，同样席卷学生的个体成长。没有了一个声气相投、情感与共的集体，没有了荣誉的内在价值与权威性，剩下的只有符号资本的积累与成长记录袋的厚薄。面对奖励，一个个"单子化"的个体或漠然，或妒忌，彼此既关注又戒备；在脆弱的自尊心及言之凿凿的隐私保护下，最该体现荣誉价值的奖励成为无人喝彩的"孤独的滑行"，成为个体既渴望又害怕围观的个人记录。我们在批评年青一代

---

① 卢梭. 爱弥儿：论教育：上卷 [M]. 李平沤，译. 北京：商务印书馆，2009：343.

的精致的利己主义与精明的表现技巧时，更应该检讨他们成长的制度逻辑。

"平等的原则日益稳步地深入到整个制度和民情，升级的办法也就规定得越来越死，而升级的速度也就越来越慢；……所有的人不管能力如何，都不得不在同一个筛子上过来过去，统统经过许许多多预备性的小小实习或训练，从而浪费了自己的青春，使自己的想象力消失。"① "他们看到，在他们和他们的最终的远大目标之间，有许多必须慢慢地、一个一个地加以克服的小小障碍。这个前景使他们望而生畏，挫败了他们的志气。因此，他们放弃这种遥远而渺茫的希望，转而寻找离他们近的虽然不太高但容易得到的享受。法律没有限制他们的前途，而是他们自己缩小了目标。"② "他们爱成功甚于爱荣誉。"③

苏格拉底把民主比作一群有权在一个医生所规定的饮食与一个甜点厨师所规定的饮食之间作选择的孩子的认真的斟酌。而在这里，医生们竟还接受了这个裁决的合法性。④

当前风气是父亲尽量使自己像孩子，甚至怕自己的儿子，而儿子也跟父亲平起平坐，既不敬也不怕自己的双亲，似乎这样一来他才算是一个自由人。……教师害怕学生，迎合学生，学生反而漠视教师和保育员。普遍地年轻人充老资格，分庭抗礼，侃侃而谈，而老一辈的则顺着年轻人，说说笑笑，态度谦和，像年轻人一样行事，担心被他们认为可恨可怕。⑤

（三）究竟何为自由？

在博放校园，你得容忍教师先向学生问好，上课学生可以不听，学生有事却可以随时"提溜"你……。教师要接受学生将其称为姐姐、爷、哥和叔，甚至直呼其名，他们享受如此亲切自然、无拘无束的交往，"老师"成了一个有距离、被拒斥的标签。

① 托克维尔. 论美国的民主：下卷 [M]. 董国良，译. 北京：商务印书馆，1988：792.
② 同① 793.
③ 同① 794.
④ 布鲁姆. 巨人与侏儒：布鲁姆文集 [M]. 秦露，林国荣，严蓓雯，等译. 北京：华夏出版社，2003：331.
⑤ 柏拉图. 理想国 [M]. 郭斌和，张竹明，译. 北京：商务印书馆，2011：343-344.

这是师生平等的内涵吗？师生之间平等指作为公民的平等，作为人的平等，这一平等要撼动学校中作为一种制度化的"支配—服从"的师生关系吗？要知道，教师与学生在社会责任（文化传递者与文化学习者）、社会地位（社会代表者与社会未成熟者）上均属于两端的异质成员。这是教育理论工作者必须面对的"社会事实"。[①]涂尔干指出，教师是凌驾于他之上的伟大的道德人格——社会的代言人，就像牧师是上帝的阐释者一样，教师是他的时代和国家的伟大的道德观念的阐释者。[②]学生尊敬教师，是因为教师代表国家与社会实施教化，教育的本质是一种权威。最早研究教学社会学的华勒（W. Waller）指出，教学活动是一种制度上的领导活动，教师的权威与声望是基于其制度之上的地位，而非个人的表现，教师教学能否成功，端赖这位教师是否建立了其权威形象，教师必须占于优势地位，否则他不能成为教师。[③]

我们要看到，教师的权威既不是暴力的，也不是压抑性的，它不建立在学生的惧怕上。在精约教育中，学校成为监狱、收容所、牢笼，学生异化为"犯人"，教师成为"看守"与警察。[④]我们更要认识到，放任、妥协，甚至取媚更不能赢得任何尊敬与信任。"权威意味着信任，儿童不可能去相信那些在他看来犹豫不决、迟疑不定、出尔反尔的人。"[⑤]（今天校园管理常用的手段是"管、堵、罚、磨"）"警察的威严"与"保姆的软弱"是互补的，或者将纪律的权威建立在恐惧的基础上，或者替之以规章与制度所构成琐碎的事务性劳作。纪律如果不触动内心，不激活内心的情感，仅靠外在的强制或墨守成规，无论是恐吓下的胆怯，还是精明的服从，严格地讲，都不是教育而是操练与培训，因为纪律的权威已经被侵蚀了。

在教育中，纪律的精神与纪律的权威必须是具体化和人格化的，这就体现为教师的权威。霍依里（E. Hoyle）指出，在儿童社会化中，教师不仅是教导者（teacher-as-instructor），更是示范者（teacher-as-model），因为价值观念只能

---

① 鲁洁. 教育社会学 [M]. 北京：人民教育出版社，1990：384–385.

② 涂尔干. 道德教育 [M]. 陈光金，沈杰，朱谐汉，译. 上海：上海人民出版社，2001：324.

③ 陈奎熹. 教育社会学 [M]. 台北：三民书局，1980：256.

④ 同①376.

⑤ 同②323–324.

体会而不能明示（values are caught and not taught），价值只能在师生交互作用中通过极为微妙的方式才能获得。① （这近似于俗语中的言传与身教）

精约教育将纪律的权威与害怕或避免惩罚混淆。纪律的权威通过教师与集体意识进入学生的内心，成为其内心的法则。好的班集体本身就是一个法庭，教师是一个公正的、受到支持且具有权威的首席法官，可以裁决班级成员的行为。规范的神圣性与权威性是靠教师的权威、集体良知来实现。惩罚可用，但需要谨慎地用，因为惩罚并不赋予规范以权威，但能防止规范失去权威。合宜的惩罚是一个可以感受的符号，一种内在状态就通过这个符号被调动、被表现出来，惩罚是一种标记、一种语言。②

作为对精约教育不当权威的纠正，博放教育重建师生关系及其后自由与权威的边界。

一个曾经的班主任说：过去学生犯了错，就要扣班级的分数，一天被扣几分，心情十分沮丧，有极度的挫败感，有一肚子火想冲学生发。如今，学生的迟到、早退与教师的考核无关时，学生与教师不再是绑定关系，一切就变得简单了，教师不再死乞白赖地较劲了。

如今，管，怕越位；不管，又怕出现漏洞。孩子需要照料的时候谁来照料？

管理不再需要教师的监督，而是学生自我管理、自己承担责任。那么，如何惩罚？惩罚什么？惩罚的功能是什么？惩罚借助制度的规定以及相应的德育评分，将纪律的权力由教师权威与集体意识转向僵硬的"规则"以及冰冷的操行评分。

课间喧哗、追逐打闹、摸高（–2 分）
阅览书籍后随意丢放，不及时放回原处（–1 分）
乱按电梯按钮（–2 分）

① 陈奎熹. 教育社会学 [M]. 台北：三民书局，1980：246.
② 涂尔干. 道德教育 [M].陈光金，沈杰，朱谐汉，译. 上海：上海人民出版社，2001：169–171.

会议过程中接打电话（-2分）

造谣（-3分）

进而，在保护隐私与自尊的前提下，个体独自承担的惩罚所处理的是学生的过失。惩罚应该局限于让不当行为引发其自然后果的范围内，博放教育深谙其理论鼻祖卢梭的思想精髓："我们不能为了惩罚孩子而惩罚孩子，应当使他们觉得这些惩罚正是他们不良行为的自然后果。"[①] 因此，除了错误行为自身带来的处罚，儿童不要任何强加约束。惩罚的限度与来源仅是自然直接结果与规则本身吗？"出自造物主之手的东西，都是好的，而一到了人的手里，就全变坏了。"受之于自然的教育是好的，受之于事物的教育是合宜的，受之于人的教育就如此不堪，因此要格外限制且约束吗？涂尔干批评道，如果父母对子女的惩罚、教师对学生的惩罚必须从我们的道德教育体系中消失，那是将惩罚与过失混淆，或者说用过失替代了惩罚。惩罚是不当的行为从良知深处激起的责难的冲动。不端行为所造成恶完全不在于有害的后果，更多的恶来自过失行为威胁、损害、削弱它所侵犯或否认的规范权威。[②]

当教师的道德权威被漠视时，教师还有什么权威？教师可以是知识权威，在博放学校中，深受学生喜爱的教师的新角色是"陪"——陪读书、陪聊天、陪看电影，教师应成为学生心灵成长与精神探寻的船长。博放教育定位于"教育是一种服务"，教师以专业身份从事服务："老师和风细雨的声音、露出八颗牙齿的微笑、记住所有学生的名字，注意倾听"——要让孩子看到你的微笑，要让孩子知道你有多喜欢他——要让孩子知道你有多欣赏他。带着服务的职业面具后，师生关系逆转，教师不断反思：学生是否接受我，学生是否喜欢我？教师被鼓励成为课程超市的专业供货商，不断开发学生喜闻乐见的知识。

今天的教师仍然在"较劲"，但不再为学生行为、班级的管理"较劲"了，而是不断地磨课程、磨教材，以能够吸引学生、获得学生的好评。学校用末位

---

① 卢梭.爱弥儿：论教育：上卷 [M].李平沤，译.北京：商务印书馆，2009：120.

② 涂尔干.道德教育 [M].陈光金，沈杰，朱谐汉，译.上海：上海人民出版社，2001：173-174.

淘汰制管理教师，"较劲"已经变成教师与同事之间的 PK 了。

作为社会的代表，教师在学生面前应维持自己的尊严，此为自尊；作为规范文化的教育者，所谓言传不如身教，是为自重；作为知识与文化人，教师需要自律。然而，当他们遭遇绩效主义的管理逻辑时，教师权威是何等奢侈！

英国的教育社会学家佛劳德（J. E. Floud）指出，在社会急速变迁中，教师的道德权威动摇，相应，教师的制度权威也不再确定。学校尚有的社会功能是为现代的社会经济结构筛选各类人才，因此，学校中教师的职责转变了：不以绝对社会道德权威影响学生，而以筛选的权威约束学生。在现代富裕社会中，教学越发困难，学生问题层出不穷。佛劳德认为，教师应为社会工作者，以专业的态度，客观地研究学生的问题，进而指导学生发挥其本身的潜在能力。面对代际文化疏离，两代人的价值观念与社会行为有诸多不同，教师以中间人的身份，协调上下两代人次级文化，维持社会整合。①

在博放校园中，教师由"船长"变成了专业化的"导游"，教师既负责学生具体的学业辅导、生活指导与心理疏导，又负责抽象的品格向导与人生引导；教师要贴近学生的心灵，不做评判者，更不做简单的批评者，而是热心的伙伴和知己。在教室门上贴上每间教室的功能、每位教师的服务专长以及特点，如同医院的专家门诊：

温和周全的强老师（617 教室）：可以为你提供小学段学习、研究性学习的相关帮助。

认真负责的娟老师（507 教室）：可以帮助你了解与出国班有关的事务。

极具人文关怀的亮老师（621 教室）：会帮助你规范自己的言行。

教师是专业的社会工作者，5 名咨询师面对 400 多名学生开展工作，帮助学生明确：你想要什么？你目前最大的困惑是什么？你遇到的最大挑战是什

---

① 林清江. 教育社会学 [M]. 台北：台湾书店，1986：301–304.

么？……学生排队预约咨询，每次谈话两个小时左右，每一个学生都要建立一份档案……。人生导师更像成功学精明的推销者。咨询师不断地问高一的学生：什么样的人生最可爱，最有可能得到幸福？理想的大学与专业选择现在有没有必要思考？在高端人才越来越年轻化的今天，改专业是不是明智之举？你目前最大的困惑是什么？你遇到的最大的挑战是什么？你高中生活的规划是什么？什么样的人适合学工科？什么样的人适合学经济？

教师与学生之间变成了"事务"联系——即咨询师与客户、医生与病患的关系，而不再是时常的、随时的、细密的且贴己的具体的人与人的联系，传统的"师道"及其后的"人情""人伦"连带被剥夺了。亲其师，信其道；师不亲，何以信？何以尊？教师与学生之间没有亲近的、自然的情感，没有信任与依恋关系，学生凭什么敞开心扉或者说追随教师？

学生如何走近教师？学业上哪科有问题就找哪科老师，生活与心理有问题找喜欢的老师，但并不是每个学生都能选到自己心仪的老师做导师，要想和某位老师多接触，唯一的做法是当他的课代表。

教师如何接近、走近与了解学生？这难坏了教师。教师以商量的口吻对一名学生说：我们谈谈好吗？学生当即反问：谈什么？教师"上赶子"（巴结）跟学生说话，学生根本不领情，上完课，背着书包转身就走了。

于是，有了"空巢的"教师与大批早断奶、独觅食、自生长的"孩子"。学生不再属于自己了，心里还真不是滋味，好像自己的孩子被人抱走了，挖心挖肝的，感觉很不舍。学生没事人似的说一声"老师再见！"，便笑吟吟地走了。

恋恋不舍的教师与没心没肺的学生——制度将学生从教师身边驱逐开了。教育中有脑，它可以是对事物做出理智的判断，它可以是感受、记忆、想象、思考和语言等；教育中更为重要的是心，它是属于道德范畴的基本情感，如爱、信仰、信赖和感激之情。然而，今天的教育中理智和爱分离了。教育必须是耐心的和连续的，教育必须是具体的、切己的人对人的影响，它不在于立竿见影的成绩，也不在于单一维度的智力的提升，而在于对整个人——心智、情感、动机、价值、行为的影响。其中，情感与动机是教育最深层的部分。教育之所以发生，在于学生对教师的敬、畏与爱，在于学生对教师的依恋与信任，在于师生心灵与情感的投契相通，也在于日常的相伴相守。

在爱弥儿的成长中，教师是作为"统治者"出现的。"自然的欲念，即自爱，使他把自己交给你去管教，他的习惯也在促使他愿意听命于你。如果一时的迷醉使他脱离了你，忏悔的心又马上会把他带回到你的身边；他对你依依不舍的情谊才是唯一的永久不变的感情。"① 教师以权威和爱对学生的心灵成长加以帮助，教师是值得信任的守卫者，他守护在学生身边，不断地与其下坠的习性斗争。学生对教师的敬与爱，使他时时处处将教师的眼睛转为凝视自我之眼，唯恐行为不妥，让敬爱的教师失望、伤心。同时，师生之间的爱基于情感的和谐，教育者深入学生的感情中，十分巧妙地悄悄融合在学生的感情中；或者他设法使学生的感情以某种方式接近他自己的感情。② 教师以自己的严格和慈爱，赢得学生的敬爱与追随。生动活泼的师生关系如同琴弦共鸣，被拉的弦是教师表率式的生活方式，共振弦是学生同样的生活方式，教师只有通过自己的内心生活才能唤醒孩子的心灵的、精神的力量——我们大家多半只在面对面和心贴心的人文环境中成熟起来。③

教师是以巨大的情感来工作的。"单单凭理性，是不能发挥作用的，它有时候可以约束一个人，但很少能够鼓励人……有气魄的人是有另一种语言的，他通过这种语言，能说服人心，作出行动。"④ 这一特殊的语言是教师的人伦维度，即中国传统教育中的"师道"，这是教育的人性基础。教师以身教，以行教，以己之为人教，其与来学者相处亦亲切如家人。师弟子之亲，有甚过于父子，故受教者自称门人弟子；弟子要亲师，事师当如事父，"亲"乃知"尊"，"尊师"乃所以"重道"。⑤

教师更以良善的品性来育人，中国传统教育对教师的选择，重其人甚过其

① 卢梭. 爱弥儿：论教育：下卷 [M]. 李平沤，译. 北京：商务印书馆，1996：461.

② 赫尔巴特. 普通教育学 [M]. 李其龙，译. 北京：人民教育出版社，2015：20-21.

③ 布律迈尔. 裴斯泰洛齐与当代教育 [M]. 顾正祥，译. 北京：中央编译出版社，2013：151-153.

④ 同① 469.

⑤ 钱穆. 现代中国学术论衡 [M]. 新校本. 北京：九州出版社，2012：163-165.

学，所谓言传不如身教，所谓"经师易得，人师难求"，所强调的都是教师良善的人性基础。陈宝泉——中国现代师范教育的奠基人，在培养中等学校教师与校长时特别强调其人性特质——故其人之聪明才干，必须能任事务，能教青年，而且有温良性，有诚恳性，有强毅性，有种种细密性。[1]博放学校追求教师高学历化以及专家化，教师若要赢得学生的尊敬，似乎只有更好的学识、更炫的技术以及更酷的市场吸引力。这实在是扭曲了教育！

"平等"否定了纵向的秩序，也意味着否认了尊与长，即否定教育的权威性。"平等"又以市场化的"专业服务"解构了教育的人伦性与情感性。这才是真实、自由的教育吗？在伪饰与教养、恐惧与敬重、野蛮与自由之间有着根本的差异。教育中的自由既不是将捆着的囚徒松绑，更不是松了绑的囚徒的随心所欲。教育是要培植儿童内心的宪法，它形成孩子的习惯，磨砺少年的性情，培植青年的理智，他们将因教育而获自由：我们管教儿童，直到我们已经在他们身上确立了所谓的宪法管理时，才放他们自由。直到我们已经靠我们自己心灵里的最善部分帮助，在他们心灵里培养出了最善部分来，并使之成为儿童心灵的护卫者和统治者时，我们才让它自由。[2]

自由与权威并非两个相互矛盾、相互排斥的概念。自由是得到确切理解的权威的女儿，因为所谓自由，并不是去做人们喜欢做的事情；而是要成为自己的主人，知道怎样合乎理性地行动、履行自己的义务。确切地说，教师的权威，就应该用来赋予儿童这种自主性。[3]

四、结语：无根与无限

集体解散了，权威被打倒了，他人淡漠了，一切个体发展的外在限制都不再有了，在博放校园里，个人如何变得"伟大"呢？

在高中部的楼道里，抬眼即看到这样的话：你处于哪个位置固然重要，更

---

① 陈宝泉.陈宝泉教育论著选[M].北京：人民教育出版社，1996：82.

② 柏拉图.理想国[M].郭斌和，张竹明，译.北京：商务印书馆，2011：387.

③ 涂尔干.道德教育[M].陈光金，沈杰，朱谐汉，译.上海：上海人民出版社，2001：324-325.

为重要的是你必须清楚往哪个方向去。如何选择人生的坐标，你是一辆什么车，你最终去往哪里，你会以什么速度，走在什么路上。学校的大厅里有醒目的宣传画：《你离这个位置有多远？》走近一看，长江学者、客座教授等的素质要求赫然在目。学校的使命是提供一个平台，让学生们能够发现自己的兴趣，找到人生的"发力点"，让每一个学生找到他可以变得伟大的地方，并且在通往伟大的道路稳健前行，勇敢地实现他们的梦想。

于是，我们时代时尚的少年是这样一群人：他们成绩优异，如美国学术能力评估测试满分，数理竞赛获金牌、拿冠军，一个个是（预备）世界名校"男神女神"；他们以梦为马，驰骋全球，如去印尼的小岛喂海龟，去纽约非政府组织实习，去斯里兰卡的幼儿园当义工；他们经历丰富，独立拍摄纪录片，参加英语辩论，组织模拟联合国；他们头衔吓人，少年科学院院士、学生会主席、"十大"人物、社团创始人；他们的理想丰满，想当战地记者，想当导演，想进"四大"投行；他们的现实也绝不骨感，浑身名牌，出入高级场合，谈吐风雅，他们享受高品质生活——他们不是简简单单只会读书的书呆子，他们是有着让人眼花缭乱的履历的活动家。

有趣的是，作为对精约教育反拨的博放教育，在崇尚儿童、解放儿童的宣言中隐藏了精妙且严苛的激励技术，精约教育中严格的外在纪律被巧妙地内化为自我的技术。他们深谙成功学，从小就习惯于"表格化的生活"，精准地规划自己的每一步，日常时间与生活事件变成了一张张待办的事项清单（to do list），一个个选项搭成了通往"成功"的阶梯。他们学会"人脉连连看"的游戏，努力经营人脉。他们不懈怠，回避失误，领跑于同龄群体。精彩的人生如同按了快捷键的剪辑画面，在一个个"亮点"与"高潮"的叠拼中，他们真成了"了不起的一代人"！就权力技术而言，博放教育是精约教育的升级版，控制由外转内，从压制到诱惑，再到自我的再生产。

他们确信自己拥有独一无二的人生，从小被强化的"批判性思维"让他们想要挑战一切可以挑战的人，无论是学校里的知识权威（老师）还是家里的经验权威（父母长辈）。一味讨好年轻人成了这个社会的通病，放下身段的成年人自愿成为孩子的靶子，他们或者受虐狂般地叫好，或者微醉地写着动听的赞美诗。正是在看似轻飘飘的自由、宠爱，内里又极为严苛的氛围中，我们时代最光鲜亮丽的孩子患上了一种奇怪的病症：精英癌。[①]

这种病症让人虚妄：让同龄人既嫉妒又疏远，让学校既自豪又放纵，让家长既骄傲又惧怕。他们善于表演，得体的乖巧，适度的反叛，场面上堂皇的发言和私下的调侃嬉笑切换自如。这种病症让人孤寂，他们在孤独却热闹的成长中，成功地回避了潜在的挑战、挫折，也生硬地切断了一切自然、质朴的联系，他们自觉且自然地走向自我的封闭。这种病症让人既亢奋又不安，他们总在盘算如何把没有的东西弄到手，他们什么都想抓，但没有一件抓得牢。在抓到一件之后，很快就会把它丢掉，而去寻找新的。即使他们手里已经拥有一些美好的东西，也要时时刻刻想望其他的数以千计的美好的东西。这种想法使他们焦急、恐惧和懊丧，使他们的精神永远处于不安状态——托克维尔用身处幸福之中却还心神不宁来描绘民主时代中人们的心理特征[②]，这同样是我们时代年轻人的心理特征：他们的条件是最好的，但脸上经常布着一层乌云，即使快乐的时候，也会使人感到他们心事重重，似乎怀有隐忧。

精约教育后是浪漫主义传统所建构出来的"儿童的不幸"与"受压迫的儿童"："儿童所受的痛苦不只是身体上的，在智力活动方面也遭受痛苦。学习是强制性的，充满了厌倦和恐惧，儿童的心智疲倦了，他们的神经系统倦竭了。他们变得懒散、沮丧、沉默、耽于恶习，对自己失却信心，毫无童年时期的快乐可爱的景象。"[③] 然而，今天儿童的不幸更典型的特征是大众社会中"被宠坏的孩子"（the spoilt child）。加塞特说，世界对他的反复无常的要求没有一点限制，尽量予以满足，并给他留下这样的印象：他可以任意而为，无拘无束，不知道义务为何物。[④]"被宠坏的孩子"的心智特征又是"被诱惑的"的，兴趣、天才、"做配得上宽松与自由的人"，这些时尚而虚妄的词，已经让一个孩子不能安静、朴素地做成原本的正常普通的孩子了，"被诱惑的孩子"身后是"被

---

① 有关精英癌的概念及现象描述部分，参见吕莘《精英癌——让人骄傲的现代病症》，北京大学教育学院硕士课程教育导论作业（2016 年）。

② 托克维尔.论美国的民主：下卷 [M]. 董国良，译.北京：商务印书馆，1988：667–670.

③ 王承绪，赵祥麟.西方现代教育论著选 [M].北京：人民教育出版社，2001：86.

④ 加塞特.大众的反叛 [M].刘训练，佟德志，译.长春：吉林人民出版社，2004：52.

绑架的家长"与教育，观念与风尚的虚妄既诱惑着我们也架空了我们。如同一个沉疴已深的患者，头疼发烧是体表特征，在今天的风尚虚妄症中，高烧得手舞足蹈、神志不清的博放教育正是病症的出口——因为孩子是未来，他们有无限的可能，于是，他们成了现代"无限病"的表征。

无限——欲望与意志被无限地动员起来，欲望已经逾越了"必要"与否的限制。一切外在与内在的约束——道德的权威、他人的权利、社会的限制、事物的局限在他眼里都不值一文时，一种妄自尊大、一种自鸣得意在唯我独尊中显示着野蛮生长的威力；他就不晓得有什么限度，他会没有尺度、没有边界地扩展自己。再也没什么可以约束他了，他浑身充满暴戾之气，活像不吝一切的暴君。对他来说，这种暴力就是一种游戏、一幅他沉溺其中的景色、一种用来证明他从自己身上发现的优越性的方式。[1] 这就是无限病症：一个人没有能力将自己限制在明确的限度内，那就是一种疾病的征兆。[2]

然而，现实的社会经济结构从各方面限制着人的力量，民情风尚又在扩大人的欲望，他们变得软弱无力，且每前进一步，都遇到强大的障碍。"无限"仅是病表，病源却在"无根"，体现在以下三个方面。

其一，在人与自我的关系中，风尚的虚妄让其忙于扮演各种时尚的角色。通世故的人总是带着假面具，他们几乎没有以他们本来的面目出现过，甚至弄得自己也不认识自己，当他们不得不露出真面目的时候，他们就会感到万分的局促。在他们看来，要紧的不是他们实际上是什么样的人，而是要在外表上看起来好像是什么样的人。[3] 他们在"看起来像"和"实际所是"的差异中焦虑，在虚妄中彻底空洞化。卢梭提醒要仔细分辨哪些是儿童自然的需要，哪些是因为他的妄念——因为幻想而造成的，因为生活过于优裕而引起的需要；一旦孩子的需要超出了他的能力，他怎么能快乐呢？体力的软弱和使役人的心连在一起，是必然产生妄念和痛苦的。今天的教育给了太多超过孩子自然需要的东

① 涂尔干.道德教育[M].陈光金，沈杰，朱谐汉，译.上海：上海人民出版社，2001：187.
② 同①40.
③ 卢梭.爱弥儿：论教育：上卷[M].李平沤，译.北京：商务印书馆，2009：350.

西，这不仅没有减轻他的柔弱程度，反而使他更加柔弱了。① 教育应帮助形成一个人的性格，性格寓于意志之中，意志具有一种内在的坚定性。② 好的教育在于建立其欲望、能力与意志之间的平衡，建立起对自我的认同感。

其二，在人与人之间，做"人上人"。僭越之心、自私之心使他们同一切人比较，同一切人竞争，同时也对一切人封闭。处处要占第一的心，是自爱变成自私的关键，要判明在他性格中占据上风的情感是博爱敦厚还是残忍阴险，是宽和仁慈还是妒忌贪婪，就必须了解他自己认为自己在人类当中占据什么地位，就必须了解他认为要达到他所希望的地位需要克服哪些障碍。③ 他们不仅是自然意义上，更是社会意义上的"独生子女"，手足之情被生硬地切割掉了，他人、集体、友谊成为快速行走的沉重的累赘，义务、责任、师长、具体人生的各种情谊联系都成为羁绊。博放教育确实只见孤零零的树木了，因为他们已经没有机会长出自己生命的枝枝蔓蔓。

其三，在人与社会、文化之间，"人往高处走"，亲情与故乡是他们急于摆脱与逃离之地，他们成为没有故乡的孤儿。教育机会均等允诺个体通过教育改变命运，然而，向上流动的方式是离开。教育原本应是实现社会团结的基石，教育成就却以个体主义的方式导致了社会的分裂。学校成为悬浮在具体社会之上的知识与价值的"孤岛"，抽象的知识与虚妄的成功不仅引诱了年轻人的灵魂，还侵蚀了基层社会的活力。

嵌入政治经济结构的精约教育深陷社会文化的无根之苦，嵌入民情风尚秩序中的博放教育虚张无限之疾，两者内里又相通，前者有多严苛，后者就有多虚妄。无限地扩张中同样无根，而无根地挤压里又趋于无限。它们看似不同，逻辑却惊人地一致。这就是今天中国的教育病理。

这群"被诱惑"与"被宠坏"的孩子早就出现在柏拉图的民主制城邦中，他们的心灵深处遭遇着两股力量的厮杀，一类是神所友爱者心灵最可靠的守卫者和保护者，譬如理想、学问、事业心；另一类是虚假狂妄的理论和意见。由

---

① 卢梭.爱弥儿：论教育：上卷 [M].李平沤，译.北京：商务印书馆，2009：93-97.
② 赫尔巴特.普通教育学 [M].李其龙，译.北京：人民教育出版社，2015：8，107.
③ 同① 360.

于教育不得法，后者乘虚而入，驱逐了前者，入侵者立刻把他心灵的堡垒大门关闭，不让（另一派）的援军进入，他们不让他倾听良师益友的忠告。他们会在他的内心冲突中取得胜利，把行己有耻说成是笨蛋傻瓜，驱逐出去；把自制说成是懦弱胆怯，先加辱骂，然后驱逐出境；把适可而止和有秩序的消费说成是"不见世面"，是"低贱"；他们和无利有害的欲望结成一帮，将这些美德都驱逐出境。①

当他们在一个灿烂辉煌的花冠游戏的队伍中走在最前头，率领着傲慢、放纵、奢侈、无耻行进时，他们赞不绝口，称傲慢为有礼、放纵为自由、奢侈为慷慨、无耻为勇敢。你同意我的话吗？从那些必要的欲望中培育出来的一个年轻人，就是这样蜕化变质为肆无忌惮的小人，沉迷于不必要的无益欲望之中的？②

---

① 柏拉图.理想国 [M].郭斌和，张竹明，译.北京：商务印书馆，2011：339–340.
② 同① 340.

余清臣 北京师范大学教授

在教育学名词热潮背后

——论教育学概念的创新 ①

虽然不少人还不那么满意教育学理论对教育实践的实际指导作用，但是很多人还是积极投入到使用教育学名词为自身的教育实践描述和命名的过程中。能够让自身的教育实践获得一个响亮的教育学名词，已经成为很多教育实践者期待的效果和努力追求的方向。在这个背景下，教育学领域的研究者甚至整体表现出更大的名词创造热情，从而使教育学领域在今天也呈现出了持续而火热的名词浪潮。核心素养、供给侧改革、公民素养教育、生命教育、项目学习、智慧课堂、未来学校、教育家办学等一系列新生词汇让人有点应接不暇。面对这个热潮，有狂热的，当然也有冷眼旁观的。这个现象和趋势是否是教育学发展的应有之义，这是教育学研究者需要认真思考的问题，对这个问题的分析还要从观察教育学名词浪潮疑问之声开始。

一、教育学名词概念之问

学界对名词概念过多和沉迷于名词概念的警示具有一定程度的学科普遍性，很多领域都出现了名词过多或沉迷概念的批判之声。早在 1961 年，管理

① 本文与宋兵波老师的合作修改版已经发表在《教育研究与实验》2018 年第 3 期，这是合作修改前的个人版本。

学家孔茨（H. Koontz）就发表了《管理理论丛林》一文，指出了多样化的管理理论已经构成了"难以理解""令人沮丧""无法洞穿""让人迷惑"和"破坏性"的丛林状态。[1]虽然他并没有直接说出管理学名词或概念众多，但是这里的"理论丛林"也已经包含着管理学的概念繁多之义。当然，后来"概念丛林"在管理学中还是被直接提出来了，如有研究就直接提出关于企业社会责任就形成了"概念丛林"。[2]在学界更明确提出名词过多或沉迷概念问题的还有文艺批评和学风评论领域。这个方面主要的言论有：新时期文学批评使人眼花缭乱的现象之一，就是大量新名词、新概念的出现[3]；学术不是玩弄概念，不是纯逻辑推演[4]；最近社会学界似乎颇为流行使用一些花里胡哨的概念[5]。这些言论虽然并不一定以精确的量化研究为依据，但是在各自学术领域长期研究的作者们足以以自己的研究阅历为基础表达出对名词概念过多和沉迷于概念的忧虑与不满。

在教育学领域，对教育学名词概念的警醒和疑问也较早就出现了，既包括和其他学术领域共性的声音也包括一些特有的指向。在 1994 年，教育学者肖宗六教授就写出了《请慎用新名词》一文。他提出："现在教育报刊上出现了不少新名词，用来表述某种教育思想或教育方法。……问题是有些表述既不严谨，也不科学，甚至滥用概念，这就不值得提倡。"[6]由此可以看出，教育学领域出现名词热潮或浪潮已经很有一段时间了，同时这些新生的名词被认为不科学和被滥用的问题也较早就开始了，甚至可以认为两者是相伴随的。在反思教育研究学风的过程中，劳凯声教授也关注到了名词概念热潮的问题，并认为这正是不良教育研究学风的一个主要表现。他指出："一些学者过于注重学术包装，似乎只有'创造'一些新词汇、新概念，才能体现学术的深度和思辨的深邃；……字眼越来越生僻，概念越来越抽象，语言越来越晦涩，文章越来越难

① KOONTZ H. The management theory jungle[J]. The Journal of the Academy of Management，1961，4(3)：174–188.

② 李卫阳，肖红军. 走出"丛林"：企业社会责任的新探索 [M]. 北京：经济管理出版社，2012：48.

③ 石明. 在新名词浪潮的背后 [J]. 文学自由谈，1987(5)：122–125.

④ 陈先达. 学术不玩弄概念 [N]. 北京日报，2014–09–22（20）.

⑤ 王水雄. 学术研究岂能"创造"冗余概念 [N]. 中国社会科学报，2015–03–23（A04）.

⑥ 肖宗六. 请慎用新名词 [J]. 江西教育科研，1994(5)：16–17.

懂。"① 这个研究比较突出地展示了教育学名词概念热潮的一个内在原因，即教育学研究者对创造和学术深度的追求在一定程度上构成了教育学名词概念热潮甚至教育学名词泛滥的原因。此后，教育学领域名词概念的热潮和滥用的现象也得到更多学者的重视，他们从不同的角度提出了自己的问题。

在对教育学领域名词概念热潮和滥用现象的关注中，不同的学者从不同的角度出发设定了不同的问题，并由此提出了不同的批评。概括起来，教育学领域提出的名词概念之问主要有三个方面：泛滥丛生、虚空主观和原创缺失。

第一，教育学名词概念的泛滥丛生。在教育学的世界中，近年来的一个确定性变化就是名词概念越来越多，而且越来越缠绕和交织在一起，形成了孔茨描述的丛林状态。就国内教育学状况来看，素质教育、快乐教育、阳光教育、生本教育、幸福教育、生命教育、生命化教育、爱的教育、公民意识教育、生态教育等系列教育思想体系名词概念层出不穷，教师专业化、管理人本化、教学主体化、德育生活化、校园智能化等系列教育具体事务发展取向名词概念也屡见不鲜，核心素养、创新能力、学会生存、人文素养、生活价值观、批判性思维等系列培养目标名词概念也让人眼花缭乱。这些繁多的教育学名词概念缠绕在一起，如生命教育、生命化教育和生本教育之间就存在着紧密的共识和交锋。石中英教授就把教育学领域的这种现象称为"教育概念的丛林"，用"满天飞"来表达这种现象的核心特征，用"浪费"和"遮蔽"来指出这种现象可能带来的主要问题。② 确实，繁多的教育学名词概念在当前形成了剪不断理还乱的丛林关系状态，让人经常"难以理解"，并导致不能洞穿的迷惑感。

第二，教育学名词概念的虚空主观。在面对名词概念浪潮时，其他学科一些研究者明确提出了存在着名词概念虚空和玩弄名词概念的问题，这样的问题也被教育学领域的研究者提出来。劳凯声教授在批评教育学研究存在着概念抽象和热衷于创造概念的学风问题之后，就指出这样做的后果就是"学术研究脱离现实问题"③。这个观点实际上就从学风的角度直接指出教育学名词概念的虚

---

① 劳凯声. 教育研究的问题意识 [J]. 教育研究，2014(8)：4-14.
② 石中英. 穿越教育概念的丛林 [J]. 北京教育（普教版），2017(6)：20-21.
③ 同①.

空玩弄问题，虚空问题的根本表现就是脱离现实，而玩弄名词概念的实质则是根据主观意志来操纵概念。更有甚者，有研究在对教育学理论体系的检省中，更加彻底地认为："教育学对绝大多数概念都处于熟知而非真知的状态，教育学中的'概念'体系只是一种理论幻象。"① 能够得出这个结论的根本依据是众多教育学概念界定混乱，同一个概念在不同的人那里界定不同，甚至有些界定还非常空泛浅显。

第三，教育学名词概念的原创缺失。教育学被其他学科占领的问题，一直以来是教育学研究者心中的痛处，至少从赫尔巴特（J. F. Herbart）开始就明确提出了这个问题。可是，今日的教育学名词概念热潮依然没有明显避免这个问题，无论是那些教育思想体系的名词概念还是事务发展取向、培养目标的名词概念大多有着明显的外学科特征。幸福、生态、生命、公民等概念有着明显的哲学、伦理学、生态学、心理学和政治学根源，智能化、人本化、供给侧等概念有着明显的信息技术、经济学和管理学等学科根源。仔细分析起来，当前成为热潮的教育学名词概念确实从其他学科挪用和借用居多，而真正的原创新概念非常少。在这个问题上，陈桂生先生说得非常直接："教育学不是只把堪为其理论基础的学科中某些概念、命题，作为不证自明的'公理'，借以解释某种教育现象，而是'代替'别的学科去'证明'那些在别的学科中已经证明了的命题。"② 还有文章更加尖锐地指出，当代教育学研究的大问题都不是"整词儿"，而是"借词儿"，因而得出当代教育学"靠'借词儿'度日"的观点。③

需要承认，教育学名词概念很快地增多是一个事实，虽然是否够得上浪潮和热潮可能还可以有不同的意见，但是，相对于之前比较慢的名词概念生成的状态，现在称之为热潮也不能算是一个明显的问题。在热潮中，教育名词概念的杂乱、交缠、虚空、主观以及原创不足也是难以否认的，似乎这里概括出的三个方面问题也是确定无疑的问题。自然而然，如何让教育学名词概念整齐规

---

① 杨开城 . 教育学的坏理论研究之一：教育学的核心概念体系 [J]. 现代远程教育研究，2013(5)：11–18.

② 陈桂生 . 教育学的建构 [M]. 增订版 . 上海：华东师范大学出版社，2009：33.

③ 穆澄然 . 靠"借词儿"度日的教育学 [J]. 教育科学研究，2016(8)：1.

范、立足现实、加强原创是需要努力的方向，不少教育学研究确实也正在这么做。既然存在这些问题，似乎让教育学名词概念热潮降温也应该是实现教育学健康发展的一个目标。然而，这并不是面对这个现象的唯一思路，当前的教育学名词概念领域到底是否要直接地把泛滥丛生、虚空主观和原创缺失当作需要解决的问题，本身也应该是一个要探索的问题。无论怎么说，教育学理论的发展本身必然会带来名词概念的增多，其中出现一些交织杂乱和外借挪用现象也不能自然而然地当作缺陷。总之，在努力解决问题之前，更需要对怎么样看教育学概念创新做出探讨，为这个领域的探讨增加背景认识。

二、教育学概念创新的应然之义与时代特征

虽然思想中有名实之争，但是语言的功能、作用并非都得到比较适度的认可。在现实世界的很多领域，轻视语言的现象和倾向还是经常存在的。在中国传统文化中，虽然既有"唇枪舌剑"和"舌战群雄"的典故，又有"名不正则言不顺"的古语，但是很多领域的实际使用取向还是从根本上把语言作为现实存在的依附和反映。从根本上说，人类确实是语言的创造者和使用者，由此可以把语言看成人的本质力量的对象化。但是，这只是语言与人关系的一个方面。在另一方面，语言一经创造出来，就开始影响思维和交流，甚至可以称得上塑造。从根本上来说，没有合适的语言作为载体和工具，思维就很难真实地发生和运转，也很难取得创新的结果。同样，在交流领域中，没有合适的语言作为载体，交流是否能够发生以及能达成何种程度都是问号了。所以，从这个角度来说，语言作为对象化的本质力量反过来又影响人现实的本质建构。在分析哲学家和后现代主义哲学家的推动下，话语实践的思想取得了对人类语言本体性的深刻认识，其中一个核心的观点就是话语能够建构世界的七个方面：意义、活动、身份、关系、立场与策略（社会产品的分配）、联系、符号系统与知识。① 可以说，这七个方面已经涵盖了世界的主要领域和层次。

---

① 吉 . 话语分析导论：理论与方法 [M]. 杨炳钧，译 . 重庆：重庆大学出版社，2011：11–14.

在日常生活中，人们一般会把教育学名词和教育学概念合用或相互替代，这种做法在一定程度上反映了语言使用的日常化状态。确实，语言在日常使用中比较遵循整体相似性的粗略原则，不会那么强调精细的差异。由于很多教育学概念看起来都是名词，所以不少文章谈教育学名词时也是涵盖了教育学概念，在讨论教育学概念时经常拿出的例子都是大家熟悉的教育学名词。在一定程度上，也正是这种教育学概念的日常化状况，让一些研究者认为很多教育学概念根本不能构成概念，只能算是术语。①这样的状况也意味着对教育学名词或概念的探讨还是应该坚持专业的视角和眼光，还是应该更细致地分析认识，否则最终真可能没有多少专业性了。

在教育学专业的领域中，教育学概念或教育概念是更为规范的说法，教育学名词更为日常化。在专门探讨教育学概念分析方式的研究中，石中英教授虽然没有给出精确的教育学概念定义，却直接从概念作为思想的工具、材料和结果三个方面来诠释概念的意义。②当然，精确地理解教育学概念，还需要更加具体的解读。一般来说，概念本身的理解都是放在逻辑学中，都是从其与思维的关系来进行解读。但是，这样的做法会产生一个疑问：概念与词语有什么关系？这个问题还可以进一步分解为：概念是词语或名词吗？名词或词语一定是概念吗？事实上，关注教育学名词概念问题的不少文章并没有对此给予回答，甚至对教育学概念本身也没有给予正面的解读。顾名思义，教育学概念是教育学领域中的概念，对其的解释还是要从界定概念本身的含义入手。在逻辑学中，概念是最为基本的思维成分。一般来说，概念经常被给予的逻辑学界定是："反映事物及其本质属性的思维形态"③。这样的一个定义确实指出了概念的实质：就是一种思维，用来反映事物及其本质属性。但是，如果只在这个层面来理解概念应该还是有问题的。假如使用一个标准的语句来实现对事物和本质属性思维的反映，那么也不能说这是概念。因此，对概念的界定一定包括概念

---

① 杨开城. 教育学的坏理论研究之一：教育学的核心概念体系 [J]. 现代远程教育研究，2013(5)：11–18.

② 石中英. 教育学研究中的概念分析 [J]. 北京师范大学学报（社会科学版），2009(3)：29–38.

③ 陈爱华. 逻辑学引论 [M]. 南京：东南大学出版社，2013：15.

的形式规定性，即"语词是概念的语言形式"①。综合这两个方面可以看出，完整的概念理解包括形式和实质两个方面，概念的形式是语词，概念的实质是事物及其根本属性的思维。以此为基础，教育学概念可以界定为在教育学领域中使用语词形式来反映事物及其根本属性的思维，教育学概念的实质是教育学领域事物和根本属性的思维，教育学概念的形式是反映这些思维的语词。

从历史来看，教育学的发展一定反映在教育学概念的发展之上，而教育学概念的增多因而具有了历史的必然性。从对教育学概念的定义可以看出，教育学概念本身不是简单的语词，其最为内在的实质是事物及其根本属性的思维，这些思维反映在特定语词上就成了教育学概念。因此，教育学概念的增减从根本上受制于教育学领域事物及其根本属性的思维增减情况，在具体形式上受制于人们是否选择和接受使用新语词来反映思维增加的状况。根据这个框架，教育学概念在长期的历史发展中不断增多的基本趋势肯定具有历史的必然性。一方面，教育学领域中的思维在不断增多，对事物及其根本属性的理解在不断丰富，这些增多的思维需要以概念的形式存在。这就从根本上形成了教育学概念不断增多的必然性。另一方面，教育学领域中的已有语词需要根据增多的思维情况做出调整，其中必然的一种调整方式就是创造出新的词汇。之前，一些批评教育学概念泛滥的声音指出，不少所谓新概念本身就是旧概念的应然意思之一，因而创造新概念本身就是多余的事情。但是，这些批评的声音没有注意到，语词的世界并不只遵循"唯实"的规则，很多同义的语词本身可以同时存在也需要同时存在。就拿快乐教育这个概念来说，虽然反对这个概念的声音可以是教育本身就有快乐的意思，但是之前的教育并没有突出快乐的特征，强调快乐教育的思维和行动如果还以"教育"这个词来指称，本身就含义泛泛而没有新意，既不利于思维也不利于交流。在语词的世界中，语词本身的准确、精致、富有色彩和韵味都是非常重要的追求，并不能只以意义的实在为唯一标准。教育学概念不断丰富的历史必然性也可以在学术发展的一般道路中、思想史的本体思考中得到印证。在分析学术发展和学术概念的内在关系时，有

---

① 陈爱华.逻辑学引论[M].南京：东南大学出版社，2013：16.

研究比较深刻地指出："学术发展既是一种稳固模态，更是一个递进、跃动过程。学术概念是跃动、迁移的，所以，对它的研究或描述就应当摒弃凝固化思维。"① 这个观点的一个根本思路就是与时俱进的学术发展必然带来学术概念的跃动和迁移。在思想史领域，概念史研究是一种新的思想本体观和研究方法论，这种思想的根本观念有："概念是对意义的聚集，这种意义是历史过程中人们的认知、思想和观念的体现和凝聚……，看起来某个概念一直在被人们使用，或者在同一个时期被不同的人们所使用，但其含义却并非始终如一，可能已经发生了很大的变化。"② 概念史代表人物之一斯金纳（Q. Skinner）这样阐述基于概念的世界观："我们的概念构成了我们在努力理解中带给这个世界的一部分东西。这个过程带来的不断改变的概念化构成了观念争论的内容，因此去遗憾或去否定概念变化持续发生没有意义。"③ 这在表达概念必然变化的同时，也指出了概念被用于在理解中改变、影响世界的功能。

概念在历史中是必然变化发展的，教育学概念因而也具有了不断丰富的历史必然性。但是，这里并没有说明白当今的教育学概念为何形成了热潮，而且也没有解释清楚教育学领域为什么汇聚了其他学科概念。当代教育学概念的热潮和对其他学科概念的汇聚，有三个方面的主要原因。

第一，当代教育实践的革新。与教育学概念创新状况有关的教育实践革新主要有两个方面的情况值得关注，一是教育实践已经进行了很多方面的革新，二是教育实践迫切需要进行革新。谢维和教授在关注当代教育学概念创新和转型时就特别指出，今天的教育学概念体系需要"适应教育实践的变化而与时俱进改变自己"，需要建构新的概念框架去"分析和解释教育活动的变化"和"说明在教育改革与发展中出现的各种新现象与问题"。④ 这个观点提出了一个根本的思路，这也是一种比较偏重实际的思维：教育学概念的热潮从根本上来

① 郑东 . 学术概念的特质与学术发展的动能 [J]. 河北学刊，2005(2)：27–30.
② 李宏图 . 概念史与历史的选择 [J]. 史学理论研究，2002(1)：4–7.
③ SKINNER Q. Rhetoric and conceptual change[J]. Political Thought，Conceptual History and Feminist Theory，2009：60–73.
④ 谢维和 . 论教育理论发展的时代特点：教育学概念体系的创新与转型 [J]. 北京大学教育评论，2003(2)：15–18，72.

自教育事物的时代变革与创新。教育实践的革新一方面创造出了更多教育事物，另一方面创造出了教育事物的更多属性及其相互关系，对这些现象以及由此引发的问题的说明和思考都需要反映在教育学概念层面上。即便有些新的教育事物以及新出现的教育事物的根本属性可以放在旧有的教育学概念中，但是这种做法肯定不适合所有的教育实践革新，很多教育学概念的语词会因为反映过多的内容而出现虚浮和模糊化的问题。

　　第二，当代教育思维的迸发。与物理世界相比，人类的教育世界一定是人类创造的世界，人文性是教育的属性。对人文性可以有很多理解，但都可以归结为培养和树立人的理念。① 但是，有一个方面需要特别注意：虽然教育是人创造的人文性领域，但是教育本身具有很强的工具属性和地位，人文领域培养"人"的目的更主要来自哲学、历史、艺术、政治学、文学、语言学等学科，教育是为实现这种培养目标而存在的。在另一个方面，人类建构教育世界不同于建构其他完全精神性世界，对人的培养在过程上离不开人作为自然存在、生命存在和社会存在的基础与逻辑，这些方面构成了创造教育实践手段的制约和依靠。尽管从赫尔巴特起教育学就避免成为"被占领的领域"，但是教育学在目的和手段上对其他学科的敞开性从根本上意味着要接受其他学科发展的影响。教育学的根本价值不是去拒绝其他学科的影响和渗透，而是把其他学科的思维成果转化为建构教育实践的目的和手段。在思想开放的时代，与建构教育世界相关的各种学科思维都在迸发式发展，教育学思维一方面要吸纳这些思维进展，另一方面还要创造出转化这些思维的教育学思维。这就是当代教育思维迸发的必然根源，也是当代教育思维和教育学概念吸纳其他学科思维与概念的根本原因。

　　第三，当代教育学话语实践的加速。福柯（M. Foucault）的话语实践思想给出了一个根本的启示，概念、知识、科学、主体在根本上来源于话语空间中的实践，而话语空间则是"由实际陈述（口头的和书面的）的整体在它们的散落和在各自所特有的层次上构成的"②。简言之，这个思想可以理解为概念实际

---

① 吴国盛 . 技术与人文 [J]. 北京社会科学，2001(2)：90–97.
② 福柯 . 知识考古学 [M]. 谢强，马月，译 . 北京：生活 · 读书 · 新知三联书店，1998：31.

形成于语言的实际应用之中。就教育学概念来说，当前能够助推形成热潮的一个根本条件是当代教育学话语实践的加速。无论是在教育实践领域还是教育研究领域，人们通过语言进行的相互交流因为新的媒介平台而加速，有关教育思维的各种表达形式在加速的相互语言交流应用中得到确立、变形、消解或转换。这就是当代教育学概念能够形成热潮的过程性条件，在这个过程中各种教育学概念创新的设想以更快的速度得到确认、转变或推翻。在这个过程没有加速的背景下，一个教育学概念的创新需要在较慢的话语实践中逐渐得到检验，但是在当前这个过程已经大大缩短了。

三、教育学概念创新的核心机制与生态化立场

教育学概念的创新是历史的必然，当代教育学概念进入创新的热潮也体现了时代的状况。那这是不是可以说人们应该对教育学概念的创新持欢迎立场？教育学概念的创新还是否应该遵循某种规则呢？对这些问题应该进一步深入思考。

面对当代教育学概念的创新热潮，不少人的态度是谨慎的，有时甚至是强硬的。在对教育学概念泛滥或玩弄概念的批评中，有不少合理的地方，确实有一些教育学概念的创新来自一种游戏的心态或对名的欲求。但是，如果以面对物质世界的"求实"态度来看待教育学概念的创新就明显出现了偏差，因为教育学概念更是"名实"之"名"的存在，思维与语言本身的逻辑原则才是教育学概念的核心原则。因此，需要在明确教育学概念创新的核心机制中确定规则，进而明确看待教育学概念创新的基本立场。

从思维层面上说，概念是更宏大思想体系的基础成分和工具，关于教育事物及其根本属性的宏大思想是教育学概念创新的内在基础。从基本定义来说，教育学概念在实质上就是反映出来的教育事物及其根本属性的思维，但这种思维并不是孤立存在的。教育学概念首先存在于一个能够自成体系的认识框架中，只有这个体系化的认识框架才能真正为单个教育学概念中的思维提供背景、支撑和更广泛的内涵。例如，教师专业化的概念就要存在于教育专业化的

整体思维体系中，这个体系为教师专业化提供教育机构专业化的时代背景、教育专业知识和能力发展的支撑、教师专业自治的更广泛内涵。虽然这个体系可大可小，但这都是单个教育学概念所不可缺少的。正如社会学者米尔斯（C. W. Mills）指出的那样，概念密集的一般社会学理论既要有语义意义也要有句法意义，这里的语义意义就是概念自身指代的意义，而句法意义则是概念关系中体现的意义。① 整体来说，教育学概念的创新在思维层面既需要自身具有实质意义，也需要一个体系化的认识框架体系支撑。

在已有教育学概念意义刷新式创新中，家族相似是核心的机制和原则。批评教育学不科学和不严谨的人，经常举出的一类事实是教育学核心概念都是多义的，这些定义不仅非常多样化甚至还存在明显的分歧。这种状况甚至最直接反映在教育这个概念之上。在清理教育定义的过程中，学者索尔蒂斯（J. F. Soltis）就认为寻找真正的教育定义只能"纯粹是口味的偏好"②。那这种状况是否就能说明教育学不能构成一门有价值的学问呢？当然不能这么简单地认为。事实上，这种状况反映的是教育学概念意义刷新式创新而形成的多样化。就教育学领域来说，由于基本的要素不会经常变化，所以教育学思想的创新经常不是去改变这些基本的要素和结构，而是通过不断刷新原有概念的定义而实现认识理解上的提升。从思路来说，教育学概念的意义刷新式创新是旧瓶装新酒的过程，那新酒能够值得被旧瓶装的根本理由就是新的定义和概念与原有定义实现了家族相似。哲学家维特根斯坦在对日常语言的分析中提出了语言游戏的理念，并创造性提出了同一概念的不同意义不是具有共同性，而是具有家族相似性，即具有"家族成员之间的各式各样的相似性"。③ 可以说，家族相似解释了教育学概念在保持语词不变的情况下如何刷新的问题，即新版本的意义只要符合了和原有某种意义的相似性就可以成为这个概念语词的新成员。

在全新教育学概念的创新中，命名的社会性确认与隐喻是核心的机制。平

---

① 米尔斯.社会学的想像力 [M].2 版.陈强，张永强，译.北京：生活·读书·新知三联书店，2005：35-36.

② 瞿葆奎.教育学文集：第 1 卷：教育与教育学 [M].瞿葆奎，沈剑平，选编.北京：人民教育出版社，1993：36.

③ 维特根斯坦.哲学研究 [M].陈嘉映，译.上海：上海人民出版社，2001：49.

克（S. Pinker）是当代非常关注思想与语言关系的学者，他在名著《思想本质：语言是洞察人类天性之窗》中提出了两个核心观点："概念隐喻为人们指明了一种最显而易见的方法，人们据此可以学会如何推理出一个全新的、抽象的概念。"[①]"任何一个人名或事物名称都是先由人类历史上某个时期的某个人物凭空杜撰出来，并在随后被语言社团接受并流传开来的。"[②] 这些说法实质上揭示了新概念创新的核心机制手段和环节，隐喻与命名的社会性确认构成了全新教育学概念创新的核心机制内涵。隐喻是最为普遍的语言生产机制，其根本的原理就是基于相似性的形象思维。语言的本质是符号，但是语言的符号不是自然的信号，而主要是基于人类思考建构把符号的表层语词与内在意义相连。新概念的产生就是基于相似性原则找出内在意义上具有某种相似性的其他领域语词概念，然后或直接或组合改造后就创造出了新概念。比如教育学中的教师专业化，这个概念的创造与医生、工程师等专业化的相似性密切相关。可以说，隐喻是相似性原则和思维在语言生产中的一种应用。此外，概念作为一种语言存在，本身虽然是建构的产物，但不是个人随意建构的产物。对于概念来说，社会性认可才是最终能够成立的标准。无论什么样的新生教育学概念，其基本的过程中一定包含着从个体使用到社会性认可的过程。没有代表社会的群体性认可，个体意向中全新的教育学概念顶多只能发挥支持个人思维的作用，绝不能实现概念的交流和话语建构功能。比如，生命教育最终能够作为一个确定的教育学概念，就是因为被代表的社会教育群体越来越广泛地接纳，从而实现了教育学概念应有的交流和话语建构功能。

整体上看，教育学概念已经形成了一个具有明显自在性的世界。首先，教育学概念形成了宏大的世界。虽然有研究认为教育学没有多少严格的概念，但这种观点只是从严格坚持科学化概念标准而言的。事实上，教育学概念本身非常多，范围非常广泛，任何一个教育学分支都对应一个相当广阔的概念群落。从坚持教育学概念的基本标准出发，即一个语词和其所反映的思维就构成了一

---

① 平克. 思想本质: 语言是洞察人类天性之窗 [M]. 张旭红，梅德明，译. 杭州: 浙江人民出版社，2015: 275.

② 同①327.

个概念，那么那些虽然使用一个语词但指代不同的思维意义的概念事实上也可以看成各自相对独立的概念。如果这样看来，那教育学概念就更多了，"教育"之名下就有一个概念群。其次，教育学概念世界在动态变化中。教育学和其他学科的内在关系及教育学在其中的定位，让教育学成为一个"加工装配"型学术领域。教育学领域的这种性质决定了教育学需要向其他学科领域广泛开放，其他领域的很多概念可能也经常非常需要进入教育学研究领域。这是教育学概念世界动态变化的一个根源。另外，教育学领域也是思维活跃、话语实践热烈的领域，这种情况也决定了教育学概念领域快速的新陈代谢：有些概念会稍纵即逝，有些概念在不断蜕变中恒久存在。最后，教育学概念世界具有自在的运行规则。虽然，总体来说，教育学领域是人类建构的领域，但是这不是人类随意建构的世界。相对于人类个体的主观性，教育学概念世界的自在性表现在三个方面：一是个人不能决定教育学概念的生灭；二是教育学概念要遵循超越个人的语言运行逻辑；三是教育学概念的变化既要回应教育实践的发展又要受其他学科的影响。这些都决定了教育学概念世界已经形成了一个具有自身规则的生态世界。

面对具有自身规则的教育学概念世界，一个比较合适的立场就是坚持生态化的立场，即以对待和培育生态系统的立场来对待它。具体说来，这个立场具有四个方面的内涵。

第一，承认动态多样性。当代教育学概念的动态多样性已经是不能否定的现实，让教育学退回到只有几个核心概念的状态，或让每个概念的语词只有一个确定的含义，这都是不可能实现的。同样，教育学领域对其他学科概念的吸纳也是必然的，即使抵制也基本上是无望的。这些都是消极方面的说法。从积极方面来说，教育学概念代表着教育学思维，也代表着教育实践认识和发展的支撑体系，教育学思维只会也需要越来越多样化，教育实践也同样只会也需要多元多样的发展。在这个背景下，教育学概念世界具有旺盛活力的一个根本表现就是动态多样性，这也是时代发展的基本状况。

第二，实施穿越策略。动态多样性的教育学概念世界会给思考教育和推动教育发展的人带来混乱与迷茫，这也是不能否认的现实。面对这样的问题，石中英教授事实上提出了一个非常重要的策略选择，是"穿越"而不是"修剪"。针对穿越，他提出："穿越教育概念的丛林，找到教育改革创新的正确方向"，"要用更多的时间和经历去寻找和解决真正的教育问题"。① 事实上，穿越的策略就是带着目标来面对教育学概念世界可能带来的混乱，要带着目标来处理这种局面。事实上，纷繁复杂的教育学概念世界会带来前进的阻碍，但也会带来更多的选择和可能。有很多教育问题在整齐划一的教育学概念体系中不一定能够解决，但是看起来纷乱的教育学概念却可能带来希望。面对教育学概念丛林，带着目标和追求穿越过去，是可能也需要的策略转变。

第三，发挥内在机制的规范作用。承认教育学概念世界的动态多样性，并不意味着教育学概念可以随意创新，也不意味着任何教育学概念都是值得欢迎的。从教育学概念创新的核心机制来看，教育学概念的创新有来自机制的自身原则。这主要有：教育学概念的创新要具有根源于合理认识框架的关于教育事物及其根本属性的思维；在已有概念中调整新的意义需要符合家族相似的原则；基于隐喻而来的全新教育学概念需要符合隐喻的逻辑，更要接受社会性认可的检验。这些机制性原则在现实中的规范作用也是非常明显的，教育学概念虽多却也不是可以随意创新的。

第四，推动进化。面对动态发展的教育学概念世界，推动它的整体发展也是非常必要的。建设更能支撑教育实践发展的概念体系平台，为教育发展提供更具有说明、解释、规范、指导等作用的教育学概念，应该构成教育学研究者推动教育学概念世界建设的最终目标。教育学研究者介入教育学概念世界建设的一个基本做法是推动进化，即在遵循教育学与概念世界内在规则的基础上积极培育。具体来说，教育学研究者可以更多地丰富和加深对教育事物及其根本属性的思维与认识，可以根据家族相似、隐喻的原则机制提出教育学概念创新建议，可以通过积极介入教育话语实践来介入对教育学概念的社会性认可过程。

---

① 石中英. 穿越教育概念的丛林 [J]. 北京教育（普教版），2017(6)：20–21.

教育的现实问题与时代课题

郑新蓉 | 北京师范大学教授

现代化进程与教育公共性的嬗变

——以我国农村教育为例 [①]

一、思考的源起以及概念辨析

（一）再温 20 世纪 80 年代教育现代化理论

"教育现代化理论"是指 20 世纪 80 年代国内教育理论界在对马克思主义教育理论和中国社会主义教育实践深刻的理论反思基础上，建立的一整套解释教育现代化历史进程和合理价值的理论体系。这些深入的反思和讨论，其核心是"着力探寻现代教育确定的内涵或内在的质的规定性" [②]，所有的质疑、讨论和共识都是在马克思主义经典原理范围内展开的，其他理论资源鲜有介入 [③]。这一时期的教育现代化理论主要反映在教育原理著作和教材里，通常以"现代教育"冠名。例如，1988 年厉以贤主编的《现代教育原理》、1996 年黄济和王策三主编的《现代教育论》、1992 年成有信主编的《现代教育引论》、1990 年马

① 该文是在 2017 年博士课程专题讲座"教育公共性思考——兼论我国的农村教育"基础上，结合郑新蓉、王国明在《妇女研究论丛》2019 年第 1 期发表的《教育公共性的嬗变——也谈我国农村教育兴衰》一文，以及最近两年与范云霞博士一起对 20 世纪 80 年代成型的现代教育理论历史价值的讨论和反思中写成的。

② 黄济，王策三. 现代教育论 [M]. 北京：人民教育出版社，1996：前言 2.

③ 关于人的全面发展讨论中，也通常是用新近发现的早期的马克思主义，如《1844 年经济学哲学手稿》，来质疑教条化了的原则和主张。

兆掌所著的《现代教育论》。此外，也散见于同时期的教育学教材或专著、学术期刊论文中。① 教育现代化理论的突破有以下几点。

第一，高度重视工业革命所启动的社会大生产、现代化所启动的人类生产力革命，在此基础上，再辨析马克思主义"教育与生产劳动相结合"经典原理②，强调教育与生产劳动结合的技术进步性、学校通过培养劳动者与现代生产的结合。例如，在 20 世纪 80 年代，高校教育学的几个版本教材中，关于教育与生产力的关系表述上，认为"教育是劳动力再生产的手段"③，强调教育的经济功能，教育"培养出适合生产发展水平的各种劳动力，推动了社会经济的发展，教育具有生产性"④，"教育为发展生产力服务"⑤。同时期的学术论文还对"大跃进"和"文化大革命"时期将生产劳动等同于单纯体力劳动、教育服务于政治进行反思，基于马克思主义经典学说重释"教育与生产劳动相结合"理论内涵，认为教育与生产劳动相结合服务于改造现代社会、提高社会生产和促进人的全面发展的目的，培养现代生产和现代科学所需要的人才。⑥ 理论上的共识为学校教育服务于生产（经济）提供了理论支撑。此外，现代教育理论中，关于教育阶级斗争的属性逐渐淡出。

第二，淡化社会主义和资本主义的道路分歧，突出把握现代社会和现代教育的共性。明确提出现代教育"乃是一个多样矛盾的统一体，不是某种单一的教育体系"，"是从资本主义发展起来的直到共产主义社会完全实现的一种教

---

① 根据黄济、王策三主编《现代教育论》统计，20 世纪 80 年代，关于现代教育概念讨论的论文就有上百篇，其中，顾明远、成有信、叶上雄、黄济、厉以贤、潘懋元等学者对现代教育、教育现代化都提出了各种各样的看法。而关于教育与生产劳动相结合、教师的阶级属性、教育与人的全面发展、教育与市场经济等的讨论更是当时教育现代化理论的热点。

② 20 世纪 80 年代，厉以贤在《厉以贤教育文集：教育·社会·人》（人民教育出版社，2010 年出版）中提出，马克思在《资本论》里揭示，在社会生产体系中，由于科学技术的应用，劳动性质不断发生变化，生产过程越来越服从于总的智力控制，于是急剧地提高了对生产者普通教育和职业教育要求的水平。

③ 孙喜亭，靳希斌，陈孝斌 . 教育学 [M]. 北京：中央广播电视大学出版社，1987：34.

④ 鲁洁 . 教育学 [M]. 南京：河海大学出版社，1988：35.

⑤ 华南师范大学教育系教研室 . 教育学 [M]. 广州：广东高等教育出版社，1985：15.

⑥ 栗丹林 . 教育同生产劳动相结合的历史回顾 [J]. 山西教育科研通讯，1983(4)：6–9；张同善 . 关于教育与生产劳动相结合的几个问题 [J]. 教育研究与实验，1985(1)：9–15；成有信 . 论教育和生产劳动相结合的实质 [J]. 中国社会科学，1982(1)：163–176.

育"。①

第三，对教师和知识分子的阶级属性的大讨论。思想解放之初，知识分子还囿于"皮""毛"的阶级属性，各种讨论力求论证"知识分子是工人阶级一部分"，随着讨论的深入，借助现代社会大生产与科学技术的内在联系，知识分子与先进的生产力挂上了钩，至此，教师、科技人员等知识分子的阶级属性淡化为"专业人士"的阶层属性，不再为"劳动"和"劳动者"身份纠结。

第四，关于人的解放与人的全面发展大讨论。关于人的解放和发展，讨论中引述和论证最多的是从两个"依附关系"中的解放。无论是现代化还是共产主义，都要"摆脱人对物的依赖关系""摆脱人对人的依附关系"，借助"异化"劳动理论，把人的自由发展视为现代化文明的基本特征。人的全面发展在教育领域更是侧重"个体的全面发展"意涵，脱离社会主义经典教育学里关于共产主义消除"三大差别"的目标和理念的羁绊。

此外，20 世纪 80 年代末到 90 年代初期，还有关于教育与市场经济的关系、教育产业化等的激烈讨论。②80 年代以来的基于现代、基于理论讨论的辩题大致涉及十几个核心议题。

总起来说，教育现代化理论强调教育的生产和经济价值，注重个体解放、自由和效能等，开启了公共教育价值嬗变的前奏。在今天看来，20 世纪 80 年代教育现代化理论的形成既是思想解放、破除旧教条的过程，也铺就了产生新理论和新教条的土壤。③

---

① 黄济，王策三．现代教育论 [M]．北京：人民教育出版社，1996：前言 3.

② 例如，1989 年 3 月 11 日，《高等师范教育研究》编辑部和北京师范大学高等教育研究室联合召开了座谈会展开讨论，参会人员包括孙喜亭、成有信、厉以贤、李静波等学者。会上讨论了教育是应该更加顺应商品经济还是保持其计划性、如何处理人的培养与把商品经济引入学校的关系等。1993 年第 3 期《中国教育学刊》刊登教育与社会主义市场经济问题的第二次讨论会发言。与会者们讨论在社会主义市场经济发展的初期阶段教育与市场经济之间应当保持怎样的关系、教育如何适应社会主义市场经济体制、又如何处理教育商品化等问题。由此可见当时中国经济形态重大转变对教育学者思维的冲击。此外，当时的期刊论文也集中于这个主题。

③ 现代教育理论的创建者都是新中国最杰出的马克思主义教育学者，他们始终以马克思主义历史唯物论和辩证法驾驭激烈的讨论与理论建设。随时代演进，公共教育理念成为经济学、劳动力市场和资本的附庸，也是他们始料未及的，20 世纪 90 年代后期也可以窥见他们的反思和遗憾。

（二）回看西方现代化进程中的"公共教育"论述

公共性指向教育的价值层面，反映现代化进程中，为形成全社会共同的价值观念，为了全民族基本素质的提高，而怎样举办公共教育的问题。在现代化和工业文明发轫最早的国家，人们也最早开始论述教育公共性。

在黑格尔（G. W. F. Hegel）的论述中，关于教育与国家的关系，他指出，教育的过程是使儿童从自然的个体成长为国家公民的过程，它通过对儿童自然性的去除和个性的改造而使儿童获得普遍性的伦理规定。

英国教育学者沛西·能（T. Percy Nunn）指出，教育的公共性即是通过学校传递人类社会的一切文明和人类一切价值的来源。学校是一个人为的集体，反映世界上最优秀最重要的东西，公共教育有益于对共同政治信仰体系的维系，以及总体上会减少社会暴力程度。[①]

德国教育家凯兴斯泰纳（G. Kerschensteiner）也指出，公立学校应当给予一种萌芽的集体生活、一种小范围的国家生活，以培养普遍的国民的道德、道德的集体和道德的国家。[②] 格林（A. Green）认为，公共教育是消除城市居民的异质性、重构社会秩序的重要手段。[③]

几乎是同一时代的美国教育学家贺拉斯·曼（H. Mann）亦认为，公共教育的含义，是向儿童宣传共同的阶级意识，学校的贫富混合教育使得社会阶级冲突让位于社会共同成员的身份感，为社会提供一套共同政治和道德的价值体系。公共教育是社会的平衡机器：教育不仅是道德的革新者和智力的增殖者，而且……也是物质财富最多产的母机……，它不仅是积累财富的最正当和最高尚的手段，而且也是最可靠的方法。[④] 由此可见，在现代公共教育的发轫期，西方教育学者揭示了公共教育对于促进现代国家认同、形成价值共识、消除社

① 沛西·能. 教育原理 [M]. 2 版. 王承绪，赵瑞瑛，译. 北京：人民教育出版社，2005：252–259.
② 凯兴斯泰纳. 凯兴斯泰纳教育论著选 [M]. 郑惠卿，选译. 北京：人民教育出版社，2003：218–232.
③ 格林. 教育与国家的形成：英、法、美教育体系起源之比较 [M]. 王春华，王爱义，刘翠航，译. 北京：教育科学出版社，2004：72.
④ 鲍尔斯，金蒂斯. 美国：经济生活与教育改革 [M]. 王佩雄，等译. 上海：上海教育出版社，1990：246.

会冲突以及动员和积累生产力的作用，赋予其宗教般的神圣价值。

（三）概念辨析：教育公共性与公共教育

教育的公共性与公共教育，是在民族国家框架下，现代社会普遍的关于教育价值和组织形式的表述概念，可以说是教育现代化的核心概念。对教育公共性的追求，是教育现代化发展的核心价值和目标。公共教育（制度）是实现教育公共性的载体。

1. 教育的公共性

历史经验表明，无论是现代公共教育最早发端的西方国家还是后发的现代国家，其教育的公共性在价值层面都表现为实现民族国家认同、加强社会动员和团结、消除或缓解阶级冲突等，而公共学校教育则是实现现代民族国家政治、经济和文化功能最有效的工具。

2. 公共教育

公共教育指的是教育制度和实践的基本形态。顾明远主编的《教育大辞典》这样定义：公共教育也叫国民教育，一般是指国家举办的为社会公众服务的教育。这里的"公共教育"是从主办权的国家性、服务对象的公众性两个角度来说的，这是其一。其二，批判教育学学者鲍尔斯（S. Bowles）、金蒂斯（H. Gintis）从资本主义生产发展的角度分析了美国等西方国家公共教育产生的历史，认为资本主义企业生产的发展、劳动力再生产的需求催生了现代公共教育。[①] 其三，公共教育包含着家庭私人教育主权转向公共教育"公权"，公共教育是最大限度实现国家和社会的公共利益的工具。

20 世纪 80 年代以后，公共教育发展出现了一些新的现象。随着新自由主义经济思潮的兴起，公共教育的国家性、为公众服务这些本来清晰的概念，由于市场元素的介入、办学主体的多元化而逐渐模糊。如在英国撒切尔夫人执政时期，公共教育的办学主体逐步由国家转向不同的市场化的力量，公共教育的目标转向为经济发展、为市场和资本服务，原有的公共教育的特征逐步被遮

---

① 　鲍尔斯，金蒂斯.美国：经济生活与教育改革 [M]. 王佩雄，等译.上海：上海教育出版社，1990：246，233-235.

蔽，"公共"的含义也不再清晰。随着教育放权、择校等教育改革的进行，公共教育的含义逐步嬗变为，不管它是私人办的还是国家办的，也不管它服务公众有多少选择性、倾向性，只要它在一定程度上是为公众服务、为特定的公共机构负责，它就是公共教育。[1] 本文所指的公共教育，主要是指近现代以来，由国家或其他共同体主办，以实现国家、社会和个体总体利益为目标的公共教育制度和实践。此外，本文的农村"公共教育"不包括私人举办的学校教育。

教育发展所面临的问题，从表面上看是质量与公平的问题，实质上与公共学校所承载的公共性理念和价值嬗变以及话语表达紧密相关。教育公共性作为教育现代化的核心概念，能够揭示和反映现代社会教育功能多样性和矛盾的特征，也具有丰富历史内涵，既可以描述农村教育发展的基本脉络，也可以系统地揭示农村教育发展过程中的内在逻辑与当下困境，以重塑我国教育公共性，转向全体人民有活力的全面发展和社会平等。

下面分析农村教育办学主体的变迁，描述近百年来公共教育在农村的落地，特别揭示改革开放四十多年来农村公共教育在办学形态上的主要变化，从社会主义现代化的价值、目标和功能角度分析农村教育公共性的嬗变，并揭示影响其变化的原因。在此基础上，揭示为何要重塑农村教育公共性的价值与目标。

二、20 世纪中国"公共教育"的源起和本土经验

（一）公共教育脆弱的萌芽阶段

自清末癸卯学制颁布后，由国家推行新式学校，公共教育在名义上得以产生，即所谓的"废私塾，兴学堂"。但从教育公共性的角度看，中国传统私塾教育的教学内容和为国选才、维持社会士人的稳定等作用方面，都有前现代社会的公共性特征。这种公共性体现在百姓通过教育实现耕读传家，农民子弟养成基本的识字和计算素养，帮助统治阶级实现"天下英雄，尽入吾彀中矣"的

---

[1] 樊改霞. 教育与公共性：公共教育的现代性转型 [M]. 福州：福建教育出版社，2012：3.

政治目标。在清末新学进入农村的过程中，尽管遭受传统私塾教育的抵制，但以新学为主要表现形式的公共教育，在一定程度上反映着现代教育的公共性，包括建立现代学堂所承载的教育普及的理想、有识之士强国保种的抱负。但在清末民初相当长的时期内，乡村私塾教育一直占据着主流[1]，加之政权的不断更迭以及外侮内乱的侵扰，现代公共教育始终处于脆弱的萌芽阶段。因此，现代教育公共性只有理念的存在，还没有制度化、实体化的公共教育的依托，更缺乏稳定有力的新型民族国家框架的依托。

（二）共产党在根据地的公共教育理念与实践

1934 年，毛泽东对苏维埃教育的方针做了阐述：“苏维埃文化教育的总方针在什么地方呢？在于以共产主义的精神来教育广大的劳苦民众，在于使文化教育为革命战争与阶级斗争服务，在于使教育与劳动联系起来。”[2] 这是我国农村教育公共性的最早表述，也是中国共产党对农村教育功能和目标最早的表述。为了实现这一目标，中国共产党举办了与政治革命（包含着农民身份的革命）、经济革命、村落组织的重构同步进行的“公共教育”，创造性地采取许多因时、因地制宜的举措，如列宁小学、识字班、夜校、半日学校、冬学、周日学等各种形式的儿童普及教育，半耕（工）半读学校，扫盲班等。从民众的识字水平、智识水平来看，其鲜明的现代性特征清晰可见：第一，公共教育帮助民众摆脱宿命论而抵达对自身处境的“意识化”状态[3]，改变农民长期的“愚穷弱私”的不利处境。第二，促进人们对未来生活的样貌有足够清晰的认知并愿意为之奋斗（如“翻身”“革命”和理想社会）。第三，解放了农村妇女，她们从家庭中走出来，参与革命运动与乡村建设，成为公共教育的受益人与主人。

---

① 王国明. 教育现代化与农村教师来源研究 [M]. 北京：人民出版社，2018：66.

② 江西省档案馆，中共江西省委党校党史教研室. 中央革命根据地史料选编：下册 [M]. 南昌：江西人民出版社，1982：331.

③ 意识化与宿命论是巴西教育家弗莱雷 (P. Freire) 提出的重要概念。宿命论的农民相信自己的命运被某种超自然的力量或神话所左右，他们不觉得自己可以做什么来改变自己的命运。而意识化则与之相反，农民不但清楚自身处境的缘由，还知道并确信自己可以做什么来改变这一处境。（弗莱雷. 被压迫者教育学 [M]. 顾建新，赵友华，何曙荣，译. 上海：华东师范大学出版社，2001：16，21.）

这一时期的公共教育是特定时代的成功实践，其基本形式及精神内涵一直延续到中华人民共和国成立之后相当长的一段时期。

（三）新兴社会主义国家的公共教育目标与功能

中华人民共和国成立以后，国家大力举办以普及、扫盲为主要形式的农村教育。农村教育公共性有了明确的政治方向、经济发展目标以及价值支撑。公共教育制度内涵的理念包含以下的价值目标：一是巩固新生的无产阶级政权和民族国家，实现国家工业化。要清除一切旧教育的剥削阶级性质，彻底破除剥削阶级教育的阶级性、等级性、学术神秘性，真正做到工农完全享有教育权并参与教育管理，彻底消除脑体、城乡和知识分子与工农的差别。[①] 二是确立广泛的公共教育主体，"人民"、"村落集体"、"厂矿"、国家等都是乡村公共教育的主体。教育的"公共性"主要是一种政治平权和文化上翻身解放的合法性，具有培养"有社会主义觉悟的有文化的劳动者"的目标性，是广泛地依托"公有制"（含国家、集体和单位等）、有效地组织城乡各种力量办学的理念和制度。在集体化时期，家庭、社区、农村妇女等都从传统的社会结构或分工中获得解放，特别是农村妇女在农业生产、村落组织建设、科教文卫等方面成为重要的参与主体。如人民公社化时期，公共食堂、托儿所、幼儿园、敬老院、缝纫厂、洗衣组等集体福利事业中，妇女成为主力军。[②]

共产党在农村革命根据地的实践以及中华人民共和国成立初期的公共教育建设，赋予了农村教育公共性社会主义与本土文化的丰富内涵，以农村集体组织为办学主体，实施低成本、普及的公共教育。从功能角度，公共教育致力于组织和动员农村的所有要素，以发展生产、积累物质资源，为工业化发展提供支持，促进社会成员对新生国家和社会主义的认同。公共教育帮助农民完成从文盲到识字的重大转变，获得成为一个现代人的基本素养，帮助部分农民子弟实现身份上的社会流动，有助于促进新生共和国的政治认同。

---

① 郑新蓉. 公共教育的平等理念与制度 [J]. 教育研究与实验，2000（1）：5-9.
② 全国妇联妇女研究所. 当代中国妇女运动简史（1949—2000）[M]. 北京：中国妇女出版社，2017：79.

从农村合作社到人民公社的集体化时期，村落组织是农村公共教育的办学主体。办学的主要动力来自村落儿童受教育的基本需要，集体的物质积累是教育的主要资费来源。农村公共教育主要致力于小学教育的普及和扫盲，存在办学水平不齐、教师数量紧缺、复式教学班数量较多等困难。"文化大革命"期间，一方面农村公共教育受极"左"思潮的影响，另一方面城市知识青年下乡，作为城市反哺农村的教育资源对农村教育的普及产生一定的积极影响。

总之，经过土地革命和集体化洗礼的社队、公社制度，才真正作为农村基层教育动员和办学主体，在国家投入不足的困境中，保证了现代化新式学校的快速开办，实现了对农村智力资源的动员、整合，儿童的普及教育和成人的扫盲并举。与此同时，大量县级初级师范学校开办，一大批现代意义上的教师得以快速产生，并且为后期正规化的中等师范教育的发展留下了制度经验与人力资源。

三、改革开放以来公共教育形态变迁与公共性的嬗变

1978 年以来，无论办学主体还是教育功能的实现，中国农村公共教育经历了两个阶段的变化，其间各种重要的社会变革力量都对农村公共教育理念和实践产生深刻的影响。

（一）公共教育变革力量和阶段划分

1978 年开始的改革开放，使得村落的集体化组织存在形式逐步解体。同时，国家的教育方针与功能期待也在发生着变化。随着高考制度的恢复，"文化大革命"时期的主导价值和相关政策被否定，学术能力而不是政治进步或阶级背景逐步成为选拔学生的关键；选拔和培养为经济建设服务的人才取代了原有的普及教育，大量的农村中学被关闭或转成了农业学校；资源布局上，削弱补强，形成重点学校和普通学校之分。在 20 世纪 80 年代农村公共教育资源布局带来了教育公共性危机，即使 1986 年颁布了《中华人民共和国义务教育法》，

这个问题也未能引起社会各界重视。新旧世纪之交，"两基"① 成为农村公共教育的基本目标导向。

进入 21 世纪后，随着城乡教育不均衡的形势日益严峻和综合国力的提升，县级政府全面承担举办农村教育的主体责任，农村公共教育在规模、质量和教育功能等方面都出现许多新的变化。

1. 第一阶段：农村学校从集体到"人民"

改革开放以后，教育面临着培养急需型人才的任务，教育质量的提高重于教育普及。1978 年，邓小平《在全国教育工作会议上的讲话》指出，要提高教育质量，要使教育事业与国民经济发展的要求相适应。1985 年《中共中央关于教育体制改革的决定》正式提出，基础教育管理权属于地方。农村公共教育出现了新特点。

第一，随着家庭联产承包制的实行，县乡政府向农民家庭征收的教育附加费成为农村公共教育的主要经费来源，农民捐工捐料建学校成为普遍的现象，农村公共教育进入"人民教育人民办"的历史时期。由于经历过人民公社时代，农民个体和家庭还沿袭着集体时代的主动性与团结，守护着村办学校，期待着学校教育成为农家子弟的出路。20 世纪 80 年代，村落自主办学成为农村"公共教育"的主要力量。

第二，农民家庭在教育上开始承受了沉重的经济负担。特别在边远农村，办学所需的物质资源和人力资源更难得到很好的保障，辍学等现象时有发生。此外，由于办学主体处于我国行政管理体制的最低端的乡、村两级，其执政行为最难监管，很多地方除了向农民征收教育费附加，在经费紧张时还会通过摊派、集资等方式向农民征收相关费用，这加重了农民的负担，也引起基层百姓的不满，降低了农民对公共教育的期望。

第三，县域内乡镇之间教育发展不均衡。对于那些有一定数量乡镇企业、农业基础较好的乡镇，其可获得的教育经费数额也较高。而在乡镇内部，教育经费的分配也是不均衡的。在乡镇内部由乡教办、中心校负责学校管理的模式

---

① "两基"，即基本普及九年义务教育，基本扫除青壮年文盲。

下，村落小学往往不如中心校获得的经费多，这与经费的征收是不协调的：教育经费主要出自村落的农民，自下而上集中到乡镇，是正金字塔结构，而经费的分配则从乡镇学校到村落小学逐步减少，是倒金字塔结构。

第四，公共教育具有自主、自为的特征。例如，相当多的教师主要是本县培养或来自本县的中等师范、大专毕业生，也包括本乡本土的民办教师，教师与村落在地缘和血缘上同根同源。农村公共教育具有相当程度上的"自强"的特征。同时，相当一批的农村青年才俊通过高考走出了乡村，随着管理体制的松动，农村富余青壮年劳动力也开始走出农村。这种"自强"性在20世纪末由于财税改革等一系列改革的实施，又逐步演变成"自生自灭"、以极低水平运转的公共教育，这也说明在后集体化时代，由地方政府举办、以家庭为统筹单位的办学模式的失败。

第五，农村公共教育在话语上是以经济建设为中心，为国家的现代化服务，为农村、农业的现代化服务，公共教育实践中选拔性、竞争主义、绩效主义已有明显的抬头。农村公共教育输送型、抽空性的特征已经开始显现。有研究者发现，在20世纪80年代，地区经济发展与教育发展之间并行的关系已经有所减弱。①这在一定程度上说明，农村教育的发展并没有为本地区经济社会发展提供人力资源支持，农村学校越来越变成城市社会发展所需劳动力或人才孵化的摇篮。实行市场机制改革后，个体家庭利益和资本日益成为影响教育成就的重要动机。刘精明的研究指出，改革开放以后，家庭背景如父亲教育程度、父亲职业地位、家庭结构、多兄弟姐妹家庭等导致的教育不平等不但没有减弱甚至还有加强的特征。②20世纪90年代到21世纪初，尽管辍学率不再上升，但城乡教育之间的差异和不均衡则有扩大的趋势。③

总之，农村公共教育渐渐地不能满足国家、农村社会发展对人才的需求。这反映了教育公共性与其承载体（公共教育资源）之间的矛盾，反映了公共教育理念的转向带来的不平衡甚至冲突。

---

① 马戎，龙山 . 中国农村教育发展的区域差异：24 县调查 [M]. 福州：福建教育出版社，1999：导言 5.

② 刘精明，等 . 教育公平与社会分层 [M]. 北京：中国人民大学出版社，2016：111–112.

③ 同② 67.

2. 第二阶段：学校教育建制化，公共教育弱化

2001 年国务院《关于基础教育改革与发展的决定》发布后，农村公共教育的办学主体由乡镇政府上移到县级政府，随着农村税费改革和义务教育免学费政策的实施，农村公共教育实现了从"人民教育人民办"到"人民教育政府办"的转化。这一转变是以农村教育的衰败、人们对城乡教育均衡发展的不断吁求为背景的。

农村青壮年及子女流出乡村。自 20 世纪末到 21 世纪初，随着城镇化的进行，农村进城务工人口大量增长，对农村社会与教育发展构成极大的挑战。其中，进城务工人口群体中多以青壮年、农村有知识的青年为主，这被认为是对乡村智力资源的一种抽离。2000—2008 年，东部、中西部农村劳动力相继达到平均九年受教育年限。2012 年，全国共有进城务工人口 2.6 亿多人，他们中的绝大多数是农村青壮年，他们多数是 40 岁以下、初中文化学历。[①] 他们中的很多人把自己的子女带到务工地就读，客观上减少了农村学校的生源。

随着撤点并校政策的实施，农村学校数量进一步减少。据相关统计，从 2000 年到 2010 年，国内农村小学数量减少了 52.1%，初中数量下降了 26.19%。而作为小规模学校之一的农村教学点从 2000 年的 178060 个锐减到 2010 年的 6694.1 个。[②] 农村学校方面，数量减少最多的是村落普通小学，农村学校的"撤离"进一步加剧了农村教育的衰败趋势。

教师女性化与劳动女性化。郑新蓉团队的研究结果表明，随着乡村教师的代际更迭，在新一代乡村教师中，女性教师开始成为乡村教育的主体。[③] 这揭示了农村公共教育发展的不利侧面，对教师队伍质量提升与公共教育发展提出了挑战。

城镇化进程并没有形成解放劳动妇女、充分整合家庭养育功能的促进力量。市场体制下的性别化的劳动将生产劳动和照料劳动人为分离，儿童发展公

---

① 国家统计局发布 2012 年全国农民工监测调查报告 [EB/OL]. (2013–05–27) [2020–03–23]. http://www.gov.cn/gzdt/2013-05/27/content_2411923.htm.
② 杨兰，张业强."后撤点并校"时代小规模学校的复兴 [J]. 教育发展研究，2014(6)：68–72.
③ 郑新蓉，姚岩，武晓伟. 重塑社会活力：性别图景中的乡村教师和学校 [J]. 妇女研究论丛，2017(1)：5–20.

共空间消失，照料及教育责任家庭化。妇女重新回到以私利为本的家庭，尽管农村留守女性最多，都没有加入集体组织的"公共机构"，再也难见普通劳动妇女成为社会劳动、政治和公共事务的积极参与者。

总而言之，新时期农村公共教育，无论是在学校层次还是家校共育层次，都呈现女性化的特征。这是新时期男女分工不合理、不公正的结果，是经济主义瓦解集体主体（特别是家庭集体功能）的结果。它既不利于儿童的成长，也不利于公共教育发挥催生公共集体生活的功能。

城乡教育差距日渐加大。进入 21 世纪以后，我国社会经济发展在整体上取得了世界瞩目的成就。但基本普及九年义务教育的农村教育尚处在较低的发展水平，尤其是其低质量、脆弱性与国家整体特别是城市的繁荣形成鲜明对比。在教育质量及教育保障水平上，农村教育与城市教育具有较大的差距。以教师队伍为例，2005 年，中国的中小学代课教师约有 44.8 万人，分布在农村公办中小学的大约有 30 万人，占农村公办中小学教师总数的 5.9%。城乡教师学历水平差距大、农村教师初始学历较低。[①] 在教育结果上，农村学子升入好大学的难度越来越大。[②]

择校观念的兴起，进一步削弱了公共教育的地方生源基础。家庭择校，是进入 21 世纪前后的事。其出现有多种原因：一是政策的结果。如撤点并校等引起的农村学校办学质量低下。很多农村家庭面临将孩子送往较远的学校的困境，他们认为还不如直接送孩子到县城或更远的好学校就读。二是城镇化的结果。城镇化不只影响农民的生计，也间接地改变了其对学校的认识，甚至改变了其对下一代通过教育改变生计来源的期望。对自身处境的不满，强化了他们对下一代命运的担忧和教育期望。三是农民家庭之间相互影响的结果。当一家的孩子去更好的学校就读时，农民之间相互交流、比较，最终也会促使未择校的家庭择校。可以说，能择校的家庭，是对孩子的教育有较高的期望，而这种期望需要以孩子的学业成绩为基础。因此，择校学生中多以优质生源为主。另

---

① 郑新蓉，等. 农村义务教育阶段学校教师特色岗位计划实施情况调研报告 [R]. 2016.

② 余秀兰. 农村学生的教育获得：基于城乡教育分化视角的分析 [M]// 杨东平. 中国教育发展报告：2018. 北京：社会科学文献出版社，2018：122-137.

外，择校也需要一定的家庭资本基础，择校孩子的家庭也多是在经济、社会与文化资本方面相对较好。这样，留在农村接受教育的多是在比较意义上处境不利家庭的孩子。

在这样的背景下，进入 21 世纪后，中国的公共教育实际形成了城市强、县城挤、农村极为薄弱的不利局面。为此，城乡教育均衡发展成为学术研究、政策改进的热门话题。一系列文章指出，城乡教育均衡需要强化政府的责任[1]，需要将均衡发展作为教育改革的基本理念[2]。

（二）错时错位发展的"公平与优质"：公共性的遮蔽与后果

公共教育在这一时期主要体现为教育财政供给的公共性。政策与行政监督成为农村公共学校教育发展的主要推力，国家也在不断推出带有反哺意义的特别支持农村教育发展的政策。但也应该看到，这一公共教育发展的制度改革与安排具有滞后性的特征。公共教育的公共性内涵在市场化因素、农村家庭因素等的影响下，已有很多质的变化。

第一，个体权利话语替代培养目标话语，教育公共性的国家、社会内涵逐步被个体化的权利内涵所遮蔽。农民个体及家庭通过学校教育逃离农村，成为普通农村家庭、个体的主要追求。随着村级学校和教学点的撤离，以及镇级中心学校建制化和孤岛化，学校教育与真实的、集体的农村生活相联系的脐带被割断了，个体在接受教育的过程、教育目标上是脱离农村集体、脱离生产劳动特别是体力劳动的，"关心国家大事"实质上退出了培养目标。

第二，经济理性人的人性假设，消减了学校教育许多宝贵的力量和资源。"教师职业崇高的精神价值""百年树人的教育信念""学生的全面发展"都在私利性的计算中——退出，代之以"科学"的计算和考核，竞争、私利和私欲也合理地成为学生发展、教师工作的唯一动机。[3]

第三，教育公共性内涵逐步窄化、低端化。与早期公共教育被赋予的建构

---

① 本报评论员. 政府对基础教育均衡发展负主要责任 [N]. 中国教育报，2002-08-31（2）.
② 于建福. 教育均衡发展：一种有待普遍确立的教育理念 [J]. 教育研究，2002(2)：10-13.
③ 郑新蓉. 变迁中的培养目标与教育质量 [J]. 中国教师，2011（22）：17-20.

国家认同，培养社会成员的集体意识、责任意识的公共性相比，当下的公共教育更多地体现为经济意义上的公共性：个体接受国家财政主导的公共教育，谋求人力资本市场上的某个岗位。而在条件上又难以保障的经济意义上的学业目标，使得农村公共教育在人才培养上只能扮演为工业社会、全球化市场链条培养最低端劳动力的角色。在农村社会、学校衰落的背景下，农村公共教育的功能从培养社会主义接班人逐步转变为留守、陪伴。

第四，公共教育建制化和规范化。社区、邻里以及富有活力的家庭不再是公共教育的共同主体。规范化的学校一味依赖财政和上级管理，农村教师重学历、重绩效和攀比职称，远离农村社会，与学校一起成为农村的"孤岛"，教师成为学校的受雇者、农村的"外来人"。此外，在权利话语下，家校合作是基于自然伦理的而非关怀伦理的①，家、校都对对方应承担的"教育责任"了然于心，这种表面上"基于孩子成长的合作"并不必然具备共同体的特征。甚至在某些极端情况下（如针对学生严重违纪事件），会出现双方互相推诿、甩包袱的情况。单向度的责任主体加剧了学校中教师②与家庭的冲突，加大了家长的挑战与负担，弱化了为儿童成长构建多维度的"重要他人体系"的实践路向。

第五，教育不公平进一步扩展。在很长一段时期内，教育不公平多是以均衡话语出现的，是以城乡为比较对象的。但在这一时期，农村社会内部的教育不公平也日益扩大。随着农民进城、主动或被动择校的趋势的发展，留在村落小学的孩子接受的只是最低水平的教育。总之，公共教育的不公平在多个维度都有强化的趋势，不单是在城乡对比上，在乡村内部也有不断扩大的趋势。这与公共教育内在追求的公平、正义和全面发展的目标是不相匹配的。

---

① 诺丁斯认为，关怀伦理是真正共同体的重要特征，关怀伦理是相互依赖的关系，是关怀性的回应。（参见：诺丁斯.始于家庭：关怀与社会政策[M].侯晶晶，译.北京：教育科学出版社，2006）
② 一般认为，传统学校教育、教师专业发展，在伦理上是男权中心主义的，它强调男性特质的方面，而对女性教师的特质处于忽视状态（参见：姜勇.女性主义教育学视野中的教师专业发展[J].教师教育研究，2004(6)：13-17）。这使得女性在教育工作中可能面临更多的挑战，这些挑战不只来自班级教学事务本身，而与整个教育文化、教师专业发展文化相关。

四、结论与讨论：重构社会主义教育的公共性

（一）珍视历史遗产

无论是现代化进程还是社会主义运动，从人类历史进程看，既漫长又短暂，也足以留下丰富的经验和教训，主要有以下几点。

首先，中国民主主义革命和社会主义革命的成功经验，特别是农村建设和乡村公共教育教育的经验。[①] 其次，西欧和美国等现代化国家早期关于民族国家和公共教育的论述 [②]；具有社会主义元素的欧洲现代化国家的公共教育经验，包括德国、瑞典等国社会民主党的行动纲领 [③]，其中关于自由、平等、团结、社会福利的价值和相互关系。再次，20 世纪 80 年代现代教育理论的马克思主义思想方法中关于社会进步和教育发展的思想精髓。最后，近百年来中国农村发展的经验和教训，特别是我国农村社会主义集体经济及其转型对中国公共教育的影响。[④]

---

① 参见：贺萧.记忆的性别：农村妇女和中国集体化历史 [M].张赟，译.北京：人民出版社，2017；丛小平.师范学校与中国的现代化：民族国家的形成与社会转型 [M].北京：商务印书馆，2014；王国明.教育现代化与农村教师来源研究 [M].北京：人民出版社，2018.

② 参见：沛西·能.教育原理 [M].2 版.王承绪，赵瑞瑛，译.北京：人民教育出版社，2005；斯普林.美国学校：教育的传统与变革 [M].史静寰，等译.北京：人民教育出版社，2010；凯兴斯泰纳.凯兴斯泰纳教育论著选 [M].郑惠卿，选译.北京：人民教育出版社，2003.

③ 参见：何秉梦，姜辉，张顺洪.欧洲社会民主主义的转型：与德国、瑞典学者对话实录 [M].北京：社会科学文献出版社，2010.书中主要涉及：自由，集体方法是个人自由运用和支配自己生活的前提条件，为了自由，必须对每个人的自由进行限制；对新自由主义的批判——只是强调强者的自由，强者决定弱者的自由。平等，核心价值，要求平等就是要求一致性，即拥有发展自己人格和支配自己生活的同样机会；社会福利是个人可以自由支配的一种资源；平等政治必须关注提供平等的权力资源；经济上处于依赖状态的人，不能促进自身利益的实现；学校教育必须实现结果平等；学校教育必须提供不同的机会；只有在真正平等的社会里，才存在差异权。自由与平等：平等，觉得自己生活状况的平等权，也就是自由的平等权；平等是自由的前提。团结，"分担他人负担"，"所有的孩子都是他人的孩子"，强调责任和对他人的依赖；团结是良好运作的社会起点，是实现理想社会的公善；互助的资金系统提供了安全和人与人之间的平等；团结概念具有道德含义，源于基督教伦理；家庭的基础是团结和归属感，扩大至"人民家庭"；团结是平等的前提，是一种博爱和互助之情。

④ 参见：贺雪峰.农村社会结构变迁四十年：1978—2018[J].学习与探索，2018(11)：59-65，191；杜赞奇.从民族国家拯救历史：民族主义话语与中国现代史研究 [M].王宪明，高继美，李海燕，等译.南京：江苏人民出版社，2009.

（二）面对乡村教育公共性弱化的挑战

社会主义国家公共教育的建设与发展，既对教育的本体性功能如促进人向上流动和全面发展抱有期待，也对公共教育的社会价值如促进民族团结与社会进步、促进集体生活与共同体的构建抱有期待。作为个体与全体社会经验连接的通道，教育是个人幸福的必要条件；对农村人来说，教育是实现社会流动的重要凭借。当前，公共教育在实现民族国家认同、发挥社会动员与团结作用、促进个体向上流动等方面均有不断弱化的趋势，这种现象是与公共教育形态的演变紧密相关的。

第一，乡村公共教育还能否体现民族国家认同的功能？教育公共性越来越朝向个体化的、经济效能主义的方向发展，个体成功特别是经济上的成功日益成为首要的价值取向。随着农村教育日益脱离农村实际生活，公共教育在空间、情感、内容上都形似乡村的过客，而非乡村的主人。教育的目标、过程与内容与乡村社会发展的公共论题渐行渐远，在这样的教育体制下，培养的对象是单向度的人，是躲进私生活里的人，是被不断的个人"困扰"所包围却对生成其"困扰"的社会性论题麻木不仁的个体。人们丧失了对农村公共教育的想象力，这种想象力即是它对乡村社会变革与改进可能发挥的伟大作用、对建设农村社会的下一代所应具备的时代素养的丰富性与卓越性的阐释。这种想象力的实现，需要公共教育深层次的探索与变革。公共教育不但是一项全面的事业，而且从长期的、长远的眼光来看，公共性体现在当国家、社会对未来有一个美好、整体性的、确定性的期待时，人们如何确定教育的目标和理想，通过一代又一代的教育活动的开展，以实现这个长远的目标。公共性不只体现在促进个体在一个方面、一个时期内的自我完善的特性，更是指向更为崇高的社会性的目标。

第二，农村公共教育能否促进集体生活与共同体的构建？中国学者一直小心翼翼地使用公共领域的语词分析公共教育的公共性，即将学校视为公共领域之一种①，认为其与公共政治事务（business）（如乡村政治治理、选举等）、民

---

① 参见：樊改霞. 教育与公共性：公共教育的现代性转型 [M]. 福州：福建教育出版社，2012；张茂聪. 论教育公共性及其保障 [M]. 北京：商务印书馆，2012.

生事务（如乡村水利、交通建设）具有一样的性质。但公共教育更应当被视为关系乡村未来、国家与民族未来的公共事业（fair）而去小心翼翼地呵护、培育。当农村公共教育、公共生活只与"商品化""抽离""择校""进城"这些词相联系时，它是破坏集体生活与共同体的建构的。只有当公共性实现话语的转向时，即转向主人公或主体意识、劳动合作、集体生活、学校与社区的融合，新的话语和词汇才可能得以产生。

第三，农村公共教育还能不能很好地发挥帮助个体社会流动的功能？随着农民子弟进入优质高中、优质高校，并由此获得生计或进一步发展的机会越来越困难时，人们愈发怀疑，公共性就是有钱人的公共性，而不是公正而充满活力与可能性的公共性。教育机会的不均等、地位获得过程中的代际传承、教育结构与社会结构的不对应等因素，都弱化了教育促进底层升迁性社会流动的功能。①

（三）重建农村公共教育价值，发挥农村女教师和劳动妇女的积极性

为了农村的教育振兴，为了再造一个充满生机与活力的农村社会，为了培养德智体美劳全面发展的农村新一代，重新认识与建构农村公共教育的价值体系、复兴社会主义教育公共性所包含的以集体精神与劳动为本的价值观，重建学校与农村集体组织和农民家庭的联系，激发女性教师、劳动妇女的公共意识和主体性，是新时代的召唤，也是不容推辞的公共教育的使命。

1. 重新认识教育的公共价值，弘扬集体和劳动精神

在农村，无论是学校还是村落，女性人口都占多数。无论是家长还是教师，促进村校合作都必须通过重新认识公共教育的价值才能实现。

学校不是孤岛，也不仅是义务教育的一个实施单元，而是新农村社会发展的有机构成部分；单门单户女户主必须通过团结合作，建立互助的社会集体，分担养老、育儿、生产、服务等责任；重建劳动价值观，在劳动与资本、生产与消费、小家与公共集体的关系中弘扬劳动、集体的价值；在培养什么人的问

---

① 余秀兰.教育还能促进底层的升迁性社会流动吗 [J]. 高等教育研究，2014(7)：9-15.

题上，家庭和学校应达成共识——培养德智体美劳全面发展的新型劳动者和建设者，并在实践中将之转化为与农村社会实际生活紧密联系的教育目标，帮助学生了解农村、了解家庭生计；在升学考试中加入与农村农业和农村社会高度相关的内容；以农业生产活动为必要的教学内容，开发与采用与统编教材具有同等地位的乡土教材。

2. 发挥农民能动性和主体性，建设新型的村落－学校、教师－农民家庭的关系

重建关怀伦理的家校合作，需要学校教师与农村家庭（特别是妇女）的有机联系与互动，需要教育政策在促进家校合作方面的激励，以及教师培训内容与方式的改进，如家校合作基金的设立、鼓励家庭妇女以观察者或参与者身份参与教师培训等。

重视女性在公共教育发展与儿童教育上的主体作用。女性对儿童的照料，不能被甩出公共事务之外。建议国家采用在乡镇设立或挂靠农村中小学、设立于村委会的方式，开设针对家庭、农村妇女的社区学院或培训学校，以成人教育、文化教育、文娱生活的方式，对农村妇女进行引导、教育与激励，鼓励她们更多地参与农村公共教育事务。这种方式只要进入政策的理念，在实践上是有可行性的。

3. 提升农村女教师和妇女的领导力

虽然女性是农村学校和社会的主体，但她们局限于家庭和学校相对安稳与封闭的空间。传统性别文化、制度安排以及女性自身的因素等限制了女性参与公共事务的机会和能力。因此，加强农村学校和社区女性领导力建设是十分必要的。今天的农村妇女和女教师已经不同于新中国成立初期的妇女们了，她们有很好的教育水平，有更为丰富的城乡社会经验。通过妇女领导力的培训和建设，基于共同的目标和利益认同，从女性的真实困境和内在需求出发，可以发挥妇女在乡村建设方面价值倡导与宣传、社会动员、探索实践、相互激励、情感连接和支持的强大作用，通过提升女性领导力重塑农村公共教育的辉煌，建设新时代充满活力和生机的新农村。

周作宇

北京师范大学教授

自我领导的教育哲学

1999 年，我受国家留学基金委项目资助，在印第安纳大学布鲁明顿分校访学。一日，我接到学校外事办的电子邮件，称在校园旁边有一所名为"和谐学校"的私立学校，邀请国际留学生和访问学者为学校的学生介绍本国文化，让孩子们了解不同国家的风土人情。我报了名，并且做了比较充分的准备。整个活动分散在不同的教室，出入完全是开放式的。学生们想去哪个班听就去哪个班，来去自便。我搜索枯肠将想象中他们能够接受的一些中国文化知识通过对话的方式做了介绍，参加的学生慢慢多了起来。令我欣慰的是，学生只进不出，说明大家还是很感兴趣的。同时令我有些惊异的是，这些孩子们全然没有受桌椅板凳的束缚，各自采取舒适的方式围了一圈。有的蹲着，有的躺着，有的站着，姿势五花八门。有的男孩甚至躺在地上，将头枕到女孩的膝上。看着孩子们听得津津有味，而且能够踊跃回答问题，我十分高兴。为了更好地调动孩子们的积极性，我还用了一些从中国带去的体现文化特点的小礼物奖励答对答案的人。"讲课"时间很快就过去了。结束后过了一阵子，我几乎快要将这次活动忘掉，这时收到了校长的一封感谢信。信上说："谢谢你参加我们的活动。根据学生的反馈，大家对你讲的内容很感兴趣。觉得你的讲课方式比较生动，是那次活动中孩子们听过的最有趣的外国文化课。但是，学生们唯一觉得不舒服的是：你总用小礼物奖励那些答对的同学。"那封感谢信我一直存着。

此事过去那么久，至今回忆起来像是发生在昨天。一个让我一次又一次咀嚼反思的问题是：感谢信中转折的那句话"但是……"意味着什么？那所和谐学校在其历史介绍中声明，他们的教育目的是"培养'全人'"。一切项目的设计和实施都旨在促进学生追求学术卓越，培养良好的自我感觉，将学习看作终身的过程，使学生获得对生活的自我控制感。①我们的教育究竟是为什么培养学生？要培养学生的什么？怎样培养学生？在我们的教育文化中，诸如"小红旗"之类的表扬和奖励在学校司空见惯。老师奖励"正确答案"而非鼓励学生积极思考的"教学技巧"，几乎没有谁觉得不舒服、不合适。我自己从事教育学研究，能够在美国的学校赢得学生的"专注听讲"，在课堂上获得一种满足感。而那封感谢信的前半部分也曾刺激了自己一丝得意的虚荣。但是，那个令人永远忘不了的"但是"，像一个巨大的反光镜，常常催我反思：或许"胡萝卜加大棒"的教育习俗已经深入骨髓。"意义空心化"和"教育外部化"是两个明显的教育病态症候。引导学生"走向奴役之路"，恐怕是最可怕的"教育陷阱"。

"意义空心化"与"教育外部化"具有内在关联。"意义空心化"是一种自我精神虚无的状态，表现为个人的意义世界"被殖民"，从而出现虚化或迷茫、搁置追问、回避对质、恐惧批评等现象。如艾略特的《空心人》所描绘的那样："我们是空心人／我们是填塞起来的人／彼此倚靠着／头颅塞满了稻草。可叹啊！／我们干枯的嗓音，在／我们说悄悄话时／寂静而无意义／像干草中的风／或碎玻璃堆上的老鼠脚／在我们那干燥的地窖里／有态而无形／有影而无色／麻木了的力度，没有动作的手势"②。将空心化的世界充实意义而不是稻草，需要个人的长期自我修炼，同时这也是教育的重要使命。教育的核心任务是呵护自然自我、社会自我与精神自我的成长，服侍个体的意义探寻，催化个人自由意志的发展。有效的教育根本上说是"自我教育""内部教育"，即个体借助各种影响要素拓宽视野、提升能力、增长才干、升华精神、服务社会③的学习和实践过程。有效教育旨在依赖个体自主并且通过促进个体由内而外淬炼成长而

① 参见 https：//www.harmonyschool.org/。
② 艾略特.艾略特诗选[M].赵罗蕤，译.济南：山东大学出版社，1999：122.
③ 此处的社会是广义的，服务社会包括师生之间、学生之间的相互合作和互相帮助。

达到意义世界的建构和不断超越。外部化的教育承包个体的所有决策，侵占个人的独立思考空间，代替个人对无论是活动还是知识所承载的意义的咀嚼和品尝。外部化的教育是教育的极端状态，是一种"单极""单向"教育。"教育外部化"是极权主义在教育中的表现，其特点是"外大内小""外强内弱"，重外部权力和外部评价，轻内部认可和内在肯定；外部强制多、内部激励少；外部干预刺激多，内部消化吸收少；要求多，关心少；训话多，沟通少；苛责多，宽容少。教育外部化使自我空间被殖民，使自我从当下蒸发。个人的私人空间被外部指令所塞满：或沉迷于虚拟的电子"游戏世界"，"指尖"与"眼尖"构成身体运动的全部表现，被"游戏监狱"囚禁；或拥挤于信息超载的"知识超市"，个体的自由空间被挤占，行动被全景监视，从家庭到学校，从学校到校外，到处可见"知识的集中营"。前者因接近于人的"赌徒式""瘾君子"天性而就范，表面上看起来是一种主动，实际上背后有强大的商业利益集团操盘，因而本质上也是一种被动的"瘾士"。后者的主要推手是家长。在个体没有能量释放的封闭系统中，形成孩子和家长的诉求对峙，在讨价还价的博弈中作为监护人的一方当然力量占优，孩子被迫屈从。结果出现学生之"学无生"的心理创伤病态。"游戏监狱"和"知识集中营"的最大后患，就是意义探寻中的得过且过，随大流跟风潮，丧失主体意识和自我领导力。从而，哪怕那种"世人皆醉我独醒"的"最后之人"式的一点点清高浪漫也近消失。在光鲜浮华的外表背后，意义的世界为"自大、自卑、争风、嫉妒、厌烦、浮躁、易怒、跋扈"所装修。鲁迅先生"救救孩子"的呼吁，敌不过有形无形、或远或近的"同谋者"的"轻率""偏执"甚至"暴力"。人类那块儿"挚诚向往但永远到达不了的地方"，那片诸多媒体已经燥热得顾不上光顾的召唤先人执着赶路的"应许地"，宛若"城里的春联"，只是一家家移民的"乡愁"寄托，或多或少已经丧失了弄堂街巷的文化活力。

　　一位教育学专家在中小学调研时曾问一名初中生同学："你的理想是什么？"学生答："想考一所好高中。""那高中毕业后呢？""考一所好大学。""大学毕业呢？""找一份好工作。""工作后呢？""找个好妻子。""再然后呢？""生一个好宝宝。""有了小宝宝呢？"说不清楚了。显然，在文凭社会大学是一个重要的人生门槛，大学文凭是一个重要的学习诱因。教育为学习提供保障，是社会分层和社会地位再分配的工具。在教育生产线上，大学提供的乃是看得见的具体目标。在严酷的社会分层建筑里，教育的技术锻造和工具打磨将更为深刻但也被更加模糊的价值内涵压榨挤兑，从而出现"意义真空"或"意义空心化"。"获得知识而失去意义"，是一种现代"文凭病"。米勒（A. Miller）的剧本《维希轶事》（*Incident at Vichy*）曾讲述了一个上流中产阶级人士的故事。当时，纳粹占领了他家所在的城镇。在纳粹面前，他拿出大学学位证书、著名人士的推荐信，以表示他的身份。纳粹见状问他："这就是你拥有的全部吗？"他点点头。于是，纳粹将所有这些材料扔进一个垃圾筐里，告诉他："好吧！这下你什么也没有了。"主人公的自尊建立在别人的尊重上。面对这样的情境，其情感受到极大的打击，个人价值感几近消弭。①确实，如果自尊完全建立在别人好恶的态度上，那么，没有了别人的肯定和承认，个人的意义世界就会倾倒。如果将那位初中生和米勒笔下集中营的中产阶级人士的愿望和遭遇联系起来看，我们的教育几近陷于价值消弭。当然，集中营的现象毕竟是特殊人群在特殊时期所遇到的特殊待遇。在常态下，人们不是普遍地、经常地面临这样的价值困境的。随着现代教育的发展，尤其是高等教育不断普及，大学学历会越来越高端化，学位也随着数量的增加而越来越贬值。当学位证书不是像在集中营那样被扔进垃圾筐，而是遭遇贬值的时候，个人的价值如何度量？或者，不是剧本中那位中产阶级人士，而是别人，面对类似集中营这样的极端环境，在个人的尊严受到不能再大的外部侵害的时候，当个人失去人身自由失去曾经拥有的一切而只剩下不由自己支配的身体的时候，人的价值支点在哪里？对此，弗兰克（V. E. Frankl）在《人寻找意义》中给出了另类答案："我们所拥有的最大自由，乃是可以自由选择我们对自己在这个世界上的角色的看法，是我们无论身处什么样的境遇，都拥有做出积极反应的力量。"②比起外部的评价来，我们如何看待自己更加重要。人们是不可能将成功的祭坛建立在借口之上的。只有我们知道自己是谁，我们才能承担使命同时丢掉不切实际的幻想，认清

① FRANKL E V. Man's search for meaning[M]. Boston：Beacon Press，2006：forward，x–xi.
② 同① 66.

自己选择和行动的价值，寻找自我挑战的方法，让自己的所作所为真正富有意义。弗兰克是"寻找意义"的代表。他不但从纳粹的集中营里幸存下来，而且以其切身感受开创的"意义疗法"（logotherapy），给许许多多面临意义困境的人们以慰藉。弗兰克之所以能够在集中营幸存下来，第一，得益于他的身体能承担繁重的体力劳动，这是他没有被纳粹直接筛选到毒气室处死的第一条件。第二，他本人是心理学家，在专业上有一技之长，在集中营里的医生需要帮手的时候，他能够给予协助。第三，他的父母、妻子被关在其他集中营，他内心存在有朝一日亲人重逢的精神寄托。由于消息不通，他对这些亲人的死亡一无所知，这种"无知"使他的生存信念时时受到激励。类似中国古典的"孝悌"伦理对他生存之勇气发挥了作用。第四，他主张并且实践"意义探寻"的积极心理取向，这乃是至为重要的生存良药。历史不能重复实验和验证，但是思想可以实验。将教育作为假设在集中营环境下的"思想实验"，或许可以看到教育的真正价值和意义。如果教育不能赋予学生"认识你自己""选择你自己""认可你自己""成为你自己"的勇气和力量，无论一个人通过教育获得多少从文凭到工作到职位到财富到荣誉等有形无形的外在东西，当面临"集中营裁判"的时候，当这些东西被抛到垃圾筐或火堆、个人经受真正的价值裁决的时候，也就是教育经受"审判"的时候。凡是像弗兰克一样能够经得起集中营考验[①]的人，即无论在多么险恶的环境下，都能够积极面对，即对环境有态度选择上的自由，那么，他就拥有积极的、充满活力的"意义世界"。相反，如果个人不能很好地将环境和其对环境的反应区别开来，看不到任何环境都剥夺不了的人对自己态度可以驾驭的最后防线，那么，他的"意义世界"就会被"外部世界"统治或殖民。从而，自我的整体感丧失，理性遭到抛弃，感性被放大，自我的独立意识沉沦，自主的态度驾驭感缺失，自我信任的基准塌陷，自我在或者依附或者与人疏离的两极间左右偏执地摇摆，个体由"原创"沦为"盗版"，由鲜活的独特生命个体蜕化为浑然随波的"沉默羔羊"。为了逃避现实或填补虚无的空间，个体不得不"活在别处"，身体不能承受心灵之轻，心灵也无法

---

① "集中营考验"是一个比喻，是指人们所遇到的被剥夺了一切外部所有物后的极端状态。

承受身体之重，身心彼此对抗，不能不向分裂侧滑。结果，自我走上奴役之路，心理走向人格分裂。

"有一种真理岿立不倒。世界历史中发生的所有事情都依托于某种精神。如果这种精神是强大的，那么它就创造了世界历史；如果这种精神是虚弱的，那么它就有损世界历史。"①人之为人就在于人的精神具有或潜在或现实的自主性和超越性，尽管这种特性可能被压制和遮蔽。人类历史证明，在人上升的进路上，领导力非常重要。无论是英雄创造历史还是群众创造历史，历史都是领导力展现的历史。人人皆需领导力，自我领导不一定需要特别的头衔。"自我领导是一个能动的过程，在这个过程中，个人学会更好地了解自己。借此，生活之帆获得了行驶的方向。"（赛德马兰卡，P. Sydanmaanlakka）"如果没有很强的自我领导感，人们就会觉得失控、受压制、无法集中精力。"②旨在培养自我领导力的教育才是面向未来的教育、进步的教育、解放的教育。从来就没有什么救世主，也不靠神仙皇帝。教育不是救世主，也不是神仙皇帝。但教育既可以点燃人的自由精神之火，也可以熄灭人的自我领导火种。教育要克服"外部化"倾向，必须解放自我、锻铸精神，消除殖民，倡导为探寻意义、自我领导而教育的哲学。

---

① 施韦泽（A. Schweitzr）语，转引自：博赞. 获取精神力量的 10 种方法 [M]. 周作宇，张学文，译. 北京：外语教学与研究出版社，2005：59.

② BOMMELJE R. The top 10 ways to strengthen your self-leadership[EB/OL]. [2020-03-15]. http：//www.listeningpays.com/? listening-articles.

冯建军

南京师范大学教授

主体教育研究的新进展 ①

20 世纪 80 年代初，适应中国社会转型的需要，主体教育在我国兴起。最初是讨论师生关系中的主客体问题，后来转向讨论主体性教育，重点是如何培养学生主体性的问题。世纪之交，有学者开始反思主体性教育的问题，主体性教育讨论转向主体间性，最近新的研讨又从主体间性转到他者性和公共性。

一、主体性的黄昏

从人类发展历史看，主体性把人从依附关系中解放出来，是一个积极的因素。文艺复兴以来，人的启蒙，根本就在于启蒙人的主体性。主体性不是人的先验性，而是人在实践活动中所表现出来的积极能动的特性。这一特性既有人积极主动的一面，也有人受到外部世界制约的一面。因此，主体性是主动与被动的矛盾统一体，既要体现人的主观意志，又要受到外部世界的限制。但西方思想家对主体性的认识，越来越迷恋于前者，忽视了后者，使主体性完全走入了"唯我论"和"自我中心主义"，并且将这种思想体现在人与自然、人与人、

---

① 冯建军教授在北京师范大学的同题演讲时间为 2018 年 11 月 1 日。演讲前已经发表相关的论文包括《他者性：超越主体间性的师生关系》（《高等教育研究》2016 年第 5 期）、《从主体间性、他者性到公共性：兼论教育中的主体间关系》（《南京社会科学》2016 年第 9 期）。

人与自我的关系之中，带来了自然、社会和自我发展的危机。

（一）主体性黄昏的表现

1. 人与自然关系中，"人类中心论"的黄昏

人与自然的关系是一个发展变化的关系。自然先于人的存在，人本是自然进化发展的产物。原始时期，人作为自然存在，与自然保持着一体的关系，敬畏自然。出于人类生存发展的需要，人改造自然的能力逐步增强，但农耕文明时代，人对自然的开发和利用在自然界承受的限度之内。工业文明到来，科学技术发展，人借助于科学技术，增强了战胜自然的能力，"人定胜天"成为这一时期的主导理念。"人定胜天"，人类成为自然的主宰者，如同法国哲学家狄德罗（D. Diderot）所说：人类"以为自己是世界上存在的唯一的钢琴，宇宙的全部和谐都发生在它身上"[①]。人对自然界的改造取得了胜利，而无视自然界的承受能力。固然，人凭借先进的科学技术，改造自然，创造了高度发达的人类物质文明，但人类对自然的征服超越了自然的限度，也带来史无前例的破坏，如一系列生态破坏、环境危机，这都是人与自然平衡关系被破坏所带来的严重后果。对此，恩格斯早就发出了警告："我们不要过分陶醉于我们人类对自然界的胜利。对于每一次这样的胜利，自然界都对我们进行了报复。"[②]海德格尔（M. Heidegger）在《关于人道主义的书信》中修正了人类中心论的观点，提出"人不再是由他的理性能力和意志行为给自己加冕的宇宙之主"，而是"存在的牧羊人"、存在的守护者人。[③]反思人类中心论，是否意味着人就不再是世界的主人，再次回到原始时期被自然降服的状态呢？回答是否定的。人作为能动的主体，改造自然是人区别于其他生物之所在，但人对自然的改造要受制于自然规律，主体性要限制在自然生态恢复能力的限度之内，不破坏人与自然的生态关系，维持人与自然之间的和谐共生。

---

① 狄德罗. 狄德罗哲学选集 [M]. 江天冀，陈修斋，王太庆，译. 北京：商务印书馆，1959：130.
② 马克思，恩格斯. 马克思恩格斯文集：第 9 卷 [M]. 北京：人民出版社，2009：559–560.
③ 多迈尔. 主体性的黄昏 [M]. 万俊人，译. 桂林：广西师范大学出版社，2013：31.

2. 人与人的关系中，单子式个体主义的黄昏

人对待人的关系，与人与自然的关系具有一致性。前现代社会，人依赖于自然结成血缘和地缘共同体，个体服从于共同体的规定，没有自我。近代以来，工业革命和市场经济催生了个人主体性，个人摆脱了原始共同体的限制，但每个人成为单子式个人主体。人作为主体对待自然的主体性，也复制在人与人之间的关系中。个人把他人作为客体，占有、利用他人，获得自我的利益。人与人之间关系中的这种主体性就是一种占有性的单子式个人主体性。这种单子式的个人主体性，把个人的利益放在第一位，以自我为中心，而无视他人和社会的存在。正是这种主体性孕育了西方自由主义和个人主义，成为西方政治文明的基石。

多迈尔在《主体性的黄昏》中以诺奇克（R. Nozick）的思想来阐明占有性个人主义在现代西方政治中的表现。诺奇克是极端的自由主义者，他不承认社会的利益，拒斥把社会利益归属于社会整体，认为"存在的只有个人，不同的个人，以及他们所拥有的个人生存"①。个人拥有至高无上的权利，有些事情他人和团体不能以所谓集体和社会的名义去做，做了就会侵犯个人的权利，个人不能为他人而牺牲自己的利益。因此，他提出的道德约束边界是"不侵犯个人的自我所有权"。他提出的公正原则是"持有公正"，个人对某物具有持有权，拥有某物就是正当的、公正的。他反对罗尔斯（J. B. Rawls）的对弱势群体的差异补充原则，因为它侵犯了个人的所有权，牺牲了自己的利益。近代资产阶级社会宣称每个人都具有平等的权利，人对他人的占有无法实现，只可能会导致霍布斯所说的"一切人反对一切人的战争"。这种情况表现在群体上，就是一个国家侵犯另一个国家的战争、一种文明与另一种文明的冲突；表现在个体身上，就出现自我中心和自私自利以及适者生存的竞争法则。

3. 人与自我关系中，形成人的分裂与异化

人与自我的关系不是先验的，而是对人的各种外在关系的反映。现代社会的单子式个人主体性，出现于市场经济之中，借助于科学技术所实现，因此，

---

① 多迈尔. 主体性的黄昏 [M]. 万俊人，译. 桂林：广西师范大学出版社，2013：13.

也表现为世俗性和技术理性。它们本是推动物质文明发展的重要动力，但是在一个极端发展状态下，打破了人自身发展的平衡，破坏了人的完整性，导致了人的分裂与异化。其主要表现在：第一，物质追求与精神向度的失衡。正如马克思所指出的，个人的主体性以物的占有为基础，因此，占有物的能力、数量就成为个人主体性强弱的表现。这就引发了人对物质的无限的占有。"人本身越来越成为一个贪婪的、被动的消费者，物品不是用来为人服务，相反，人却成了物品的奴仆，成了一个生产者和消费者。"① 不断地占有物、占有越来越多的物，成为人生存的唯一价值，精神的荒漠出现了，人成为只有物质生活而无精神生活的"单向度的人"。第二，工具理性与价值关怀的失衡。随着现代社会的发展，技术越来越成为人类征服自然的手段，人类对于技术的狂热，导致技术至上，忽视了价值关怀。这不仅表现在人与自然的关系上，也表现在人与人的关系上：技术化手段的社会管理，追求科学有效的科层制，只有契约的规则，无情感的关怀。第三，人的自由和个性的丧失。工业社会中，技术连同官僚政治和西方世界的精神危机，导致了人的"平均化、机械化、大众化"，个别的人已消失于类型之中，个人不成为个人，也丧失了人的自由。

（二）主体性黄昏意味着什么

主体性的黄昏，是否宣告主体性的终结？这决定着我们该以何种态度对待主体性：是取消主体性，还是矫正和完善主体性？

1. 主体性的黄昏不是取消个人主体性

从群体主体到个人主体，个体摆脱了群体依附状态，是人类解放迈出的重要一步。主体性的黄昏是由主体性带来的问题，但并不能由此取消主体性，再次回到原始的群体主体，这是历史的倒退。多迈尔也指出，主体性的兴起和以人为中心的个体主义，是人类解放和成熟历程中的一个阶段，尽管这个阶段的内在缺陷已经变得非常明显了，但这是可以避免的错误。多迈尔的主体性黄昏特指的是以自我为中心的占有性个体主义、以统治自然为目标的人类中心说和

---

① 弗洛姆. 在幻想锁链的彼岸：我所理解的马克思和弗洛伊德 [M]. 张燕，译. 长沙：湖南人民出版社，1986：174.

不包含交互主体性的单子式个人主体性，这些都是病态的、异化的主体性，不是泛指所有主体性。因此，多迈尔不主张取消主体性，而且认为"再也没有什么比全盘否定主体性的设想更为糟糕的了"①。主体性发展中的问题，是主体性发展过程中的偏差和代价。我们只有分析问题，解决发展中的问题，才能谋求更好的发展。在这个意义上，黄昏也意味着新的黎明的到来，反思、批判那种人与人之间分离的、孤立的、封闭的单一主体存在状态，期待一种更为全面、开放和充分发展的主体间性的新形态。

2. 主体性黄昏是因为忽视了被动性和发展的限度

马克思在《关于费尔巴哈的提纲》中批判了两种情况：一种是旧唯物主义，包括费尔巴哈的唯物主义，对对象、现实、感性只是从客体的或是直观的形式去理解，而不是从主体方面去理解。另一种是与唯物主义相反的唯心主义，把能动的方面抽象地发展了，它不知道现实的、感性的活动本身。马克思批判旧唯物主义和唯心主义两个极端，提出了从感性的人的活动、从人的实践中理解人。实践是人作用于外部世界（包括自然和社会）、改造外部世界的活动。在这里，既显示人的主观能动的一面，也显示人受外部世界制约的一面。因此，人的主体性是一种矛盾的存在，既有主动的一面，也有受动的一面。我们不能只看到主体性能动的一面，忽视了受动的一面。主体面对客体，客体限制人的能动性，构成了主体性发展的限度，只有在这一限度内发展人的主体性，才能维护人与外部世界的平衡，保持人与外部世界的和谐。主体性的黄昏，从思想根源上来说，就是发展了主体能动的一面，而忽视了被动的一面，使主体性的发展失去了限制，没有把主体性限制在合理的范围内。主体性的过分张扬，最终导致了主体性的异化。

3. 主体性黄昏要矫正的是主体的单子式观念

主体性的黄昏的问题，一方面是主体性的过分张扬，忽视了主体性的发展的限度；另一方面，还存在着个人主体坚持主客二分，使主体的"为我关系"变成了"唯我论"和自我中心主义。

---

① 多迈尔.主体性的黄昏 [M].万俊人，译.桂林：广西师范大学出版社，2013：1.

长期以来，我们总是将改造自然界的实践活动理解为满足人的生存需要的手段，人按照自己的需要对自然界肆意开发和占有，给自然界带来了巨大的破坏，严重扭曲和异化了人的主体性。反思人与自然关系的异化，必须改变人与自然的主客对立的状态，把自然界的其他生物作为与人类同样的存在，尊重它们的生存权利。在社会中，人更不是单个的存在，人与人之间必须在一起，但如何在一起？如果你把自己当主体，把他人当客体，他人也同样会以这种主客关系对待你。每个人都以自己为主体，以他人为手段，把他人作为实现自己目的的手段，不仅导致了人与人之间的对立，而且谁也不可能成为真正的主体，在把别人作为手段的同时，自己也沦为别人的手段，因此不可能有真正的主体性。"人是目的"，是指每个人都是目的，而不是仅用来实现他人目的的工具。人与人之间既互为目的又互为手段，而不是纯粹是目的或纯粹是手段。所以，反思主体性的黄昏，根本还在于改变主体性的单子式存在，使单子式个人主体性转变为交往主体性，使人与人之间从主体—客体对立关系、目的—手段关系转变为主体—主体交往关系。

二、从主体性黄昏走向主体间性

（一）主体间性的内涵

主体性的英语词是 subjectivity，主体间性的英语词是 intersubjectivity，在 subjectivity 之前加了前缀 inter。我国学者对 intersubjectivity 的翻译有多种，如主体间性、主体际性、主观间性、交互主体性、交往主体性。这些译法在不太严格的情况下是通用的，细究起来是有差别的。主体性不等于主观性，主体间性不等于主观间性，但如果是在言语的交流中，主体间性就表现为主观间性。主体间性不等于主体际性，但如果在人际交流中，主体间性就表现为主体际性。我国学者更多采用的是"主体间性"，但主体间性容易使人认为，这种特性是在人与人之间的在人之外的一种属性。如有学者指出，主体间性是人作为主体在对象化活动中与他者的相关性与关联性。① 主体间性指在交往实践活动中以个人主体性为基础形成的主体与主体之间的内在相关性与统一性。② 也有学者使用交互主体性，但交互更多强调互动、相互作用，但互动不一定是平等的，平等的交互即交往只是交互活动中的一种情况。比较合适的译法是交往主体性，可以有两个层面的理解：一是交往主体的特性，是人作为交往主体在面对另一个交往主体时所表现出来的特性；二是双方或者多方主体在交往活动中所具有的主体间的特性。前者属于交往主体个人，因此，也可以称为个体的交往主体性；后者共同属于交往双方，可以称为交往的主体间性，是主体之间的相关性和关联性。为了照顾国内已经形成的习惯用法，这里也使用主体间性。在引用他人的论述时候，尊重别人的用法。

根据维基百科 intersubjectivity 的词条，主体间性是一个多学科的概念，不同学科使用时有不同的所指。第一，认识论或意识论上的主体间性，以胡塞尔（E. G. A. Husserl）为代表，指主体之间在意识和认识上的相互沟通与理解，达成意义共通、共鸣与共享。第二，存在论意义上的主体间性，以海德格尔（M. Heidegger）为代表，指人与人之间作为主体的相互联系与共在共生。第三，交往实践论意义上的主体间性，以哈贝马斯（J. Habermas）与马克思为代表。哈贝马斯的交往行动是以语言为中介的，通过语言的沟通达成主体间的共识和理解。在这个意义上，哈贝马斯的交往实践是意识和意义上的主体间性，其交往模式是主体与主体之间的语言交往。马克思的交往实践不是单纯的精神交往和主观际的共识，而是以共同客体为中介的共同主体间的社会交往。马克思以共同主体为中介的交往，使主体间交往受到客体和另一个主体的制约，具有发展的限度和客观性。第四，伦理和道德意义上的主体间性，以罗尔斯为代表，是指多元民主的社会中，在个人不同道德观念之间达成的共同的一致性的认识，作为调节人与人之间关系的伦理道德共识，维持社会的和谐与稳定。

---

① 王晓东. 西方哲学主体间性理论批判：一种形态学视野 [M]. 北京：中国社会科学出版社，2004：22.

② 蒙冰峰，廉永杰. 主体性到主体间性：道德人格教育的应然转向 [J]. 北京交通大学学报（社会科学版），2010(3)：98–102.

正因为 intersubjectivity 涉及不同的领域，所以，下一个确定性的定义是困难的，但有一点是可以肯定的，它与主体性不同，主体性反映的是主客关系，主体间性反映的是交往关系。所以，中外学者基于此给出了相应的定义。如维基百科对 intersubjectivity 的解释是：in philosophy，psychology，sociology，and anthropology，is the psychological relation between people. It is usually used in contrast to solipsistic individual experience，emphasizing the inherent sociality of humans. 我国学者郭湛认为，主体间性指的是两个或两个以上主体的关系，它超出了主体与客体关系模式，进入主体与主体关系的模式。①

（二）外在的主体间性及其局限

1. 从主体性到外在主体间性

从主体性到外在主体间性，是一种超越和进步。因为在主体性视域中，客体伴随着主体而存在，永远是主体支配和作用的对象，作为主体的手段而存在。主体永远是目的，客体难以获得与主体平等的地位。主体间性超越了主体与客体间的对立关系，主体把对方作为与自己同样的主体交往。因此，主体性表现为主体对客体的占有、支配，是一种绝对的个人中心；主体间性基于每个人都是一个主体，作为一个平等的主体而交往，它意味着交往双方人格平等、机会均等、遵循共同的规则。因此，主体间性是人与人之间的和谐共赢。

具体到教育上，从主体性到主体间性，最大的变化是改变了教育关系。无论是传统教育的教师中心，还是现代教育的儿童中心，都是一种主客体的关系，要么是教师支配学生，要么是学生支配教师。在教师主体性的支配下，学生成为没有独立精神和自主性的人；在学生主体性中，学生则可能成为自我中心的占有性个体。中国传统教育中，师生之间存在着一种尊卑关系，强调师道尊严，教师高高在上，学生处于被支配的地位、没有主体的自我。20 世纪 80 年代之后，我国开始了教育过程中教师与学生主客体关系的讨论，出现了教师单一主体、学生单一主体、师生双主体、教师主导学生主体等多种观点，讨论

---

① 郭湛. 主体性哲学：人的存在及其意义 [M]. 昆明：云南人民出版社，2002：235.

的结果表面看来重视了学生的主体地位，实际上却没有改变主客二元对立的思维模式。教师作为教的主体，学生是被教的客体；学生作为学的主体，教师是被学的客体。这种对象化的师生关系，孕育了占有性思维方式，培育了占有性个人主体人格，个体以自我为中心，将自身之外的一切都视为被占有、被控制、被利用的客体，结果造成了前述的人与自然、人与社会和人与人关系的对立和冲突。

从主体性到主体间性，变革了师生之间不平等的关系，也培育了新的主体间的契约精神。20 世纪 90 年代末，教育学界引入哲学的主体间性，提出超越师生间主客体的对象化关系，以主体间性重构师生交往关系。主体间的师生关系，是一种平等的关系，教师平等地面向每一个人，不因喜欢某个学生或者某个学生成绩优秀而偏爱某个学生。教育过程中的师生关系是一种公共关系，在学校公共生活中，师生关系首先是契约关系。学生进入学校，教师就应该遵守《教师法》《中小学班主任工作规定》等法规，引导学生学习和生活，这是教师的责任，学生也有向教师学习的义务，这就是师生之间的契约关系。契约是一种平等交换，一种权利和义务的对等交换。

2. 外在主体间性（教育）的局限性

我们对师生关系的认识已经从主体性变为主体间性，对主体间关系赋予积极的意义，但没有看到主体间关系可能或已经带来的问题。这种问题源于主体间性思维依然是单子式的个人主体性，它以自我为出发点，以利益为中心，以外在公平制度为保障。

第一，主体间性的出发点是自我，主体之间是一种互惠关系。从前面对胡塞尔、海德格尔的主体间性内涵的分析可以看出，从单子式的个人主体性到外在主体间性，这种主体间性秉承的依然是个人主体性思维，其出发点依然是先验的自我。它从"自我"出发，试图把别人看作与我同样的存在。因此，主体间性本质上没有改变主体性的思维方式，是主体性在人与人之间关系中的延伸，本质上仍然是主体性。"每个人为另一个人服务，目的是为自己服务；每一个人都把另一个人当作自己的手段相互利用。"① 所以，主体间性是立足于个人主体的一种互惠、平等关系。这种互惠其实是要求你像我回应你那样来回应我。"我与你"的共在，不是真正的交互性的共在，而是利益的"共在"。

第二，外在主体间性以个人利益为基础。主体性是市场经济孕育的，以物的依赖性为基础。主体间性视域中的个人主体依然以物的占有为基础。"活动和产品的普遍交换已成为每一单个人的生存条件，……在交换价值上，人的社会关系转化为物的社会关系；人的能力转化为物的能力。"② 个人利益是连接主体的桥梁，一个人之所以和某人结成主体间性关系，首先是为了获取个人利益。因此，"我与你"也会因为个人的利益而博弈、竞争，甚至产生冲突。

第三，外在主体间性以公正的制度为保障。为了在主体间性中合理保护个人的利益，调整个体可能的私欲和利益冲突，就需要协商一种制度，这种制度以不偏不倚的公正为基本要求。所以，罗尔斯把正义作为社会制度的首要原则，他之所以在《正义论》中精心论证正义的原则，就是以制度合理解决不同主体间的利益分配问题。人与人之间交往的平等性以公正的制度来保障，这种交往必然是外在的。

正是由于主体间在根源上没有突破个人主体的思维，所以，在人与人主体间的交往中，就会出现问题，最明显的表现就是交往中的利己化倾向，金钱至上，唯利是图，人与人之间缺少关怀、同情和责任，人际关系冷漠。人们之间赤裸裸的利益关系导致社会情感关系的离散化、对立化，最终导致公共性的丧失。"所谓社会将成为一个为自利目的而进行合作的外在结合体，并因此而丧失内在的统一性。"③

在教育关系中，主体间性改变了传统师尊生卑的状况，高扬学生的主体性，赋予每个学生与教师同样的主体地位。但对学生主体性的过分宣扬，造成了教师不敢批评学生，甚至因为教师对学生的批评引发师生冲突，出现学生殴

---

① 马克思，恩格斯. 马克思恩格斯全集：第 46 卷：上 [M]. 北京：人民出版社，1979：196.

② 同① 103-104.

③ 贺来. 社会团结与社会统一性的哲学论证：对当代哲学中一个重大课题的考察 [J]. 天津社会科学，2007(5)：24-30.

打教师甚至杀师的极端案例。虽然这些都是个别现象，但其消极影响是巨大的，不仅使人感叹"师道尊严"的一去不返，更使教师感到心寒，教师的责任感受到冲击。

（三）从外在主体间性到内在主体间性

伽达默尔（H-G. Gadamer）的"视域融合"、布伯（M. Buber）的"我—你"关系、哈贝马斯的交往行为等都使主体由外而内建构主体间性。

传统的解释学基于主客二分的思想，试图使人"悬置"自己的前见，回到历史本身，对历史做出"纯客观"的解释。在伽达默尔看来，这是不可能的。因为我们无法摆脱自己的前见，只能带着前见去理解历史，理解者的视域必然要进入历史的视域，同历史的视域相接触，这个过程是我们的视域与历史视域不断融合的过程，这就是伽达默尔所说的"视域融合"。伽达默尔指出："真正的历史对象根本就不是对象，而是自己和他者的统一体，或一种关系，在这种关系中同时存在着历史的实在以及历史理解的实在。"[①] 因此，在历史理解中，不是主体与客体的二元分离，而是两个主体之间的相互进入：理解的主体就在历史之中，历史的真实亦在主体的理解之中，是主体间的交融和统一。

布伯区分了人可能面对的两种关系，一种是"我—它"关系，一种是"我—你"关系。"我—它"关系是一种主客关系，是主体对客体的支配、占有和利用的关系。这是人与物的关系，不适用人与人之间。人与人之间的关系应该是"我—你"关系。"我—你"关系是一种相遇式的关系，一种精神关系。这种关系不仅超越了"我—它"关系，而且超越了外在的主体间关系。首先，"我与你"作为同样的主体，具有平等关系，我与你都是作为具有同样人格的人而存在，我与你同样作为目的而存在。其次，"我与你"的出发点不在于"我"，也不在于"你"，而是你与我的关系。"精神不在'我'之中，它伫立于'我'与'你'之间。"[②] 再次，"我"与"你"不是一种外在的利益关系，

---

① 加达默尔. 真理与方法：哲学诠释学的基本特征：上卷 [M]. 洪汉鼎，译. 上海：上海译文出版社，2004：384-385.

② 布伯. 我与你 [M]. 陈维纲，译. 北京：生活·读书·新知三联书店，1986：57.

而是一种内在的精神关系，是一种精神的相遇。所以，布伯把"我—你"关系视为人的本源性关系，因为真实的人生皆是相遇。人与人之间的交往不是利益的分割，而是精神上的交流、共享、共有、共生。因此，有学者指出，布伯的"我—你"的关系理论，不是从传统的"自我"出发，而是从"我们"这一新的哲学理念出发，不再以主客体关系来间接地构筑主体间关系模式，而是从主体间关系本身来直接地构筑主体际关系模式，从而确立了"关系"的本体地位，它标志着西方哲学从"主体性"向"主体际性"转向的基本完成。[①]

哈贝马斯反对工具性行为，而倡导主体间的交往行为。工具性行为是以技术理性为工具的"目的－理性行为"，体现的是主体对客体的改造。工具性行为适用于人与自然的关系，不适用于人与人之间的关系。哈贝马斯认为，人与人之间是一种交往行为。他所谓的交往是指两个或两个以上具有语言能力和行为能力的主体之间以语言或符号为媒介，以言语的有效性要求为基础，通过对话而进行的知识、情感、观念、信息的交流，以达成主体间的相互理解。哈贝马斯的交往行为是一种以理解为目的的精神交往，非物质实践交往。这种精神交往诉诸语言媒介，为了有效地交流沟通，哈贝马斯还提出了交流沟通中需要遵循的三项语言学规范：真实性、正确性和真诚性。哈贝马斯的交往致力于实现理解，就是人与人精神的分享、共生、共有。

虽然外在主体间性和内在主体间性都是主体间性，但其主体之间结合的程度是不同的。外在主体间的结合是表面的，主体骨子里面具有"为我性"，主体间的结合靠的是制度。内在主体间的结合是心理上的、情感上的，主体间的结合靠的是移情、对话、理解、关怀等精神交往，这又会使交往进一步深化，从而生成一种更高层次的主体间性。

教育的过程是一种精神交往过程，也是师生之间敞开心扉交流的过程。雅斯贝尔斯（K. T. Jaspers）反对教师对学生耳提面命，因为其中充满着师生间的不平等。教育是人与人精神相契合、文化得以传递的活动，人与人的交往是双方（我与你）的对话与敞亮。[②]不仅如此，作为一种精神交往，教育交往是充

---

① 张天宝. 走向交往实践的主体性教育 [M]. 北京：教育科学出版社，2005：21.
② 雅斯贝尔斯. 什么是教育 [M]. 邹进，译. 北京：生活·读书·新知三联书店，1991：2.

满爱的精神交往，而不是机械的、冷冰冰的。这样的师生关系就是布伯所说的"我与你"的关系。在"我与你"的关系中，教师和学生作为两个精神实体，有着自己独特的人格，师生关系是生命间的对话，是人格与人格的相遇，因此，这样的教育不是知识的给予，而是精神的分享。"在分享人类文化中创生着教育的意义，提升着生命的价值，享受着诗意的学校生活，不断地提升着双方的精神境界、人生意义和生命价值。"①

三、从主体间性走向他者性

从主体性到主体间性，就是要走出主体性自我中心的困境。主体间性克服了主体性的主客二元对立和个人中心主义，使不同的主体置于相同的地位，成为主体与主体间的对称性关系。但这是否意味着真正地走出了个人主体的旋涡？他者性理论的代表人物列维纳斯（E. Lévinas）对主体间性提出了质疑和批判。

（一）对主体间性的质疑与批判

第一，主体间性是一种相互回应的、互惠关系，根基是向我回归的"唯我论"思想。从主体性到主体间性，没有从本体上改变对主体的自我认识，主体是基于自我的主体。虽然主体间是一种平等关系，但这种平等是基于自我利益的平等。主体间的平等是为了保护自我的利益，它需要外部的制度约束，而且这种制度是不偏不倚的公正制度。主体间性，尤其是外在的主体间性从一开始就是一种平等与互惠。内在的主体间性与外在的主体间性相比，从关注物的利益转向关注人的精神，精神具有了更多的开放性，但这种开放依然是基于人与人之间完全的对称关系，即我要求你与我是相同的，我与你是一种对称的平等关系。对称的关系，既要求"我"回应"你"，也要求"你"回应"我"。如果只有"我"回应了"你"，而"你"没有回应"我"，就构不成"我"与"你"

① 胡金木．"我"与"你"相遇在学校：马丁·布伯视野中的师生关系 [J]. 教育学术月刊，2010(7)：14-16.

的关系。所以，列维纳斯批判主体间性关系是一种向我回归的"唯我论"。①

第二，主体间性是同一性关系，它忽视了主体间的差异。主体间性关系把自我与他者看作同样的主体，由于主体间的向我性，我会把他者作为我的对象物，至少同一性关系把他者置于与我同等的地位、提出同样的要求。在我与他者的同一性中，他者还原为我，"异"转化为"同"，消解了他者的差异性。在列维纳斯看来，他者是绝对的，不是另一个我，也非"我"的他者，他者具有绝对的优先性。因此，列维纳斯批判主体间性的对称性消灭了主体间的差异。

第三，主体间的对称性关系是一种理想的关系。在列维纳斯看来，"我"与"你"的关系依赖于"我"与"你"的相互回应。"我"关心"你"，也需要"你"关心"我"；"我"向"你"敞开心扉，也需要"你"向"我"敞开心扉。这种情况，如果不是出于"我"对"你"的要求，有同时发生的可能性，但不一定都是如此。也就是说，"我"与"你"的关系是一个非常理想的境界。极有可能是我关心了你，你没有关心我；我向你敞开了心扉，而你没有向我敞开心扉。我不能要求你以同样的方式回报我。"在列维纳斯看来，非对称的伦理反而更现实，因为我不能对他人有所要求，不可能强求他人与自己发生一种相互性的关系，我只能要求自己为他人负责。"②

（二）他者性理论的基本观点

他者性也反对主客对立的二元论，强调对他人的尊重，这点与主体间性是相同的。但主体间性没有彻底矫正主体的唯我论，因此，他者性理论试图通过重新理解自我，重新阐述人与人之间的关系，构建一种以对他者的责任为核心的伦理关系。

1. "作为他者的自我"：重建对自我的理解

笛卡儿（R. Descartes）的"我思故我在"确立了我的中心主体地位，我的主体性就表现为我对他人、他物的征服和占有；即便是主体间的"我"与"你"，"你"也是与"我"相比获得平等的地位，"你"是与"我"同一的主体。

---

① 郭菁. 列维纳斯对布伯对称的主体间性的批判 [J]. 人文杂志，2014(11)：15-21.

② 同①.

这就是说，无论是主体性，还是主体间性，在根本上都是以我自身确定主体性，因此，主体性的重要特征之一就是"为我性"，把外在于我的一切都纳入我的意向性框架之中，其他人和其他物都是根据"我"这个主体得以规定。他者性理论从根本上改变了主体性的为我性，我不是因为我自身获得规定，而是因他者得到规定，我之所以成为可能，是以"他者"对"我"的承认为前提。我与他者不是主客二分的对象性关系，相反，"他者"是"我"成为可能的基本条件。黑格尔（G. W. F. Hegel）对自我意识的论述，就体现了他者性的思想。黑格尔在《精神现象学》中把自我意识的形成分为三个阶段：第一个阶段是"单个自我意识"，即只意识到自身存在、自己的同一性及其同其他客体的区别；第二个阶段是"承认自我意识"，即人意识到自己是为他人存在的；第三阶段是"普遍自我认识"，即个体意识向普遍的自我意识的回归，个体与类的统一。单个的自我意识，是不成熟的自我。自我意识的发展是通过他人得以确立的。在他者化理论看来，我不是我自己，我之所以成为我是由于他者的存在，自我具有他者的属性。这样，对个人主体性的认识，就从自我转移到了他者身上。主体性的显现不是因为我占有了多少，而是因为我付出了多少。列维纳斯说："人类在他们的终极本质上不仅是'为己者'，而且是'为他者'。"①正是因为我与他者不是相互回应的互惠关系，我服从于（subject to）他者，我才能成为一个真正的自我。我的主体性是通过为他者显现出来的。所以，他者理论不同于主体性理论对"我"的认识，主体性理论是从我自身认识我，他者理论是从他者认识我。"从'作为他者的自身'这一核心概念出发，我们将确立一种关于人的全新观念。它将拆除'自我'与'他人'之间的墙壁与藩篱，把'自我'的存在及其生存意义与'他人'内在地关联在一起，使'爱他人'与'爱自己'结合为一个不可分割的整体。"②

2. 他者：绝对的差异性

主体间性把他者视为我的反射或我的影子，与我保持着同一性，成为同一性中的他者。他者理论把他者就视为他者，一个绝对的他者。列维纳斯以"面

① 勒维纳斯 . 塔木德四讲 [M]. 关宝艳，译 . 北京：商务印书馆，2002：121.
② 贺来 . "陌生人"的位置：对"利他精神"的哲学前提性反思 [J]. 文史哲，2015(3)：130–137.

貌"（face）隐喻他者。面貌作为一个完整的人，我们可以认识一个人，看到的只是面貌的一部分，面貌还具有不可见的一面。我们认识到可见的一面，或者我们头脑中建构他人的一面，都不足以构成面貌。"他人的面貌随时摧毁并摆脱他给我们留下的可塑的形象（image plastique）"。① 面貌是一种外在的无限，包括可见的和不可见的。无论是可见的，还是不可见的，他者的面貌都不具有同一性。也就是说，他者是完全异于我的，在我的世界之外的另一个存在（other），不能为我所左右。他者的独特性和差异性，是保证"他是他，不是我"的根本。正是因为他是他，不是我，在他者理论看来，我与他的关系就不具有同一性。

3. 我与他者：非同一的、非对称的伦理关系

列维纳斯批判主体间对称的同一性关系，导致了同一性对"你""我"的暴力，消解了"你""我"的差异。他者是一个独特性的存在，不能与我具有同一性。因此，我与他者的关系不是同一的、对称关系，而是非同一的、非对称关系。列维纳斯把伦理关系作为第一关系。他认为，伦理是单方面的、非对称的。非对称的伦理只要求我回应他人，不要求他人也回应我。"我对他或她的责任。那是原初的伦理关系。……这无理由的责任类似于人质的状态，一直走向他者，而不需要互惠。这就是友爱和为他人赎罪这些观念的基础。这里，那么，不同于布伯的我—你，没有最初的平等。"② 站在他者的立场上看待我，我始终是为了他者，我是为他者服务的，而不以求回报、回应为目的。主体间性，尤其是外在的主体间性，是以利益回报为基础的，我对待你如同你对待我一样。换言之，你对我有利，我对你有利；你对我不利，我也对你不利。利益的交换是公平的，但公平的社会是缺少爱的冷冰冰的社会，它依靠制度的约束。他者理论认为，自我的主体性是一种爱的付出，这种付出可以是双方的，但不一定必须要求得到回应、回报；单方面爱的付出，是伦理的体现。而且这种单方面的爱，不只是针对熟人间的"我们"，更针对外在于我的"陌生人"。

---

① 孙庆斌. 为"他者"与主体的责任：列维纳斯"他者"理论的伦理诉求 [J]. 江海学刊，2009(4)：63-68.

② LEVINAS E.Outside the subject[M]. London：The Athlone Press，1993：43-44.

对待"我们"，是基于亲情的自然关怀；但对待"陌生人"，则是一种伦理关怀。

4. 主体：具有"为他性"的责任主体

列维纳斯的主体性不同于传统的主体性。传统的主体性从自我出发，强调的是个人和占有；列维纳斯的主体性是从他者出发，个人从他者那里获得规定，具有他者性。他者的他性（alterity）构成了主体性概念的前提。因此，自我要对他者负责，成为对他者负责的伦理主体。这就改变了近代哲学对主体的认识，也改变了主体的占有观念。他者理论的主体，是一个服从于他者责任、奉献于他者的主体。在传统的主体观念看来，这样的主体具有被动的性质，但在他者理论看来，正是对他人的责任、付出和奉献，我的主体性才得以生成，由此作为责任的主体性观念确立起来了。也正是在这个意义上，我才成为真正的主体。所以，他者理论中的主体，不是主客体对立关系中的主体，而是对他人承担责任的主体。

（三）师生关系：非对称的责任关系

主体间性打破了师生之间的二元对立，倡导一种主体间的"我与你"的关系，但这种关系将"我"与"你"置于完全相同的境地，追求我与你的同一性，消解了我与你作为他者的独特性。在他者性中，师生之间的关系依然是主体间的关系，但由于对主体性的理解不同，使得他者性的师生关系不同于主体间同一性的师生关系，表现为我与他者之间非对等的伦理关系。

1. 师生关系是"我"与"他者"的关系

布伯区分了两种关系："我"与"它"的关系和"我"与"你"的关系。"我"与"它"的关系是一种对象性关系，"我"把"它"作为可以支配的对象，"它"失去了自我，成为"我"占有和利用的对象。"我"与"它"的关系生成的是"我"的主体性，这种主体性是一种占有、支配和改造的主体性。反思主体性就是要反思"我"与"它"的关系，代之以"我"与"你"的关系。"我"与"你"的关系，是人与人之间本真的关系。真正的关系是在"我"与"你"之间发生的。在"我"与"你"的共同世界中，"你"不再是"我"改造的对象，"你"与"我"是一体的，"我"把"你"看作与"我"相同的主体。

在师生关系的讨论中，教师中心论、学生中心论及其变种，反映的都是"我"与"它"的关系。超越"我"与"它"的关系，师生关系进入了"我"与"你"的关系，教师与学生是同等的主体，在平等的关系中实现精神的相遇。① 相比于"我"与"它"的关系，"我"与"你"的师生关系是一种极大的进步，但"我"与"你"的关系把"我"与"你"视为具有同一性的主体，消除了"我"与"你"的独特性，也不符合教师和学生各自的角色。教师之所以是教师，学生之所以是学生，是因为他们的角色定位不完全相同。教师负有引导学生人格成长的责任，把师生之间的关系定位为"我"与"你"完全平等的关系，不仅消解了教师与学生的差异，而且消解了教师的责任。

要走出同一性的迷雾，就必须用他者性取代同一性，在自我与他者之间建立起一种不同于同一性哲学视域下的教学交往范式，即"我"与"他者"的关系。② "他者"不同于"它"，"它"是客体，"他者"是主体，但不是与"我"同一的主体，而是与"我"有异的主体。"他者的全部存在都是由其外在性（exteriority），或者无如说，由其他异性（alterity）所构成。"③

2. 师生关系是一种非对称的伦理关系

主体间的关系是一种对称的关系。外在的主体间性以主体各自的利益为基础，对称主体间的关系是一种利益的平等交换关系。具体到教师而言，教师只是一种职业，收入的多少是教师付出的依据。因此，在教师收入不高的情况下，教师对教育的热情下降，甚至出现了教师对学生发展不负责任的现象。师生各自除了承担起应该承担的义务和责任外，不再承担任何额外的任务。要调动教师的积极性，就要提高教师待遇。内在的主体间性是一种精神交往，交往依赖于主体间的相互回应、相互理解，强调主体间的视域融合、情感共鸣与精神共生。这种精神的交往必然是双向的、对等的。因为主体间性视野中的主

---

① 胡金木."我"与"你"相遇在学校：马丁·布伯视野中的师生关系 [J]. 教育学术月刊，2010(7)：14-16.

② 刘要悟，柴楠. 从主体性、主体间性到他者性：教学交往的范式转型 [J]. 教育研究，2015(2)：102-109.

③ LEVINAS E. Time and the other[M]. Pittsburgh：Duquesne University Press，1987：75-76.

体，是一个为我、向我的主体，所以我要求另一个主体与我相同。而他者性视野中的主体，是向他、为他的主体。主体是为他者而存在，因此，我与他者的关系是一种不对称关系。他者并不是与我相同的主体，在他者与我的关系中，非对称性起着支配作用。非对称性意味着"我对'他者'的道义和责任，并不意味着我要从'他者'那里期待回报"①。因此，我与他者的关系是一种非对称的伦理关系。

列维纳斯从他者出发界定主体性，把他者纳入主体性之中，为他者负责，为他者服务，这种主体性实际是一种奉献，而非占有。在奉献中，虽然"我"在付出，但证明了我的价值和存在的必要。因为我对他人负责，我才有自己的价值。就教师而言，教师的价值在于学生对教师的需要，教师为学生的发展负责、为学生发展服务，而不管学生是否给予回报。他者性视野下，教师的主体性将大大改变主体间性视域下教师对学生发展不负责任的状况，体现对学生的关怀与责任。

3. 面对他者：教师对学生的"无限责任"

列维纳斯他者性的核心思想是"面对他者"。他者是高于我的外在存在，他者具有无限性。"面对他者"，首先是把他者作为一个不可还原为我的主体，而且面对的不仅仅是可见的面孔，更有不可见的精神。所以，面对"他者"，不只是面对面的"看见"，更有精神上的"相遇"。

列维纳斯所讲的"面对他者"，不是认知关系中的认识、领会和掌握，也不是交往中的平等、对话和共生。前者是一种以我为中心的对象性关系，将他者变成另外一个我；后者是一种平等的共生关系，把他者变成同一性中的"我们"。无论是认知关系中的"我"，还是交往关系中的"我们"，变成了"我"视野中的他者、"我们"视野中的他者，他者都是我、我们的异化，从而消解了他者的独特性。在列维纳斯这里，他者高于我，具有绝对的优先性。面对他者的呼吁、请求，我必须做出回应。列维纳斯指出，回应（response）和责任（responsibility）两个词密切相关，回应他者就是要对他者承担责任。②

---

① 孙向晨. 面对他者：莱维纳斯哲学思想研究 [M]. 上海：上海三联书店，2008：154.
② 莱维纳斯. 道德的悖论：与莱维纳斯的一次访谈 [M]// 童庆炳. 文化与诗学：第一辑. 上海：上海人民出版社，2004：199.

列维纳斯赞同布伯对"我—它"关系的批判，但并不赞成布伯所建构起来的"我—你"关系。他说："我们怎么能够维持人们之间的特别的我—你关系，而不引出责任的伦理意味呢？"①布伯的"我—你"关系之所以没有引起伦理责任，是因为"我—你"关系是一种对称关系、同一性关系，而且这种对称关系、同一关系是建立在唯我论的基础上，他们之间的平等是以制度为基础的，他们的同一性是通过民主协商来完成的。因此，这种基于各自利益的"我—你"关系更多是以一种利益平衡的方式，旨在迫使角色普遍交换，最后达成了一定的平衡，这就是罗尔斯所说的"重叠共识"与"理性平衡"。在这种协商的过程中，也可能潜藏着为了追求权利、利益的满足而走向冲突的风险。因为我与你平等、权利与义务对称，所以你我作为独立的主体，只对自己负责，对他人没有责任。这就是"我—你"关系在师生关系中运用的问题。有学者已经注意到，师生关系不能只谈平等问题，要以"促进学生发展"的教育性代替平等作为师生交往的核心价值追求，强调教师在师生交往中的领导者和组织者的地位与责任。②因为师生平等是师生间的一种对称关系，但师生角色、任务不同，决定了师生之间还具有不对称性。师生之间不是对称性的主体间关系。师生之间的差异性决定了教师必须把学生作为一个与自己不同的他者。他者是绝对的、无限的，"……他者并不是与'我'资格相同的主体，在他者和'我'的二者关系中，彻底的非对称性起支配作用"③。他者性的绝对性和无限性，决定了对他者的责任也是绝对的和无限的。

无限的责任，不是指责任没有边界的宽度，而是指责任自觉的无限深度。"在列维纳斯看来，所谓责任，不是成为某种制度的义务，而是其可能性的条件。"④在主体间性师生关系中，教师对学生负有义务，义务是与权利对等的。因此，义务是被动的，是需要法律、制度保证的。列维纳斯以亲子关系比喻我

① LEVINAS E. Proper names[M]. San Francisco：Stanford University Press，1996：32.

② 余清臣. 师生岂能止于平等：我国当代师生交往制度的价值分析 [J]. 教育理论与实践，2010(2)：36–39.

③ 港道隆. 列维纳斯：法外的思想 [M]. 张杰，李勇华，译. 石家庄：河北教育出版社，2002：223.

④ 同③ 225.

与他者的关系，父母对子女，不以回报为目的，不是尽以某种制度保证的义务，而是心甘情愿地、义无反顾地承担责任。这种责任出于作为父母的主体性，因为是父母，必须要承担责任，必须要付出。师生关系同样如此，教师对学生的责任，不是出于利益的计量、回报的考虑，也不是基于法律的约束和制度的规定，而是一种责任的担当，教师应该为、必须为学生的发展负责。"这种责任是单向的，我对他人负责却不因此要求他人对我负责。"① 这种责任是一种无限的自觉责任，而不是有限的、"不得不"的责任。因此，教师心甘情愿、义无反顾地为学生承担责任，而不要求学生回报自己。当然，学生面对教师也要承担起无限的责任，包括尊重教师、向教师学习等。这样的师生关系是充满着温情的伦理关系，而不是以制度为约束的冷冰冰的主体间关系。

总之，他者性以他者界定主体，主体成为为他者负责的伦理主体。以他者性关照师生关系，教师对学生的发展负有无限的责任，它改变了主体间视野下教师对学生发展不负责任或负有限责任的状况。

四、从他者性走向公共性

从主体间性到他者性，个人对自我主体性的认识由自我走向他人，使承载自我利益的个人主体转向对他人承担责任的伦理主体，向人与人之间结合成一个真正的共同体迈出了最为关键的一步。人类发展的历史，就是要不断突破自我中心，走向他者，实现公共性。

（一）公共性：共生体的主体间性

从主体间性到他者性，根本的变化是对主体性的认识。只有基于他者的主体性，才能对他者彰显伦理关怀和责任，才能超越个人利益，超越局部的群体利益，实现共主体的公共性。这种公共性不是协商的结果，因为协商是基于个人利益的"讨价还价"，利益主体的相互妥协，最终还是为了自己利益

① 刘要悟，柴楠. 从主体性、主体间性到他者性：教学交往的范式转型 [J]. 教育研究，2015(2): 102–109.

的实现。依靠协商组建起来的共同体，不具有牢固的根基，只是迪尔凯姆（E. Durkheim）所描述的"机械团结"，而非"有机团结"。个人主体只有走出自我，对他人负责，才能超越主体间的利益联合，建立具有内在联结性的伦理共主体。

对于什么是共主体，有两种理解：一种是共同主体，一种是共生主体。虽然二者都有"共"，但侧重点有所不同，共同主体的侧重点在于"同"，在主体与主体之间寻求"最大的公约数"，即通向伽达默尔"视界交融"的相通性、海德格尔"共在"的世界。共生主体的侧重点则在于"生"，在于主体间的共在、共生。虽然二者都是一种主体间关系，但共同主体把主体间性定位于寻求主体之间的共同性，主体间具有同一性；共生主体是寻求主体间的共在、共生，主体间具有差异性。

公共性是指共生主体的主体间性。这种主体间性不是外在的基于利益博弈与平衡的主体间性，而是内在的主体间性。但它不同于布伯的"我—你"的主体间性。在"我—你"的主体间性中，"我—你"是平等的、对称的，且具有同一性；共生主体的公共性是"我与他者"的主体间性，"我与他者"具有绝对的差异性，我为他者负责，我与他者之间是一种非对称的伦理关怀关系。具有差异性的主体之间通过对他人的关怀和负责形成共生主体。共生主体间的有机融合，构成了公共性。因此，公共性中既有共生主体整体性的一面，也有个人主体差异性的一面。正如萨特（J-P. Sartre）所指出的："在主体'我们'中，个人不是对象。我们包含互相承认为主观性的众多主观性。"① 每个个体都是共生体的一个成员，每个成员都为他人负责，成员之间形成无条件的爱的关系，促使共生主体公共性的形成。

（二）他者性承认：走向共生主体的公共性

相对于主体性中主客二元对立的关系，主体间性的"我—你"的平等对话关系是迈向公共性的一种进步。但这种进步是有限的，因为建立在主体性基础

---

① 萨特. 存在与虚无 [M]. 陈宣良，等译. 北京：生活·读书·新知三联书店，1987：532.

上的主体间性，没有改变主体"为我论"的本质。主体间各自的为我性，把对方作为"我"的影子或者另一个"我"，使"我与你"保持了同一性。主体对他者的同化和压制，抹去了他者的独特性、我与他者的差异性。"'他者'被漠视，湮没在所谓'主体性'价值的暴力之中。""'他者'无处寻觅，无处安顿。"而他者之所以能够成为一个主体，就在于他者的绝对性。"'他者'作为他者，不是一'他我'，不是总体一部分，而是我所不是。"① 他者具有绝对性，"我"与"他者"之间是一种不对称的关系。因此，"我"与"他者"的关系，不是在对话中寻求同一性、总体性，而是要尊重差异、相互承认、相互包容，在与"他者"的关系中，接受他者，包容他者，感受他者与我的不同。这就是我对他者的承认。承认诉诸对话，但对话不是为了形成同一性，而是包容差异、相互分享、形成互识。

公共性不是原初社会共同体的整体性，它既是整体"一"，又是个体"多"；既保持了个人主体的独立性，又保持了人与人之间的关系性、统一性，使个体成为有机共生体中的成员。公共性以承认他者的存在为前提，不断地向他者开放，设身处地去理解他者的立场和观点。因此，要实现公共性，必须容忍差异、尊重差异，不允许羞辱、蔑视、排斥其中任何一个人。每个人都作为独特的他者，不断加强对话和交往，参与共同体的生活，增进人们的"团结"，创造更具包容性的共生体。

包容强调对他者差异性的尊重，但他者性的主体性，还表现出对他人的伦理责任。他者性的关系，是差异性主体的相互关怀、相互负责。哈贝马斯指出："每一个人都应怀着普遍的、团结互助的责任心……团结他人，即把他人视作我们中的一分子，是我们共同体中每个人的责任。"② 正是我与他者之间的相互负责，形成了一个相互包容、相互关爱的伦理共生体。这种基于伦理的共生体，不同于主体间的利益共同体，它是内在的，更加深刻，更加具有稳定

---

① 陈永章. 差异·他者·宽容：当代公共行政的伦理沉思 [J]. 华中科技大学学报（社会科学版），2014(1)：87-93.

② 贺来. 社会团结与社会统一性的哲学论证：对当代哲学中一个重大课题的考察 [J]. 天津社会科学，2007(5)：24-30.

性，更加具有凝聚力。

　　总之，历史地看，人类的发展经历了从无主体性到有主体性，从主体性到主体间性、他者性，最终实现公共性。实现公共性，是人类发展的目的。主体性、主体间性、他者性，都在扬弃中发展，后者不是对前者的否定，而是对前者的修正、完善，都是最终实现公共性的发展环节。公共性不同于传统社会的整体性，传统整体性中没有个人，而现代公共性的前提是每一个具有主体性个人的参与，但个人不能把他人作为客体，而是把他人视为可以与之照面、交流的主体，视为一个独特的他者，主体之间通过交往、对话、承认，通过对他者的关怀和负责，最终实现公共性。① 所以，培养人的公共性，不仅要弘扬人的主体性，而且要倡导主体间性；不仅要倡导主体间性，而且要培育他者性，使人与人之间在平等的交流和关爱中，走向他者，进而形成内在的伦理共生体，实现公共性。

---

① 孙迎光. 从主体性到公共性：教育理论的发展历程 [J]. 教育理论与实践，2011(5)：3-6.

康永久

北京师范大学教授

作为知识与意向状态的童年 ①

> 阳光下蜻蜓飞过来 / 一片片绿油油的稻田 / 水彩蜡笔和万花筒 / 画不出天边那一道彩虹 / 什么时候才能像高年级的同学 / 有张成熟与长大的脸 / 盼望着假期 / 盼望着明天 / 盼望长大的童年 / 哦 一天又一天 / 一年又一年 / 盼望长大的童年
>
> ——罗大佑《童年》（节选）②

我们头脑中不难浮现这样一种景象：一个孩子在那里优哉游哉，手上拿着一本打开的书，有小狗、小鸟相伴，周围还有零散的土坯房。这样一些生活意象似乎带有矛盾性，因为按照一般的理解，童年是一种天真烂漫的状态，跟知识在某种意义上是对立的，至少卢梭（J-J. Rousseau）认为它们之间是彼此对立的。但我们觉得童年必定意味着某种知识状态，而且进一步认为，它必定基于某种特定的意向。这跟人们此前的理解完全不一样。在那里，童年主要被理解成一种自然状态，人生的一个客观阶段，人的本性或天性自然显现的一种状态，基于人本身的自然的那样一种合规律状态。儿童本身的意向状态，是卢梭

① 康永久教授在本课程中有多次演讲，如"作为一种教育意向的善"等。本文依据康永久教授在北京师范大学校内外多次演讲录音修订而成。简版同题发表于《教育研究》杂志 2019 年第 5 期。
② 《童年》是电视剧《走过夏季》的片尾曲，由罗大佑作词作曲、张艾嘉演唱，收录在罗大佑1982 年发行的《之乎者也》专辑中。

颇为鄙夷不屑的。在他看来，这种意向状态总是导致儿童产生各种各样的欲望，最终导致他们被城市的生活所迷惑，掉进巴黎之类的大染缸，使他们的欲望总是超出能力的边界。但我们恰恰把儿童的某种意向状态作为童年生活的一个要点，而且将这样一种意向状态与某种客观的知识状态而不是客观自然关联起来。我将结合自己自 2011 年来收集的学生的教育自传，来展开这一论述。他们的年级、性别、省份、原籍所在地、家庭结构与家人职业等关键信息，会在相关引文之后注明。

一、传统童年的残留意象

罗大佑的《童年》给我们展现的跟教育学理论中所揭示的童年就不一样。如果仔细分辨，不难发现其中保留的乃是传统童年的某种残留意象，现实生活中也能找到很多痕迹，至少可以发现其中的某种两面性。一面是罗大佑所总结的好奇、幻想、零食、漫画、游戏、神怪、田园风光和山那边的世界。不管理论上还是现实中、现代社会还是传统社会、有还是没有童年概念或意识的时候，天性浪漫的生活肯定是有的，而且总是与对世界的好奇、想象、探究、享受和沉迷连在一起的。但传统社会中的儿童生活又必定有其另一面。在那里，很多很好的东西，儿童并不能真正分享，只能眼睁睁地看着它们一点点从指尖溜走。而那些本来很好的东西，对他们又只意味着枯燥、单调、无聊。这一面在罗大佑的《童年》中体现为枯燥的课堂、没有半毛钱的口袋、只有蝴蝶还在上面的秋千、总是等不来的"隔壁班的那个女孩"、才做了一点点的功课……。这样的一首歌，这样的一个童年意象，绝不是对童年生活的虚构，确实反映了某种生活状态，而且确实是对传统童年的一个写照。

所有这些，在笔者历年收集的大一新生的教育自传中也能经常看到。那样的一些材料，那些对自己童年生活的大量观察或记忆，确确实实折射出一种非常复杂的童年形象。一方面，他们确实能够感受到童年某种独有的欢乐；但另一方面，他们也已意识到日常生活的困苦，知道自己本身处于一种依附或被大人支配的状态。所以，经常就在他们沉迷于抓泥鳅、掏鸟窝、打野仗、过家家、胡思乱想、偷鸡摸狗、惹是生非之际，妈妈怒吼着拿着棍子冲了过来，"你到底要怎样？不回家了是不是？你是想翻天？"因此，在我们看来，那条可能更接近大自然、还没有完全被破坏、城市文明刚刚由此渗入的黄泥路，那台"突突突"的拖拉机开进小山村的历史时刻，可能都能让他们产生一种无奈、苦痛和觉醒。自传中所透露的这样一种反思意识，在他们自己还深陷小山村的时候，当然不可能如此清晰澄明。但事实上，不管是在传统生活的什么角落，每个人都有一些对日常生活的厌倦，否则就不可能谈什么"童真""童趣"或"童子之情"，也不可能把自己的懵懂岁月和成年区分得那么清楚。

那是一座宁静的小山村，因为这里身处大山的怀抱。他们充满信仰，却从不相信科学，因为他们的信仰已经被传统所套牢。他们日出而作，日落而息。可贵的茶余饭后，女辈们喜欢谈论别人家的私事，谁家的姑娘十六了还没出嫁，谁家的小脏狗又跑到自家地里，弄坏了好多洋芋，让人心疼死了，这几年玉米收成不好，可全指望着洋芋过活了……。男士们抽着大烟，激动地谈论着那刚开通的黄泥路上出现的摩托车，那是多么气派、多么令人向往啊！最让他们自豪的莫过于好不容易出现的谁家的高中生……。这种质朴的风气，源远流长，祖传父，父传子，似乎不能更改。（2012—女—云南—山村—祖母/务农—姐姐/打工、务农）

在这样一些现代化边缘的小山村，大人之所以能支配儿童，主要也基于某种力量与身份上的优势。像传统社会一样，童年在这里依然被认为处于一种蒙昧状态，没有独立的价值。尽管也有天真的快乐，但孩童始终被他们的依附地位所困扰，始终因自己的百无一用而饱受责难，只有长大才是最好的避风港，所以总有一种对成年生活的向往。因而在这里，依然经常可以发现一种传统的"成人"或"成长"观念，就是借助自然成熟而不是自我超越获得一种成人资格或特权。大人们的生活当然很艰辛，但他们有特权，因而罗大佑唱"渴望长大的童年"。不管怎么样，即便在现代社会的门槛上，童年生活仍像传统社会那样有两面，天真烂漫的那一面依然存在，但始终抵挡不住单调枯燥的那一面的限制，因而童年始终被认为是一个需要尽快送走的阶段。令人期盼的"长大"，在这里不是借助于学习或自我超越获得的，而是"长大"成人。最多再借助生命礼仪，儿童就能越过通向成人社会的一些社会性的阶梯。这样，学业必然被认为是童年的对立面。只要身份、地位或特权居于成人生活的中心，成人过程并不需要儿童身居世俗生活之外，童年生活就依然会被弃如敝屣。

当然，在我们学生的教育自传中，也能看到其他一些材料，在其中他们对于乡村生活表达了极度的眷恋，将之描绘得特别美好。

我家的房子被一片可爱的树林包围，房后有两座敦厚的小山，使亲近自然成为一种便利。哪个孩子能拒绝那一片片清新明亮的牵牛花的诱惑：火一样红的，唇一样粉的，素一样白的，多少次已近黄昏了还卧在温软的山上陪着翩跹的蝴蝶，与我的花做伴。所以，当第一次在学校的课本上看到"流连忘返"这个词时，不禁怦然心动。您一定无法想象我拥有一整片的果园，当夏款款而来，果园骤然开成一片五彩缤纷的花海，芳香沁脾，还常有各种不知名的鸟光顾。在我的记忆里，有一只格外迷人，小巧的她优雅地停在被风摇动的枝头，身体像个蓬松的球。最是那通身的鹅黄，像一块温润纯洁的黄玉，鸣调高而鸣声低，如幽山中的笛。乡村最美是秋，秋代表劳作也代表收获……。乡村最爱是雨，夜半三更，辗转反侧，夜雨突至，继而倾盆，抚慰干燥的土地，也滋润贫瘠的灵魂，让我觉得具有了和那夜雨中的草、庄稼一样的生命……（2013—男—吉林—乡镇—父亲/务农、招考、提干—母亲/大学生）

究竟该如何理解在他们的乡村童年生活中出现的这样一种自然意识？是自然状态下的乡村生活本身已经孕育出一种全然不同的童年意识，还是一些新的东西改变了他们对乡村生活的觉察？事实上，能这样意识到乡村生活之美的，是那些乡村生活的过客。他们生活在乡村，但总是能以一种旁观者的视角来看待这个世界。他们并未深陷乡村费时费力的日常工作，而是"保娘崽"，从小享有特权，经常是被很好保护的读书的"苗子"，在某种意义上他们的心也已不再属于乡村。当然他们并非完全不干农活，但他们很少做"手边活"，经常

"懒人挑重担"，总试图"一战定乾坤"，逃避凡勃伦（T. B. Veblen）所说的那种强调"刻苦耐劳"的"劳役"或"生产性工作"，主要从事那种具有"勇武精神"的"侵占"或"征服性活动"。① 放牛是这个群体的特权，他们的工作就是观看。他们中的有些人也不是纯粹的农村人，而是被时代洪流抛掷到乡土社会的读书人的后代。诸如此类的文字，记录的确实是他们当时的心情，而且正是因为印象深刻，以至于现在还流连忘返。但不要把它理解成乡野匹夫或孩童都有的对日常生活的体验。隐藏在这样一种文字背后的，是一颗文人的心，或是从一开始就被陶冶、滋养过的心灵。唯有乡村生活的过客，才能对乡村生活中的平常物事产生这么一种敏锐的感觉，有这种敏感心灵的人也迟早会走出那个乡村。传统共同体的生活，能够给我们带来各种奇思妙想的那些场景，唯有在敏感的心灵中才会被感受到。而那些深陷于乡村日常生活的孩童，他们的生活本身是严重割裂的，他们真正渴望的必然是快快长大。

二、自然与神圣化的童年

当然，现代教育学理论在讴歌童年、赞美童年或推崇自然的时候，不是强调回到自然的村落或现代化边缘的那样一种童年生活，而是认为"大自然希望儿童在成人以前就要象儿童的样子"②。卢梭的教育思想就是据此展开的，而现代教育学者通常又都是卢梭的信徒。借助这样一种突破性的认识，卢梭大大超越了人们的日常意识，但也留下了隐患。当把童年理解成一种纯自然现象，因而强调遵循自然的时候，卢梭所说的"自然"，首先是指个人的自然能力，它为个人的欲望设定了界限。与我们试图把某种意向状态作为童年的根基相反，卢梭把一种客观的自然作为童年的根基。在卢梭那里，欲望超出能力的边界就意味着受到蛊惑或堕落，而这正是现代生活和城市生活的典型特征。因此他强调：

要按照你的学生的年龄去对待他。首先，要把他放在他应有的地位，而且

---

① 凡勃伦. 有闲阶级论：关于制度的经济研究 [M]. 蔡受百，译. 北京：商务印书馆，1964：10–18.
② 卢梭. 爱弥儿：论教育：上卷 [M]. 李平沤，译. 北京：商务印书馆，1996：91.

要好好地把他保持在那个地位，使他不再有越出那个地位的企图。这样，就可以使他在不知道什么叫睿智的行为以前，就能实践其中最重要的教训了。①

　　我在这里可不可以把最重要的和最有用的教育法则大胆地提出来呢？这个法则就是：不仅不应当争取时间，而且还必须把时间白白地放过去。②

　　卢梭强烈呼吁我们遵循的"自然"的其次是良心。良心不同于理性或欲望，说到底是共同体的规范，而且经常是传统共同体的规范。在乡村生活中，我们经常能听到"良心"这个词。"你这个没良心的！"这是在传统共同体中常见的指责，是彼此负有深刻的道德义务的人才能对对方发出的指责，在现代都市人们对这一指责完全不可想象。但卢梭显然不是想让我们回到传统的共同体。在《爱弥儿》一开头卢梭就强调："出自造物主之手的东西，都是好的，而一到了人的手里，就全变坏了。"但如果"不这样做，事情可能更糟糕一些；……一个生来就没别人教养的人，……偏见、权威、需要、先例以及压在我们身上的一切社会制度都将扼杀他的天性，而不会给它添加什么东西"。③因此他强调："趁早给你的孩子的灵魂周围筑起一道围墙，别人可以画出这道围墙的范围，但是你应当给它安上栅栏。"④为此，卢梭一方面要求我们欲望不要超出能力的边界，另一方面让我们的行动服从良心：

　　良心是灵魂的声音，欲念是肉体的声音。这两种声音往往是互相矛盾的，这不是很奇怪的吗？我们应该听从哪一个声音呢？理性欺骗我们的时候是太多了，我们有充分的权利对它表示怀疑；良心从来没有欺骗过我们，它是人类真正的响导；它对于灵魂来说，就象本能对于肉体一样；按良心去做，就等于是服从自然，就用不着害怕迷失方向。⑤

---

① 卢梭.爱弥儿：论教育：上卷 [M].李平沤，译.北京：商务印书馆，1996：92.
② 同①96.
③ 同①5.
④ 同①6.
⑤ 卢梭.爱弥儿：论教育：下卷 [M].李平沤，译.北京：商务印书馆，1996：411.

良心作为灵魂的声音，被卢梭用来指一种"公共意志"，类似于传统共同体的"集体表象"。这种现代意义上的"集体表象"最好称为"人民的意志"（"公意"），而不是个人的自由意志，更不是个人意志的公共部分（"众意"）。正因为如此，卢梭反对物欲横流的城市，反对个人至上的现代生活。这样就不难理解，为何倡导遵循自然的卢梭那么强烈地要求爱弥儿到乡下接受教育。说到底，卢梭所说的自然状态，是跟农村生活、乡下生活、偏远的日内瓦的小城生活连在一起的。卢梭自己也认为，穷人接受的是天生的自然教育，根本不可能受到其他的诱惑，而富人则受到了最不自然因而也最不好的教育。卢梭之所以挑选爱弥儿这样一个富人，就是让更多的人接受穷人早已习以为常的那种教育。他所推崇的那样一种自然环境，正是他所理解的"自然"概念的第三个方面。卢梭自己是这样说的：

> 穷人是不需要受什么教育的，他的环境的教育是强迫的，他不可能受其他的教育；反之，富人从他的环境中所受的教育对他是最不适合的，对他本人和对社会都是不相宜的。自然的教育可以使一个人适合所有一切人的环境，所以，与其教育穷人发财致富，不如教育富人变成贫穷；因为，按这两种情况的数字来说，破产的比暴发的多。所以，我们要选择一个富有的人；我们深信，这样做至少是可以多培养一个人的，至于穷人，他是自己能够成长为人的。①

但也正因为这样，卢梭几乎又让孩童回到了我们前面所描绘的那样一种传统童年的生活状态。儿童在这样的自然状态下，一方面会感到很有趣，一方面会感到很无聊。当然，卢梭自己不会觉得，他所描绘的爱弥儿几乎没有无聊的时候，这个是他的想象。但是不管他怎么想，在一个比较接近于《爱弥儿》中所描绘的自然状态的那样一个山窝，那样一个被栅栏围住的地方，一个带有价值共同体性质的煤矿里，我们仍然能够感觉到儿童心中那样的一种不忿、那样一种渴望。要知道，以前的"国营单位"差不多就是按照卢梭的原则组建起来

---

① 卢梭．爱弥儿：论教育：上卷 [M]．李平沤，译．北京：商务印书馆，1996：32．

的，是按照能力的标准、良心的原则、自然环境的要求组织起来的，或者是按照自然状态下的天堂形象建构的一个道德理想国。所有集体行动都不是基于表决，真正讲良心、讲功德，一心为他人，一心为集体，一心为国家，整个服从于一种集体表象或集体良知，而且差不多与世隔绝，可以说是一种真正的自然状态，而且有自然的环境。当然煤矿本身到处挖得稀烂，到处是煤渣，还有煤灰。但放眼四望，到处都是大自然。但就是在那里，我们依然可能听到孩童心底那种完全不同的声音：

在我生活的煤矿，周围都是丘陵，煤矿里，除了灰色的房屋、街道，就是山了。在我家的窗户那儿往外看，近处是田地和村庄，远处是一座山。小时候我总爱趴在窗前，想象着：山的那边是什么呢？小小的窗户成了我和梦想对话的地方，小小的心里深深地种下了希望的种子……。我渴望走出这座山，我也坚信我可以。（2011—女—江西—矿山—父亲/矿工、安保—母亲/经商）

她渴望的"山的那边"到底是什么？我们小时候放牛的时候，经常走到村与村的边界。当我们在那里看到另一个村庄的时候，一方面对它充满好奇，另一方面又充满恐惧。一跨过自己的村界，我们就仿佛进入了动画片《狮子王》中"大象的墓园"，进入了那样一个令人惊恐、"鬣狗"肆虐的世界。对方的孩子马上就会过来干预，就会发生一场旨在维护边界的冲突。这种自然的边界与边界意识把我们紧紧地局限在自己那个封闭的共同体内，但也让我们对另外一个世界充满了无穷无尽的想象。卢梭的童年概念虽然试图避免重复传统的童年生活，但他最终营造的那种价值共同体，恰恰又跟原来的村落一样，不是基于众意，而是基于公意，还是一种局内人的共同体，而不是一种包容性的公共的世界。但也正是这样一种格局，让孩子们从小就充满着对另外一个世界的渴望，充满着对另外一个世界的想象。山脚下的那条路，弯弯曲曲通向的那座素未谋面的城市，常常就是他们梦想起步的地方。

三、童年本身的知识根基

对卢梭而言，童年因其是特定的人生阶段而有特别价值，乃是一种客观自然。这一"童年"概念，就像依然残留的传统童年意象一样，都没有注意到成人生活的实质性变化。卢梭显然也没有意识到，当他意识到童年生活的独特性的时候，他是处在一种特定的社会情势中。卢梭所处的时代，传统社会向现代社会急剧转化，并已显现某种灾难性的后果。正是在这里，人们产生了对"儿提时代"的向往。但这样一种"儿提时代"与其说是人生的一个阶段，不如说是一种虚构的"自然状态"。真实的"儿提时代"充满各种无奈，而且也已被现代理性或科技所侵蚀，根本不存在卢梭所"发现"的那样一种自然。在各种形式的共同体中，也找不到卢梭所向往的那样一种与成人生活截然不同的儿童期。生活中，成人与儿童之间除了成熟度，并没有什么别的界限。生命历程中的每一次跨越，只是被赋予更多的特权。因此，尽管成人面对生活的重压，也会羡慕少不更事的孩子的天真烂漫，但因为儿童也都生活在某种艰辛或苦难中，无论成人还是儿童都不会认同"童年"的独特价值。

近现代教育理论与实践中令人遐想的"儿童"概念，说到底乃是社会结构性变革的产物，总与另外一拨人的命运变化连在一起。当然，在此前那样一些地方，其实也有一套东西处于日常生活之外，如那种集体欢腾的场面，或那种道统或"礼乐射御书数之文"的生产。所有这一切，都使得童年生活有一点世俗外的快乐。但习得这些经验，并非成人的必要条件，它们也未能跟日常生活彻底分离。对个人而言，普遍需要的只是一种"日习日成"的学习。这样，儿童自然被日常生活或俗物所缠绕，从一开始就是俗人，很早就要做俗事，当然也就不可能成为乡村生活的过客。而且，与城市孩子所面临的广阔的公共世界不同，农村孩子亲眼所见的"山的那边"则是一个异己的世界、一个排他性的世界，他们根本不可能在此获得一种摆脱日常生活的力量。只有成年生活不再是某种"自然之物"与特权，"成人"不再仅仅意味着"长大"成人，儿童与成人之间自然的生活通道被阻断，儿童成为普遍的问题或者是希望所在，"儿童"或"童年"的概念才足以获得如此醒目的地位。可惜人们尚未清醒地认识到这一点，反而不断强化"儿童"是一种有特别价值的自然之物的观念。皮亚杰（J. Piaget）就试图借助"自我中心"的概念，强调"儿童不是成人的雏形，而且儿童的心理从一定程度上说也不是成人的心理"①。维果茨基（L. Vygotsky）的文化－历史视角，似乎摆脱了皮亚杰的局限。但他认为："概念形成过程（该过程最终导致概念的形成），始于最初的儿童期，但是，作为概念形成过程的心理基础的智力功能（它们以特殊结合的方式成为概念形成过程的心理基础）只有到青春期才得以成熟、形成并发展起来。"② 这又导致他将童年继续理解为一种自然状态。

　　是什么东西最终将童年和成年分开，并唤起一种"童年"意识？在我们看来，主要是一套日常生活中接触不到的知识与观念。③ 没有这样一套知识与观念，孩子们就只能去做"洒扫应对进退之事"，成人则会把这些东西直接说成教育，甚至是真正的教育，以为什么东西都应在生活中学会。童年生活自然也就不能从日常生活中抽离，孩子们自然不能在日常生活中成为观众，只能深陷于由偏见、权威、需要、先例与制度支配的那样一个世俗世界。所以如果我们不是现代人，没有掌握一套独特的文化，不像现代这样"好汉书打底"，就不可能认识到"儿提时代"真有自己特别的意义。在一些关键的时刻做点点拨、办个仪式，就足以成人。现象学教育学所说的"童年的隐秘之所"，窗台边、桌子下、床底下、窗帘的背后、柜子中或者墙角，是儿童发现和建构自我的场所。④ 但在传统社会乃至自然状态中，儿童没有隐秘之所，甚至连成人也没有隐秘之所。所以这些地方没有真正的童年，没有梦想中的那个世界可以长期占据我们心灵空间的机会，一切都局限在眼前的世界。杂花生树、日出日落，或许琳琅满目，但实在引不起太多的想象，反而令人困苦，民谣中保留了太多这样的历史记忆。因为它们除了提供一道道不可逾越的自然边界，就只能日复一

---

① 维果茨基. 思维与语言 [M]. 李维，译. 北京：北京大学出版社，2010：11.

② 同①71.

③ ARIÈS P.Centuries of childhood：a social history of family life[M]. New York：Vintage，1962：137–154.

④ LANGEVELD M J. The secret place in the life of the child[J]. Phenomenology + Pedagogy，1983，1（2）：181–191.

日、年复一年地重复。而现在，那些能够看书、有幻想的人，那些看书觉得津津有味的人，已能够对自家阳台上的那一棵小树、一朵小花、一盆兰花草产生无穷无尽的探索或想象。他们对这个世界充满了好奇和幻想，能够真正发现身边诸事物之美。可见，要让儿童真正觉察到童年生活的快乐，就需要一套日常生活中接触不到的知识与观念，使其进入一种乐在其中的状态。

下面是另一位学生自传中的一段话：

我是个差点儿与基础教育擦肩而过的人。故事很长，让我们从头说起。我出生在太湖边的一个小乡村，幼年的生活在山水与幻想之间度过。远处的山，山上的树，树上的叶，叶上的虫，吃虫的鸟，鸟飞的天，天上的日头，日头下劳作的人，人耕耘的土地，土地中冒出庄稼，庄稼上结满的露水打湿了在田间奔跑的孩子的裤脚，也打湿了此刻坐在电脑前的我的眼角。我突然有些怀念我的小小村庄，怀念那被我想象成巨大乌龟的小树林，怀念那被我当作一群奴隶的怪石，怀念那个会画孙悟空的老木匠，怀念好多好多……。一个人如果童年是在大自然的怀抱里度过，没有被所谓的工业文明扭曲得厉害，那么他在未来的生活中一定可以从他的生命本源处获得无穷的力量。（2014—男—安徽—农村—父母／务农）

懵懂岁月之所以构成稳定的童年生活，就在于它试图摆脱眼前的那种状态，我们正是因与想象做伴而获得童年特质的。这不是被我们自己的能力所限的童年特质，也不是因为我们身处自然的环境而获得的童年特质，而是我们身处一个特定的文化环境而获得的童年特质。对那些没有成功走出来的人，穷只能是一种彻头彻尾的负担、一种彻头彻尾的摧毁性力量。而那些充满童趣的怪石、乌龟、奴隶或者孙悟空，包括那些使"我"不再被日常的凡俗生活所困扰的其他一切，则扎根于一个完全不同的世界。"我"之所以能够敏感地觉察到这一切，乃是由于"我"的心早已不属于那个地方，已有一种全新的眼光在推动着"我"。唯有学业成功的个体，才能意识到农村的那种生活或痛苦是一种力量，它们从生命的本源处促使我们去摆脱它、改造它，或者以这样一些方式回馈它。由于现代社会有一套帮助我们摆脱那种凡俗生活的力量，使得我们能最终显现那种生活的另一面。或者说，由于我们现在可以从那样的一种生活中汲取力量，那种生活最终隐藏了那些与我们自身相对抗的因素，我们最终实现自我突破，能够走到现在这一刻。如果没有知识，没有对于生活的这种反思，没有对于生活的这些敏感，或者如果没有受现代生活的刺激，我们就不会发现这套生活的机制，当然也就不会发现它是力量的源泉。就是因为我们看到了它们的对立物，看到了眼前的这一切和我们所追寻的那个世界之间的强烈反差，所以我们能够从那个地方汲取力量。

成人生活的这样一种变化带来两方面的重大影响。一方面，我们越来越觉得童年珍贵，仿佛现代城市所依凭的那样一套全新的知识与观念摧毁了我们的童年。这主要因为成人日子过得太紧张，拼得太厉害，要学的东西太多。另一方面，它也现实地改变了童年的性质。原来印象中的青葱岁月，带有的那种田园风光，现在从一开始就受到冲击。对于儿童来说，出现在他/她面前的已是一座高山，高山上是一片广阔的天地，成人在山上向他/她招手，他/她所面临的已是这样的情况。但这并不意味着童年必定很艰苦，也不意味着成人必定就是"虎妈""鹰爸"之类的形象。苦不苦不仅取决于我们面临的任务，更取决于我们跟别人处于什么样的关系，自己是什么样的状态。在单调重复的太平日子，我们必定会觉得无聊，会渴望读书。但当我们读书的时候，又会留恋那种懵懂生活。现在的问题就是这样。

四、城市儿童的精神世界

在很多家长看来，学习注定是件不快乐的事情，过去的好时光已一去不复返。但孩子既然在学习上付出了如此多的努力，那就应想办法在物质上给他们特别的补偿。当家长们产生这种想法，问题就更加尖锐了。孩子其实并不是很渴望那些东西，至少，物质上的刺激不是他们的第一渴望。蒙台梭利（M. Montessori）就特别强调，成年人以物质（如糖果）奖励儿童，而儿童却看重生活本身的意义，渴望成人的关注与帮助。[①]事实上，他们第一渴望的就是一种全新的关系，就是一种爱，就是一种受尊重的感觉，只有这些才是生活的根基。如果这种关系发展得好，第一渴望的肯定是学业上的成功，最烦的则是受不到应有的尊重。一旦学业能带给他们足够的精神满足，物质需要的满足通常也会变得顺理成章。只有在学业失败、因而精神需要得不到满足的时候，他们才会渴望从其他方面寻求补偿。因此，儿童的精神生活状态如今已成了现代亲子或师生关系的晴雨表，任何试图理解童年的教育理论都必须明白这一点。

但很多父母把真正的成长——从山脚到山巅的攀登过程——也变成一个物质与功利过程，要求孩子不断达到一些具体的指标，强调多得不如现得，追求出人头地，最终只是追求一种"浅近自利"。至于有没有真才实学，有没有发展的潜力，还爱不爱学习，过程快不快乐，心还向不向世界开放，是不是考完之后就撕书，他们已顾不上理会。现在城市家庭的教育焦虑，很多时候就由此而起。正因为这些，城市儿童的精神世界不但在卢梭的理论中是被贬低的，在今天差不多所有教育学理论及其实践当中也是被贬低的。哪怕那些关于城市生活的人类学或社会学研究，也一直贬低城市儿童的精神世界。它们总是抱怨，城市孩子再也没有那样一些传统游戏了，童年的那些游戏只能够在街头的雕塑中看到。但正是这样一些抱怨显示了城市生活的另一面：城市人充满了对传统生活的向往，且唯有城市人才充满对乡村生活和传统游戏的向往。真正的乡下人渴望过上城市人的生活，打上城里人玩的电子游戏，所以打陀螺、滚铁环、翻纸牌、抓石子，能丢多远就丢多远。而城市人则开始念旧，希望农村给他们保留一片这样的文化空间，甚至认为城市是儿童的天敌。

究竟该如何评价城市孩子的童年？现实情况下，成长并快乐着的孩子当然不多，但这依然是一个很确定的类型。反而我们这些人，觉得或被认为自己的童年时光很美好的这一批，包括我见过的一些农村学生，到大学之后发现别人能歌善舞，会觉得自卑。有些人觉得自己整个身子都很硬，人家是柔情似水，自己是钢筋水泥，感到很痛苦，也开始学跳舞。事情经常就这样充满戏剧性：别人眼中或记忆之中的"快乐童年"造成了我们现在的局促，以致很多时候也

---

① 蒙台梭利．童年的秘密 [M]．马荣根，译．北京：人民教育出版社，2005：129．

渴望自己有一个城市人的童年。可见问题的关键不在于儿童与成人社会之间的距离，也不在于他们的课外承担了多少东西，而在于这个陪伴或教育过程中他们和老师或父母究竟建构了何种关系。那些教育得当的城市儿童，他们身边没有纯粹的"大自然"，这种"自然"需要到他们自己的日常生活圈子之外去寻找，他们对大自然的体悟也不及我们厚重，但他们跟大自然更能建立轻松愉快的关系。他们远足，做背包客，或者定期旅行。他们做的一些看来特别出格的事，如蹦极、坐过山车、高山滑雪，也已经让他们触摸到一种我们从未遭遇过的世界。所以很难说在城市这样的培养体系中，尤其是在优雅社会那样一种教养模式中，城市儿童比农村儿童失去了更多的田园欢乐。要知道，我们的田园是很小的田园，人家虽没有自己的一块田园，但由于极度渴望，已可能对自然产生更为深刻的体验。

也许应该更多地看看城市人的旅行日志，以进一步确认他们与大自然的这样一种关系。从我们熟悉的游记来看，即便田园风光，体现的也都是城市中产阶级的审美意向。陶渊明的《桃花源记》、柳宗元的《小石潭记》、范仲淹的《岳阳楼记》、欧阳修的《醉翁亭记》，乃至徐霞客的《徐霞客游记》或刘鹗的《老残游记》，其中不惜笔墨描述的自然，什么人更会觉得它美？对于任何一个乡下老农，他们都有觉得它们美的时候。欧阳修《醉翁亭记》记曰："至于负者歌于途，行者休于树，前者呼，后者应，伛偻提携，往来而不绝者，滁人游也。"这里的"滁人"不可能全是太守的随从。但是真正能珍惜山林之美，或者能因而乐此不疲、流连忘返的，不是生活在大山里的那些人，而是那些墨客骚人。只有他们真正有闲，因而只有他们才能真正摆脱日常生活的困扰，跟某种世俗外的东西建立稳固的精神上的沟通。对于那些农夫，琅琊的自然风光当然能给他们带来额外的收入，但就其内心所愿而言，当然还是一马平川更好。因而愚公们总是想着移山，而不像我们今天这样修路。欧阳修也已认识到：

> 然而禽鸟知山林之乐，而不知人之乐；人知从太守游而乐，而不知太守之乐其乐也。醉能同其乐，醒能述以文者，太守也。太守谓谁？庐陵欧阳修也。（《醉翁亭记》）

当然，在日常生活中，人们也渴望山那边的世界，渴望集体欢腾，或者渴望一个超验的世界。所有人都有一种根深蒂固的倾向，就是摆脱日常生活的束缚，过上一种无忧无虑的生活。但不管怎么样，所有这些都不是成长所必需的历练。唯有那套日常生活中接触不到的知识和观念，才能使我们真正抽离日常的生活。否则，窗边的童年，青葱的岁月，神话、鬼怪和山那边的世界，不可能有什么独立的价值。而城市恰恰是这套知识与观念的结晶。但现在，就在这样一套知识与观念最集中的城市，人们竟然认为没有童年，没有童年生活，没有童真童趣。这真是不堪想象的事情。农村出来的那些读书人，都是乡村生活的过客，在某种意义上也都被一套日常生活中接触不到的知识或观念所支撑，但他们的童年在书本中、在课堂上，脆弱而危险。一旦学业失败，快乐也就随风而逝，只能求助于惹是生非的顽劣生活。可见，在人们还没有从理论上认识到城市与童年深层的意义关联的时候，那些来自农村因而冷暖自知的新城市人，在心里已认可城市不是童年的天敌，甚至已认可城市童年的价值。

令人惊异的是，布迪厄（P. Bourdieu）在《区分》一书中也没有将"与世界的童年关系"看成卢梭所理解的那样一种自然关系，而是将其看成一种城市"资产阶级"的性情倾向。按照这种理解，童年也必定是一种社会现象，只能在城市中产阶级及其之上的社会生活中显现出来。但布迪厄的理解还是有局限性。在他看来，"经济权力首先是一种远离经济必然的权力：这就是为什么它普遍通过毁灭财富、炫耀性消费、浪费和各种无理由的奢侈形式表现出来"[①]。结果，童年要么像这里所暗示的那样被理解成一种奢侈现象，要么被理解成对那种唯利是图的资本主义关系的反叛。布迪厄自己就认为："既在经济上享有特权又被（暂时）排斥出经济权力现实的资产阶级少年，有时以一种对同谋的拒绝来反对他们不能真正据为己有的资产阶级世界，这种拒绝在审美或唯美主义倾向中找到了其特别的表达。"[②]但如果不像这样偏激，对布迪厄的下述见解，我们完全可以理解成一种对城市儿童精神世界的真正洞察：

---

①   布尔迪厄.区分：判断力的社会批判：上 [M].刘晖，译.北京：商务印书馆，2015：90–91.
②   同①90.

这样的人① 即使不将他们的生活变成一种儿童游戏，如同艺术家那样，也至少要将与世界的童年关系推迟到很晚，有时甚至延长到一生（所有儿童都像资产者一样，在一种对别人且通过别人对世界施展的魔力关系中开始他们的生活，但他们迟早都要走出童年时代）。②

在我们所收集的城市学生的教育自传③ 中，有大量对课外班生活的记述，那些记述对我们来说差不多也如梦魇。在那里，父母尤其是妈妈经常被描述成一种最伟大又最烦人的物种。但我们也看到了大量亲子之间的互动趣事，大量匪夷所思的师生间的动人细节，以及个人在书海中畅游的画面。在这里，老师、父母与儿童之间建构了一种全新的关系结构，表现出了一种更纯粹的意向状态。他们身心确实没有如卢梭所构思的那样"自然发展"，但他们的确创造了一种与成长紧密结合的清新自然的生活，更好地利用了那种渴望成长而又天真烂漫的童心力量。这一切使我们确信，在不断成长的城市大学生那里，我们真的发现了童年。这种童年不是存在于他们跟自然的持续接触中，也不是发生在各种惹是生非并经常带来灾难性后果的肆无忌惮的活动中，而是在城市中产阶级的家庭里，在运动场上或书房里，或者在爸爸自行车的后座上。与乡下儿童天不怕地不怕，但见了大人就如老鼠见了猫相比，城市儿童更不怕人因而更乐意自我呈现，而且更能发现一种方寸之间的"大自然"。

幼儿园过的是集体生活，在中午，我们把用来做仰卧起坐的那种垫子铺在地上睡午觉。这对我来说是个不小的挑战，因为我在家没有睡午觉的习惯。我躺在垫子上翻来覆去睡不着，实在无聊，就开始研究我的枕巾。幼儿园的枕巾也是充满童趣，上面花花绿绿有一堆图案，这立刻激发了我的无穷想象力——在家里的时候，我就喜欢把被子团出奇怪的形状，营造出一种门户多重、别有

---

① 即资产阶级。——笔者注
② 布尔迪厄 . 区分：判断力的社会批判：上 [M]. 刘晖，译 . 北京：商务印书馆，2015：89.
③ 自 2011 年开始，笔者就在自己主讲的大一新生课程"教育学原理"中，收集学生的教育自传，以作教学的辅助。如今已有数百篇，其中的精彩之作即将出版。

洞天的效果，然后想象这是一座结构复杂的大山，里面有拖着尾巴、头上长角的奇怪生物跑来跑去——现在看到这个枕巾，我马上把它想象成一个神秘的异世界，正好，我又在枕巾上发现了一截线头——这自然是通往异世界的钥匙了！（2014—女—河北—地级市—父亲/编辑—母亲/大学教师）

　　城市人的教育焦虑确实是普遍存在的现象，但在儿童的精神生活中，存在着足以缓解焦虑的法门，那就是将注意力集中于一种更为纯粹的精神生活。由于全身心地投入，学习对他们不再是枯燥的事情，他们就是凭此化腐朽为神奇，把学习过程的参与、探究和孩子的那种好奇心，跟我们对于另一个世界的向往和征服紧紧地连在一起。当然这不可能消除所有的焦虑，那些焦虑说到底是我们现代教育学得以存在的前提。但也正是在这里，以及因此发展起来的现代城市儿童的精神世界中，蕴藏着现代教育学的全部动力与奥秘。怎么让自己乐而忘忧，怎么理解成长，由此变得至为关键。无论父母还是老师终于开始意识到，需要放下急功近利的想法。不可能让所有的孩子都获得同等的成功，但他们都有可能获得独一无二的发展，都能进入一种乐在其中的成长状态。因而首先需要关注的是成长本身，而不是成长之外的那些指标，或个体在群体之中的位置。只要他们还热爱学习，还愿意一起探索，还能不断成长，还能找到一片学习的乐土，他们就还能拥有一颗童心，脱离日常的劳累与贫乏，不断看到"异世界"。这种童话般的"异世界"已经常出现在他们身边：

　　在骑自行车送我上下学的时候，他常常给我讲历史，就从伏羲女娲一直讲到民国。我爸很懂小孩子的心理，治国平天下的理念很少涉及，主要都是些历史故事，诸如纣王的酒池肉林啊、姜太公钓鱼啊、安乐公主的私生活啊、蒋介石和汪精卫的恩恩怨怨啊，哪怕是真的很枯燥的东西都让他讲得妙趣横生。比方说贾谊的《鵩（fú）鸟赋》，他把贾谊那种唯恐"主人将去"的微妙心态解释得有趣极了。除历史故事外，每天晚上，爸爸还会给我讲一回《西游记》——我说的是一回，因为他是直接给我讲的原著。每念一句，他都会给我讲解其中的意思，并且将所有少儿不宜的血腥内容全部略过——诸如玄奘将水贼刘洪剖腹剜心祭父陈光蕊那一节——主要讲其中好玩儿的故事。就这样，整整把九九八十一难讲完，每天晚上爸爸的嗓子都会干得难受，因为我会纠缠他再讲一会……讲完《西游记》，就又开始讲《三国演义》（显然对我这个年纪的孩子来说，《水浒传》太血腥，《红楼梦》又太高深），怎么讲的《西游记》我不太记得了（我对此遗憾之极，有时简直想让他再讲一遍），《三国演义》我倒还记得点。讲到董卓死之前的那回里，有小儿作歌云："'千里草，何青青！十日卜，不得生！'歌声悲切"那一段，爸爸问我知不知道什么意思——我当然不知道。于是他给我讲，"千里草"就是"董"，"十日卜"就是"卓"，这句话的意思就是"董卓不得生"。（2014—女—河北—地级市—父亲/编辑—母亲/大学教师）

在我们收集到的城市学生的自传中，那些真正的花样年华，那种曲径通幽、道法自然的成长，那些幸福来敲门的场景，越来越频繁地出现。而在农村背景的学生自传中，屡见不鲜的还是勇敢的心、山那边的世界、风雨征程之类的记忆。由此可见，没有一套日常生活中间接触不到的知识和观念，不可能有真正的童年。但仅有这样一套知识和观念，没有那种童心、童趣，没有游戏的精神，没有那样一种亲密无间的亲子关系，父母自身天性不再烂漫或教师不再关注学生的烂漫天性，最终，没有那样一种乐在其中的成长，也必定没有童年。而乐在其中的成长在城市才最有可能稳定地实现，所以确实有必要重新审视城市儿童的精神世界。当然，农村生活也有其另一面，不应当把农村或农村文化局限在那种封闭状态，而应看到那种生活中内在的张力，看到它跟现代生活、城市，跟这样一种对童年生活的向往和那样一种对田园风光的渴望之间的内在关联。说到底，城市人和农村人不是两类人，少数民族地区和汉族地区的人也不是两类人。但人们显然还没有清醒地意识到这一点，因而总想把自然生活作为一道公共景观保存下来，而完全没有意识到，唯有城市才能将它们变成常态。

这究竟是在倡导一种城市中心取向，还是别的什么立场？现代意义上的学习肯定基于某种城市中心取向，但要知道城市中心取向本身必定包含对自然的向往，以及对内心世界的那样一种深度关切。觉得城市生活特别迥异于乡村，传统与现代完全不相容，那是城市中心取向中最丑陋的一种。城市社会学的一个核心立场，就认为城市是一个异质性的社群。说到底，城市是异质的、多元的、包容的，唯有现代城市才有可能对农村生活有一种深深的眷恋。农村文化始终是城市文化的一个元素，而城市文化的根也就这样扎在农村。城市人渴望知道另外一个世界，敲开另一个世界的大门，就像农村人渴望了解山下的那条路究竟通向何方，渴望北京的繁华，想知道北京的花和天安门究竟怎么回事那样。民族、乡村、本土文化本身就是在跟世界、跟外部交融的过程中建构起来的，也唯有在与外部世界的交往中，才能真正找到前进的方向。关键是要有能力展现这样一套日常生活中接触不到的知识与观念的神奇。

五、教育根基的主观性

说到底，儿童不是物质化的，也不受物质世界——包括内在的"客观自然"——的直接支配。他们总追寻着意义世界，追寻着自我突破，参与一个新世界的创造。但在涉及成长话题的时候，我们能够理解的，依然是卢梭所说的那样一种自然状态。据此，我们希望教育"遵循自然"，希望将儿童局限在一种明确的能力边界之内。在实在需要考虑到儿童的精神世界的时候，我们也倾向于像卢梭一样，将其局限在"道德良心"的范畴。所有的这样一些理解，都致力于使儿童接受一套物质或精神实体的支配，不管他们本身已然是具体的、活生生的人。我们试图将一切建立在某种客观的基础之上，学术研究的基本任务则是进一步确认这个世界的客观性。在这里，我们似乎完全忘了杜威的洞见："兴趣是生长中的能力的信号和象征"①。结果直至今日，我们依然有一种对客观性的着迷。②事实上，孩子们最大的特点是见风长。他们精力旺盛，对这个世界充满好奇，不断突破自己能力的边界。对他们来说，一切皆有可能。要

---

① 杜威.学校与社会·明日之学校 [M]. 赵祥麟，任钟印，吴志宏，译. 北京：人民教育出版社，1994：13.

② 康永久. 教育学原理五讲 [M]. 北京：人民教育出版社，2016：208.

了解他们的特点，必须在活动之中，而且必须在创造性的活动中。单纯根据他们过去的特点来施教，就只能使教育背离他们自身的意向状态。

在别的地方，我们还看到一种类似但经过进一步修饰的儿童观。它不但试图将儿童局限在某种客观的能力或精神的范围之内，而且试图将他们局限在某种民族 / 本土文化的范围。他们的思维方式被认为是伯恩斯坦（B. Bernstein）所说的那种"情境依赖"，而主流学校的交流结构则被认为是"情境独立"。[①]在这里，同样经常表现出一种强烈的反现代性、反主流文化、反城市文化的倾向，或者有一种强烈的"文化缺陷论"倾向。人们或者认为城市文化是敌视这些儿童的，或者认为这些儿童至少无法直接融入现代都市文明。最近有研究认为，傈僳族儿童与学校文化之间的区隔，也源自他们的文化所表现出的那种强烈的"在场性"，而城市儿童从小就生活在一种符号化的世界，学校教育与现代都市生活都是"不在场"的。研究者相信，只有借助图像这样一种过渡形式，少数民族地区的学校教育才可能更好地摆脱这种"不在场性"。[②]这样一种研究忽视了傈僳族儿童在图像世界中对另一个世界的关注，既包括他们对节日盛装与"集体欢腾"场面的关注，也包括他们对庸常的现实生活的反抗，以及他们对城市生活的想象。事实上他们画花的时候，不是经常画自己村头的那些山花，而是偏爱山上不常见的菊花与荷花，而且越是这些外面世界的花，他们刻画得也越是精细。他们也经常神往天安门，尽管他们并不能仔细分辨天安门广场与天安门城楼。[③]可见他们自己的文化本身有一种强烈的超越日常生活的意向，正是这样一种试图触摸另一个世界的努力，建构了他们童年生活的底色。因此，如果说传统的村落或偏远的民族地区，或者按照卢梭思想所营造的共同体中，还存在着某种童年的痕迹，这种童年也是依赖于一套超越日常生活的意向、知识和图像。

---

① BERNSTEIN B. On the classification and framing of educational knowledge[M]//YOUNG M F D. Knowledge and control: new directions for the sociology of education. London: Collier Macmilian，1971：47–69.

② 张越. 少数民族乡村儿童的图像世界：基于一个傈僳族村寨的民族志 [D]. 北京：北京师范大学，2017：148–161.

③ 同② 135，149.

　　说到底，童年从来就不是一种有着明确的能力边界的自然现象，也不是有着明确的道德或文化边界的社会现象，而是一系列不断突破其能力、道德与文化边界的开放实践。儿童的欲望自一开始就是他们自然能力或天性的一部分，他们自一开始就流露出对世界的好奇和渴望，并不断突破自己能力和活动的局限。将欲望排除在自然之外，或者将其限制在某种客观尺度之内，只能导致对儿童的曲解。儿童的道德世界也绝对不属于卢梭所认定的"天理良心"的范畴，那种"天理良心"是亲密共同体世界的规范，儿童最初则身处一个先验的道德世界。经过初级社会化，先验的个体蜕变成情境化、局限性的自我，共同体的规范世界才成为儿童的道德世界。① 但即便这样，儿童也不是自己所属文化共同体的终极依附者，他们在本性上向整个世界开放，对儿童的尊重绝对不需要建立在一个牢不可破的客观的文化世界的基础之上。事实上，对诸种客观性的"着迷"都会加剧儿童世界与成人世界的紧张关系，也会加剧传统共同体与现代社会的紧张关系，并导致一种对个人的遗忘。正因为真正支撑童年的，是那样一种有着无边好奇的纯粹目光，所以我们说，教育在根基上具有主观性，正是这种走向相互探问的纯粹目光促成了一种关系结构，它让我们尊重孩子，让我们善待和支持孩子，也让我们包容孩子，让我们克制自己对孩子的控制欲，使自己永葆青春。但教育理论迄今依然没有意识到卢梭教育理论的根本缺陷，也没有真正认识到儿童在封闭的、稳定的、看起来怡然自得的日常生活中的无聊与苦闷。这样单纯把未来作为一种确定的生活来准备，而不是作为一个需要创造的地方来看待，必定导致将儿童封闭在一个工具理性的世界。

　　现实生活中，人们则经常指责孩子吃苦太少，太被娇宠，受不得什么气，因而希望能多些挫折教育。在中关村二小的欺凌事件② 中，一个人受挫之后就难以恢复，也被认为是家长对孩子过度保护之故。这样的说法根本就经不起推

① 康永久. 先验的社会性与家国认同：初级社会化的现象学考察 [J]. 教育学报，2014(3)：9-26.
② 2016 年 12 月 8 日晚，一篇题为《每对母子都是生死之交，我要陪他向校园霸凌说 NO！》的文章，开始在微信朋友圈等平台刷屏。文章作者乃北京市海淀区中关村二小四年级一名 10 岁男孩的妈妈。她称，孩子在学校被同学用厕所垃圾筐扣头后，出现失眠、厌食、恐惧上学等症状，被医院诊断为"急性应激反应"，但在之后与学校的沟通中未就事件的性质达成一致，由此掀起了一场何谓"校园欺凌"的大讨论。参见新华社《四问北京中关村二小"校园欺凌"》（http://www.xinhuanet.com/politics/2016-12/13/c_1120111823.htm）。

敲，完全误解了那种催人奋发的教育力量的真正性质。在所有这类事件中，唯有正义得到及时伸张，或受伤害的心灵得到及时抚慰，被伤害的人格结构才能及时修复，否则不仅会殃及孩子，整个家庭的自我与社会认同都会受损。若不能觉察到这样一种个人难以逃离的内在结构，觉得那被刻意渲染的伤害其实只是玩笑或普通的打闹，没有恶意也没有故意，没有长时的蓄意也没有肉体上的损伤，就会导致真正的欺凌，让他们在这里真正体会到这个世界的冷漠，体会到这个世界不可理解与沟通的那一面。真正能让人坚持下来的其实根本不是什么挫折教育，不是通过让人受挫来催人奋发，而是通过让人没有意识到自己受挫来维持学习过程，通过修正自己的价值观，来防止别人产生受挫的感觉。其核心是让我们意识到这个世界的温暖，还有那样一种自我约束的、包容的、能及时觉察到别人的尴尬与痛苦的敏锐。是这样一种社会共同经营或培育的爱的教育或能力，让我们大家一方面能防患于未然，一方面在事情出现之后不至于心灰意冷。

六、教育中的三种善意

这就涉及意向状态的重要性。家长们由于意识到成长的落差或跨度，意识到要在这个世界上立足每个人必须走那么一段长路，因而试图让孩子早做准备。这样一种意向，属于我们所说的"实质的善意"①。希望在一个特定的方向帮助孩子，很明确地要求他们达到某个目标，为此教他们各种各样的技巧，甚至不惜为他们取悦老师，考不上国内的大学也要让他们到国外镀金，至少让他们看起来跟其他人一样甚至更好，所有这些都是"实质的善意"。"实质的善意"没有明确的"教是为了不教"或"为了不教而教"的意识，也不会像老子一样认可"无为而无不为"（《道德经》），它希望通过有所为而为所欲为，因而依存于某个封闭的体系或明确的目标，导致家长对孩子的整个人生过程过度规划。这个过程看起来——甚至真的——是为了孩子，其实是一种刻意甚或强加

① 康永久. 教育学原理五讲 [M]. 北京：人民教育出版社，2016：24.

的教，是各种可以称之为"教育""教学"的行为中最不好的那一类，经常带
来各种各样的强制行动，只有在特别快乐或痛苦的时刻才能够触摸到彼此的内
心世界：成功了，喜极而泣；失败了，整个家庭乱成一团，甚至爆发战争，最
后产生一点反省，感受到内在自我的存在。真正有潜力、有后劲的成长，或者
我们说的乐在其中的成长，都有一点不知不觉、没心没肺的感觉。对教育者或
学习者而言，即便真的要追求某种"功利"，也要追求一种"长期利益"而非
"浅近自利"。正是基于这种考虑，杜威才强调教育即生活，而不是生活的准
备。①但现在很多人把整个教育过程变成了一种"确定性的寻求"②过程，这样
一种善意当然支撑不了童年，对孩子来说也确实很难消受。

　　还有一种作为教育意向的善意，我们称之为"先验的善意"。这是一种自
然能力，但跟卢梭所说的自然能力不一样。卢梭所说的自然能力，为欲望设置
了一道绝对的界限。而这样一种先验的善意作为一种原初意识，就像尚未认生
的孩子对于世界的好奇、接纳、走近、开放与拥抱，乃是一种自然流露的与世
界建立关系的自然能力与意向。它不是基于道德标准，也不是对他人善行的理
性回报，只是凭着天性来打量这个世界，使人不断向世界敞开自我，不断走向
另一个世界，最终使世界因此而向我显现，与我一体。③经常看到一个人突然
就笑出了声来，尽管他/她其实在想别的事情，但我们会觉得这个人很可爱。
公园里安乐祥和的氛围，使人们也会觉得这个世界很美好。一个人安安静静地
做自己的事情，经常也能把旁边的人感染。所有这些令人心动的"画面"都不
是由特定人引发，也不是因为那些乐在其中的人现在想向旁人示好，因而都待
在那个地方"卖萌"。他们只是沉浸在自己的世界，别人就因此觉得这个世界
很美好。这样一种根植于事物本性的微妙意向，我们称之为"先验的善意"。
这是一种"主观自然"，在根本上关联着我们的天性或天真，是真正的"初
心"。个人正是凭此原初意识而在这个世界扎根或立足。

---

① 杜威.学校与社会·明日之学校 [M].赵祥麟，任钟印，吴志宏，译.北京：人民教育出版社，
1994：3-5.
② 杜威.确定性的寻求：关于知行关系的研究 [M].傅统先，译.上海：上海人民出版社，2005.
③ 康永久.教育学原理五讲 [M].北京：人民教育出版社，2016：21-24.

在孩子成长的过程中,父母也好,教师也好,周围的其他人也好,只要自己乐在其中,能够向他流露这种善意,把自己的天性显现出来,不是天天折腾孩子,孩子一定能够自感身处一个温暖与安全的世界,意识到这个世界的美好。这是把学习过程变成一件乐事的关键,不但丝毫不会降低学习的难度,而且可以使它变得更精深持续。这种"成长"不同于罗大佑的《童年》所说的那种"长大",也不是经卢梭刻画、被人们迄今怀想的那样一种自在状态。确实,过去的一切都似乎发乎自然,日出而作日落而息,但这只是问题的一方面,它的另一方面是罗大佑所刻画过的孤独、平淡和矛盾。在先验的善意中,尽管生活被不断改写,人生不断被重新定位,但我们仿佛依然身处童年岁月,一切都那么美好。这就是现代意义上的成长、现代意义上的童年,既有原来的童年自然、纯粹、美好的那一面,又无须像以前那样天天只能在一种自然态度或常识中浸泡,而能不断探索与建构另一个世界。对这样一种作为先验善意的教育意向,以及那种作为意向关联项的成长,我们的学生有太多的体验:

初中班主任刘老师教英语科,第一次上课,我们在座位上写字母,老师在四周转,转到我这里,停了停,笑了,说,写得真好看。

后来三年她说过太多话,讲过太多被同学整理出来的名言,可我记得最清楚的两句话之一却是这一句。我当时好像是抬了头,肯定脸红了,大概连谢谢老师也忘了说,只记得是逆光,老师周身像是有一圈光环。那是我对初中最初的记忆。

开学之后的两个月我像是开了挂,从班级 21 名到年级 27 名到年级第一,简直不能再幸福。(2017—女—山东—地级市—父亲/国企—母亲/高职教师)

现代意义的童年就这样有了新的两面,一方面快乐的,另一方面又不断走向成长。这样一种童年当然是社会地建构起来的一个相对独立的人生阶段,但就其开启方式而言,又属于一个孩子和大人共享的世界,不仅与主流文化或现代都市生活没有绝对的界限,与成人生活也没有绝对的界限。现实生活中,新入职的老师,不太像老师的"麻辣"老师,有时候甚至被学生"欺负"的老师，也能创造奇迹，原因就在于，一种不知不觉的教育过程在根本上优先于一种"刻意的教"。而且，教师的现实成长过程，也不是从一张白纸变成专业教师的过程，总需要某种"天生丽质"。因此，如果他／她是个好教师，经常从一开始至少在某个方面就很好。这就是孔子说的"绘事后素"①的教育意义：为人师长就像作画，先要有一个好的底子，如此才好进一步文饰。②为人父母，这种"天生丽质"也要从一开始就展现出来。这样，我们看孩子的目光就会完全不同，成人与孩子、成长与童年的结盟就能由此起步。教育的意义，像一个学生在微信中说的那样，就在"使孩子们成长，让教育者年轻"（卢正天）。

要维持这样一种初心也颇为不易。现实生活中，个人很快变成情境化、局限性的自我，深陷一个世俗或概念化的世界。说到底，这种初心是唯有不断前进才能保存或回归的东西。但单靠个人的努力，最终能勉勉强强导向回归的，通常也只有两条羊肠小道：或者将学习建立在个人造化——个人机遇与自然禀赋——的基础之上，或者将学习建立在个人自身的社会支持系统的基础之上。③因此，要真的"永葆青春"，一个平等、宽容、自由、多元、安全的社会就特别关键。斯密（A. Smith）认为：在文明国家中，以人道为基础的美德得到比以自我克制和对激情的控制为基础的那些美德更多的培养。在野蛮人和未开化的人中间情况则完全相反。他们常常在众目睽睽之下以极其冷漠的态度忍受诽谤、指责和最大的侮辱，而不表示丝毫的愤慨。每个野蛮人，从幼年时起，就知道要为这种可怕的结局做好准备。他为了这个目的创作了他们叫作《死亡之歌》的歌曲，他在一切重要场合唱这首歌。虽然他很少显露出任何愤怒的迹象，但是，当他终于抑制不住自己的复仇欲望时，他的报复总是残暴和可怕的。最小的侮辱都会使他陷入绝望。④在笔者看来，野蛮人之所以能忍受痛苦，不是因为他们具有勇武精神，只是因为比起怕"苦"他们更怕"人"。而文明

---

① 子夏问曰："'巧笑倩兮，美目盼兮，素以为绚兮。'何谓也？"子曰："绘事后素。"曰："礼后乎？"子曰："起予者商也！始可与言《诗》已矣。"（《论语·八佾》）

② 康永久. 绿色教育的实践立场：现场中的理论研究 [M]. 北京：北京师范大学出版社，2014：383，402–406，411–412.

③ 康永久. 教育中的三个世界：教师知识的制度维度及其影响 [M]. 北京：教育科学出版社，2017：251.

④ 斯密. 道德情操论 [M]. 蒋自强，钦北愚，朱钟棣，等译. 北京：商务印书馆，2009：259–264.

人之所以动不动就表露自己的喜怒哀乐，不是因为他们已经失去了勇武精神，而是因为他们产生了一种新的勇武精神，一种对"人"的平视，他们因此从来就不把自己的情绪外现看成一种软弱。说到底，一种宽容的环境会使人单纯，一种单纯的环境会使人把某些原初的意向表露出来。

这已涉及先验的善意的社会根基，它是一种形式的善意，主要存在于形式理性的法律体系或社会秩序中。这种社会尊重人们的自由，不干预他们的行动，凡事只要不违背法律，都许可并给予法律上的支持，而且克制自己的诸种冲动。① 这种善意之所以纯粹是形式上的，就因其没有任何实质性立场，不会做任何"实事"，也不致力于推进一种刻意的教，只提供一种支持性的环境。当然也会有人在此引路，但都像范梅南（M. v. Manen）所讲的那样，只是在身后引路。② 由着孩子在前面跑，自己只是跟在后面帮着防范一些风险。有时还假装追不上，以激活孩子内在的成长力量。现在很多父母喜欢在孩子身前引路，并将此归结为孩子本身的弱小。事实上，真正导致这一切的，是他们希望孩子能"抢跑"。到最后，还真的产生一种越发不能放手的"不信任感"，尤其对那些因此成长不好的孩子。这一切，跟父母自身的素质有关，更与公共教育系统本身的完备程度有关。由于自己在学识、人格与自我呈现方面的缺陷，他们对自己在唤醒孩子方面的影响力没有太大自信，社会本身的形式的善意也未足以帮助他们洞察到那样一种潜在的教育力量，他们眼中就只能有"刻意的教"，迷信外在的规划与控制。

七、学科的最终秘密与童年

艾申波茜及其研究团队给自己设置了一项特殊的使命——"如何更好地认识孩子的精神世界以及挖掘他们的社会潜能"③。他们是从这样一个父母、幼教工作者乃至社会都非常关切的问题切入的："一个 7 岁的孩子，应该经历过什

---

① 康永久 . 教育学原理五讲 [M]. 北京：人民教育出版社，2016：24-25.
② 范梅南 . 教学机智：教育智慧的意蕴 [M]. 李树英，译 . 北京：教育科学出版社，2001：50-51.
③ 艾申波茜 . 童年清单 [M]. 赵远虹，译 . 北京：北京出版社，2017：中文版序 1.

么？学会什么？又应该知道些什么？或者至少应该接触过什么？"① 由此他们
提供了一份标准化的"童年体验清单"。但这份童年清单绝对不是像其给人的
第一印象那样，乃是一个"'应试教育'的目录"，而是"为成人提供的参照
表"。②其目的是反对那种严格区分保育时期和学习时期的游戏理论与流行趋势，
要求充分履行一种对儿童的教育义务。③ 而且这绝对不是要否定儿童自觉自愿
的学习：

> 我认为，孩子应该多接触一切具有代表性的最基本的东西。另外，不要强
> 行灌输知识，首先要让他们对所接触的事情感兴趣，然后成人再进行解释、讲
> 解，并提供相关的资料。我认为最好的教育是"反应式教育"，它以孩子在日
> 常生活中偶然碰到的东西为素材，这样学会的东西才有用。所以不应当像那份
> 清单中强行规定的那样，要会写 3 个汉字。为什么一定是汉字呢？为什么不是
> 3 个阿拉伯字呢？说到底，最关键的是让他们接触文字，懂得在一本图画书中，
> 文字是对图画内容的解释就可以了。④

对我们而言，虽然童年概念依赖于一套日常生活中接触不到的知识与观
念，但教育的真正根基也是一种特别的社会关系结构。另外，让儿童取得一种
乐在其中的成功，也是现代教育的最大梦想。孩子上高中的时候，学校也给过
我们一个清单，问我们希望老师以什么频次与方式与家长联系。笔者回复道：
其实老师们都很忙，能不联系最好不联系，但希望孩子每次回来都能说，今天
这个老师讲了一个好东西，昨天那个老师也讲了一个好东西……。我们希望孩
子与成人结成某种更有教益的关系，但事情确实越来越变成这样：在孩子们人
生启航的时候，我们还能陪他们一起探索这个世界；等他们考上重点大学，他
们的导师经常也能陪他们一起探索这个世界；但就在这两段之间，对世界的共

---

① 艾申波茜.童年清单 [M].赵远虹，译.北京：北京出版社，2017：1.

② 同①61，21.

③ 同①11-14，61，81-85.

④ 同①59.（引文中提到的"那份清单"是最初的清单，不在该书提供的两份清单之列。）

同探索让位于知识学习——大家不再一起读书，而是一起做题，一起受限于一个由考试圈定的世界，把具体的结论当宝贝，完全被功利世界的浅近目光所束缚。英国教育社会学家伯恩斯坦希望学生能掌握"学科的最终秘密"，打破知识边界，摒弃知识崇拜，确立在知识面前的主体地位，最终获得一种"创造新现实的潜力"。但事实上我们生活在一个他所说的"集合型编码"的世界，只有少数显示成功社会化迹象的学生才有机会接触一个类似"毁三观"的后续过程：

> 任何集合型编码都关涉知识的层级组织，因此，学科的最终秘密一直要等到教育生涯很晚的时候才会揭晓。所谓学科的最终秘密，就是指其创造新现实的潜力。事实上，而且很重要的是，学科的最终秘密不是一致性，而是不一致性；不是秩序，而是无序；不是已知之物，而是不知之物。在集合型编码下，这种秘密一直要到教育生涯很晚的时候才会被揭示出来——到那时，也只有对那些已显示成功社会化的迹象因而被挑选出来的少数人这样——只有这些少数人才能真正体验到这种观念：知识是可渗透性的，它的分类是临时性的，知识的辩证法是封闭与开放。对多数人而言，知识的社会化就是秩序的社会化，现有秩序的社会化，就是借此体验到这个世界的教育知识是不可渗透的。在此我们难道还有另一种异化形式吗？①

现实生活中，虽然中小学教育都有一种强烈的"为知识而知识"的倾向，但最终造就的只是一种"常规科学中的成长"。这里盛行的是定论式教学与接受式学习，满足于既定知识的精耕细作，做题代替探索与对话成为核心学习活动，个人的感想与文采成了个体能动性的最高形式，整个的学习过程都只是一种同龄人之间的竞技。这种教学只是致力于将人引向那些确定的结局，帮助学生"落实"那样一些"科学"结论的学习，个人的意义建构与表达实践完全被

---

① BERNSTEIN B. On the classification and framing of educational knowledge[M]//YOUNG M F D. Knowledge and control: new directions for the sociology of education. London: Collier Macmillan, 1971: 57.

放弃。由此造成的只能是伯恩斯坦所说的对特定社会等级的归属感、人与人之间的距离感、知识作为私产而非社会变革力量、对学科的忠诚以及融入不可渗透的现存秩序等。①在《悲剧的诞生》中，尼采十分不齿欧里庇得斯悲剧的那样一种提前剧透式的开场白，认为那样会打消人们对剧情与结局的好奇，促使人们将注意力转向"重大的修辞抒情场面"或"主角的激情和雄辩"，只是苏格拉底"理解然后美""知识即美德"等个体化审美原则的一种体现。②但在笔者看来，学习的目的既不是屈从于眼前的功利，也不是臣服于一种不可渗透的学科或理性秩序，当然也不是走向尼采所膜拜的那样一种"原始的统一"、万物一体的感觉或酒神精神，而是展开一种开放式的对话。在韩寒导演的电影《后会无期》中，苏米也曾意识到："从小听了很多大道理，可依旧过不好我的生活。"③师生单纯忙"学业"，不再有一起直面鲜活的知识世界的机会，文化快餐完全取代原汁原味的经典学问，学得再多也于事无补，还将导致知识学习与乐在其中的成长之间的严重对立。说到底，自我的呈现或关系的建立，优先于系统讲述或学习任何一套东西，教学的艺术、有组织的教学和我们的天性与学识，可以以微妙的方式共存。④不搞一些不知不觉、没心没肺的活动，学科的最终秘密就不会向我们开启。唯有开放的心态、自我的呈现和敞开，才是童年岁月最好的庇护。而基于先验的善意立场的教育学，不但是一套打开童年的正确方式，还是一种开启智慧之门的生活艺术。

但学科的最终秘密不仅与个人自身的意向状态相关联，还与更为广泛的社会结构相关联。笔者曾经做过的一个讲座，主题是"村落中的'公主'——城

---

① BERNSTEIN B. On the classification and framing of educational knowledge[M]//YOUNG M F D. Knowledge and control: new directions for the sociology of education. London: Collier Macmillan, 1971: 47-69.

② 尼采.悲剧的诞生 [M].周国平，译.北京：生活·读书·新知三联书店，1986：52-53.

③ 《后会无期》（2014）由韩寒编剧及导演，由冯绍峰、陈柏霖、钟汉良、王珞丹、袁泉、陈乔恩联合主演，讲述了几个年轻人撤离从小居住的东极岛横穿大陆赶赴新单位的路途上的系列经历与际遇。

④ 康永久.教育中的三个世界：兼论教育再生产机制及其突破的可能性 [G]// 北京师范大学教育学部.第四届国际教育研讨会："教育公平与质量"论文集（Ⅲ）.北京：北京师范大学，2012：242-243，247，260-262.

市化进程中的成长陷阱"①，就涉及对这一问题的某些思考。那些漂亮、可爱、乐观上进的农村女孩，被父母与伙伴视为"公主"，也曾得老师恩宠，但最终没有通过教育走上向上流动之路，问题究竟出在哪里？经常有人认为根子在早恋。她们的豆蔻年华，当然少不了种种情窦初开的悸动，就好像徐小凤的《心恋》中所唱，"我想偷偷望呀望一望他"，充满各种羞涩、想见又不敢相见、想说又说不出口的感觉与互动细节。但这其实是一种成长状态，没有明确的功利，没有不把对方追到手或据为己有誓不罢休的占有欲，只是一种纯粹的观看，乃是一种纯粹的理论生活。②不幸的是，"公主们"的身边除了那些读书或观看的男生，总还有一些比较成熟或社会化的小青年，他们是"公主们"第一批公开的追逐者，类似古希腊奥林匹克运动会上为了荣誉而竞赛的运动员。在被不达目的决不罢休地追逐的过程中，"公主们"开始意识到自己不断恶化的道德处境，也逐渐接纳这些"帅哥"身上的那样一种"男子汉气概"。一旦学业上出现任何波动，她们就很可能与那些曾经志同道合的"书呆子"分道扬镳，从一种纯粹的相互观看的状态中退出。就这样，借助城乡二元体制对"公主们"的约束，那些很早就为名誉、利益或地位公开竞争的"运动员"，最终俘获了这些也曾沉迷于"热情而动人的沉思"的"少女哲学家"。③自此，不甘人后的骄傲的"公主们"将发家致富作为新的人生目标，将家庭真正变成了一种传统的"事业组织"④。夫妻之间的感情被牺牲，原初的天真以及对一种悠闲生活的向往被抛弃，因而经常又导致夫妻关系的变故。家庭内部的紧张在孩

---

① 2016 年 10 月 15 日，本人在中国社会学学会教育社会学专业委员会 2016 年学术年会上第一次做题为"村落中的'公主'——城市化进程中的成长陷阱"的学术演讲，后又在北京师范大学教育学部和日本早稻田大学教育学研究科两次讲过这一专题。

② 关于"理论"与"观看"的联系，参见：加达默尔. 真理与方法：哲学诠释学的基本特征：上卷 [M]. 洪汉鼎，译. 上海：上海译文出版社，1999：161-162.

③ 在毕达哥拉斯（Pythagoras，约前 580—约前 500）的伦理学中，奥林匹克运动会上叫卖的小贩属于最低的一等，比他们高一等的是那些为了荣誉而竞赛的人，最高的一等是那些只是来观看的人们（spectators）。他们被认为摆脱了日常生活的困扰，欣赏着眼前发生的一切，并进行"热情而动人的沉思"，因而能无所为而为，是真正的哲学家。（参见：罗素. 西方哲学史：上卷 [M]. 何兆武，李约瑟，译. 北京：商务印书馆，2008：59-60；康永久. 教育学原理五讲 [M]. 北京：人民教育出版社，2016：3.）

④ 费孝通. 乡土中国 [M]. 北京：北京出版社，2005：56-58.

子们的成长中也再次得到体现，他们持续地再生产了家族内相爱相杀的情感结构。当然，"公主们"由于天生丽质，事业上总体而言还是成功的。但因为把眼前的地位、利益和面子看得太重，最好的结局经常也只是成功与幸福相对立。

因此，学科的最终秘密究竟在哪里？显然不在一套确定的知识里，不在尼采所说的那种基于"原始的统一"的醉境或生命勃发的状态里，也不在一种出人头地的光鲜生活里。在个人层面，真正进入知识的领域，必须好奇、纯真、向世界敞开、刨根究底、乐在其中、专注、不忘初心。由于日常生活中接触不到的那样一些知识与观念的出现，成人最终与儿童分开，但它们并未使他们最终对立，而是更迫切地要求在彼此之间建构一种全新的关系，进入一种乐在其中的状态，确保一种交互主体的地位，全身心地投入这样一种探索过程。当然，现实生活中，要坚持这些也确实不易。很多领域中的人的成长，尤其是政治领域中的人的成长，很大程度上基于手腕、经营或运作。当别人指鹿为马的时候，你必须能够及时跟进，必须能有效压抑真实的自我。个性的展现虽也至为必要，但必须找准时机，限于自己能够主导的领域，而且必须浅尝辄止。由此也揭示出"学科的最终秘密"对自由、民主、法治的强烈依赖。没有这种强烈的公共意识，我们就只能深陷技巧、功利与既定的社会秩序的泥淖，我们的童年就只能是一个需要尽快逃离的人生阶段。童年的正确打开方式、教育的根基乃至学科的最终秘密，就这样共同深藏于先验的善意，以及这样一种充满形式善意的公共秩序中。

刘铁芳 湖南师范大学教授

敞开起源于当下

——我们为何要重温古典教育传统？ ①

为什么我的眼里常含泪水？

因为我对这土地爱得深沉……

——艾青：《我爱这土地》

生活在 21 世纪的今天，我们身处现代化的种种便利之中，为什么还需要不断地回到古典、回归经典？这本身就是一个问题。借用艾青的说法，为什么我会如此眷顾古典教育研究？因为我对"这片土地"爱得深沉。

一、培育价值：当代中国教育的核心主题

当前，青少年中不时出现的重度抑郁甚至自杀等诸种极端现象，折射出青少年发展中的意义问题。北京大学心理健康教育与咨询中心副主任徐凯文这样谈到北京大学学生的空心病问题："他们有强烈的孤独感和无意义感，他们从小都是最好的学生、最乖的学生，他们也特别需要得到别人的称许，但是他们

---

① 本文原为刘铁芳教授应邀于 2018 年 11 月 15 日为北京师范大学教育学原理专业博士生所做演讲"培养有格局的中国人——当代中国的教育自觉"的大意，后整理成文刊发于《教师教育研究》2019 年第 5 期，收入本书时有增补。

有强烈的自杀意念，不是想自杀，他们只是不知道为什么活下去，活着的价值和意义是什么？所以他们会用比较温和的方式，当然也给我们机会把他（们）救回来。核心的问题是缺乏支撑其意义感和存在感的价值观。普通现象是什么？有几位学生告诉我，'我不知道我为什么要学习，我不知道我为什么要活着。我现在活着只是按照别人的逻辑活下去而已。'其中最极端的就是放弃自己。"①空心病的中心就是生命意义的匮乏，找不到自我存在的价值感和人生奋斗的更高目标，找不到面对苦难与挫折而勇敢活着的理由。这提示我们，青少年生命成长中的意义生发与价值感的培育将成为当代中国教育改革走向深化的中心问题。一个人的健康成长离不开价值感的内在生长与守护，一个民族同样如此，民族基本价值的承前启后、维系创生，无疑是一个民族健康发展的基石。教育在民族价值的传承、转化与创新的过程中无疑起着关键性的作用，今日中国教育需要深度的价值自觉。

20 世纪 80 年代，社会发展的主题是生存，与之相应，学校教育的基本目标是培养"双基"，也即培养基础知识与基本技能，基础教育改革的中心乃是方法的改进。进入 90 年代，随着部分人逐渐富裕起来，人们对好生活的需求逐步提升，对自身多方面素质发展的期待也随之涌现，素质教育由此成为 90 年代教育改革的基本主题。从 20 世纪末到 21 世纪初逐步展开的新基础教育课程改革，其基本思路乃是基础教育改革的整体性，其基本出发点则是在凸显人本、回归生活、关注生命的过程中，促成个体多方面素质发展与个性发展，增进个体生命活力，激活个体发展创造力，培育健全个性。新基础教育课程改革无疑是 20 世纪 90 年代以来素质教育改革的进一步深化与落实。简言之，20 世纪 80 年代我国基础教育的基本主题乃是基础知识与基本技能的获致，90 年代基础教育改革的基本主题是多样化素质发展，21 世纪以来基础教育改革的基本主题乃是多方面素质、个性与生命活力的彰显。

时至今日，中国社会发展的问题已经逐步发生变化，社会的中心问题乃是人民对美好生活的欲求日益提升。从个体发展视角而言之，美好生活的需要离不开三个层面：首先是物质层面，即个体物质生活需要的满足；其次，美好生

---

① 徐凯文. 学生空心病与时代焦虑 [EB/OL]. [2018-11-11]. https://www.jianshu.com/p/e85bccb57090.

活的实现有赖于个体自身的综合素养，包括指向个体自身的基本素养，也即个体调节自我生活的诸种意识与能力，还有指向公共生活的基本素养，也即个体向着社会的公共意识与服务社会的能力；最后，美好生活的实现有赖于个体的精神归宿。第一个层面对应于人的自然性存在，人是消耗性动物，生存是第一要义；第二个层面对应于人的社会性存在，人需要融入公共生活，增强个体的社会适应性与自我存在的社会属性；第三个层面对应于人的精神性存在，主要涉及人的终极性自我认同与自身完整，也即个体人格的终极性完成。第一个层面的核心问题是物质，第二个层面的核心问题是素养，第三个层面的核心问题是价值。

站在当代社会发展的视角而言，当下中国社会的主题在三个层面上有不同显现：在第一个层面，一是进一步发展生产力、提升物质生产能力和效率，二是进一步推进社会公平；在第二个层面，一是完善社会治理体系、推进社会的民主化，二是切实提升国民整体素养，特别是家庭道德素养和公民道德素养；在第三个层面，是强化整个社会的民族认同、文化认同，大力彰显民族精神，增进社会凝聚力。站在教育的立场而言，三个层面对应于不同的教育主题。第一个层面的核心教育主题就是 20 世纪 80 年代前后以"双基"为中心的教育目标，其后被进一步扩展为知识技能教育和以创新能力为中心的个体综合实践能力的发展，也即智育的改进。第二个层面的核心教育主题是切实促进个体的多样化素质发展、个性发展与生命活力的显现。目前而言，一是要大力加强体育和审美教育，着力提升个体的健康水平和审美素养；二是要着力加强家庭道德教育和公民道德教育，完善个体以家庭为中心的私德与以公民为中心的公德的教育，着力深化课堂教学改革，促成以学习者为中心以及由此而来的学生个性发展与生命活力的彰显。第三个层面的核心教育主题是大力加强社会主义核心价值观教育与中华优秀传统文化教育，着力培育个体的民族认同和对中华民族核心文化价值的认同。就目前而言，第一个层面的核心问题是教育的创新问题，第二个层面的核心问题是教育的民主问题，第三个层面的核心问题是教育的文化价值问题。

钱颖一用"均值"与"方差"来解释当代中国教育的成绩与问题："一是

我们的优势是基础知识和技能的'均值'较高，这对过去30多年中国经济增长起了推动作用。二是我们的劣势是基础知识特别是能力的'方差'太小，杰出人物太少。这就导致创新不足，对未来中国经济以创新驱动发展非常不利。三是教育除了为发展经济服务的功利作用之外，教育对人的素养培养和人的价值塑造以及对文明社会建设更为重要，而人的素养的'均值'低却'方差'大，是中国实现'人的现代化'的重要掣肘。"[①] 人的素养的"均值"低是指人们经常批评的人的素养的平均水平低，而人的素养的"方差"大是指太差的人不在少数，这也是我们常言的道德滑坡问题。这里涉及的当代中国教育的两大核心主题——一是创新素质，二是人的素养，实际上涉及个体成人或者说人之为人的品质的两大关键问题，前者是智力品质的集中体现，后者是德性品质的集中体现。前者集中体现为以好奇心、想象力与批判性思维能力发展为中心的创新能力发展与培育实践体系，后者集中体现为以提升人的综合素养为中心的人文通识教育体系。两相比较，人文通识教育乃是基础性的、根本性的，创新能力教育乃是支柱性的、次生性的。

这里对当代中国教育问题的把握无疑极富启发性，我们可以沿着这个思路进一步思考：人的素养主要包括什么，其间主要的问题又是什么？人的素养大抵可以区分为三个基本层面：一是个人性素养，也即旨在改进个人日常生活的基本素养，主要涉及以怡情健身养性为主的爱的教育、体育、美育（包括文学教育、艺术教育以及自然审美教育等形式）和道德教育；二是公共性素养，也即旨在增进公共交往、培育公共之爱与责任感、启迪人文思维、扩展公共视野、提升公共关怀的基本素养，主要涉及以公共意识与公民精神为中心的文学教育、历史教育、思想政治教育、哲学教育、法制教育与公民道德教育；三是超越性素养，这个层面的素养既关涉个人性生活实践，又关涉公共性生活空间，是一种综合性的、以个体精神超越与人格完成为目的的终极性素养，主要涉及以促成个体深度自我认同与自身完整为取向的哲学、伦理教育。从这个分析视角来谈，当前中国事关人的素养的主要教育问题与路径大抵表现为：旨在

① 朱永新，汤敏，周洪宇，等."十三五"，教育怎么办[M].太原：山西教育出版社，2015：19.

凸显爱的情感的交往之教育，旨在切实提升个体基本素养的体育、文学教育、艺术教育、审美教育；旨在大力提升个体公共意识与公共责任的哲学、政治、伦理教育；旨在提升民族认同与个体精神的中华优秀传统文化教育。我们进一步分析这三个层面的教育：爱的教育、体育、美育乃是基础性的人文通识教育，哲学、政治、伦理的教育乃是支柱性的人文通识教育，民族文化的教育则是目标与归宿性的人文通识教育。如果说第一个层面的人文通识教育让人拥有丰满的血肉，第二个层面的人文通识教育让人拥有通达的筋骨，那么，第三个层面的人文通识教育则让人拥有明丽的心灵，在个体的素质发展中具有引导性与灵魂性。第一个层面的人文通识教育，其关键词素是素养，重在个体生命自身的美化、活化；第二个层面的人文通识教育，其关键词素是责任，重在个体生命向着社会公共空间的扩展与深化；第三个层面的人文通识教育，其关键词素是意义，重在个体生命的终极认同与个体精神的完整生成。

显而易见，当下中国社会的教育问题乃是多维的，三个层面乃是一个整体，但目前关键的问题还是缺少了更高层面的价值引导，即我们今天的教育并没有培育出一种深度的价值感，也即个体置身其中，却找不到自我生命内在的方向，个体发展培育出了一定的力量，但不知应将这种力量用于何种方向，这是目前个体发展十分匮乏的质素。只有个体生命有了自身发展的内在方向，才能更好地凝聚、发展自身内在的生命力量。落实在个体发展水平上，我们今天的青少年发展，单就知识、技能、能力包括一般性个人素养而言，应该说较之过去已经有了很大的提升，我们真正缺少的乃是将诸种素养整合起来的力量，以使个体作为生命整体而活出自身的开阔庄重并拥有活在天地人事之中的从容自信。我们的教育实际上培养了很多缺失了根基与灵魂的个人，或者说个体灵魂状态平庸的个人，也即失去了对灵魂之卓越的追求而徒有华丽素质外表与具体做事能力的个人。这意味着今日教育改革必须上升到文化价值层面，着力夯实个体发展的价值根基，以促成个体生命成长过程中的价值整合。

二、找寻起源：培育个体人生的价值根基

无疑，我们生活在一个越来越趋新的时代，"新"成为一种价值，也即新的就是好的，这样的结果就是人类、民族历史上孕育的价值被截断，不再向着当下涌流。"如果说古代常常把'好'的标准等同于'古老'的，因此'古'就是'好'，而'最古的'（上古、太古）就是'最好的'，那么现代性则恰恰倒过来把'好'的标准等同于就是'新'，由此现代性的逻辑就是：新的就是好的，最新的就是最好的，因此青年必然胜于老年，而创新必然胜于守旧。在这样一种强劲'历史观念'的推动下，现代性必然地具有一种不断由'青年反对老年'、不断由今天反对昨天的性格、从而现代性的本质必然地就是'不断革命'。在这样一种万物皆流，一切俱变，事事只问新潮与否，人人标榜与时俱进的世界上，是否还有任何独立于这种流变的'好坏'标准、'对错'标准、'善恶'标准、'是非'标准、'正义'与否的标准？还是善恶对错、是非好坏的标准都是随'历史'而变从而反复无常？如果如此，人间是否还有任何弥足珍贵值得世人常存于心甚至千秋万代为人景仰的永恒之事、永恒之人、永恒之业？"①价值的迷失，其根本原因正在于个体成长被连根拔起，也即当下个体越来越多地截断了与历史文化传统的根本性联系，也弱化了个体与"弥足珍贵值得世人常存于心甚至千秋万代为人景仰的永恒之事、永恒之人、永恒之业"的精神性联系。这意味着我们今天需要极大地提升个体的创造能力，培养个体的自由个性，但仅有此是不够的，我们同时需要培育个体的文化价值感，切实地增进个体的民族认同，以民族文化价值来浸润个体的心灵，赋予个体以深刻的生命意义感，由此而赋予个体创造力持续发挥以终极的理由与精神的动力，并使得个体找到内在的人生方向感。文化价值感的培育来自历史文化传统，于当下创造性地激活传统，就成为今日教育乃至整个社会重要而隐在的主题。在一定程度上可以说，"一个历史时代的特色，就在于如何激活所属文明的传统，任何一个无视自身文明或找不到恰当的方式来传承文明的时代，都只能是荒

---

① 甘阳.政治哲人施特劳斯：古典保守主义政治哲学的复兴 [M]// 施特劳斯.自然权利与历史.彭刚，译.北京：生活·读书·新知三联书店，2003：10.

芜、腐败和阴暗的时代。而不同时代之所以会前后更迭和彼此关联，亦是由文明发展中所隐藏的辩证运动所致。"①

21世纪以来的基础教育改革，在超越知识技能授受，推进学生多方面素质发展、个性发展与活力发展方面做出了可贵的探索，但这些年来的教育改革同样有着重要的缺失，那就是在一定程度上忽视了教育的深厚文化传统，甚至在教育根本问题上缺少深度的认识，导致今日教育出现某种目的性的偏差。孔子有云："弟子入则孝，出则弟，谨而信，泛爱众而亲仁。行有余力，则以学文。"（《论语·学而》）孔子之所以把"入则孝，出则弟，谨而信，泛爱众而亲仁"看作个体成人的基础性历练，然后才关注个体的文化修养，也即"学文"，正是因为在个体"入则孝，出则弟，谨而信，泛爱众而亲仁"的过程中"养蒙以正"，也即在个体置身实际生活世界的切实历练中端正个体的基本生命意向，以此为基础，再去展开多样的文化知识训练，个体成长才不会偏离应有的方向。我们今天的教育确乎已经不再关注"学文"的基础，而是在自幼展开的诸种个性化或非个性化知识技能训练中提升个体的现实能力，并不关心个体如何在生活世界中深度扎根，以端正个体人生的方向，培育深度的意义感。我们今天的教育当然不能简单地回到孔子所谓"入则孝，出则弟，谨而信，泛爱众而亲仁"的古训之中，但孔子所提示的问题却无法回避，文化价值感的培育毫无疑问将成为当代中国教育的根本性主题。

我们需要着力培养个体的文化价值感，这里的问题在于，价值感的培育有着自身的根源，不可能简单地灌输。唯有当个体置身民族文化的根脉之中，认同民族文化价值生长的源头，才有可能逐步地发育出丰盈的价值感。换言之，个体生命的价值感乃是生成性的，是基于文化浸润的自我培育，也即基于文化－生命生动互动的自我敞开。有人提出，今天，中国经济高速发展，经济总量位居世界第二，在提倡"道路自信、理论自信、制度自信、文化自信"，号召复兴中华传统文化的大环境下，中华民族的自信有了大幅提升。"但实际状况其实并不乐观。传统文化的复兴尚未普遍落实，国人对中华文化内在价值的

---

① 渠敬东.教育史研究中的总体史观与辩证法：涂尔干《教育思想的演进》的方法论意涵 [J]. 北京大学教育评论，2015(4)：23–50.

认识并未发生实质性改变。当下国民表现的文化自信，其实更多地是来自于民族自尊，离对中华文化真正价值的自信还有相当的距离。"① 这里的关键在于，民族文化的复兴不能仅仅是把传统文化作为外在的装饰或一种装点门面的谈资，而是要切实地以传统文化来敞开自我，通过文化的培育来敞开自我生命发展的根与源，由此而获得基于民族文化之根源而敞开的自我认同与自身完整，以造就个体内在的文化与生命自信。从民族根脉上获得基本价值感的培育与认同，这不仅仅是为了民族永续发展，同时也是为了个体生命健康发展。正如朱熹所写："问渠那得清如许，为有源头活水来。"个体文化与生命的自信离不开源头之活水，这意味着不断地重塑起源、敞开起源，乃是置身现代处境中的个体不可或缺的成长基础。

维柯曾言，起源即本性。"起源是人之为人之理被自觉的那一'刹那'，在各个民族中，起源都意味着'人'与'非人'的本质区分，意味着一种超越生物意义的'人'的诞生。"② 如何考察"人"的诞生？维柯认为，"一切研究古代异教民族智慧的哲学家们和语言学家们都本应该从原始人，这些愚笨的，无情的，凶狠的野兽开始"③。他将"新科学"研究定位为描绘每个民族在出生、发展、成熟、衰微和灭亡过程中的历史，也就是在时间上经历过的一种理想的永恒历史。他将各民族的神话材料作为探讨"新科学"的语言学证据，因为这些神话将显现最初各族人民的民族历史，他们都是天生的诗人。他们以神话的方式对民族生活与民族历史进行诗性的叙述。"诗人"在古希腊文中就是"创造者"。伟大的诗都有三重劳动："发明"适合群众知解力的崇高的故事情节；引起极端震惊，为着要达到所预期的目的；教导凡俗人们做好事。在维柯这里，古典诗性智慧不仅仅要开启人的理智空间，唤起人们的惊奇，还要引导人为善。换言之，古典诗性智慧孕育着个体成人的起源。维柯并不仅仅满足于揭示神与神话传说的产生机理，他更关注的是这些神及神话在各民族的永恒历史中

---

① 倪培民.心性之学与当代儒学的世界化:《为中国文化敬告世界人士宣言》发表60周年评议 [J].杭州师范大学学报（社会科学版），2018(6)：40–48.
② 洪涛.逻各斯与空间：古代希腊政治哲学研究 [M].上海：上海人民出版社，1998：导言 4.
③ 维柯.新科学：上册 [M].朱光潜，译.北京：人民文学出版社，1989：181.

所具有的意义。

维柯的新科学正是要从神话历史之中，从远古诗性智慧之中，去探寻人类精神的本与源。这提示我们，今天如何从我们民族自身的古老诗性智慧中去探寻民族精神的本与源。我们来看作为中国远古诗性智慧结晶的《周易》之中的解释："古者包牺氏之王天下也，仰则观象于天，俯则观法于地，观鸟兽之文与地之宜，近取诸身，远取诸物，于是始作八卦，以通神明之德，以类万物之情。"（《周易·系辞传下》）俯仰之间开启了中国人之个体成人的基础性生命视域。这里提示我们，人与天地的关系乃是个体在世的基础性关系，天地视域乃是个体成人的基础性视域。个体进入天地视域的基本姿态乃是俯仰之"观"，也即以个人身体之感官与天地万物相遇。正因为如此，感性地活在天地之间，成为中国人之生命在世的基础形态，也即中国人之生命个体的基础性结构。

八卦作为中国远古文明之代表，正是把个体带入天地视域，在向上即"仰则观象于天"的过程中开启个体向着神明之道德的通达，也即领会神明之德，在向下即"俯则观法于地"的过程中开启个体向着万物之情状的通达，即洞悉万物之情。"仰则观象于天"打开的神明之德，乃是给作为个体的中国人提供基本伦理价值准则，正如孔子所云："大哉尧之为君也！巍巍乎，唯天为大，唯尧则之。荡荡乎，民无能名焉。巍巍乎其有成功也，焕乎其有文章！"（《论语·泰伯》）"俯则观法于地"打开的万物之情，乃是给作为个体的中国人提供生活展开的具体内涵与伦理实践的方向，所谓"民胞物与"，其间所寄托的不仅是中国人的生命伦理规定，更是一种生命价值的终极归宿，是一种生存信念的表达，简言之，"民胞物与"正是中国人的终极生命理想。孔子所谓的"兴于诗，立于礼，成于乐"，正是这一理念的教育实践形态，也即以诗之兴激活个体成人的初始性经验，激活起源于个体成人之当下，进而一点点促成个体对礼也即德行的自觉，最终臻于人与天之间的和谐和有序，引导个体积极地通达他人与天地万物。

当我们探讨教育起源问题的时候，我们往往是把起源看成纯粹时间上的起点，即历史的开端，也即逝去了的过去，而非今天。起源不仅仅是时间性的，也是空间性的，也即任何起源总是意味着事物之向着空间的开启。这意味着事物在历史中的开端同时也是事物开启自身方式的展开，事物之初始阶段开启自身的方式总是会包容在事物发展的过程之中，也即逻辑地构成事物向着空间开启自身的方式。站在教育的视角而言之，教育的起源意味着人类教育开启自身的方式的初步形成，这种敞开自身的形式不仅仅是属于发端的，而且会包容在事物发生发展的整个过程之中。正如海德格尔所谈论的本源之含义："本源这里意味着：从何和由何，某物是其所是和为其所是。某物是其所是和为其所是，我们称为其本质或本性。某物的来源即其本性的来源。"① 这提示我们，谈论事物的起源，其实就是在谈论事物的本性，谈论教育的起源正是谈论今日教育从何和由何而来，今日教育如何是其所是和为其所是。这意味着教育起源的问题绝不仅仅是遥远的历史问题，而是并且一直是教育的当下问题，起源作为问题总是以隐在的方式进入当下。

历史并未终结，那开启先民的基础性事物依然在潜移默化地引领着今人的生命。真正的历史并非博物馆里被观看的"遗物"，而是不断地向着当下绵延，并建构着今日个体的内在自我。我们也并非历史的旁观者，我们乃是历史绵延到今天的体现者，我们就是活着的传统。传统不是静止的过去，而是绵延至今天，建构着今天，对传统的创造性解释就是在建构当下。这意味着我们今天所倡导的古典教育研究，一方面不是单纯地为了探玄钩奇，也即作为某种精致的学问方式而让人沉溺其中，跟当下并无实际关联，尽管这也是必要而且重要的；另一方面亦非以现代自居，而居高临下地贬抑、排斥古典教育传统，而是在深度理解古典传统、理解古典传统与当下深切关联的基础上，激活起源于当下，使之融入现代、融通古今、敞亮未来。

三、温故知新：敞开起源于当下

我们来看《论语·学而》中一个典型的教学片段。② 子贡曰："贫而无谄，

① 海德格尔．诗·语言·思 [M]．彭富春，译．北京：文化艺术出版社，1991：21.
② 对于此章的解读参考：刘铁芳．切磋之道与经典教育 [J]．北京大学教育评论，2017(1)：183–185.

富而无骄，何如？"子曰："可也。未若贫而乐，富而好礼者也。"子贡曰：
"《诗》云：'如切如磋，如琢如磨。'其斯之谓与？"子曰："赐也，始可与言
《诗》已矣，告诸往而知来者。"如果说子贡与孔子的对话乃是日常教学中的切
磋，那么，子贡进一步引入《诗》的学习经验，则是把其学《诗》的记忆带入
对话之时。我们再回到《诗》的原初状态：古代先民切磋骨器、琢磨玉器的场
景激活初始的诗性哲人的想象，用经过反复切磋琢磨而成的精美骨器、玉器来
比喻修德的君子，"有匪君子，如切如磋，如琢如磨"（《诗经·卫风·淇奥》），
使得自然场域中的劳作与人的德行联结起来。《诗》之教正是在此诗性场域的
重新展开中唤起个体修德成人的欲求。子贡引诗本身就是这一欲求的表达与实
践方式。孔子后面的总结不仅仅提示着子贡与孔子的交往片段，同时也是孔
子所代表的古典教育的整体经验，也即"告诸往而知来者"，我们就是在积极
阐释、承续过往经验的过程中敞开未来，在向后溯本追源的同时向前而通达
未来。

无疑，子贡与孔子的对话提示了古典教育的当下意义：以初始性经验敞开
个体成人之道，在提示个体成人的路径之时，给予个体价值的自觉，并让个体
在不断返回起源的过程中甄定自我发展的内在方向。重申古典教育的意义，就
是引导个体在不断地触摸起源的过程中激活当下，内在地敞开自我发展方向，
进而培育个体人生的价值根基，并在此过程中获得自我身份的根本性认同。"价
值教育是国学教育的核心，施行得体，可以补充百年以来施行的单纯知识教育
的不足。"[①] 我们之所以提出重返古典传统，正是要以古典传统裨补当下个体人
生的价值根基。一个民族的核心价值总是从孕育开始就贯穿始终，个体发展在
立足当下，积极面向现代化、面向世界、面向未来的同时，潜移默化地以各种
方式返回起源，让我们置身民族历史文化传统之中，能更多地意识到我们究竟
是谁、我们需要什么。

起源存留在古典诗歌之中，古典诗教的意义正是不断地激活起源，以保持
起源。一个人保留着年少阶段的诗歌记忆，就是保持起源于人生历程之中。一

[①] 刘梦溪.中国文化的张力：传统解故 [M]. 北京：中信出版社，2019：10.

个民族不断地重塑古典文化，就是在保持起源于民族发展的历程之中。一个民族的经典往往体现了古典时代先贤思想的杰出，同时也是先贤思想在历史进程之中不断被选择、解释甚至创造而成的，也即真正的民族经典乃是历史进程中开放而持续的认同、阐释与创新共同造就的。显然，所谓经典其实并不仅仅属于经典作者，同样是属于历史的，属于民族的，是在开放的历史过程中共同塑造的，或者说是在历史的阐释与创造过程中不断生成的。伴随历史发展而逐步形成、不断演进的经典其实就包含了一个民族在精神成人的方面隐秘而富于特色的关键基因，或者说遗传密码。"传统是通过各个历史时期创造出来的文化典范来承载和传承的。文本经典和典范性的文化遗存，里面集中藏有传统文化和文化传统的密码，文本经典的诵习和文物遗存的熏陶，不失为现代人接受和连接传统的有效方式。"① 回到经典，回溯古典教育传统很显然并不是回到古代，而是让我们超越简单化的线性时间观念，在回溯经典文本的过程中思考一个民族如何被塑造和一个民族作为民族的关键信息，从而让我们在不断向前迈进的过程中能同时以回望的姿态找到自我发展的起点与本源，重拾民族发展的初心，以持续的民族理解与积极的民族认同来端正个体与社会发展的方向和目标。

赫拉克利特说："上升的路与下降的路是同一条路。"② 然而人们通常对此毫无意识，人其实同时走在上升与下降的道路上。在《荷马史诗》中，《伊利亚特》讲的是出征、出发，而《奥德赛》讲的是回归，似乎预示着出发与回归乃是人类永恒的主题。重温古典教育传统，绝非留恋过去，更非固守过去，而是为了更好地认识我们自己，激活起源于当下，以更好地开创未来。身处现时代，伴随文明的演进以及由此而来的现代技术的包围、流行与时尚的裹挟，以及因为社会变革的加快导致的个体现实生存适应的不断强化，人很容易陷入自我迷失，也因此而沦为并不真正了解自我的人，也即让自我更多地处于现实生存适应的状态之中，而忽略自我的本源性需求。正如黑格尔在《小逻辑》的导言中说："哲学的最高目的就在于确认思想与经验的一致，并达到自觉的理性

① 刘梦溪. 中国文化的张力：传统解故 [M]. 北京：中信出版社，2019：6.
② 屈万山.《赫拉克利特著作残篇》评注 [M]. 西安：陕西师范大学出版社，1987：77.

与存在于事物中的理性的和解，亦即达到理性与现实的和解。"① 现代中国人要
依托于现实和历史形态的中华大地而妥帖地敞开自我生命，达成自我生命的健
全，显然需要以对现实和历史形态的中华大地背后所隐含的理性之和解为基
础。我们今天的教育无疑需要充分地着眼于未来，但一个人自信地面对未来的
前提条件是清楚地知道自己是谁，需要什么。置身一定文化视域中的个体，其
健全的生命成长姿态乃是继往而开来。亦如孔子所言"告诸往而知来者"，告
诸过往，正是为了知道来者。我们今天的问题恰恰在于，我们不断地鼓励学生
向前发展，却忘了让他们明白究竟为什么出发，由此而获得对自身身份的深度
理解与认同，找到自我生命成长的根基。我们的教育理论研究同样如此，我们
缺少了对中国教育得以发生的历史与现实背景的深度理解，以至于我们缺失了
对教育究竟培养什么样的人的深度把脉。这样的结果是我们的理论研究本身乃
是无根化的，我们想当然地把教育中人的形象置于去民族文化视域的理想形态
之中。

　　民族的经典乃是发生并形成于历史接受的过程之中的。先贤置身其所逢的
历史与时代境遇之中，充分地完成属于其个人的文化创造，形成思想文本。后
人在阅读先贤思想文本的过程中，不仅仅是学习先贤思想，也在此过程中开启
自我，获得自我认同感，同时又以自我置身时代之中的偏见来创造性地阐释、
丰富先贤的思想。正是在此代代相传、不断选择性地阐释与创造的过程中形成
了民族历史与文化进程之中的开放的经典。历史上的经典，曾经充分地开启先
人的生命世界，到今天，依然是打开我们生命世界的重要资源。回到古典，并
非要我们回到古代，而是要我们沿着先民打开自我的路径来思考今日究竟如何
更好地打开我们自身的生命世界。经典并非教条，真正的经典乃是开放性的。
经典之所以是经典，乃因为其承载着道，也即保持向着道的开放性。我们正是
在阅读经典的过程中敞开我们自身向着道的开放性存在，我们自身的理解就参
与经典意义的创生，由此，我们自身也进入历史与传统之中，成为鲜活历史与
传统的一部分。

---

① 　黑格尔．小逻辑 [M]．2 版．贺麟，译．北京：商务印书馆，1997：43.

重温古典，并非因循守旧，更非依葫芦画瓢，而是"温故"以"知新"，也即在不断的回望与理解中创造性地活化经典，让经典更好地进入当下，确切地说是让经典激活当下的我们，让我们在置身无根化的现代性处境之际，能在与先哲的对话中触摸历史与传统中幽深的文化－生命之根基。正因为如此，关注古典教育，并不是为了猎奇，而是为中国教育寻根。"周虽旧邦，其命维新。"周虽然是旧的邦国，但其使命在革新。在重温古典的过程中触摸起源，并不是要守旧，恰恰是要维新，所谓"维新"就是要为传统找到恰切地进入当下并激活自身内在力量的可能性，只是这种"维新"乃是要建立在对我们自身的"命"的认识与持守之上，也即恰切地理解置身古今中西之间的我们究竟需要怎样的"新"，而非盲目地求新。我们今天当然需要致力于当下教育的创造与更新，但我们需要的乃是基于起源的创造更新。不断地解释与理解教育的起源，正是要尝试着去理解那让我们不断地维新的"命"，由此而寻求今日教育之自我更新和自身超越的源头活水与内在路径，否则我们的求新就可能是盲目的、无根的。正因为如此，重温起源并不是复古，而是复命。"随现代性漂流而去，让科技收拾人性的残局，归根结底是人类之殇，一切文化都难幸免；纠现代性之偏，把'归根'变成'复古'，仍受制于现代性之偏，终逃不掉科技的非人属的物义论之途；所以，'归根'所开出来的'复命'之'命'，实乃救治'现代性危机'即驾驭'物'的人义论之回归：'极高明而道中庸'的'致人和'。"① 回到起源，实际上就是回到照亮古典时代先民鸿蒙的那些恒久性的事物，让那些恒久性的事物观照我们自身，借以让我们获得一个民族之本源性精神，并不断地将之延展于个体人生历程之中，以此来不断地甄定、引领个体人生发展的目标与方向。

历史乃是绵延性的，对于当下的我们而言，所谓历史并不是博物馆里被观赏的文物，历史并未过去，而是深深地植根于当下，潜移默化地建构着当下。古典所面临的问题在一定程度上具有某种超越性，其间总是或多或少隐含着我们今天所面临的基本问题。回到古典，其实并不是要我们回到古代，而是为了

---

① 张志扬.归根复命：古典学底民族文化种性 [M]// 萌萌学术工作室.哲学、科学、神学诸意识形态.北京：生活·读书·新知三联书店，2016：267.

让我们更好地、更真切地回到我们今天所遭遇的基本问题，回归到人类的抑或民族的永恒性问题，回到教育的基本问题。正因为如此，回到古典并不是回到古代，而是不断地从古典所面对的问题出发，也就是从古典出发，敞开当下的问题空间：站在今人的立场上来解读古典，激活古典在现时代的想象，让我们更好地理解古典，以古典思想来扩展今日教育的思想资源；站在古典的立场上来解释当下，激活对当下基本问题的思考，让我们更好地理解当下教育的精神走向。

正因为如此，古典教育研究的意义昭明较著，那就是在当下的视域中不断地返回古典、阐释传统、激活起源于当下，从而敞开当下教育的价值本源，孕育个体成人的价值根基，由此而在把民族的精神血脉带入当下的过程中，赋予个体生命以基于本源的价值感，从而内在地孕育个体生命的价值归宿与人生发展的方向，让个体成为置身现代性之中的有根而又有魂的存在。个体人性总是有某种超越时代的力量，古典教育研究的意义就是要面对人性中的永恒，确切地说，就是从古典中找到人性打开自我的初始方式，并使之敞开当下，或者说以起源的方式进入当下。古典教育研究一方面需要尽可能地接近原典，立足于"经史"，也即更充分地通过经典而理解先民人性的打开方式；另一方面，也需要充分地返回当下，面对当下，在经典中敞开当下个体生命成长的"义理"。古典教育研究如果不能踏实地回到经典，就难免自说自话、流于主观臆断；古典教育研究如果不能充分地面对当下，吸取当下人性的力量，就难免空洞而乏力。

古典教育研究关联于传统文化教育，但并不等于传统文化教育。传统文化教育的中心乃是传统文化及其经典如何传承的问题，古典教育研究则是立足于古典教育传统及其经典文本的解读，着眼于当下，在不断地返回起源的过程中阐释、敞开当下及未来中国教育发展的内在可能性。传统文化教育只是古典教育的实践路径之一，古典教育研究要探讨的根本问题是中国教育本身如何继往开来，立足古典，着眼于当下，整体性地探寻置身民族历史发展之中的教育发展的内在精神路向。显而易见，重温古典教育传统，绝非留恋过去、回到过去，而恰恰是面向未来。我们的目的乃是要在追寻教育的本源抑或中国教育的本源的过程中，触摸当下教育发展的深层脉象，以尽可能地夯实教育理论研究的背景与基础，在经典与现实、古典与现代、中国与西方之间融会贯通，同时又保持必要而鲜活的张力，以此来促成深度教育思考的可能性。当然，我们深知，这只是今日中国教育研究幽微而又不可或缺的重要路径之一，我们自身的研究也未必能达成我们预想的目标，但我们将持续努力，并力求在逐步回到中西古代原典的过程中，扩展当下教育研究的深度与广度。虽不能至，心向往之。正如当代诗人李少君在《敬亭山记》中所写：

我们所有的努力都抵不上
一阵春风，它催发花香，
催促鸟啼，它使万物开怀，
让爱情发光

我们所有的努力都抵不上
一只飞鸟，晴空一飞冲天，
黄昏必返树巢
我们这些回不去的浪子，魂归何处

我们所有的努力都抵不上
敬亭山上的一个亭子
它是中心，万千风景汇聚到一点，
人们云一样从四面八方赶来朝拜

我们所有的努力都抵不上
李白斗酒写成的诗篇
它使我们在此相聚，畅饮长啸

忘却了古今之异，消泯于山水之间 ①

不管未来我们走向哪里、身在何方，只要我们还在守护着方块字，我们就将依然吟诵着李白斗酒写成的诗篇，在其中找寻我们精神之家园，让自我消泯于古今之异、山水之间……

----

① 李少君. 自然集 [M]. 武汉：长江文艺出版社，2014：10.

王曦影 ｜ 北京师范大学教授

同伴教育、学校社工与青年领导力

——预防校园性别暴力之行动研究 ①

一、校园暴力与欺凌成为热点问题

校园暴力与欺凌已成为全球热点，是中国各界日益关注的社会问题。2017年1月17日，联合国教科文组织在韩国首尔发布了《校园暴力与欺凌：全球状况报告》。报告显示，全世界每年有接近2.46亿名儿童和青少年遭受了某种形式的校园暴力与欺凌。这一报告将校园暴力定义为身体、心理和性暴力以及欺凌。施暴者既可能是在校学生，也可能是学校的教职员工。校园欺凌则是校园暴力的一种形式，伴随实际或认知上的权力失衡，施暴者针对受害者反复施加故意和带有攻击性的行为（见图1）。所有的儿童和青少年都可能遭受校园暴力与欺凌，然而，残障，性别差异，家庭贫困或社会地位低，民族、语言和文化差异（如流动人口、难民），外貌体形（如体重过低或过高），性倾向、性别身份和性别表达等因素都有可能使得一些儿童和青少年变成更加弱势的群体。②

① 本文曾经署名王曦影、杨梨，以《同伴教育、学校社工与青年领导力：预防校园欺凌之行动研究》为题发表于《社会建设》2018年第3期。
② UNESCO. School violence and bullying：global status report[EB/OL].[2017–05–16]. http：// unesdoc.unesco.org/images/0024/002469/246970e.pdf.

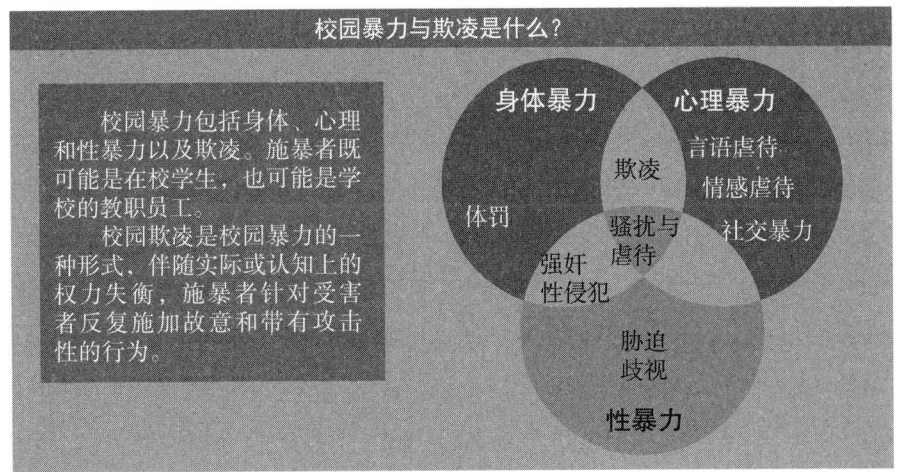

图1　校园暴力与欺凌是什么？

　　中国媒体、学界、政府、公众近年来日益关注校园暴力与欺凌的问题。杨书胜、耿淑娟和刘冰对新浪新闻中心 2006—2016 年发布的有关校园暴力与欺凌的新闻报道进行梳理发现，2014—2016 年的报道占 10 年新闻报道总数的 59.7%。[①] 国内学者对校园暴力与欺凌的研究近年来也呈井喷式增长。2015 年以前，学者们主要使用"校园暴力"的概念[②]，2015—2016 年，关于"校园欺凌"的研究急速增长，2016 年校园欺凌的研究成果是 2015 年的 10 倍多，主要关注国外校园暴力与欺凌的研究经验，关注概念界定、政策分析、立法研究及对校园暴力与欺凌现状、原因的实证调查研究[③]，缺乏干预性的行动研究。与此同时，公众尤其是学龄儿童和青少年的父母对校园欺凌事件日益关注，每一类似 2016 年中关村第二小学的校园欺凌事件[④]，都会在社交媒体上迅速传播发酵。同时，我们也关注到，公检法机关不再将校园欺凌简单地等同于学生之间的打

---

① 　杨书胜，耿淑娟，刘冰. 我国校园欺凌现象 2006—2016 年发展状况 [J]. 中国学校卫生，2017(3)：458-460.

② 　任海涛."校园欺凌"的概念界定及其法律责任 [J]. 华东师范大学学报（教育科学版），2017(2)：43-50，118.

③ 　冯帮，李璇. 我国近十年校园欺凌问题研究述评 [J]. 上海教育科研，2017(4)：10-15.

④ 　新华社报道，2016 年 12 月，北京市中关村第二小学一位家长在网上发文称，孩子遭到同学的"霸凌"，事后出现失眠、恐惧等急性应激反应，质疑校方处理不当。此事经互联网传播发酵，引发公众强烈关注。

闹嬉戏，无论在北京①还是上海②，媒体都已经报道公检法机关介入了校园欺凌的处理，一些校园欺凌的未成年施暴者受到了刑事处罚。

面对日渐凸显的校园暴力与欺凌问题，我国政府自 2016 年以来频频推出政策、文件、方案，表达重点治理校园（学生）欺凌的态度、决心并付诸行动。2016 年 4 月，国务院教育督导委员会办公室出台了《关于开展校园欺凌专项治理的通知》，要求于 2016 年 4—12 月对全国中小学校（含中等职业学校）开展校园欺凌的专项治理，并于 2016 年 11 月印发《中小学（幼儿园）安全工作专项督导暂行办法》，将学生欺凌和暴力行为预防与应对纳入安全专项督导工作。2016 年 11 月，教育部等九部门出台了《关于防治中小学生欺凌和暴力的指导意见》。2017 年 11 月，教育部等十一部门发布了《加强中小学生欺凌综合治理方案》，提出了坚持教育为先、坚持预防为主、坚持保护为要、坚持法治为基四项基本原则，为预防与应对校园暴力与欺凌提供了重要的政策支持，为进一步建立校园暴力的预防和干预机制提供了契机。细读这些政策，我们却也发现还存在一些值得商榷和改进的地方。首先，这些政策的制定缺乏社会性别的视角，看不到很多校园暴力和欺凌的产生常常是与社会性别规范、性别刻板印象和失衡的性别权力关系相联系的；其次，这些政策的制定采取的是自上而下的管理视角，而不是自下而上的参与式视角，学生是被动的被管理者，缺乏主体性和参与性；再次，政策聚焦学生欺凌③，忽略了施暴者也有可能是教职员工；最后，这些政策的制定把校园暴力和欺凌与青少年犯罪联系起来，看不到日常的、微小的暴力在校园中的广泛存在，以及微小暴力升级为严重暴力的可能性与关联性。同时，这些政策通常将欺凌者和被欺凌者二元对立，容易给双方贴上标签，看不到角色之间的互换性、流动性。与此相关的，政策不能

---

① 2017 年 2 月 28 日，北京市西城区某职业学院的一名女学生朱某，伙同另外四名女被告人在学校女生宿舍楼内，采取恶劣手段，无故殴打、辱骂两名女学生。11 月 2 日，北京市西城区人民法院对这起校园欺凌案进行宣判。五名犯罪时未满十八岁的被告人都被判处了有期徒刑。

② 据中新社新闻报道，2016 年至 2017 年 4 月，上海市检察机关依法办理校园欺凌犯罪案件，受理审查逮捕 23 人，受理审查起诉 60 人，分别占受理总人数的 1.7% 和 3.5%。

③ 《加强中小学生欺凌综合治理方案》中这样定义中小学生欺凌："发生在校园（包括中小学校和中等职业学校）内外、学生之间，一方（个体或群体）单次或多次蓄意或恶意通过肢体、语言及网络等手段实施欺负、侮辱，造成另一方（个体或群体）身体伤害、财产损失或精神损害等的事件。"

很好地体现正面管教和修复性教育的精神，促进调解欺凌者和被欺凌者的关系进而重新达成和谐，而更加注重对欺凌者进行处罚惩治。面对目前政府日益重视这一现象的契机，我们需要迎接这样一个挑战：如何建立一个以学生为主体的、同伴教育式的、学校社工参与的、具备社会性别视角的校园性别暴力预防的示范性模式？

二、示范式的行动研究

为了迎接这一挑战，我们迫切需要设计一个全面的教育计划，向学生提供关于性别平等、性和性别暴力的信息，从而使男孩和女孩成为积极行动者，来挑战性别歧视、社会性别规范，防止校园性别暴力，并树立建设和谐校园的责任感。在联合国妇女署的支持下，从 2015 年 10 月开始，我们研究团队[①]在北京 W 学校开展了长达两年多的预防校园性别暴力的行动研究。北京 W 学校坐落于北京郊区，是一所民办国际学校，学费不菲[②]，学生多来自中产阶层以上的富裕家庭，所有的高中生都以出国留学为目标。这是一所寄宿制学校，绝大部分初高中生都选择住校，只是周末才回家，还有近三分之一的常住生，其家人居住在外地。

这一行动研究的目标是针对初高中的 13—18 岁青少年开展培训并培养他们成为同伴教育者，帮助他们辨识各种形式的性别暴力，使得他们有能力成为积极的旁观者并增强他们应对校园性别暴力的能力，进而提升他们的性别平等意识，培养他们的非暴力沟通的能力，帮助他们建立健康的朋辈关系，并探索出一套示范性模式。该项目开创了性别平等教育、预防性别暴力教育和性教育三位一体的教育模式，因为我们认为，促进性别平等才是改变性别暴力（包括校园性别暴力）的关键，一个好的预防校园暴力与欺凌的项目必须以性别平等

---

① 研究团队先后包括三名教授、两名非政府组织顾问专家、两名博士研究生、二十四名硕士研究生。
② 根据 W 学校的官方网站介绍，学校高中部每年收费 176000 元，初中部每年收费 137500 元。

教育为基石，并兼顾性教育①的相关内容。

在项目的开展过程中，我们主要采取"校园性别暴力"（School-Related Gender-Based Violence，SRGBV）这一概念，强调运用社会性别视角来检视校园暴力的发生，并将性别意识的提升作为培养新型男性气质和女性气质，进而改变传统社会性别规范和文化的途径，以期实现改变性别暴力现状的长久效果。根据联合国教科文组织（2015）的定义，校园性别暴力指的是在学校和学校周边，因为性别规范和刻板印象，伴随性别不平等权力关系，对他人生理的、心理的、性的暴力行为或威胁。②其最常见的形式包括基于性与性别的欺凌、性骚扰或性侵犯，基于性倾向、性别认同和性别表达的暴力。根据13—18岁青少年的特点，我们尤其关注校园欺凌与约会暴力。北京大学发布的《2015年中国人婚恋状况调查报告》显示，新时代青少年的第一次恋爱和性行为的发生时间比"80后"提前了许多。"80后"发生第一次性行为的平均年龄是22岁，而"95后"发生第一次性行为的平均年龄是17岁。1980年到1985年出生的人第一次恋爱的平均年龄是18.54岁，"90后"是15.18岁，"95后"则是12.67岁。③作者2017年在关于北京青年人的约会暴力的研究中发现，与家庭暴力相对比，恋爱与约会的特殊性使得情侣间的暴力行为常常是轻微的、看似没有那么严重的④，而且常常是相互暴力（mutual violence）。他们之间有更多的言语暴力和心理暴力，而不是肢体暴力，而且很多年轻女性报告她们的早期性行为中常常带有性强迫的成分。⑤魏重政和刘文利对751名性少数学生的在线

---

① 2018年1月10日，联合国教科文组织在全球发布最新版的《国际性教育技术指导纲要》，将核心概念扩展到8个。其中至少有3个核心概念与预防校园暴力与欺凌密切相关，分别是核心概念3"理解性别"（3.3 性别暴力）、核心概念4"暴力与安全保障"以及核心概念5"身心健康技能"（5.3 沟通、拒绝与协商技巧）。

② UNESCO.From insult to inclusion：Asia-Pacific report on school bullying，violence and discrimination on the basis of sexual orientation and gender identity[EB/OL].[2017-04-17]. https：//unecloc.unesco.org/ark：/48223/.pfoooo235414.

③ 胡亚平. 2015年中国人婚恋状况调查报告：女博士才是恋爱达人 [EB/OL].(2016-01-11) [2017-04-17].http：//education.news.cn/2016-01/11/c_128614137.htm.

④ 这只是一个总体而言的与家庭暴力相比较的情况，并不意味着严重的约会暴力不会发生。

⑤ WANG X. Gender，dating and violence in Urban China[M]. London：Routledge，2017：20-21，138-139.

调查发现，40.7% 的学生因为自己的性倾向和性别认同而在学校被叫难听的绰号，34.8% 的学生受到言语伤害，22.4% 的学生受到同伴孤立，6.0% 的学生受到身体伤害的威胁。[①] 尽管目前对于中国的约会暴力和校园性别欺凌等校园性别暴力状况还缺乏全国随机样本的调查，但已有的调查研究表明，青少年中约会暴力、校园性别欺凌等校园性别暴力行为相当普遍。

本项目的开展主要基于下面三个理论框架与依据：以初级预防为主的预防暴力阶段理论、以同伴教育为主的干预模式、社会生态视角的改变理论，旨在促进从个体到学校以及社区的改变。

（一）预防暴力阶段理论

世界卫生组织将预防暴力分为三个阶段（见图 2）：初级预防（暴力发生之前）、二级预防（暴力发生过程中）和三级预防（暴力发生之后）。[②] 以时间为维度，初级预防强调关注和反思潜在的风险因素（引发性别暴力的根本原因），例如性别不平等、性别双重标准、社会性别刻板印象与普遍存在的"暴力文化"，从而努力防止暴力发生。

图 2　预防暴力阶段示意

特莫曼（M. Temmerman）指出目前的初级预防研究多集中在发达国家，对于预防性别暴力的最佳实践是下一步研究的重点与核心。[③] 埃尔斯伯格（M.

---

① 　魏重政，刘文利. 性少数学生心理健康与遭受校园欺凌之间关系研究 [J]. 中国临床心理学杂志，2015(4)：701–705.

② 　WHO. Intimate partner and sexual violence prevention course[EB/OL].[2017–04–18]. http：//www.who.int/violence_injury_prevention/capacitybuilding/courses/intimate_partner_violence/en/.

③ 　TEMMERMAN M. Research priorities to address violence against women and girls[J]. Lancet，2015，385(9978)：38–40.

Ellsberg）及其同事则指出，在发展中国家，尤其需要大力开展更多的初级预防研究。[①] 回顾中国 20 多年性别暴力（包括校园暴力）的研究，大多数都聚焦在二级预防和三级预防阶段，即如何在暴力发生期间或暴力发生后减少对受害者的伤害，缺乏针对初级预防的相关研究。2011 年至 2014 年，在联合国人口基金和预防伙伴（Partners for Prevention）的技术与资金支持下，联合国开展了"亚太九国男性气质与暴力的研究"，中国也参与了这一比较研究，开展了定量和质性的调查研究，首次探讨了男性气质和性别暴力之间的关系，为中国性别暴力初级预防收集证据做出了创新努力。[②] 这两项研究表明，与霸权男性气质相关联的社会性别规范常常是性别暴力问题的根源之一。令人担忧的是，定量研究结果表明，男性使用暴力的年龄开始得很早，在犯强奸罪的男性中，15—19 岁就实施第一次强迫性性行为的占 24%。研究结果还表明，实施强迫性性行为的男性的行为与他们所持的性观念有关。他们通常相信：无论女性是否同意，男性都有权要求女性发生性行为。约 86% 的实施过强迫性性行为的男性承认他们认同这一观点。这表明霸权男性气质观念和行为与男性施加暴力、女性遭受暴力密切相关。同时，质性生命史访谈还发现个体从童年期开始在家里或学校目睹、经历的暴力也会对成年期的性别暴力产生重要影响。这两项研究为性别暴力的预防和干预提供了可靠的数据与实证支持，特别是有助于在中国当前环境下联合男性积极参与倡导性别平等并制止暴力，同时也证实了建立初级预防机制对防止暴力有着重要作用。长期来看，预防暴力在减少暴力所带来的危害方面将更便宜、更有效。预防性别暴力需要从改变青少年的性别平等观念，建构性别平等的、非暴力的新型男性气质开始。

综上所述，在学校开展预防校园性别暴力的项目，既符合国际经验及中国目前的校园性别暴力发展的情况，又是非常有效且成本更低的方式，还弥补了中国目前预防校园性别暴力的干预研究较少的短板。因此，本项目引入预防暴

---

① ELLSBERG M, ARANGO D J, MORTON M, et al. Prevention of violence against women and girls: what does the evidence say?[J]. Lancet, 2015, 385(9978): 1555-1566.

② 王向贤，方刚，李洪涛. 性别暴力和男性气质研究：中国的定量研究报告 [R]. 纽约：联合国人口基金，2013; 王曦影，乔东平，杨力超，等. 艰难时世：中国社会变迁中的男性气质与性别暴力 [Z]. 北京：北京师范大学，2013.

力阶段理论设计预防校园性别暴力的方案。

（二）同伴教育促进行为改变

本项目主要针对青少年开展预防校园性别暴力的干预，为了更好地获得青少年认可和参与及对青少年健康人际关系的建立产生影响，本项目将采用同伴教育的方式。邦德（K. Bond）等人认为，同伴教育是具有相似年龄、背景、经历、社会经济地位、性别和共同语言的人在一起分享信息、观念或行为技能，同伴教育者易唤起身边同伴的心灵共鸣，实现教育目标。[①] 费梅苹也认为，同伴教育是利用同伴之间的共性，通过榜样的示范带头作用，使同伴更好地接受信息，对同伴施加影响。同伴教育是促使行为改变的非常有效的教育方式。[②]

W 学校是寄宿制学校，学生多为独生子女。对于这些青少年而言，同伴关系是非常珍贵的。健康的、相互尊重的同伴关系也必然有利于他们的身份建构和自我发展。全球的经验表明，当青少年参与基于平等知识分享和尊重他们价值观的同伴教育项目时，将会检验他们的行为模式和行为背后的文化信仰。当他们质询自己的价值观并试图改变自己的行为的时候，更容易听取同龄人的意见。同龄人的支持也为青少年创造了一个更好的环境来挑战已经定型的刻板观念并且能够改变他们的人际关系。[③] 埃尔斯伯格等也指出，好的同伴教育能够帮助青少年更好地理解男性气质和性别暴力，能够帮助他们运用自己的生命经验理解和处理相关议题，能够赋权青少年和培养青年领导力。这一更深层次的理解和参与常常是行为改变的必要前提。[④]

---

① BOND K, WOLF C. Social network and peer promotion program: method logical advances[Z]. Philadelphia, PA: American Public Health Association Conference, 1998: 56–58.
② 费梅苹. 意义建构：戒毒社会工作服务的实践研究——以上海社区戒毒康复服务中的同伴教育为例 [J]. 华东理工大学学报 (社会科学版)，2011(2): 24–29.
③ JEWKES R, FLOOD M, LANG J. From work with men and boys to changes of social norms and reduction of inequities in gender relations: a conceptual shift in prevention of violence against women and girls[J]. Lancet, 2015, 385(9977): 1580–1589.
④ ELLSBERG M, ARANGO D J, MORTON M, et al. Prevention of violence against women and girls: what does the evidence say?[J]. Lancet, 2015, 385(9978): 1555–1566.

（三）改变理论

米绍（L. Michau）等人运用社会生态模型构建了一个预防暴力模型，即改变模型，强调促进个人的、人际的、社区和社会各个层面的积极变化。如图 3 所示，这个模型是一个圆形，上半圆体现了权力失衡和性别不平等的机制是如何在四个层面得以维持，并使针对妇女和女孩的暴力（violence against women and girls，VAWG）得以持续发生的；下半圆则讨论我们在四个层面要积极采取哪些行动以预防和干预性别暴力，并实现权力平衡和性别平等。①

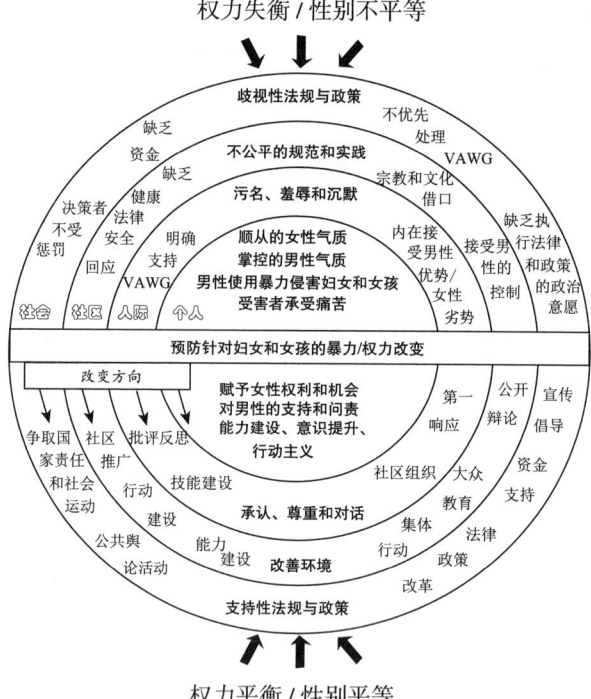

图 3　基于社会生态的改变模型

我们尝试运用米绍的改变理论来开发预防性别暴力的校园干预项目。借鉴改变模型，本项目的干预方案将重点针对以下四个层面的社会生态系统设计具

① MICHAU L, HORN J, BANK A, et al. Prevention of violence against women and girls：lessons from practice[J]. Lancet, 2015, 385(9978)：1672–1684.

体的干预措施。在个人层面，运用同伴教育培训的方式，加强青少年的性别平等意识，引导他们运用社会性别视角批判性地分析日常生活，培养他们辨别和应对性别暴力的技能，鼓励男生和女生一起参与，讨论性别暴力的根源，并鼓励他们从自身做起，积极参与改变。在人际层面，我们提倡非暴力沟通，建立健康的朋辈关系、师生关系、亲子关系，号召每一个青少年都做一名积极行动的旁观者。旁观者干预方法在美国大学校园预防性别暴力尤其是性暴力中是一个非常普及的方法，这一方法将干预的重点从受害者转移到每一位学生，认为每一位学生都有可能目睹过暴力，号召每个人都不再做沉默被动的旁观者，而是做积极行动的旁观者，只要目睹暴力，就要积极行动起来，一起营造一个更加安全和谐的环境。① 在社区层面，我们通过举办嘉宾讲堂、每年在"反对性别暴力十六日行动"② 中开展橙色校园活动等来建设安全和谐、性别平等的校园环境。在社会层面，我们通过组织跨文化交流及社交媒体活动来进一步推动青少年去影响他们的同龄人、改变社会。跨文化交流有助于青少年从更深层次思考社会文化规范，并接触到更成熟的同伴教育成果和其他国家使用的创新方法。中国的青少年与世界各地的年轻人一样，对社交媒体有着巨大的兴趣。有效利用社交媒体活动，可以让年轻人了解社会问题并发起支持行动，从而促进行为改变并预防校园暴力。社交媒体也使本项目的影响能超越项目干预校的范围，把相关信息传播得更广。

三、具体的行动研究

我们在项目开展过程中，采取了行动研究的方式，希望打破理论与实践之

---

① BANYARD V L，PLANTE E G，MOYNIHAN M M. Bystander education：bringing a broader community perspective to sexual violence prevention[J].Journal of Community Psychology，2004，32(1)：61-79；MCMAHON S，BANYARD V L. When can I help? a conceptual framework for the prevention of sexual violence through bystander intervention[J].Trauma Violence & Abuse，2012，13(1)：3.

② 每年从 11 月 25 日"消除对妇女的暴力行为"国际日到 12 月 10 日"国际人权日"，全球会有持续 16 天的反对性别暴力行动。这是激励制止暴力侵害妇女和女童的全球行动，亦称"反对性别暴力十六日行动"。

间的藩篱，用现有理论去指导实践，并在实践中进一步改造理论。本着行动研究的反思性循环所倡导的螺旋的精神，我们借鉴苏斯曼（G. I. Susman）的行动研究五阶段来设计并开展我们的研究。他所说的五个阶段分别是：第一，发现问题；第二，制订行动计划；第三，执行行动计划；第四，诠释发现；第五，重新审视问题并开始另一轮实践。[①]

根据项目的内容和特点，我们将苏斯曼的五个阶段进行了改造（见图 4）。第一个阶段是发现并确定问题。我们采取问卷调查的方式，在 2015 年 11 月至 12 月，在 W 学校的初一、初二、高一和高二四个年级整班随机抽取约 350 名学生开展问卷调查，共有 298 名学生填答了问卷，其中有效问卷 287 份，有效回收率为 82%。我们希望通过问卷调查的方式了解该校的校园性别暴力状况以及学生应对暴力的能力。除了问卷调查之外，项目组还访谈了高一和高二年级的 8 位班主任，开展了面向 7 名高中生的焦点小组访谈，并对学生会干部、社团干部等 7 人进行了个案访谈。第二个阶段，我们根据需求评估所提供的资料，开设学校社工实习基地，并设计培训方案，在此基础上开发了《促进性别平等　预防性别暴力：青年同伴教育者培训手册（橙志手册）》（以下简称《橙志手册》[②]）。第三个阶段，我们运用开发的手册，开展同伴教育者培训。第四个阶段，我们通过对接受培训的同伴教育者进行访谈，了解他们参与培训并变成培训者的经验和反应，同时吸取他们的意见和建议进一步修改《橙志手册》。第五个阶段，总结最佳实践经验，提炼同伴教育预防校园性别暴力的模式，发现不足之处，改造计划，准备进入下一轮实践。

---

① SUSMAN G I. Action research：a sociotechnical systems perspective[M]. London：SAGE Publications，1983：102.

② 以《橙志手册》命名主要基于以下几点考虑：汉字"橙"的发音与英文单词"change"接近，橙色是温暖的颜色，是警示的颜色，也是联合国"联合起来：制止侵害妇女的暴力行为"这一行动的主题色。志，是同志的"志"，首先我们是一群"志"同道合的人，在共同的目标和愿景下共事，是并肩奋斗的好同志；其次"同志"在现代语境中获得了指代性少数群体的释义，而这一群体正好切中"尊重性别多元"的目标。此外，依托这一项目，北京师范大学和 W 学校的学生们成立了"橙志性别平等小组"这一学生社团。

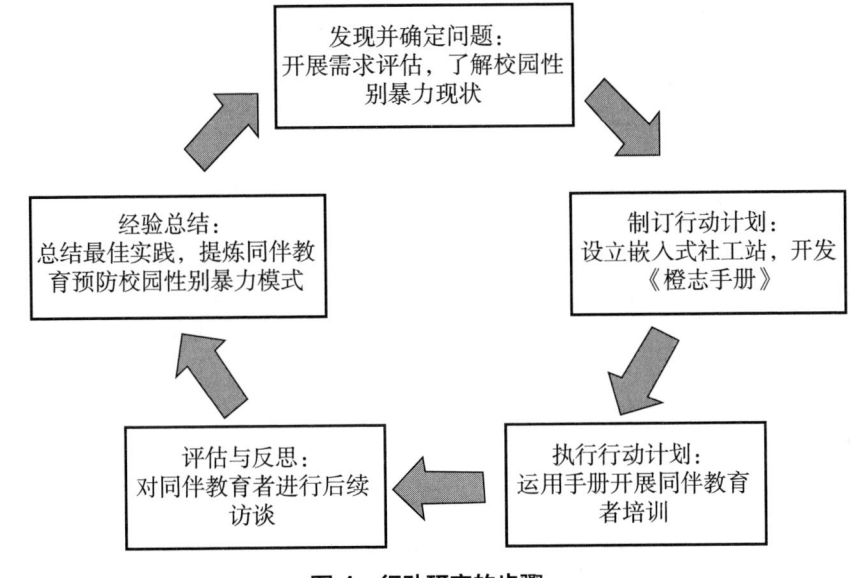

图 4　行动研究的步骤

（一）需求评估：数字告诉你的 W 学校

我们最初抵达 W 学校的时候，教导处主任曾经这样告诉我们，学校有"四大高压线"：恋爱、抽烟、喝酒和打架。他说，学校很少发生校园暴力，因为校方态度非常坚决，一旦发现，施暴者有可能被开除。我们走访的一些教师也表示，由于学校的制度严格、学生的家庭教育较好，学校的暴力行为较少。教导处主任和教师们的描述符合 W 学校的真实情况吗？调查问卷描述了一个不一样的 W 学校。

如表 1 所示：男生占 58.9%，女生占 41.1%；15 周岁及以上的学生约占四分之三，14 周岁及以下的学生约占四分之一。学生的家庭经济条件总体来说较好，89.2% 的学生认为自己的家庭条件与同龄人差不多或者更好。约一半的学生报告有过恋爱经历（47.4%），18.5% 的学生报告有过边缘性行为（包括拥抱、亲吻和爱抚），5.6% 的学生报告有过性交行为。37.3% 的学生报告平时喝酒的习惯，11.5% 的学生报告在过去三个月有醉酒经历。11.9% 的学生报告他们现在或曾经有过抽烟的行为。

表1 样本个人及家庭人口社会特征及行为

变量	初中（N=69） n（%）	高中（N=218） n（%）	总计（N=287） n（%）
性别			
女性	24（34.8）	94（43.1）	118（41.1）
男性	45（65.2）	124（56.9）	169（58.9）
年龄			
14周岁及以下	48（69.6）	25（11.5）	73（25.4）
15周岁	4（5.8）	88（40.4）	92（32.1）
16周岁	10（14.5）	66（30.3）	76（26.5）
17周岁及以上	7（10.1）	39（17.9）	46（16.0）
家庭经济条件			
比同龄人好	30（43.5）	98（45.0）	128（44.6）
差不多	33（47.8）	95（43.6）	128（44.6）
比同龄人差	6（8.7）	25（11.5）	31（10.8）
恋爱经历			
现在有	2（2.9）	35（16.1）	37（12.9）
过去有	16（23.2）	83（38.1）	99（34.5）
从未有过	50（72.5）	96（44.0）	146（50.9）
性行为			
没有	62（89.9）	152（69.7）	214（74.6）
边缘性行为	6（8.7）	47（21.6）	53（18.5）
性交	0（0）	16（7.3）	16（5.6）
喝酒			
从不	44（63.8）	98（45.0）	142（49.5）
平时喝酒	19（27.5）	88（40.4）	107（37.3）
三个月内喝醉过	4（5.8）	29（13.3）	33（11.5）
抽烟			
现在抽	4（5.8）	16（7.3）	20（7.0）
过去抽	2（2.9）	12（5.5）	14（4.9）
从未抽过	59（85.5）	188（86.2）	247（86.1）

注：有个别选项未列出，故人数与比例不全。

从表 1 我们可以看出，即便是学校有"四大高压线"，学生也有策略绕过它们，自行其是。确实，W 学校并非一所例外的乐园。从问卷调查结果来看，在受访学生中，无论是目睹校园性别暴力、经历校园暴力的比例，还是经历约会暴力的比例，都是相当高的。

项目组设计的问卷内容包括发表有侮辱性或攻击性的话语（言语暴力）、推搡或殴打等肢体攻击（肢体暴力）、孤立或排挤和散布谣言（心理暴力）等校园暴力与欺凌经历。结果显示，超过四分之三的调查学生回答曾经目睹过校园暴力与欺凌，高中组的比例达到 75.8%，初中组的比例则达到 79.4%。如图 5 所示，教室是学生目睹校园暴力发生的主要场所。初中组目睹校园暴力发生较多的场所还有操场 / 厕所（12.5%）和宿舍（7.1%），高中组则为宿舍（18.5%）、操场 / 厕所（10.1%）。

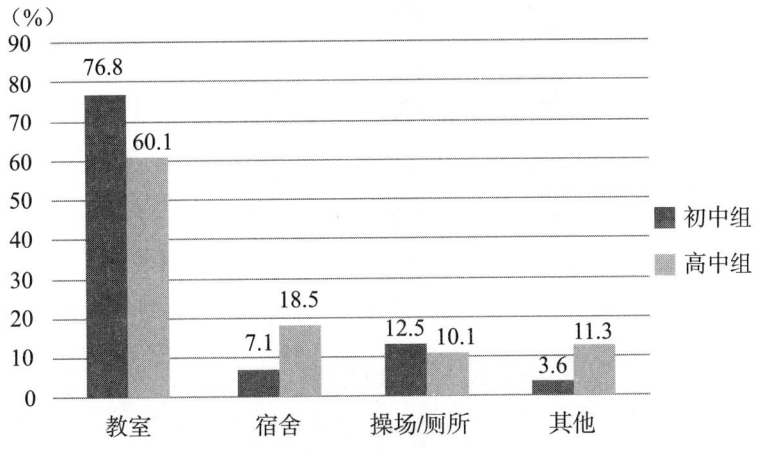

图 5　目睹校园暴力发生的场所

在参与调查的学生中，报告经历过校园暴力的学生并不在少数，初中组有超过半数的学生（58.2%）报告经历过校园暴力，高中组的比例相对较低，比例为 43.9%。同时，初中生报告的各种类型的校园暴力发生比例均高于高中生，这与很多其他研究的发现相一致，即初中常常处于校园暴力增加的高峰阶段，然后随着学生年龄的增长，校园暴力又会逐渐减少。[1] 如图 6 所示，初中生经历心理暴力（47.8%）、言语暴力（43.9%）和肢体暴力（35.8%）的比例都高于高中生（分别为 28.6%、35.1% 和 12.6%），尤其是初中生报告经历肢体暴力的比例要比高中生高 23.2 个百分点。在访谈中，学生们认为，校园暴力与欺凌是普遍存在的，而且以拉帮结派、排挤和孤立少数同学以及给他们起外号等为主。正如一位同学所说："校园暴力肯定是有的，明目张胆的不太多，但是私下的问题有很多。"教师们之所以认为校园暴力和欺凌并不严重，这是因为他们更多关注情节严重的打架斗殴行为，对学生在日常学校生活中遭遇的排挤、孤立、言语攻击等关注不够。[2]

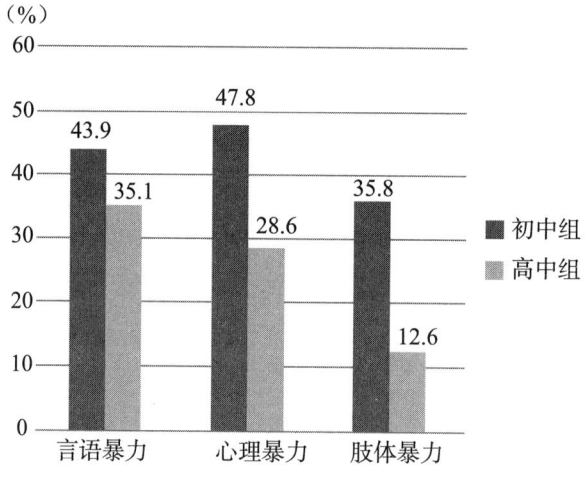

图 6　经历过不同类型校园暴力的学生比例

在参与调查的学生中，18.7% 的学生报告经历过恋爱暴力，即曾经有过被恋爱对象殴打、言语侮辱、强迫发生性行为等经历。然而，在访谈的过程中，我们发现，学生对于恋爱暴力的定义并不清晰，他们倾向于认为恋爱暴力与肢体暴力相关，而把吵架、争执等言语冲突排除在恋爱暴力之外。

如果遭遇校园暴力与欺凌，高中组更倾向于告知父母或家人（36.7%），初中组更倾向于告知老师和学校领导（27.5%），约四分之一的学生会选择告诉朋

① 冯帮，李璇 . 我国近十年校园欺凌问题研究述评 [J]. 上海教育科研，2017(4)：10-15.
② 王曦影，等 . 联合国妇女署创建和谐性别关系青年领导力基线调研报告 [R]. 未发表，2016.

友和同学（初中组为 26.1%，高中组为 25.7%），然而两组均有超过 10% 的学生回答"不告诉别人，自己默默承受"。在访谈中，学生们表示，遭受校园暴力行为时，往往感到"心里很无助"；作为旁观者的其他同学也表示，不知道如何采取行动来应对这类事件。被欺凌的学生表示"大家都不和我玩"，只好"自己默默忍受"。因此，在学校中进行预防和反对校园暴力以及应对校园暴力的教育是十分必要的。只有这样才能营造安全友善的校园环境，减少校园暴力与欺凌事件的发生。

（二）设立嵌入式社工站，开发《橙志手册》

1. 设立嵌入式社工站，发挥陪伴式成长功能

由第三方主持开展的干预项目常常采取项目制的形式，干预人员即来即走，具有不确定性和间断性。利用北京师范大学执行团队社工硕士教育的丰富资源，我们在 W 学校设立了长期的社工实习基地，嵌入式社工站是本项目的一个鲜明特点以及确保项目顺利开展的必要因素。2015—2017 年，我们共派出 12 名社工专业硕士研究生作为驻校社工参与项目执行和开展服务，每学期都有 2—4 名社工从周一至周五驻扎在学校。嵌入式社工站的设立不仅为学生分享成长故事提供了私密而安全的空间，而且为独立而有序的持久干预提供了稳定的平台。

驻校社工年龄和学生相仿，且非学校正式教师，易贴近学生、获取学生的信任。在社工站，我们时常可以看到学生席地而坐向驻校社工讲述近期的状况，倾诉青春期的烦恼，表达对自我身份的疑惑，分享成长的秘密，寻求改善亲密关系的帮助，而那些性别气质表达和自我认同与社会性别规范不符的学生，那些遭受过校园欺凌、处于青春期恋情、人际交往存在障碍的学生，对倾听、接纳、反馈的渴望尤其强烈。驻校社工利用所学的专业知识，遵循保密和非批判原则，运用同理心、自我披露等技巧，给予学生情感支持，并积极协助他们采取行动，主动构建和谐健康的学习和生活环境。

除了发挥陪伴式成长的功能，社工还是主题式的同伴教育者培训的主要执行者。他们还以社工站为根据地，积极推动性别平等融入式发展，组织策划了

一系列丰富多彩的活动。活动主要采取"请进来"与"走出去"相结合、社工推动与学生参与相结合的方式。驻校社工通过资源链接请国内外性别领域的专家学者、行业组织负责人、国际留学生等进校演讲或参加活动；带领学生外出参观推动性别平等事业发展的各行各业的机构、观看话剧和参与性别平等主题的国际国内交流，乃至开展反对校园暴力、促进性别平等的公益活动。社工还连续三年组织了"橙色校园：反暴力十六日活动"，活动影响力不断提升：社工从主导者变为辅助者，最终由学生自主设计，从线下活动发展到线上线下相结合，从校内活动发展到校外活动，从国内活动发展到国际活动，参与人数从65 人发展到 700 人，还有更多人通过网络参与。驻校社工开展的系列活动在全校范围内营造了性别关系的和谐氛围，推动了平等校园的构建，促进了项目的长效发展。

2. 开发《橙志手册》，设置预防校园性别暴力的本土化课程

通过需求评估了解了校园性别暴力和约会暴力的现状与培训的需求后，嵌入式社工站顺势建立，这些都让我们时刻感到开发预防校园性别暴力本土化手册和课程的紧迫性。我们开发与出版《橙志手册》，首先希望可以用来在 W 学校开展同伴教育培训，也希望让更多的学校、民间组织和社团、青少年发展机构、社区、学生社团和青年同伴教育者们了解我们的开创性工作，并运用这一手册在青少年中开展工作。

我们首先广泛收集了国内外促进性别平等、预防性别暴力、推进全面性教育的相关手册，包括《青春健康教育指南》（*It's All One Curriculum*）[①]、《校园性别平等运动》（*Gender Equity Movement in School*）[②]、《相互尊重：预防校园性别暴力手册》（*Connect with Respect: Preventing Gender-Based Violence in*

---

① 这是 2009 年出版的针对性、性别、艾滋病、人权教育的一套手册，包括两个部分：第一部分是指南，运用案例介绍了不同文化背景下关于性别、艾滋病、人权等方面的信息；第二部分是活动，对教育者和政策制定者如何运用手册中的材料进行了指导说明。该手册的两部分内容可灵活使用，旨在帮助教育者很容易地了解和运用材料，以适应和满足当地的需求。中文版由中国计划生育协会组织并协调翻译。

② 该手册旨在支持倡导者发起校园内有关性别与暴力行为的讨论并组织相关的活动。该手册基于校园性别平等运动项目，包括两个部分：第一部分是倡导者训练手册，主要介绍相关的概念与知识；第二部分是运动指南，主要介绍在校园内开展活动的要求、形式以及一些已经开展过的活动案例等。

Schools）① 、《青少年同伴教育者培训手册》②和《青年性/别教育培训参考手册》③
等。在参考了众多手册的情况下，我们选择以联合国为亚太地区开发的《变革
者：青年行动者终结针对妇女与女童的暴力的指导手册》（ The Change-Makers:
A Young Activist's Toolkit for Ending Violence against Women and Girls ）④ （以下简
称《变革者手册》）为基本蓝图，因为这本手册采取了同伴教育的方法，面向
的群体是青少年，培训的主要目标也是促进性别平等和预防性别暴力，与我们
的项目目标和方法基本一致。接下来，我们将这本手册翻译成了中文。我们还
对一些概念和内容进行了调整。一是《变革者手册》使用了"针对妇女与女童
的暴力"这一概念，假定女性才是暴力受害者，我们则认为性别暴力是更具包
容性的概念，既要看到女性是性别暴力的主要受害者，也不否认男性也有可能
受害，更不能忽略因为性别身份、性取向和性别表达与传统性别规范不一样导
致的性别暴力。二是《变革者手册》从更广的社会文化的层面来关注"针对妇
女与女童的暴力"，《橙志手册》则在既关注社会文化层面的性别暴力的基础上，
又特别聚焦校园性别暴力和约会暴力。三是《变革者手册》没有多元性别的内
容，《橙志手册》专门设立了多元性别的章节，并将尊重多元性别和预防恐同
欺凌结合起来。因为在需求评估过程中，我们发现，近 21% 的学生在回答性取

① 　该手册是针对 11—14 岁的初中生的，旨在通过课堂活动促进健康关系的建立、预防校园性别
暴力。该手册是由联合国儿童基金会、联合国女童教育计划、联合国妇女署、"联合起来：制止
侵害妇女的暴力行为"行动等多方努力合作完成的，已于 2016 年出版。该手册认为教师在预防校
园性别暴力中扮演着重要角色，教师可通过手册里的课堂活动帮助青少年建立和谐的健康关系，
预防暴力行为。该手册的中文版已经由联合国教科文组织翻译，即将出版。
② 　该手册由联合国制止侵害妇女的暴力行为信托基金和联合国人口基金驻华代表处资助，在联合
国多部门合作预防和应对家庭暴力项目下，由反对家庭暴力网络 / 北京帆葆开发。
③ 　该手册分为两册：一册是性权 TOT 手册，另一册是多元性别 TOT 手册。这是旨在强化参与者
性别意识的手册，初次接触协作工作的读者可以通过阅读手册提供的经验及资料，具备自主开设
相应议题的工作坊的能力。性权 TOT 手册的活动设计意在使参与者了解性权概念，解构社会对性
的污名化，展现多元的性存在，鼓励参与者在安全、健康、自由、协商一致的原则下进行安全的
性探索。多元性别 TOT 手册的活动设计意在提升参与者的多元性别意识，并推动参与者了解性少
数群体权益运动历史及现状。
④ 　这是由联合国秘书长发起的"联合起来：制止侵害妇女的暴力行为"行动在亚太地区的指导手
册，包括四个主题：性别的权力、针对妇女和女童的暴力、健康关系、采取行动。该手册旨在帮
助青少年增强性别平等意识，激励亚太地区的青年大声地表达出"制止针对妇女与女童的暴力行为"
的心声。

向这一问题时选择了"同性恋""双性恋""还没有决定"。由此可见，青少年的性与性别观念更有流动性，所以开展多元性别相关知识的培训更显得重要、必要而又及时。

最后，我们对《橙志手册》进行全面的本土化。该手册的主要内容分为五个部分：性别的力量、社会性别与性别多元、预防性别暴力、共建健康关系、采取行动。第一节"性别的力量"帮助参与者了解现实社会中性别平等、性别歧视等方面的现状，并学会反思权力、性别和父权制是如何共同影响妇女和女童权利的。第二节"社会性别与性别多元"帮助参与者辨析生理性别、社会性别等概念；普及多元性别的相关概念，并使参与者了解人们在性倾向、性别认同和性别表达上存在的各种差异；探讨多元性别群体受到的歧视和压迫及其与校园欺凌之间的关系。在这一节，我们运用了我国台湾歌星蔡依林《不一样又怎样》的音乐视频①、台湾"玫瑰少年"叶永志的案例②以及一些跨性别少年的案例。因为案例中的主人公们和 W 学校的学生年龄相仿，他们的故事特别能够激发共鸣，引起激烈讨论。第三节"预防性别暴力"帮助参与者辨析性别暴力的概念，运用案例分析和身体雕塑的形式帮助参与者认识性别暴力的形式、特点与危害；采用留美学生刘怡然的案例③，组织模拟法庭，由学生分别扮演法官、被告、原告、律师进行法庭辩论，帮助他们进一步认清严重的校园暴力可能带来的法律后果；运用 W 学校的平面地图，让参与者圈出暴力多发地点，并思考针对不同的地点发生的校园暴力有什么样的预防和应对措施。第四节"共建健康关系"帮助参与者学习运用一种健康的、非暴力的方式与他人进行互动和沟通，安全、有礼貌地处理冲突，建立相互尊重的人际关系和亲密关

---

① 蔡依林是青少年们喜欢的歌手，她的音乐视频《不一样又怎样》涉及性少数群体、相关法律等话题。

② 2000 年 4 月 20 日，我国台湾屏东县高树中学三年级二班的叶永志，在下课前 5 分钟离开教室去卫生间，下课后，同学们发现他已经倒在卫生间的血泊中不省人事，经送医不治身亡。在纪录片中，叶永志的妈妈回顾了自己的孩子被校园欺凌致死的经过，并用自己的行动去帮助其他受到校园恐吓欺凌的孩子们，告诉他们要勇敢、要做自己。

③ 2015 年，在美国洛杉矶，翟芸瑶、张鑫磊、杨玉菡等十几位留学生对刘怡然实施了持续 5 个小时的暴力行为，包括逼迫其吃沙子、拍裸照、剪头发、扒光衣服等令人发指的暴力手段。其中 3 位 18 岁以上的成年留学生在美国被判处 6—13 年有期徒刑，刑满后将被驱逐出境。

系。本节还运用约会暴力的案例，向参与者讲授在亲密关系中什么是"知情同意"（consent），如何在知情同意的基础上开展平等友好的协商，解决第一次性行为、使用安全套等亲密关系中常见的各种问题。第五节"采取行动"协助参与者分析和讨论可以采取什么样的行动预防暴力的发生，面对暴力行为时又有哪些应对策略，进而增强参与者预防和应对性别暴力的能力。

（三）梯级式同伴教育，培养青年领导力

本项目开创式地发展了梯级式同伴教育模式（见图 7）。2016 年 5 月至 2017 年 11 月，我们共开展了 6 轮 19 组同伴教育小组培训，共计培训 218 名同伴教育者，其中男生 79 人、女生 139 人。所谓梯级式同伴教育，简而言之就是教授培训研究生，研究生去高中带领同伴教育小组，然后选择优秀高中生去初中带领同伴教育小组。首先，由行业专家、教授、社工督导、有经验的相关非营利组织工作者对 2 名博士研究生、24 名社工专业硕士研究生进行集中培训。然后，受训的社工专业硕士研究生进驻 W 学校对招募的高中生进行培训，共带领了 3 轮 9 组同伴教育小组，培训了 106 名高中生（41 名男生、65 名女生）。第三轮的高中生同伴教育培训中，社工专业硕士研究生选择了一些优秀的高中生参与者担任培训助手，让他们协助开展小组活动以培养他们的能力。之后，社工专业硕士研究生在众多优秀的小组培训助手中选出了最优秀的 16 名同伴教育者，由他们负责开展初中生的同伴教育小组工作。同伴教育者是同伴教育小组的核心人物，在一定程度上把控着整个小组活动的质量和小组的发展，因此，同伴教育者的选拔一定要认真且严格，他们在经过专业知识和小组技巧培训后方可带领小组。优秀同伴教育者的筛选条件主要包括全程参与、已具备性别平等意识和性别暴力知识、已具备带领小组的领导力。优秀同伴教育者共带领了 3 轮 10 组同伴教育小组，培训了 112 名初中生（38 名男生、74 名女生）。

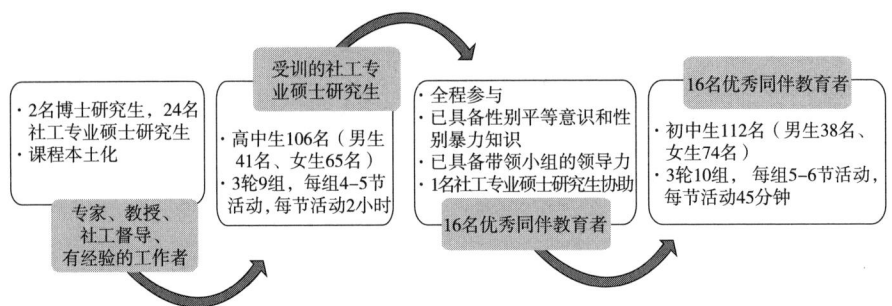

图7 梯级式同伴教育模式

根据《橙志手册》的设计，同伴教育小组的培训内容主要为前述五个部分。在初中部开展活动的时候，我们考虑到初中生的身体发育阶段，并应初中部教师的要求，增加了一节"美好的青春期"。在小组活动时间设计方面，高中小组活动时间为每节2小时，初中小组活动时间则为每节45分钟；小组活动通常是每周一次或两次。小组活动采用参与式培训方法，包括热身游戏、角色扮演、小组讨论、案例分析、视频播放等丰富多样的方式。通常，在第一节活动中我们会让组员来制定小组规则，其他每节活动都有上节活动内容回顾，每节活动也都安排了小组总结与反馈。

（四）同伴教育者的成长

在同伴教育者培训结束之后，我们对同伴教育者进行了访谈，发现他们对项目有很强的认同感、归属感和成就感。"我们是橙志"是他们最大的心声。一名高三年级的同伴教育者这样说道："参加'橙志'对我来说是一个很珍贵的过程，我们每周都会有培训，每周有不同的话题，学习不同的概念，讨论不同的案例。我们一起去看话剧，一起参加各种活动。在这个过程中，性别平等，或者是我们应该预防各种暴力这种很重要的意识就慢慢建立起来了。"

在掌握了更加专业的有关性别暴力的知识，具备了积极倡导性别平等和预防校园性别暴力的意识之后，学生们觉得自己身上的责任更加重大了。一名高二年级的同伴教育者这样说："参加完活动，我感到肩上的担子沉重了不少，但我认为，以后的我在看到性别暴力的时候，绝不会做旁观者，一定会做一个积极宣传与传播性别平等观念的人，让性别平等意识入驻每个人的心。"对于那些将自己所学又传授给初中学弟学妹的同伴教育者而言，他们体会到了成就感。一名高一年级的同伴教育者这样说："参加'橙志'改变了很多人对性别暴力和性别平等的认识。因为我们还亲自去教初中生，亲自把自己的知识传递给他们，很有成就感。"最让人感到欣慰的是，一些同伴教育者利用暑假和寒假的时间，去了云南、山西、河北等地，将自己所学与母校的同学们分享，或者与当地的中小学生分享。

青年同伴教育者已经成为促进校园安全和谐的关键参与者和推动者。通过他们，本项目实现了生态改变理论指导下的个体、人际到学校环境甚至社会环境的多层次社会生态系统的改变。在个体层面，他们自己成为积极旁观者，成为采取行动预防校园性别暴力的青年领袖。在人际层面，他们构建了健康的朋辈关系，并积极鼓励身边的朋友和同学参与预防与制止校园性别暴力，从而让更多的同龄人加入了积极旁观者的行列。在学校层面，他们带动其他青少年共同创建了安全和谐、性别平等的校园环境。他们以自身为圆心辐射同学、朋友、老师和家人等群体，最终促进了整个校园环境的变化。在社会层面，他们积极参与并发起社交媒体倡导和社会公益活动，让更多的初高中学生、青年人加入预防性别暴力的行动中。高二年级的一名同伴教育者这样说道："现在的我们，只是小小的一滴水，但是落到水中也会泛起波纹，我们要让这个波纹持续下去，泛起更多水花，让更多的人响应我们、改变自己、影响身边的人。"他们就是这样，用自己的行动影响着周边的人，推动项目有效地实现了预防和减少校园性别暴力的目标。

（五）总结：最佳实践与未来计划

联合国教科文组织提出了解决校园暴力与欺凌问题所需的六项要素：支持性法律体系，建立伙伴关系并鼓励儿童/年轻人共同参与，有效的政策、领导力和整体意识强化，有效的举报机制和支持服务，有效数据与严格的监测与评估，教职工与学生的能力建设。[①] 根据预防阶段理论、同伴教育模式和改变理

---

① UNESCO.School violence and bullying: global status report[EB/OL].[2017-05-16]. http://unesdoc.unesco.org/images/0024/002469/246970e.pdf.

论，我们设计了预防校园性别暴力的行动研究，主要在鼓励学生共同参与、提高学生预防性别暴力的能力和采集预防校园性别暴力的数据资料三个方面开展了行动，并取得了初步成果。项目以嵌入式社工站为服务平台，以同伴教育为主要模式，开发《橙志手册》并以之为教学工具，以线上线下活动为主要抓手，实现促进性别平等、预防校园性别暴力的目标。在此过程中，学生逐渐成长为同伴教育者，具备了预防性别暴力的相关知识、态度和能力。他们作为社工的平等合作伙伴，参与了减少校园性别暴力的行动计划制订和实施。同时，项目采用实验组、对照组前后测的类实验的干预评估法[①]、焦点小组和深度访谈等质性研究方法，进行了需求评估和效果评估。项目在监测和评估校园性别暴力干预行动方面取得了非常有力的证据。首先，测量了学生的性别暴力知识、态度及应对能力等方面的变化；其次，利用嵌入式社工站的优势，采用深度访谈的方式让学生讲述了他们自己与同伴的校园性别暴力经历；最后，项目干预持续近三年，前后测及多轮访谈的跟踪数据尤为难得。

根据联合国教科文组织提出的解决校园暴力与欺凌问题所需的六项要素，项目还有一些可改进的地方。在教职工与学生的能力建设方面，尽管培养学生同伴教育者对预防校园性别暴力有着非常重要的作用，但是带动教职工、家长等成人加入预防校园性别暴力的行列也非常重要。我们下一步需要考虑如何将教职工、家长的力量纳入预防校园性别暴力的行动中；建立举报系统也是下一步需要讨论并实施的。我们能够看到校领导对项目非常重视，我们也希望基于过去的行动研究能够形成有针对性的政策建议，进一步推动国家相关政策和法律的改革。在增强预防性别暴力的整体意识方面，项目的社交媒体活动引起了社会群体的关注和参与，今后需要继续加强社交媒体宣传，推广《橙志手册》，总结项目模式，以将预防校园性别暴力的可行模式推广到其他城市和乡村的学校，甚至用伙伴合作方式推广到其他国家。本项目属于行动研究，是国内预防校园性别暴力的同伴教育干预行动的初步尝试，尚无很多经验可以借鉴。本文希望通过对项目具体行动的梳理，为对干预校园暴力与欺凌感兴趣的研究者和实务工作者提供研究理论、项目设计和活动实施等方面的参考。

---

① 由于篇幅所限，本文没有专门撰写类实验的干预评估法的内容，将另撰文专门论述。

杜亮

北京师范大学副教授

底层文化资本是否"寒门难出贵子"的解决之道?

——兼论布迪厄理论在我国教育研究应用中的几个理论问题 ①

在动荡的 20 世纪六七十年代,冲突理论者对功能主义者的教育阐释进行了全面深入的批判,其中非常重要的一点是对功能主义者关于教育促进社会公平论断的根本质疑,并揭示通过教育实现的有限社会流动对学校教育的再生产功能的掩饰实质。冲突理论者的批判诚然非常具有颠覆性,但却意外地给当时的教育工作者带来深刻的困惑与苦闷:面对教育强力而隐蔽的再生产功能,身处这一社会过程中的教育实践者何以自处? 在社会关系中处于被宰制地位的学生群体出路何在? 对这些问题答案的追寻促使当时的社会与教育学者们转向文化研究与批判理论等研究取向。在今天中国社会发展过程中不同背景人群的教育公平问题日益凸显的情况下 ②,越来越多的中国教育者似乎也感受到同样的理论和实践挑战:如何缓解阶层固化的前景给社会底层群体以及教育工作者本身带来的悲观预期与集体焦虑?

在这样的背景下,"寒门贵子"成为近年来引发广泛关注的一个社会话题。"寒门"与"贵子"代表了两种不同的社会阶层和身份,这一内在矛盾使这一

---

① 本文早期版本曾以《"底层文化资本"是否可行——关于学校教育中的文化资本与社会流动的几个理论问题的探讨》为题发表于《中国青年研究》2020 年第 5 期。

② 杜亮,牛丽莉,张莉莉. 21 世纪以来我国教育社会学研究进展述评 [J]. 清华大学教育研究,2019 (5): 40–48.

话题具有强大的舆论和学术吸引力。有关"寒门能否出贵子""寒门再难出贵子"以及"寒门如何出贵子"的讨论无论在日常交流中还是网络平台上都时有出现。当很多人感叹社会底层的孩子越来越难实现社会流动时,也有人认为只要坚持努力奋斗他们终有机会实现人生的"逆袭"。近几年一批国内学者也特别聚焦处于社会相对底层地位的人群如何通过教育成功实现向上的社会流动,这些学者尝试通过解读底层学生如何突破阶层束缚取得高学业成就,试图为其他同处社会弱势地位的人群提供可资借鉴和复制的社会上升经验。在社会学意义上,这条思路在理论上究竟能否行得通呢?本文将围绕当前国内有关"寒门贵子"现象和"底层文化资本"概念的讨论,梳理这一研究思路中的几个相关理论问题,并进一步结合探讨布迪厄(P. Bourdieu)的理论框架在中国教育研究中的应用与拓展,促进针对这一主题的学术对话。

一、"寒门贵子"与"底层文化资本"

近几年来,我国底层学生向上的社会流动及其背后的"成功"原因引起了教育社会学界的较多关注。其中,多数学者受到布迪厄理论的影响,强调将"文化资本"作为解释这一社会现象的关键概念。这些学者的观点大致可以分为两类。

一部分学者主张,来自社会底层的学生要想取得教育成就和实现向上的社会流动,必须通过一定方式弥补自身家庭的文化资本匮乏问题。社会底层人群的文化资本匮乏是来自这样的社会背景的学生在学校教育体系中处于不利处境的重要原因。如余秀兰等人指出早期教育和乡土环境的文化欠缺,使得与城市孩子相比农村孩子在掌握教育制度所要求的语言和文化方面处于弱势;而学校教育内容乃至考试内容的城市偏向,更加重了这种文化弱势。这种弱势的实质即是农村学生文化资本的欠缺,最终影响了农村孩子学业成功的机会。[①] 因此,来自社会底层的子弟如要通过教育实现向上的社会流动,有必要寻求途径弥补

---

① 余秀兰.文化再生产:我国教育的城乡差距探析 [J]. 华东师范大学学报(教育科学版),2006(2): 18–26, 33.

自身的文化资本欠缺，积极争取外部资源，如利用二手书和争取免费的课后补习机会；或者向富有资源的他方求助，如争取学校教师的欣赏，在学习过程中获得鼓励和偏爱，或接受政府和慈善家的援助等；有条件者更是可以去县城读书改变学校教育环境，从拥有更多文化资本的机构和群体环境中受益。①

另一部分学者则认为底层社会人群自身也可能具有某种形式的文化资本，他们特别关注部分来自劳动阶层或者有农村背景的子弟及其家庭带有特定属性的家庭教育实践和他们在求学过程中创造的独特文化品质，认为通过这些实践与经历形成了某种特殊的"底层文化资本"，并为底层子弟向上的社会流动提供了重要支撑。在这些研究中，比较有代表性的是程猛、康永久的结论。他们通过对数十名农村背景大学生的自传进行分析，提出这群具有底层背景并打破阶级限制魔咒实现阶层跨越的农村学子成功的关键之一在于他们在求学过程中进行了"底层文化资本"的文化生产，这种"底层文化资本"包括先赋性的学习动力、道德化思维以及学校化的心性品质等。②与程猛等人的观点相呼应，近年来有不少国内学者的研究支持了某种形式的"底层文化资本"的存在及其对于底层家庭子女通过教育实现向上的社会流动的关键性作用。例如，余秀兰在最近的研究中修正了以往的观点，认为除了弥补文化资本的不足之外，寒门情境本身也可能包含某种具有激发学生取得教育成就的带有寒门特征的文化资本，如重视读书和升学的家庭氛围以及个体改变命运的内驱力与奋斗意识。③这些研究都强调了"苦难赋予人的强大动力和力量"以及"寒门式努力的可贵"，表达了对"底层文化资本"的支持与肯定。④

总之，这两类观点的共同之处在于认为布迪厄的文化资本概念与中上阶层

---

① 余秀兰. 文化再生产：我国教育的城乡差距探析 [J]. 华东师范大学学报（教育科学版），2006(2)：18–26, 33；董永贵. 突破阶层束缚：10 位 80 后农家子弟取得高学业成就的质性研究 [J]. 中国青年研究，2015(3)：72–76.

② 程猛，康永久. "物或损之而益"：关于底层文化资本的另一种言说 [J]. 清华大学教育研究，2016 (4)：83–91.

③ 余秀兰，韩燕. 寒门如何出"贵子"：基于文化资本视角的阶层突破 [J]. 高等教育研究，2018 (2)：8–16.

④ 林晓珊. 境遇与体验：一个阶层旅行者的自我民族志 [J]. 中国青年研究，2019(7)：15–23, 37；董海军. 成长的驱动与机会：底层苦难经历的自我民族志 [J]. 中国青年研究，2019(7)：24–29.

的"高雅文化"相关。二者的不同之处则在于：前一类观点主张来自底层社会的学生由于缺乏这种文化资本，因而需要通过各种途径获得主导性的文化资本，如此才有望取得学校教育的成功并实现向上的社会流动；而第二类观点对布迪厄的文化资本概念提出批评，认为不能静态地看待文化资本，并仅仅将其与优势阶层的文化相等同，在中国特定的社会和文化情境下，存在特殊的底层学生文化群体中的文化生产并形成"底层文化资本"，这种文化资本是支撑底层子弟成功实现教育与阶层向上流动的重要文化基础。因此，研究者应当关注和帮助更多来自底层的学生借助这种独特的文化资本实现阶层突破。那么，这种"底层文化资本"在理论上是否成立？底层群体能否借助这种文化资本形式摆脱其面临的社会经济困境呢？

二、"底层文化资本"是否可能？

从上述关于"底层文化资本"的讨论我们可以看出，争论的焦点在于如何理解文化资本这一概念，这种理解可以是在布迪厄著作所提供的现有框架下，也可以是对其理论的拓展。显然目前国内关于"底层文化资本"的论述属于后一种尝试。所谓"底层文化资本"的概念主要建立在将布迪厄框架下的文化资本与社会中上阶层的"高雅文化"关联起来的理解路径之上，也即唯有中上阶层文化的价值才能在学校教育中得到认可。"底层文化资本"因其以社会底层人群中的文化生产作为表现形式以及对于该人群学校学业成绩的正面价值，从而在概念上对布迪厄的理论框架进行了拓展。

这种探讨路线在某种程度上是合理的。实际上，如果我们仔细梳理国内外文献，会发现关于布迪厄的文化资本概念在教育研究中得到的理解及其与"高雅文化"关系的探讨并非一个新近的话题。例如，李煜在研究中即探讨了文化资本的不同组成部分，虽然作者同意将文化资本与上层文化相关联的主流意见，但指出除对上层文化的熟悉与运用之外，"文化多样性"也是文化资本的一种重要表现形式。① 总的来说，从现有文献的相关讨论来看，目前国内部分学者主张的"底层文化资本"，与其说是一种新的文化资本形式，不如说是在特定机构或制度环境中占据主导地位的文化资本表现形式，而这在许多研究者看来正是文化资本理论体系的应有之义，或者说，在布迪厄的概念体系中文化资本并非一定与上层文化相关联，而是有可能在不同的机构制度环境下具有多样化的表现形式。

　　例如，近期谢爱磊等人追踪了几所"985"高校中的农村籍大学生并将其在校经历与城市背景学生进行对照，发现家庭的社会地位优势并不能直接转换为子女在大学中的竞争优势，而需要持续的文化资本投资。② 在这里，作者并未将文化资本直接等同于中上阶层的"高雅文化"，而是将其视为在正式或非正式机构环境下可以为个体带来竞争优势的文化品位、实践与技能。作者在这一点上受到拉鲁（A. Lareau）等人关于布迪厄的文化资本概念的梳理及阐释的影响。拉鲁与魏宁格（E. B. Weininger）系统梳理了英文界有关布迪厄的文化资本概念的解释和使用情况，指出当时在英语文献中占主流地位的理解是将其与精英群体的"高雅文化"品位与态度联系在一起，而且多数研究者将文化资本与"能力"（competence）区分开来。然而，拉鲁等人认为从布迪厄的原著论述来看，任何特定社会中的文化资本虽有可能与该社会中占优势地位的某种文化特质或者说"高雅文化"挂钩，但这并非文化资本唯一的表现形式。事实上，只要特定社会的"文化遗产"不能为其社会成员所均等享有，并因此给拥有这种文化的部分社会成员带来教育或社会中的"独特优势"，那么任何形式的有助于获取或分享这种文化资源的能力都可以构成文化资本。③

　　从这个角度来看，目前国内文献中热议的"底层文化资本"并非脱离布迪厄理论框架的新概念，它无疑是属于后者的文化资本概念范畴的。具有底层社会背景的子女及其家庭通过分享与强调"努力""勤奋""好学""负责"等在

---

① 李煜. 文化资本、文化多样性与社会网络资本 [J]. 社会学研究，2001(4)：52-63.

② 谢爱磊，洪岩璧，匡欢，等. "寒门贵子"：文化资本匮乏与精英场域适应：基于"985"高校农村籍大学生的追踪研究 [J]. 北京大学教育评论，2018 (4)：45-64，185.

③ LAREAU A, WEININGER E B.Cultural capital in educational research：a critical assessment[J]. Theory and Society, 2003, 32(5)：567-606.

学校环境下受到重视的文化特质，从而帮助自身在学校教育中取得竞争优势并进而实现向上的社会流动。这些个体和家庭秉持的文化品性虽然不一定与中上阶层的"高雅文化"相关，但其有助于这个人群在学校教育中获取竞争优势，这一点是明确的，因此它显然构成了某种形式的文化资本。

这里我们需要注意两个方面的问题。一是这种"底层文化资本"表现形式的文化来源问题。程猛等人的论述将这些文化品性视为底层农家子弟所独创的文化形式，并将之与威利斯（P. Willis）笔下的"家伙"文化相比较，揭示了存在于底层子弟这个群体中的两个截然不同的文化生产过程。① 这里我们无意否定研究者关于底层文化作为文化生产结果的发现——事实上在某种意义上来说所有的文化表现形式都具有文化生产的性质，即使文化再生产过程本身同时也是一个文化生产的过程。正如威利斯向我们所展示的那样，英国工人阶级子弟中"家伙"文化的产生即是一个文化生产与再生产同时完成的过程。这里我们试图提请关注的是：这种"底层文化资本"的生成是否也兼具文化生产与再生产的性质呢？从中国社会文化传统的特点及研究者关于"底层文化资本"的描述来看，这是很有可能的。对教育的重视历来被视为中国社会文化传统的一个重要方面，并被许多西方学者视为"儒家文化圈"的基本特征之一，特别是科举考试制度对中国社会文化与教育产生了非常深远的影响。② 此类社会文化传统在多大程度上与当时的社会主导阶层文化相关联，又在多大程度上对当前社会各阶层包括底层人群的文化生产造成影响？这不是我们这里能够展开讨论的问题，当然也是无法简单回答的问题。遗憾的是在现有关于"底层文化资本"的研究中我们也很少看到这方面的分析，但这无疑是值得进一步深入探讨的。

另一个值得我们注意的问题是文化资本应用的机构环境。如同拉鲁等人所

---

① 程猛. "读书的料"及其文化生产: 当代农家子弟成长叙事研究 [M]. 北京: 中国社会科学出版社，2018.

② 韦伯. 中国的宗教: 儒教与道教 [M]. 康乐，简惠美，译. 桂林: 广西师范大学出版社，2004；ELMAN B A. A cultural history of civil examinations in late imperial China[M]. Los Angeles：University of California Press，1999；HO P. The ladder of success in imperial China：aspects of social mobility[M]. New York：Basic Books，1962.

指出的，在布迪厄关于文化资本的理论体系中，文化资本概念与特定场域中的评价标准（evaluative norm）的设置密切相关。[①] 因此，关于"底层文化资本"的讨论就不得不重视其发挥效用的社会机构环境中的特定评价标准体系，以及决定这些标准如何作用于来自不同家庭的学生的影响因素。具体就底层背景学生的文化资本而言，首先我们不能忽视这些文化得以构成文化资本的前提条件是我国的基础教育阶段对于"学业成绩"的突出关注和强调，因此类似"勤奋""好学""苦读"等文化品质得以构成支撑学校成就的重要文化资本，一旦脱离了这样的机构环境，同样的文化表达也许就难以构成文化资本。最显著的例证之一就是这些在中小学特别是农村中小学中受到鼓励的文化品质，在评价标准体系更加复杂和多样化的大学环境中往往会带来截然不同的效应，这也是引起不少学者关注的农村大学生或者更确切地说是"阶层旅行者"在大学中所面临的文化适应问题。[②] 换言之，在中小学阶段以"文化资本"形式表现出来的同样的文化元素在大学环境中却可能以"文化缺陷"的形式表现出来。与之相关，那些影响这些标准的变迁以及它们如何作用于不同社会背景人群的因素同样值得关注，诸如高考制度改革以及自主招生等改革措施的推出和变化，在改变评价标准及其作用方式的同时，如何影响"勤奋"等文化品质作为学校中的文化资本的有效表现形式就很值得关注。

三、"底层文化资本"是否可行？

上面我们基于布迪厄关于文化资本的概念体系探讨了当前部分国内学者描述的底层群体文化是否可能构成文化资本的表现形式。通过对相关概念的梳理可以看到，这种"底层文化资本"的存在是可能的，也即部分来自社会底层的学生可以借助这种文化资本的支持实现自身向上的社会流动。从某种意义上来

---

① LAREAU A，WEININGER E B. Cultural capital in educational research：a critical assessment[J]. Theory and Society，2003，32(5)：567-606.

② 程猛. 向上流动的文化代价：作为阶层旅行者的"凤凰男"[J]. 中国青年研究，2016(12)：91-97；谢爱磊. 精英高校中的农村籍学生：社会流动与生存心态的转变 [J]. 教育研究，2016 (11)：74-81.

说，这也是当前"寒门贵子"这一现象引起学界颇多关注的重要原因之一。换言之，一些学者期待通过总结成功实现向上流动的底层学生的教育轨迹及其背后的"成功因素"特别是文化因素来解释这一社会现象，并为更多同处不利社会经济地位的人群提供可资借鉴的突破结构性限制的"文化"动因和途径。应该说这种试图从文化角度推动更大限度发挥社会成员能动性（agency）的尝试是非常具有价值的，然而遗憾的是我们认为这里对"阶层旅行者"的集中关注却隐含着深刻的理论与实践陷阱。

潜在的问题之一在于，许多研究者已经用强有力的数据非常有说服力地向我们显示底层子弟向上的社会流动远远不具有普遍性。[①] 其中颇有代表性的是梁晨、李中清以及刘云杉等人依据北京大学及苏州大学数十年间的入学生源家庭背景进行的分析，向我们揭示了来自工农等社会较低阶层家庭的学生在这些精英大学学生群体中所占比例的变化。有趣的是，当梁晨与李中清等的研究向我们展示了一幅从 20 世纪中叶至 20 世纪末"社会上层子女所垄断的精英教育状况被打破，工农等社会较低阶层子女逐渐在其中占据相当比重"的画卷，并乐观地称之为一场"无声的革命"时[②]，刘云杉等人以北京大学的新生家庭出身为例，揭示了在这所中国的顶尖大学中农村出身的新生比例从 20 世纪 90 年代中期起开始下降，从此前近 20 年的 20%—40% 下降为 2000—2005 年的 10%—15%。[③]

刘云杉等学者的观察并非孤例。事实上，随着改革开放后我国社会市场化程度的加深，从受教育机会特别是高等教育机会的获取而言确实存在跨社会人群的普遍性增加，然而大多数学者的共识是，与这种总体受教育机会的扩大相

① BOWLES S，GINTIS H. Schooling in capitalist America[M]. London and Henley：Routledge & Kegan Paul，1976；刘云杉，王志明，杨晓芳 . 精英的选拔：身份、地域与资本的视角：跨入北京大学的农家子弟 (1978—2005)[J]. 清华大学教育研究，2009 (5)：42–59；李春玲 . 高等教育扩张与教育机会不平等：高校扩招的平等化效应考查 [J]. 社会学研究，2010 (3)：82–113，244；刘精明 . 高等教育扩展与入学机会差异：1978—2003[J]. 社会，2006(3)：158–179，209；李煜 . 文化资本、文化多样性与社会网络资本 [J]. 社会学研究，2001(4)：52–63.

② 梁晨，李中清，张浩，等 . 无声的革命：北京大学与苏州大学学生社会来源研究 (1952—2002)[J]. 中国社会科学，2012(1)：98–118，208.

③ 刘云杉，王志明，杨晓芳 . 精英的选拔：身份、地域与资本的视角：跨入北京大学的农家子弟 (1978—2005)[J]. 清华大学教育研究，2009 (5)：42–59.

伴随的是高等教育领域内不平等程度的加深。[①] 这种教育不平等以多种形式在高等教育的不同维度全面表现出来，有学者因此将其概括为经典的"有效维持的不平等"（EMI）现象。[②] 从这个角度来说，上述刘云杉等学者向我们描述的顶尖大学农村出身新生比例的降低实际上即属于高等教育中不平等现象加剧的一种呈现维度，也即来自不同背景的学生倾向于按照其所属社会人群进入高度层级化的不同类型的高等教育机构。[③] 这一现象在 1999 年高校扩招以后尤为明显，也即在跨社会人群的高等教育获得机会普遍增加的同时，占优势地位的人群加强了对优质精英大学教育机会的控制，而中下层人群增加的高等教育机会多集中在成人教育、职业教育等社会声誉较低的教育机构，这有效维持了教育中的实质不平等。[④]

除了不同背景的学生在高度等级化的高等教育机构中的不均衡的分配之外，当前教育中深化的不平等现象还包括不同背景的学生在高等教育的不同专业中的不平衡分配。[⑤] 例如刘云杉等人在其关于北京大学新生的社会背景的研究中，除指出 20 世纪 90 年代末之后的农村生源比例下降以外，还考察了新生在不同学科专业的分布情况。农村背景的学生多集中在就业前景相对不被看好的纯人文社科领域，诸如考古、哲学、历史等，即使那些身处自然科学专业的

① 李春玲.高等教育扩张与教育机会不平等：高校扩招的平等化效应考查 [J].社会学研究，2010 (3)：82–113，244；刘精明.高等教育扩展与入学机会差异：1978—2003[J].社会，2006(3)：158–179，209；李煜.文化资本、文化多样性与社会网络资本 [J].社会学研究，2001(4)：52–63；DU L. Education, social stratification and class in China[M]// GUO Y. Handbook on class and social stratification in China. Cheltenham：Edward Elgar Publishing，2016：161–177.

② 刘精明.高等教育扩展与入学机会差异：1978—2003[J].社会，2006(3)：158–179，209；YEUNG W. China's higher education expansion and social stratification[Z]. ARI Working Paper. Singapore：Asia Research Institute, National University of Singapore，2013.

③ 刘精明.高等教育扩展与入学机会差异：1978—2003[J].社会，2006(3)：158–179，209；文东茅.家庭背景对我国高等教育机会及毕业生就业的影响 [J].北京大学教育评论，2005(3)：58–63.

④ 刘精明.高等教育扩展与入学机会差异：1978—2003[J].社会，2006(3)：158–179，209.

⑤ 刘云杉，王志明，杨晓芳.精英的选拔：身份、地域与资本的视角：跨入北京大学的农家子弟 (1978—2005)[J].清华大学教育研究，2009(5)：42–59；文东茅.家庭背景对我国高等教育机会及毕业生就业的影响 [J].北京大学教育评论，2005(3)：58–63；杨东平.高等教育入学机会：扩大之中的阶层差距 [J].清华大学教育研究，2006(1)：19–25.

农村学生，所学习的也多为应用科学，而"纯自然科学"专业包括生物学、化学、电子等学科的学生多为城市背景，这些专业一方面在大学中拥有更高的学术地位，另一方面在就业市场中也有更大的发展空间。这种高等教育中不同专业的学术等级地位及其与学生家庭社会背景之间的密切联系，反映了当前教育不平等的另一维度的呈现方式。①

这些关于中国教育中仍然存在的深刻的不平等现实的认识，对当前有关教育中"底层文化资本"的讨论的挑战在于，在绝大部分来自社会底层的学生无法实现向上的社会流动或者说社会阶层"突破"的现实情况下，在不同社会群体面临的教育不平等继续维持乃至不断加深的困境中，追求对上升流动成功者的经历进行解读，并尝试推动将之在更多社会下层子女人群中加以复制，无疑存在实践和理论双重意义上的"脱靶"可能性。也即当前我国底层背景的学生所面临的教育不平等现实中的焦点问题在于持续存在和不断深化的受教育机会的限制，而非如何进一步拓展底层子女向上的社会流动的渠道；换言之，问题的焦点不在于少部分人如何能突破阶层限制实现上升流动，而在于绝大部分人为何持续面临不断深化的受教育机会的不平等。因而在我们尝试回答大部分人的失败是否是因为失败的大部分人未能做到少数"成功者"所曾经做到的事情之前，厘清目前的教育中是否和为何仍然存在导致大部分人"维持"其"失败"命运的成因机制，恐怕是更为重要和迫切的。

这就是当前"底层文化资本"研究所可能面临的另一个致命的"陷阱"。具体来说就是对少部分人"成功"过程的关注是否伴随着对大部分人"失败"经历的忽略的可能性？而这种忽略的前提和后果恰恰具有极其重要的社会学意义。一方面，从这一讨论思路的理论后果来看，有可能引向这样一种结论：如果底层背景学生能够更好地利用"底层文化资本"，则有望顺利通过教育成就突破阶层限制实现上升流动；或者说当前大部分人未能实现上升流动的重要原因在于自身未能很好地养成或坚持有助于学业成功的文化品质，从而隐含着指向"失败者"自身的归因逻辑。这种逻辑的重要挑战在于站在处境不利人群所

---

① 刘云杉，王志明，杨晓芳.精英的选拔：身份、地域与资本的视角：跨入北京大学的农家子弟 (1978—2005)[J].清华大学教育研究，2009(5)：42-59.

处的客观社会位置和条件之外对其加以指责，并忽略这种客观限制在导致弱势
群体的社会遭遇中所起到的根本性作用。另一方面，当前讨论思路所隐含的理
论前提可能更加具有致命性：对更具有代表性的失败者的经历的忽略以及对成
功超越阶层限制的个体的过度关注，在某种程度上是以承认现有教育与社会阶
层秩序的完全合法性为代价的，因而可能恰恰导致更好地掩盖了底层子女所面
临的真正的社会不平等问题。在布迪厄看来，教育在社会再生产中的重要作用
在于通过施加符号暴力来掩饰社会再生产的实质，而这一过程得以实现的重要
条件之一就是对主导文化秩序合法性的认可：

　　学校对既有社会秩序的合法化作用的前提在于对于学校教育本身的合法性
的社会认可，而这样的社会认可又依赖于对学校权威的来源缺乏认识，具体来
说也就是缺乏对由社会结构与惯习之间的一致关系所构成的社会条件的认识，
以及缺乏对于惯习作为再生产其生产者的产物及作为其再生产结果的社会结构
秩序的认识。①

　　因此，对"底层文化资本"的关注有可能建立在对既有教育系统的"误
识"（misrecognition）的基础上，并进一步导致这种"误识"的加深。换言之，
将部分"阶层旅行者"的经历不加批判地视为"成功经历"并试图加以经验总
结和复制，其前提条件是默认当前教育秩序的合法性并进而成为其合法化过程
的一部分。缺乏这样的社会学认识有可能在实践上带来具有悲剧色彩的社会后
果，即鼓励底层背景的学生"期冀他们未尝得到过的"却忽略造成他们"未尝
这样期冀"的社会机理，"忘记了客观条件既决定了教育期望也决定了教育成
就得以实现的程度"，而沉浸于底层人群有权利追求"一切美好世界的可能性"
的幻象之中，其结果极有可能是在个体层面造成社会伤害。② 在这里我们立刻
联想到了威利斯笔下的"循规生"（ear'oles）的遭遇，当他们通过学校教育实

---

① BOURDIEU P，PASSERON J C. Reproduction in education，society and culture[M].
London：SAGE Publications Ltd.，1977：206.
② 同①.

现阶层上升流动的雄心破灭时，他们同时发现自身在既有社会秩序为本群体准备的工厂职位中也显得如此格格不入。①

因此，真正的教育变革并非仅仅是在现有社会等级秩序中追求上升流动——在这里我们的意图当然不是否定可以在现有机制中获取有利于社会下层群体的文化资源②，而是指出任何对现有教育秩序的真正挑战都必须伴随对有关文化"价值"的认知与评价体系的颠覆，也即布迪厄所强调的符号斗争与物质层面改变的"双重斗争"策略。③这就要求在底层人群争取获得有利于自身社会流动的文化资源的同时，必须采取其他措施以推动不同文化表达的价值在学校教育中得到认可，并改革教育评价机制，关注当前改革动向对底层背景学生的影响；同时也不能忽略增加对弱势人群和地区的教育资源投入，如从制度和物质上保障流动人口子女和留守儿童的受教育机会；乃至改善社会分配机制与民生，保障和提升社会中下层人群的社会经济地位。缺乏这样的综合认识与全方位变革努力，仅仅号召底层背景的学生通过创造"刻苦""勤奋"的文化来试图改变现存的阶层秩序，其后果不仅在于可能频繁出现个体失败，更在于有可能制造出底层学生能够"群体突围"的虚幻前景，从而为既有等级秩序的维系提供意识形态上的掩饰与佐证。

四、结论

近年来不少学者聚焦教育中的"寒门贵子"现象，并试图从文化视角对这一社会现象加以解释，提出"底层文化资本"的概念。本文关于"寒门贵子"及"底层文化资本"的反思与讨论并非要否定这一资本的可能性，相反，基于现有的理论探讨和参与热议的研究者们向我们展示的丰富的实证材料，可以比

---

① WILLIS P. Learning to labour: how working class kids get working class jobs[M]. Westmead: Saxon House, 1977.
② YOUNG M F D. The curriculum of the future: from the "new sociology of education" to a critical theory of learning[M]. London: Routledge, 1998.
③ BOURDIEU P. Social space and symbolic power[J]. Sociological Theory, 1989, 7（1）: 14-25.

较清楚地看到文化资本并不一定与社会中上层的"高雅文化"相关联，而是在不同人群和机构环境中以多样化的形式呈现出来。然而，对底层人群文化资本的关注需要重视其发挥作用的社会情境和机构环境，一方面需要更多关注这种资本与"文化传统"及其产生的特定历史条件和过程之间存在的联系，另一方面需重视这种文化表现形式得以构成文化资本的具体机构和制度环境。

　　然而，也许更重要的是，从社会学意义上来说，如果对底层背景学生实现上升流动的所谓"成功"经历的关注欠缺反思，有可能导致我们陷入致命的理论误区和实践陷阱。一方面，在大多数底层背景学生面临持续扩大的教育不平等和相应的更加隐秘的获取优质教育资源的障碍的现实情况下，对于少数成功者的过度关注有可能转移研究者对于"失败的大多数"的经历的注意力，从而忽视当前教育公平面临的真正挑战，甚至陷入"失败者指责"的陷阱，尤其是在这种关注本身即隐含着这样一种归因逻辑的前提下。另一方面，研究者更需要高度警惕陷入对既有教育机制及其运转如何有助于隐匿社会等级秩序的误识，并进而成为二者合法化过程的组成部分。研究者需要深刻认识到对阶层流动的追求本身是以承认现有教育和社会秩序合法性为前提的，因此对阶层流动的关注不能脱离对现有社会关系的反思，以及对现有的不同文化表达方式的等级秩序的挑战乃至重构。仅仅冀图通过对阶层流动现象的推动和复制来解决底层背景学生所处的社会位置给这一人群整体带来的问题和挑战，显然可能不过是制造了一种理论上的美好的幻象，并相应地在实践中面临重重困难乃至注定失败的群体命运。基于此，关于"寒门贵子"的热议与对"底层文化资本"的期待需要我们更进一步地展开谨慎反思与冷静解析。

班建武

北京师范大学副教授

捍卫公民身份的完整性

——媒介时代公民教育的批判立场 ①

公民教育无疑是当下中国教育理论和实践发展的重大时代命题。推进中国公民教育，必须考虑中国的时代和社会背景。目前，学者已经从政治、经济等宏观社会结构层面对公民教育的必要性及其内涵做了较为充分的论述。这对于我们深入了解公民教育具有很好的启示。对于中国公民教育而言，除了需要从政治、经济体制等方面的转型与变革的角度来认识之外，还有一个十分重要的认识维度就是当代媒介。在很大程度上，当代媒介对社会以及人的发展的影响已经达到了无孔不入的地步。在这种情况下，任何忽视媒介影响的社会变革包括教育变革都难以成功。当前，也有学者关注到了现代媒介社会的发展与公民教育之间的关系，但是，这些有关媒介与公民教育的研究，其侧重点主要集中于论述现代媒介对公民教育的积极推动作用，相对忽视了对其消极影响的研究。这必然导致我们很难全面地把握媒介与公民教育的关系。而且，相对于媒介的积极作用，其消极影响更值得我们关注。基于此，本文将从公民身份的基本要素出发，重点分析现代媒介对公民身份形成的消极影响，以期对媒介时代的公民教育有所启示。

---

① 本文已经刊于《教育学报》2013 年第 2 期。

一、公民教育何为？

理解媒介时代公民教育的特点，一个前提性的问题就是如何理解公民教育。只有在把握公民教育内涵的基础上，才能够去深入探讨当代媒介社会中的公民教育所表现出来的特殊样态。

关于公民教育，可以有不同的解读路径。从目标层面来说，公民教育就是培养公民的教育活动。也就是说，公民教育的最终目标指向是现代公民的塑造。因此，如何理解公民，就成为如何理解公民教育的关键。在这方面，檀传宝教授关于公民与臣民、私民概念的辨析可以作为我们深入了解公民内涵的重要参考。[①] 相对于臣民的"无我"，公民显然代表的是另一种人格形象，即个体是作为独立自主的大写的人而存在的，简言之，公民就是要做自己命运的主人；相对于私民的"无他"，公民则意味着对公共事务的积极参与和自觉承担，这是把个体的发展与其所属的更大的共同体的发展紧密联系在一起的。从这个角度看，作为与臣民相对的公民，主张的就是个体作为一个独立的人所天然拥有的、不可剥夺的权利；作为与私民相对的公民，强调的就是作为共同体中的独立个体对共同体的发展所具有的责任与义务。现代意义上的完整公民，就是要超越传统社会臣民与私民的人格局限，走向"我"与共同体的和谐统一。由此可见，构成公民基本身份的核心要素主要有两个——权利与义务，公民身份是"各种权利与义务的集合"[②]。权利更多地与自由、独立相关，义务则更多地关涉责任与参与。

基于以上论述，关于何为公民，我们可以做出这样的简单描述：公民实际上是基于权利的义务自觉承担者。权利与义务构成了公民身份的核心价值。权利是对臣民的超越，体现的是公民的主体性特征；义务则是对私民的扬弃，反映的是公民的公共品质。二者的关系可以借助《不列颠百科全书》对于公民身

---

① 檀传宝, 等. 公民教育引论: 国际经验、历史变迁与中国公民教育的选择 [M]. 北京: 人民出版社, 2011: 200.

② 史蒂文森. 文化与公民身份 [M]. 陈志杰, 译. 长春: 吉林出版集团有限责任公司, 2007: 15.

份的经典定义来表达，即公民是一种"伴随有责任的自由身份"①。公民教育就是为了塑造这样一种公民身份所开展的一系列教育活动。

由此可见，公民身份并不是一种自然就可以获得的先赋身份，而是需要每个个体在实际的社会中通过不断学习和实践才能形成。在个体获得公民身份的过程中，诸多社会力量都会对个体公民身份的形成产生重要的影响。在识别这些影响性质的基础上，采取切实有效的教育方式，是确保通过公民教育形成完整公民身份的重要前提工作。对于当前而言，现代媒介无疑是影响公民身份形成的重要力量。尤其是对于正在成长的青少年学生来说，媒介的影响力量更是不容小觑。因此，媒介时代的公民教育，其重点就是要揭示各种媒介力量所可能带来的对完整公民身份的损害。确保公民权利与义务的统一，防止公民身份要素的缺失，是媒介时代公民教育的基础性工作。

二、现代媒介对公民权利的操控

从上面的分析可以看出，权利作为公民身份的重要价值底蕴，是确保公民作为一个主体所应享有的独立、自由和平等的基本保证。因此，如何确保公民作为一个独立的个体，理性、自主地认识和主张其公民权利，是现代民主法治社会建设的重要内容。公民教育应该在加强个体的理性自觉和权利意识方面有所作为。总体而言，理性的权利意识既包括在法律范围内积极主张公民权利，也包括在法律的保护下自觉抵制各种侵犯个人合法权利的行为。相比于对权利的积极争取，基于消极意义的权利防御显得更为基础和根本。因此，公民教育的基础性工作就在于帮助个体识别各种形态的权利控制，并对此自觉地进行分析、批判和抵抗。

在现代社会，对公民权利有可能带来伤害的最大威胁是各种各样的权力机构及其代表。因此，现代国家的建立总是要在国家权力和公民权利的博弈之间寻求一种适恰的平衡。在这样一种国家建制逻辑中，来自国家不同层面的权力

① 不列颠百科全书：国际中文版：4[M].中国大百科全书出版社不列颠百科全书编辑部，编译.北京：中国大百科全书出版社，1999：236.

总是容易受到公民的警惕。也就是说，在很长一段时间里，公民权利主要防范的是国家权力的侵犯。从目前大多数现代国家来看，人们关于权利与权力关系问题的讨论，更多的是基于实体化的社会结构，从行政、立法和司法三种主要社会权力来分析其与公民权利的关系，主张通过三者之间的相互制约实现对公民权利的最大限度的保护。但是，在当代社会，媒介正作为一种新兴的权力深刻影响和制约着公民个体权利的实现。就其积极性而言，新兴媒介为公民个体权利的表达提供了新的空间和途径，是公民参与公共生活、发表意见、监督公权力运行的有效载体，对于中国社会的建设无疑具有十分强大的促进作用。这一点已经被诸多网络社会中的公民行动所证明。在此我们需要警醒的是当代媒介对于公民权利的实现所可能带来的伤害。这种伤害同样来源于作为权力的媒介。

媒介之所以能够作为一种权力对公民权利产生消极影响，主要源于它具有操纵人们认知有关真相的信息的能力。当代人关于整个世界的认知，基本上有赖于现代媒介所提供的信息。在很大程度上，所掌控的信息数量、内容本身就构成了一个人世界观的决定性前提。我们具有怎样的世界观，主要源于我们所经验的现实世界给我们提供了何种内容和性质的信息。但是，在现代无孔不入的媒介之网中，个体从早上睁眼到晚上睡觉，眼睛看的、耳朵听的、脑中想的似乎都是各种媒介组织和机构传递的形形色色的信息与内容。从这个意义上讲，我们所掌握的媒介信息即是我们所以为的真实世界。这就造成了一种事实本身与媒介信息之间关系的倒转，即不是事实决定信息，而是信息塑造事实，而且，相对于事实，人们更倾向于相信媒介信息所营造的事实的真实性。这实际上就是鲍德里亚（J. Baudrillard）所言的"超真实"（hyperreal）对于现实生活的宰制。"在超真实里，媒体不再是真实之镜，而是变成了这种真实，甚至比真实还真。"① 媒介信息之所以具有"超真实"的呈现效果，固然与媒介时代信息的海量呈现有关。但是，更为重要的是，媒介时代的每一信息单元所指向的内容虽然具有客观事实的属性，但问题的关键不在于具体信息模块或片段的

---

① 宋林飞. 西方社会学理论 [M]. 南京：南京大学出版社，1997：487.

真与假，而在于其呈现逻辑的意识形态特征。图1（中间是原图，两边是不同的裁剪图）清楚地表明了媒体是如何根据自己的意识形态立场有选择性地呈现信息，从而达到操纵大众观点的目的。美国在伊拉克战争中大量杀害平民与非武装人员，可是美国本土媒体报道却几乎统一口径，将美国士兵塑造成和平卫士与民主使者。2010年的"奥斯卡"最佳影片《拆弹部队》基本上也是运用同样的手法把美国驻伊部队士兵塑造成英雄般的人物，伊拉克平民则被描绘成人人都有恐怖倾向的危险分子。

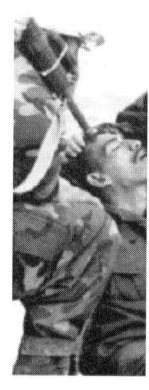

图1 媒体如何操控我们的观点

由此可见，任何所谓的"超真实"总是与特定的意识形态和价值偏好联系在一起的。何种信息，以何种方式呈现于公众面前，不单纯是一个技术性的问题，在很多时候，这是一个多种利益博弈和选择的过程。其中，政治与经济是两大操手。政治对于媒介信息的干涉，更多地源于一种政治认同的需要，其根本目的是维护特定政治集团统治的合法性。经济对于媒介信息的加工，则主要追求的是"眼球经济"所带来的一系列相关收益，核心是追求所谓的商业利润。不管是源于政治还是源于经济，媒介作为一种权力对公民权利实现所可能造成的首要伤害，就是其会基于不同立场而遮蔽甚至是歪曲某些信息，从而将特定的价值倾向通过貌似确凿无误的客观信息传递给受众，使受众在所谓的真实的操纵下，形成与这一价值倾向相一致的观念和行动，从而达到一种不留痕迹的、高明的控制。这种控制封锁了个体独立思考的空间，本质上就是一种灌输。在这种情况下，如果个体丧失了对媒介信息的自主批判能力，丧失了与现实直接接触的行动，那么其借此所形成的世界观将带有先天的缺陷。这种缺陷的致命之处就在于，它是一种被给予的甚至是被操控后的世界观。被给予、被操控就意味着不同程度的局限性与片面性，这与公民的独立性、自主性人格是格格不入的。

如果说对媒介信息的操控本身构成了对公民独立性思考的控制的话，那么现代媒介技术本身则为这种控制提供了更为精致的途径，即以自由的形式消解自由本身。现代媒介对于信息的表达和传递具有十分重要的放大与社会动员作用。在信息表达不畅、途径单一的时代，媒介信息的操控对象主要是公民个体。但是，在当代媒介社会，信息的传播和获取都变得轻而易举。在这种情况下，任何的个人意见都会获得前所未有的表达空间。这些个人意见在现代媒介中常常以一种不断放大的方式酝酿、发酵，从而形成一种更为庞大的、具有道德制高点的压倒性意见，去鼓动、胁迫更多的人加入对这一意见的认同甚至是膜拜当中。比如，当前网络社会中的各种"水军"与所谓的网络"暴民"，都在不同程度上扮演着意见领袖的作用，借助现代媒介的"超真实"力量，争夺着有关真理的话语权和领导权。当更多的人以这样一种世界观去行动时，表面上是公民个体权利的积极、自由表达，但是，如果不对这样一种带有情绪性的世界观有所反思，这种行动的结果恰恰是成就了特定集团的政治或经济诉求。在这样一种情况下，一个悖论必将形成：媒介社会的公民解放本身却成了公民的牢笼。

因此，对于作为权力的媒介，公民必须保持必要的清醒：既要看到媒介赋予公民的解放力量，更要看到媒介权力当中缠绕着的各种或明或暗的政治与经济力量的博弈对公民权利的损害；既要积极利用现代媒介技术实现公民权利的最大化表达，也要注意技术本身的意识形态属性，防止精致的技术化控制对公民权利的利用和操控。

三、现代媒介对公民义务的消解

媒介时代的公民教育，不仅要防止公民权利受损，也要警惕公民义务被消解。当代媒介社会所营造的感官社会在极大地释放个体本能欲望的同时，无疑也在消解个体的公共责任与义务感。

实际上，义务作为公民指向外界社会的责任承诺，其明显的特征就是非个人化和公共性，即义务是对他者的承诺与行动。因此，义务总是与对他人、社会和国家的关切紧密联系在一起的。如果公民丧失了对这一切的关切，那么任何义务对于个体而言将不再可能。因此，义务感的消解是与对他者的冷漠密不可分的。激发个体义务感的重要途径就是个体与他人、社会、国家、世界建立起一种内在的联系，使个体能够在这种联系中获得生存的价值感和意义感。缺乏这种相互联系的生存的价值感和意义感，将会造成对个体作为公民所应承担义务的釜底抽薪式的消解。公民在极力维护个体权利的同时，也需要警惕单子化的存在所带来的对公民义务的消解。

各种现代新媒介对社会和人的影响不仅在于它们提供了新的信息和内容，更在于它们改变了人们生存和思考的方式。"任何媒介（即人的任何延伸）对个人和社会的任何影响，都是由于新的尺度产生的；我们的任何一种延伸（或曰任何一种新的技术），都要在我们的事务中引进一种新的尺度。"[①]一方面，现代媒介社会依靠其先进的技术，将人类社会中的每个个体前所未有地联系起来，空间距离不再是影响人类交往的决定性因素；另一方面，构成媒介社会无数信息终端的个体，由于彼此的相互匿名式交往，也以一种前所未有的方式彼此疏离与"断裂"。借助现代媒介，人们实现了交往对象在数量上的极大增长。与此同时，一个不容忽视的现实是，交流与联系的质感正在不断减弱。我们经常能够看到的现象是，一个寝室里的同学都在网络上与不知名的网友聊得热火朝天，却对朝夕相处的同寝室同学无话可说。媒介社会看似丰富的联系本应构建起人与他人和外界的新的联合体，但是，现实却一再表明，这种看似热闹的媒介公民联合体由于脱离了现实规则的束缚而变成了个体原始欲望相互利用和排斥的"名利场"。在这种角逐中，高扬的是每个独立个体所谓的权利，至于对他者和社会的义务，更多地演变成一种逐利的筹码，最终流于口号。由此可

---

① 麦克卢汉. 理解媒介: 论人的延伸: 增订评注本 [M]. 何道宽, 译. 南京: 译林出版社, 2011: 18.

见，凭借现代媒介技术，公民可以以个体权利之名，极力扩张个人私欲，公民义务也就在这种匿名化的私欲膨胀中不断萎缩，乃至完全消解。

媒介对于义务的消解，不仅仅借助于纯粹的技术，更借助于现代媒介符号所营造的"丰裕社会"对个人欲望的深层收编。从表面上看，个体欲望源于每个人生理、心理或精神的需要，是一种可以被主体所掌控的对象物。这对于绝大多数人而言是一种事实。但是，就个体的生存和发展而言，需要和欲望的差别是一个难以清醒认识的问题。在媒介社会中，个体在很多时候不是因为需要而产生某种相应的行动。当代媒介的一个突出特点就是，它是一个庞大且体系化的欲望制造机器。"控制生产的阶级已经学会了将欲望融入商品之中，进而控制对统治阶级有利的人民群众的生活——即购买商品和服务。"[①] 因此，个体的诸多欲望不是来源于某种绝对的、真实的缺失，而是来源于媒体关于自我不完美意象的暗示。

在现代媒介社会中，各种纷繁复杂的商品借助于符号化的包装，制造了种种关于美好生活的动人画面。这种画面直接指向的就是每个公民当下生活的缺陷（在很多情况下，这种所谓的缺陷是基于商业利润追求而设计的消费陷阱）。比如，在现代媒介生活中，几乎所有的广告都在以一种不可抗拒的力量告诉每一位受众自己的不完美，这种不完美可以指向自己的容颜、肌肤，也可以指向自己的着装、身材，等等。在这种情况下，每个人基于对美好生活的向往，自觉不自觉地将媒介符号所营造的幸福世界投射于自我当下生活的方方面面，从而映衬出了当下生活以及自我形象的粗陋、简单、乏味，而这种映衬本身又隐藏着否定现实自我身份的价值判断，从而在每个公民的下意识层面造成一种身份焦虑。这种身份焦虑迫使每个人将关注的重心从他者转向对自我的经营。在这种转向过程中，他者与社会已经被架空，剩下的就是对自我形象与身份的迷恋，公民义务也就无从谈起。

对成长中的学生来说，这一点的影响更为明显。有学者研究发现，在当前大众传媒所塑造的身体文化的影响下，一部分女中学生对于自我形象的关注几

---

① 伯格．媒介分析技巧（第三版）[M]．李德刚，等译．北京：清华大学出版社，2011：45.

乎已经到了沉溺的地步。① 在这种情况下，我们很难想象所谓的公民义务与这些沉浸在自我形象焦虑中的中学生有什么关系。

　　不过那件买来很一般的背心现在是我的最爱之一，因为我已经对它改造过了，是独一无二的个性背心，它在细节上突出了我的不同。（女生 H，高中）
　　我们都是直发，看上去很简单，其实可麻烦着呢。学校不让烫发，我们只能想别的办法，让自己在一群女生中显得扎眼一点。离子烫是不错的选择，又漂亮又低调，主要是老师不会发现。（女生 F，职中）
　　其实睫毛弄起来挺麻烦的，要一根根打理，还要经常补妆。不过为了个性，这些我都认了。（女生 Z，职中）
　　杂志上莫文蔚的身材挺棒的，腿很长，我们班同学都说我的身材和她挺像，所以我一定要减肥，争取更像一点。（女生 F，职中）②

　　实际上，在商业利润的驱使下，现代媒介永远不会给个体欲望的满足提供一个终点。推陈出新在现代媒介营销中是一条不变的真理。因此，看似是个体自主的欲望，实际上成了一种被给予、被塑造、被牵引的欲望。在这种情况下，个体自我身份焦虑的消除也就成了希腊神话中西西弗斯的任务，是一件永远都不可能完成的工作。当个体总是贪恋于自我的皮肤、头发、衣着等的完美的时候，责任与义务必然落空。所以，媒介对于个体欲望的控制，一方面是使人沉迷其中，另一方面则是使人丧失了行动的能力。一个更为可怕的后果是，个体往往对这种"温情"的欲望控制视而不见，甚至是乐在其中，"其结果是我们成了一个娱乐至死的物种"③。这样，媒介所制造的欲望不仅在事实层面消解了义务，而且在深层次上瓦解了个体主张权利的冲动和意识。从这个角度看，作为欲望制造机的媒介的行为，就不仅仅是一种经济行为，而是演变成了一种新的社会统治术，在客观上具有了一种维护现存社会结构的功能。

---

① 　刘琳琳. 中学女生身体意识的社会学研究 [J]. 当代青年研究，2005（5）：31-35.
② 　同①.
③ 　波兹曼. 娱乐至死 [M]. 2 版. 章艳，译. 桂林：广西师范大学出版社，2011：扉页.

如果不能走出媒介这张"潜网"的欲望控制，那么个体将很难从对自我的身份焦虑中解放出来，去关注与其同在的他人、社会、国家乃至世界。缺少这种关注，也就缺少了对他者的责任承诺，义务必然落空。同时，个体如果不能够对这种欲望统治术有必要的觉醒，其作为公民的行动力也必然会被架空。因此，识别现代媒介的欲望控制，不仅是个体走向开放、包容、参与的重要前提，而且是社会发展与变革的需要。

四、走出媒介之网

从前文的论述可以看出，现代媒介对公民教育的消极影响主要表现为公民权利的被操控和公民义务的被消解。这一切都源于现代媒介的意识形态控制。因此，为确保媒介时代公民身份的完整性，我们首先要做的，就是帮助个体认清媒介社会的意识形态特征，防止媒介对公民权利和义务的伤害。这实际上是一种消极自由意义上的媒介批判立场。它从最起码的层面上捍卫了公民身份中权利与义务的完整性。从这个意义上讲，公民媒介批判能力的培养，就成为媒介时代公民教育所要着力解决的根本问题。

培养公民的媒介批判能力，首要任务是帮助每个公民以一种防御性的姿态警惕现代媒介对公民完整身份所可能造成的损害。从前面的分析可以看出，在媒介社会，公民需要提防的两大问题是：第一，防止公民权利被操控；第二，防止公民义务被消解。对于前者，媒介主要是通过操控信息再造"真实"，遮蔽或扭曲真相，从而使得个体的权利表达由于建立在信息不全面乃至虚假的基础上而走向偏差、片面甚至极端。对于后者，媒介则主要通过对符号的操纵制造无穷尽的欲望，造成个体对身份的过度焦虑，从而消解公民对他者的关注和责任承诺。因此，识别现代媒体信息的局限性，洞悉媒介符号所包含的欲望控制，是媒介社会中的公民所必须具备的基本素质。具有防御色彩的公民媒介批判，虽然不能确保公民利用现代媒介促进公民权利的实现，但是它至少在最低限度层面保证了公民的权利和义务免于媒介的控制。正是从这个意义上讲，抵御媒介社会的侵害，是公民走向对媒介社会的主动掌控的前提。

　　不管是对权利的操控还是对个人欲望的制造，媒介所采用的一以贯之的手段无疑是信息垄断。这种垄断既表现为量的控制，也表现为质的改造。前者使得媒介所呈现的信息由于立场的不同而表现出各种所谓的客观与真相；后者则通过各种商品符号的拼贴挪用，赋予平庸的信息以诱人的魅力，将个体的本能欲望极大地释放甚至是制造出来。因此，识读出各种媒介信息与符号的意识形态特征，就成为公民媒介批判能力的核心。

　　就技术层面而言，判断媒介信息的呈现是否完整是公民媒介批判能力形成的前提。实际上，任何的媒介信息呈现都代表着一种价值导向。但是，这种价值导向不会通过直接的、赤裸裸的方式强迫受众接受，而是通过对与事实相关的信息的裁剪达到价值教化的目的。在这种情况下，特定的事实就意味着特定的价值立场。要走出这一信息迷雾，个体需要综合判断不同媒介所呈现的所有信息，通过对尽可能多的信息的掌握去克服单一信息源所可能造成的认知偏差。因此，媒介批判就其精神底蕴而言，乃是一种怀疑精神，是对各种打着"客观""真相"旗号的信息的主动质疑意识。这就需要媒介时代的每个公民，能够具备一种多角度收集信息、甄别信息的能力。

　　就意识形态层面而言，能否透过各种媒介符号去识别其所包含的各种意识形态及其所真正代表的利益群体，是公民媒介批判能力形成的关键。实际上，任何媒介文本都包含符号层、再现层和意蕴层这三个层面。[①] 符号层是各种媒介信息的组成要素和表达方式，再现层是各种符号所组成的故事情节，意蕴层则是隐藏在符号层和再现层当中的叙述结构。这个看不见的叙述结构总是与特定的意识形态联系在一起。在现代媒介中，除了我们所熟知的政治意识形态外，经济意识形态以及社会文化意识形态也在其中扮演着十分重要的角色。前者通过符号操控个体的欲望，将个体推向身份焦虑的陷阱以获取商业利润；后者则通过突出社会刻板印象，达到社会结构的复制与再生产的目的。而欲望控制和社会刻板印象再造的结果，自觉不自觉地对现存社会制度起到了一种系统维护的作用。因此，意识形态的媒介批判就是要在各种媒介符号和媒介再现层

① 李凡卓. 媒介批评之路：文化研究取向的媒介素养教育研究 [D]. 北京：北京师范大学，2009.

面去洞悉其中所包含的各种控制。这是媒介时代公民实现个体真正解放的重要前提。为此，公民需要了解各种媒介信息和文本的产制、结构以及掌握必要的解读媒介文本的方法。

综上所述，由于各种意识形态的介入，现代媒介给公民个体权利与义务的表达和实现带来了被严重消解的风险，我们需要对此保持足够的清醒意识。具备媒介批判能力，虽然不足以涵盖媒介时代公民教育的所有内容，但是它至少保证了媒介时代公民身份的完整性。这是对媒介时代的公民教育的起码要求。

下　篇

教育学的历史、文化与比较思维

陈洪捷

北京大学教授

德国古典大学的教育理念 ①

大学教育的理念应该有三个维度：目标维度、制度维度和知识维度。目标维度指培养的目标，制度维度指保证培养目标得以实现的制度性安排，知识维度则是培养目标的知识基础。培养目标的提出，必须有制度和知识作为依托，否则只能是空的目标。这三个维度形成一个整体，缺一不可。以下也按照这个框架来讨论德国古典大学的教育理念。

一、德国古典大学理念的背景

要理解德国古典大学的理念，必须从了解德国的社会开始。德国曾经长期是一个四分五裂的国家，在小国林立的状况下，政治和经济发展都受到制约。到 18 世纪时，英国的工业革命已经开始了，德国还处在一个落后的封建制度之中。在这个社会中，资产阶级是一个很单薄的阶层。英国的资产阶级发起了工业革命，法国的资产阶级发起了法国大革命，而德国的资产阶级太弱小，力量微弱，很难在社会中有所作为。在德国社会里，贵族把持着政治和经济的发展，是社会的主导力量。

与此同时，一个新的知识阶层也在形成，歌德、席勒、莱辛、赫尔德、康

---

① 本文为陈洪捷教授应邀于 2018 年 11 月 16 日在北京师范大学教育学原理专业博士生课程 "教育基本理论研究前沿" 上所做演讲的实录。

德、黑格尔等就是这个新兴知识阶层的代表。这个知识阶层在政治上没有施展身手的空间，无法参与政治生活，同时在经济上也缺乏发展的依托，因而把目光转向古代，研究古希腊的文化，向往古希腊的世界，自比是古希腊的直接传人。

知识阶层出于对古希腊的崇拜，开始认真地研究古代经典，研究古代的文字、文学和各种文献，形成了新人文主义的思潮。他们主张，应当超越文艺复兴时期的人文主义，不是简单地模仿古典的东西，而是要学习其活的精神，并把古希腊人的精神变成"我们"的精神。他们对古希腊的文化进行了系统的研究，并在此基础上开创了新的语文学、语言学、美学、历史学等人文学科的研究路径。

这个势力微弱的阶层在教育和知识领域找到了自己的安身立命之处，并在文学艺术、学术等方面形成了自己雄厚的文化资本。由于这个阶层不够强大，必须依托政府、依托国家来提高自己的地位，所以这个知识阶层与国家保持着密切的关系，同时也得到了政府的庇护。19 世纪初洪堡进行的大学改革，基本上是知识阶层和政府合作的产物。

二、德国古典大学理念及其教育理念

关于德国古典大学理念，或者说新人文主义的大学理念，有一种很经典的表述，即"Bildung durch Wissenschaft"，翻译成汉语，就是"通过学术而达至修养"或"通过科学而达至修养"。这里有两个概念需要介绍一下，一个是修养（Bildung），一个是科学（Wissenschaft）。这两个地地道道的德国概念，很难翻译成英语、法语等其他西方语言，在汉语中也没有很合适的词语与之对应。德国古典大学理念以及教育理念主要以这两个概念为核心。

（一）修养观

说到教育观，在德语中有 Erziehung 一词，可以直接翻译为汉语的教育、英语的 education。Erziehung 这个概念在德国用得也很多，但主要是在启蒙运动时期。泛爱主义教育家们喜欢谈教育，他们在启蒙运动思想的指导下，关心人类、关心人的发展、关心人的教育，比如裴斯泰洛齐。他们主要从社会发展的角度来关心人、培养人，让人变成一个公民参与到社会中来。每个人，不管来自什么阶层，都应该接受良好的教育，成为一名好公民。这是当时非常流行的思潮。他们所说的教育就是 Erziehung，即要从外部施加影响，来达到一定的培养目标。

但是新人文主义者不说 Erziehung，而是强调 Bildung，即修养。这种用词上的差别意义重大。所谓教育，指的是由外而内的教育，是由他人来教育你，按照一定的目标来培养你，使你成为这样或那样的人。但是修养强调"你"自身内部的发展，强调一种人的内在、自身的发展。所以修养所追求的是人的自我潜能的充分和全面的发展。这种发展不是靠外在的力量，而主要是靠人自己。所以修养和教育看似很接近，实则差异很大。教育是有明确目标的，或是公民，或是技术官员，或是神职人员；而修养没有外在的目标，人本身就是目标。新人文主义者反对把社会中的任何目标强加到个体身上。总之，这两个概念的出发点就是不一样的，要求和理念也完全不同。修养强调人本身，这个人是要脱离俗世而全面发展的人，即人的智力、情感等潜在因素都要获得发展，这种发展是全面的、和谐的、个性的发展。这就是新人文主义者对修养这一概念的基本理解。

那么，修养与通识教育的含义有什么区别？好像这两个概念都强调非职业导向的教育，都强调个性、创造力、思考力的培养，但是我觉得两者还是有不少区别的。按照我的理解，通识教育主要关心的是在教育场景中如何培养人的心智和批判性思维。而修养的概念虽然涵括教育，但是又超出了教育的范畴，具有人类学的意味，涉及对人本身的思考、对人的发展的思考，所反映的是一种人的图景，比教育的概念要宽广得多。

总之，修养注重人的自主性和自主发展的能动性，发展的目标是人道或人性（Humanität）。所谓人道，就类似于古希腊意义上的完全的人，这样的人的潜能得到和谐的发展，有着独立的意志、独立的品质。而这才是个人和社会的最大价值，个人的技能和专业知识并不能与之相提并论。

（二）科学观

德国古典大学观中的第二个概念是 Wissenschaft。从字面上我们可以把它翻译为科学，翻译成 science，但这都是非常片面的翻译，容易引起误解。Wissenschaft 似乎更符合汉语中的"学问"一词，因为学问包括人文的、社会科学的、自然科学的知识，但是学问是一个开放和集合的概念，而 Wissenschaft 是有系统的。Wissenschaft 现在通译为科学（science）。在德文里，通常为了更精确地表达，在它前面加一个 Natur，这就是自然科学，而在它前面加一个 Geistes，那就是"精神科学"，即我们说的人文学科。

前面说到德国古典大学的培养目标是修养，但如何达到这一目的呢？那就是要通过科学。那么科学（或学问）如何能实现人的潜能全面和谐发展的目标呢？这两者之间有怎样的关系？这里我们必须了解一下新人文主义视野中科学的含义。这个"很德国"的概念包含以下两个方面的意思。第一，它是一个以哲学为基础的、完整的知识体系。就是说，科学是一个整体，是不能被肢解的。一个人可以专攻化学或物理，但仅仅是化学或物理就不是科学，它们只能是科学的片段。要进入修养的境界，就必须对科学有整体的把握。如果没有一个整体性的知识基础，那么专业就不算科学，只能是一种具体的技能或一种工匠式的技能。所以在 19 世纪的德国大学中，哲学是必修课。不管学什么专业，学医、学数学，还是学物理，都必须学习哲学。这一规定就体现了科学整体观的理念。第二，科学是一个发展中的知识体系，是动态的，每一名参与者就是一名探索者，为科学的发展做出自己的贡献。换句话说，科学不是一个固有的、不变的知识体系，而意味着一个探索的过程。洪堡曾说，科学就是一个永无休止的探索过程。

中世纪以来的所有大学，基本只是知识传承机构，教师传授已有的知识，学生学习已有的知识。已有的知识都是真理，不容改动，更不允许创造新知。而新人文主义的科学概念的提出，为大学增添了新的元素，这就是研究和探索。这就意味着，科学是一个不断探索的过程，没有了极终的真理。科学从静态变为动态，科学活动需要主动和能动的参与。所以大学的培养理念也在变，不是要求学生接受既有的知识，而是要求学生主动和能动地参与科学研究。

随着这种科学观进入大学，研究型大学也就出现了。科学研究因此成为大学的核心工作，并贯穿于整个教学和学习过程之中。在德国古典大学中，科学是核心，而科学就等于研究，所以大学中的人，无论是教师还是学生都应当以研究为中心。对学生来说，科学的探索也是一个修养的过程，或者说，只有通过探索，学生才能发现和发展自己的潜力。对于新人文主义来讲，科学是以哲学为基础的，以古典学为核心的，这种科学当然是修养的最佳养料。而具体的专业知识，虽然有其价值，但不适合于个人的成长。所以对于专业化和对专业化的重视必须放在科学的整体中来认识与探索。而且，进行探索的最终目的在于个人的成长，这与外加的实用的目的是不相容的。

三、德国古典大学教育理念的知识基础

新人文主义的大学理念是与新人文主义的人的理念相联系的，人的图景和教育的图景则扎根于古希腊思想，所以古典学被赋予了特别的价值，古典学成为大学的核心知识。古典学时称语文学，这是新人文主义科学体系的基础。语文学首先在哥廷根大学受到关注，形成了新的研究范式。研究古典学就可以从古典精华中汲取营养，从而陶冶情趣和性格，拓宽眼界和人生观，最终达到培养人性的目标。这种知识不是外在于人，而是和人融合在一起，可以变换气质的。语文学并不只是关心古典文字，它是个综合概念，涉及文学、艺术、历史、语言等各个方面。这些构成了古典大学的核心知识领域。

在研究古典学的过程中，德国古典大学形成了一套学术研究的规范和技术，比如阐释学就是在研究古典学的过程中形成的，对于文献的考据方法也是这样形成的。这套体系逐渐成为德国大学学术教育和训练的"套路"，推动了其他相关知识领域的发展。比如日耳曼学，它实际上是古典学的翻版。古典学研究的是古希腊的语言、文化、历史、艺术，日耳曼学就是研究日耳曼人的语言、文化、历史、艺术，然后从日耳曼学又延伸出研究英国和法国的一套学问。还有历史学，也是在古典学之后开始发展的，即把这些研究的规范用于历

史研究。过去历史的研究主要是搜集信息和编纂文本，现代历史学则是由著名的日耳曼历史学家兰克建立的。古典学、历史学与现代的语文学，实际上就形成了后来所说的精神科学的核心学科。

可以说，古典学所孕育的学术规范和制度构成了德国古典大学的基本学术制度。这一点很重要。因为这是现代大学的学科规训的开始。之前我们说到自然科学在德国古典大学中不被重视，但是德国的自然科学仍然成就辉煌。从中就可以看出学术规范和制度的重要性。无论什么知识，一旦进入大学体制，就可以依据这套学术规范来发展，得到体制的有力支持。

这里所说的学术规范首先是指研究的规范、研究方法的训练与研究理念的养成。德国古典大学之所以能够"颠覆"传统的大学，原因就在于它从一个简单接受现成知识的地方演变成了培养学者的机构。而培养学者一方面靠知识基础，另一方面靠研究的规范和方法。今天我们所熟悉的很多学术规范都可以追溯到德国古典大学时期。

因此，可以说精神科学是和德国古典大学的教育理念、教育制度相配套的知识体系，这套知识体系是实现培养目标的最佳材料，由此成为德国古典大学教育理念的知识基础。而应用性、技术性知识乃至自然科学在早期都不受重视的原因也很简单——这些知识被认为无助于修养。在 19 世纪后半期，技术科学也逐渐挤入了科学的行列，但是技术科学无法在古典大学中获得一席之地，只能另起炉灶，通过独立的工业技术高等学校（后发展成为工业大学）来发展。到 1900 年时，柏林工业大学等工业大学获得了博士学位授予权，由此获得了与传统大学平起平坐的地位。也就是说，应用性知识到 20 世纪初才成为德国大学知识的组成部分。

四、德国古典大学教育理念的制度基础

德国古典大学的教育理念不仅仅是一些理念，而是有一套与之相对应的制度。有了制度，才能保证理念得以支配人们的行为。这里主要讲讲大学自主性、学习自由、研究和教学自由这三项根本制度。

（一）大学自主性

大学与政府的关系是大学发展的重要条件。启蒙运动是与现代国家的兴起携手共进的。以法国为代表的国家雄心勃勃，力图把公共管理的权限延伸到社会改革的各个方面，在教育领域开始建立国民教育体系，加强国家层面的教育管理。但德国的改革者没有追随法国的路子，特别是在教育领域，其追求的是一种德意志的道路。当年担任内政部教育司司长（相当于教育部部长）的洪堡，作为普鲁士教育部门的最高长官，则明确提出："国家不能干预大学。"由此可以看出德国大学所享有的自主性。

大学自主性这个概念，一方面是面向政府的，即偏向于政治层面、管理层面，同时也要求大学与宗教保持距离；另一方面则是面向社会和经济的，就是说大学要耐得住寂寞，抵御功利主义的诱惑。

所以德国古典大学是寂寞的，或者说甘于寂寞。这与新人文主义的教育理念有关。从这种教育理念出发，人的发展和成长是一个自发的、自我的探索和成长的过程。这个过程不能被任何其他外在的目标和利益左右。人的价值最重要，要大于他的社会价值和其他的价值。所以大学必须是一个自主的机构，为个人自主的、自由的成长提供保障。

基于新人文主义的教育理念，个人的发展是一个自由探索、自由成长的过程；知识也是一样的，也是一个自由探索的过程，不应当受到外在的限制和规定。所以大学在学习、教学和研究诸方面，都必须是自由的。洪堡一再强调两个概念，一个是寂寞，一个是自由。他说这是大学最基本的制度原则。从制度角度讲，制度理念与大学的培养目标相一致了。可以说，大学所享有的自主性为大学教育理念的贯彻提供了有力的保障。

（二）学习自由

学习自由历来被视为德国古典大学重要的制度特征。一个大学生从进入大学的第一天开始，上什么课、先上什么课、后上什么课，完全由他自己做主。大学里没有基础课、必修课、选修课这些概念，每门课程都可以去听，听不懂就走，课程也没有考试环节。这种学习的自由是以修养理念为基础的，既然大学要促进个人自由的发展和自主的成长，那就应该给他成长的环境、给他探索的条件。相比之下，在19世纪之前的大学中，修课内容由学校统一安排，学生没有选课的自由。

此外，学生还有另一种自由，即转学或游学的自由。比如说，"你"在北京师范大学学习了一年，然后发现南京师范大学也不错，就可以去南京师范大学上一学期，后来又发现东北师范大学也不错，还可以跑去东北师范大学上一年，或者直接就转学了。这在德国大学中是常态，每一个学生在上学期间都可能有换一所或两所大学的经历。

（三）研究和教学自由

所谓教学自由，意味着教师有权利决定自己用什么教材、教什么。教授享有充分的教学自由。我给大家讲一个小故事，可以反映出教学自由的实际状况。哥廷根大学是德国的著名大学，数学学科实力很强，高斯、希尔伯特等著名的数学家都曾在这里任教。19世纪末，有一个叫闵可夫斯基的数学教授，有一天他上课讲拓扑学的时候讲到了四色定理。当年有很多研究者都在论证四色定理，闵可夫斯基在讲课中忽然说："现在在这么多人论证四色定理都没论证出来，我觉得他们所做的都是二流的数学论证"，并声称自己可以论证出来。他马上就开始在黑板上进行论证，但到下课时也没写完，也没论证出来。于是他说："下课吧！"下一次上课，他接着在黑板上论证，又花了一节课时间，还是没有论证出来，只好下课。就这样，好像持续了几周，最后他也没能论证出来。从我们的角度看，这样上课，完全没有教学计划和进度安排，也没有专门的人来负责监督、评估，未免太自由了。所以说当时的德国大学教学是我们今天难以想象的。

德国古典大学在强调自由的同时，也有一些制度来保证培养的质量。不同的专业都制定了考试条例，对考试的内容有一个框架性的规定。比如要想拿教育学博士学位，考试条例规定要学习教育学的教育原理、教育史等几门核心课程，另外还需要完成几种组合的课程（类似于主修、辅修），如教育学和社会学、经济学组合，除了少部分绑定的课程之外大部分课程都可以自由组合，只要符合"一主二辅"这个基本的框架就可以。

大学的自主，其实并不是排斥政府，而恰恰是在政府保护下的自主性。需要注意的是，在学术自由的原则背后，其实德国古典大学仍有非常不自由的一面：第一，经费是国家给的，都是国家预算拨款，大学需要向国家说明自己的经费使用情况；第二，大学教授聘任的最终决定权在国家手中，作为个人可以自由去各个大学应聘，但最终是否聘任是教育部部长决定的。所以虽然政府不会干涉大学的教学自由和学习自由，但大学的财务和人事其实都掌握在政府手中。另外，政府与大学在政治方面也有默契，政府奉行一种所谓文化国家的政策（就是以文化立国的意思），大学本身就是国家的文化代表，所以大学与政府的利益是一致的，不相冲突。事实上，在整个19世纪，大学与政府都基本保持着良好的关系，这是大学能够自主的重要前提。

五、德国古典大学教育理念的划时代意义

德国古典大学的教育理念可以说是划时代的，对世界范围内的大学都产生了重要的影响，奠定了当今大学教育的基础。

首先谈一下大学的组织形态。在18世纪，当时的各种思想和改革都是反对大学这种模式的，人们普遍认为大学这种中世纪的模式已经过时了。如果没有洪堡等人，很可能今天就"见不着"大学了。德国在文化和政治上与法国是对立的，法国讲现实社会发展，德国就回归历史、继承传统。其实在柏林大学酝酿建立的初期，并没有用"大学"这个概念。当时的皇帝只是说想在柏林建立一所高等教育机构，而没有说要叫作大学或者学院，但是后来洪堡和费希特等人还是坚持使用了"大学"这个名称。

那么"大学"这个概念意味着什么呢？它实际上意味着对历史的认可和延续，而且它还含有综合的意味，即把所有知识容纳其中。所以保留大学模式，其实也是反对那些专业技术。大学和科学是同构的，大学覆盖了所有的知识，科学也是不能分裂的，而必须保持其整体性。柏林大学的建立可以说改变了西

方大学的发展轨迹，在 18 世纪末德国大学的数量减少了一半以上，行将成为历史的陈迹，而洪堡等人通过建立柏林大学挽救了作为一种组织形态的大学。

其次是"教学"的概念。在柏林大学建立之前的传统大学中，教学总体上就是照本宣科，而且不允许改变。因为任何一本教学用书都是经典，经典是真理，是不能改的，教学的任务就是把经典原原本本地、正确地传授给学生。后来洪堡提出"科学"这一概念，科学本身就是动态的，没有一种一成不变的真理，所以一切的知识都是处在探索之中的。用洪堡的话来说，科学就是一个永无止境的探索过程。如此一来，每个教师或者整个大学的工作都发生了根本性的转变，不是教现有的知识而是教新的知识。当然探索过程离不开所谓过去的知识，但是探索的重心是研究和发现，是新知识的生产。研究型大学即由此而来，而且影响深远。

再次是"学习"的概念。过去大学生的学习就是接受现成的东西，在没有书本的时候就是通过口耳相传来学习、记诵老师所说的东西，考试也是以书本知识为主，最多是考察灵活运用既有知识的能力，这与对知识的探索能力是不同的。但从柏林大学开始，学生的学习就不再是学习既有的东西。洪堡认为大学里都是研究者，只不过有先来者和后到者的区分，后到者要跟随先来者一起进行探索学习。知识的积累过程在中学阶段就已经完成了，到了大学之后就不再是积累知识，而是要开展研究。

最后是培养目标。前文述及 Bildung 旨在培养充分发展的、高尚的人，但是通往修养的道路却是科学，所以科学就成为大学的核心。当时德国大学只有博士学位，没有硕士和学士学位，除了要做教师的学生、法律和医学专业学生要参加国家考试外，其他学科的学生都是拿博士学位。这就是说，德国大学实际上的目标就是培养学者，要求学生按照学术规范来做一个研究者。在此之前，大学培养的是掌握某一特定领域知识的人，如医生、教师，但他们都不是知识的贡献者、研究者。而德国的大学以科学为中心，以学术为中心。在德国大学毕业生中，很多在中学担任教师的都是非常出色的学者，很多官员都发表学术论文，因为他们都曾受过很好的学术训练。总之，把学术训练融入大学教育中并使之成为一个固定的培养目标，始于柏林大学，正是这样一种具有可操作性的方式把修养落到了实处。

　　总之，与其说洪堡等人重塑了大学的组织、理念、知识，不如说他们再造了大学。在大学已经奄奄一息的时候，洪堡保留了大学的形态。他虽然用了大学这个旧瓶子，但里面的东西已全部焕然一新。今天的大学虽然又发生了许多变化，新增了不少东西，比如美国大学的社会服务功能，但在其基本构架、学术规范、学科设置和教育理念背后仍然可以依稀看到德国古典大学的影子。

附录：课堂提问

　　1. 问：陈老师，您好！我有一个问题。在"一战"和"二战"期间德国科学技术突飞猛进，在"二战"之后美国和苏联的军队还从德国掠走了一大批科学家和技术原稿，您能否介绍一下在此期间德国大学的教育？

　　答：这个问题涉及后古典时代。前面我们介绍的是德国大学的古典时代。在20世纪，德国大学辉煌不再。这与德国多变的历史有关，两次世界大战特别是"二战"，对德国大学的打击是致命的。我们刚才说19世纪是德国大学的时代，但这个19世纪放宽来看大致是从18世纪末到20世纪初，也就是说在20世纪初德国大学仍然是世界领先的，而它的转折实际上发生在20世纪二三十年代，即纳粹执政时期。

　　那么，为什么纳粹执政对德国大学的影响很大呢？我认为可以从两方面看。一方面，从大学理念的内在理路来讲，德国大学理念适合于19世纪，但是未必适合于20世纪，这是大家要注意的，因为任何一种理念和制度设计都是在特定的时空背景下产生，并在特定的时空发挥其效应的。另一方面，20世纪初德国的政治经济发展对德国大学非常不利，罪魁祸首就是希特勒。希特勒是一个很奇怪的种族主义者，在他看来非雅利安人都是劣等人，他对犹太人的成见就特别大。纳粹"反犹"情绪的高涨对科学界影响很大。因为犹太人在德国大学里是非常了不起的一群人。在19世纪末之前，犹太人是不能进入大学任职也不能做公务员的，国家规定他们只能经商。到了19世纪末，大学才向犹太人开放，很多优秀的犹太人由此涌现出来。由于希特勒颁布了一系列"排犹"法律，大批犹太人四处逃亡。而其他欧洲国家离德国很近，所以美国就成为犹太人心中比较好的去处，美国也比较欢迎他们。在那个年代大量的犹太学者从德国出走，包括爱因斯坦等著名学者。当时威廉皇家研究院（即现在的马克斯·普朗克研究所的前身）的院长普朗克觉得再这样下去不行，于是专门去找希特勒谈这件事。他觉得有信心说服希特勒，因为如果再这样下去，德国的学术界肯定就垮了。但没想到的是，希特勒根本不关心这件事，说犹太人必须走，没有例外。所以当年许多世界一流学者——不是一个两个，也不是几十个，而是数百位——就这样离开德国了。除了已经成名的精英学者，还有一大批拿到博士学位、拿到教授资格的青年才俊，也因为在德国没前途而出走了。这些年，我国为了振兴科技，实施了"千人计划""百人计划"，我们的学术也因此进步巨大。但是，大家想想，如果我们的顶尖学者（从院士到明星学者）少了两三千人，那中国的科学会怎么样？所以德国通过一个多世纪的积淀，培养出来的大量人才尤其是世界顶尖科学家都离开了，这会造成多大的损失呢？

所以，"二战"之后美国学术的崛起，可以说是希特勒送给美国的巨大礼物。美国可以说是希特勒政策的受益者。回看德国的经验，我们可以认识到：就算制度设计得再好，教育的理念再好，人才的损失是无法弥补的。

2. 问：德国教育部部长也说政府要减少对德国大学的控制，那么德国大学的内部治理决策是什么样的？德国大学在全球来说都是非常出色的，那么政府是怎样高效地运作整个大学的呢？

答：德国古典大学理念中的教学自由、学习自由必然会给大学带来一个很宽松的管理环境。或者说，在当时主要就是靠学校自己管理自己，德国古典大学管理的重心不在校长，不在院长，而在教授，教授的权力很大，做什么课题、开什么课都由教授说了算，校长管不了，院长更管不了。

德国古典大学的校长基本就是一个礼仪性人物，19世纪时每个校长任期一年，从正教授里面选择，而教授一共就二三十个。今天你当，明天他当，大家轮流担当。实际上，校长是没有多少权力的，主要就是在毕业典礼的时候给学生授予学位，或者接待外面来的人。校长也管不着经费。

那么，经费谁管呢？大学里有一个副校长是管校务的，是政府给学校派的会计总监、人事总监。他就是学校的常务副校长。这个职务就不会轮换，一个人一干就是一辈子，十年、二十年都是他。他的权力比校长大得多。

真正的学术权力重心基本都在基层，都在教授本身。所以我说，大学内部的危机就在这里。19世纪，当大学刚开始发展的时候，给教授这么大的权力，有其好处，因为教授可以自己判断发展的方向、资源，自己把握学科发展的脉络和方向，不受外界的干扰，有自主决策的权力。但是到了19世纪末期、20世纪初期，随着学科的分化、知识领域的细化，这个制度就出现问题了。19世纪，学科还没有分化，一个学科一个教授已经很不错了。这些教授带着一帮人在他已有经验的预判下对该学科进行研究、发展。但是学科分化非常深入以后，一个教授已经没有能力去组织庞大的学术研究了。但是，德国大学的这个制度没有随之改变。

到20世纪60年代欧洲大学闹"革命"时，人们就批判传统制度，认为这些制度僵化、老化，认为每一个讲座教授就是一个国王——独立国王，这样很不利于下一代学术力量的培养。教授要负责的领域太大，难以顾及各个方面，包括学生培养。这就需要建立一个和现代知识体系相适应的组织架构。德国大学的制度在初创时肯定很好，因为没有什么行政干预，教授掌握学术权力，所以教授的被认可度、职业自豪感、自由度是非常高、非常不得了的。教授决定经费的使用，决定学校雇什么人。后来德国大学虽然有预算经费，但是没有科研经费，也就是只有给人发工资的经费，没有给人做科研的经费。为了配合科研，教授自己建了研究所，可以通过研究所向政府申请科研经费，政府对研究所进行专款拨付。比如物理研究所每年申请10万德国马克，政府审核以后，一次性就划拨给研究所了。校长没权干涉这笔经费的使用，教授决定做什么就做什么。所以我们可以看到，一个讲座教授，守着一个研究所，拿了一笔钱，招什么人、上什么课、招什么学生、做什么研究全部是他说了算。这个制度在19世纪特别好，因为极大地发挥了教授的自主性。当时大学确实是教授的天堂，国家虽然拨付经费，但是给完经费以后就不管了，也不存在考核机制，完全信任教授。学院、学校都不能干涉教授的工作，而且教授职位还是终身制的，没人能解雇教授。

3. 问：德国政府对大学的控制主要是经费方面的，那么它们的经费运作是怎样的？

答："二战"后德国政府采取国家预算拨款、学校申报经费后，政府审核通过才能拨付，而且是专款专用。因为对大学的管理太过于死板，20 世纪 90 年代初的时候就有人开始表示质疑，所以他们现在尝试着使用"一揽子拨款"方式，即申报的经费获得政府批准和拨付以后，由学校来决定经费在学校范围内的分配，也就是大学在经费使用方面的自主权得到了提升。这是目前的状况。

4. 问：18 世纪欧洲出现了两种教育形态，一种是英国的自由教育，另一种是德国的教育模式（修养、教化）。Bildung 这个词有文化的意思，是指把一些潜在的、没有生发出来的东西外化出来，在英语里对应的词就是 cultivate。西塞罗认为 cultivate 是"精神的耕作或养育万物"的意思。在这个意义上，Bildung 讲的是精神的发育和精神的耕作，它成了 20 世纪德国精神科学的核心。我的问题是，在人类的知识大厦里，是不是只有一部分知识与人类的精神发育直接相关联。也就是说，当我们谈教育的时候，教育的知识基础可能就只有一部分是与作为人的气质直接挂钩的，而从 Bildung 的角度来说，这个东西直接和人精神的发育相关。而所谓专门的技艺性或技术性的知识，在一定程度上与人的精神发育并没有那么大的勾连。所以，可以说现代大学教育在一定程度上背弃了德国大学教育的传统。从精神母体上来看，它们是两种意义上的大学。我们现在讲的现代大学，其实已经不是德国传统上的大学了，而是成了另外一种以培养技艺为主的大学。卢梭其实也在探讨哪些知识与人的精神气质的发展是直接相关的。希望陈老师能够展开讲一讲 Bildung 对人的精神发育的意义。李凯尔特关于自然科学和精神科学的探讨也涉及了 Bildung 这个概念，席勒在研究美育的时候也用到了 Bildung 一词。但很奇怪的是，雅思贝尔斯在《什么是教育》中用的又是另外一个德语词。为什么会出现这样的差别？

答：你的感觉是对的，Bildung 是德国大学教育中一个非常核心的东西。任何一个教育理念都会提出用什么样的知识来实现其教育理念。新人文主义者对知识进行了划分。他们认为有些知识不适合于 Bildung，比如专业性、技术性、应用性、职业性的知识，这些知识虽然对就业和工作有用，但是对人本身的成长没有价值，甚至会损害人的发展，也就是只能使人获得片面的发展。比如你学了一套鞋匠的知识，你会做鞋了，但是你是一个片面发展的人。他们看重的是身心、技能、道德等方面全面发展的人。德国古典大学排斥技术性、技艺性的知识，因为它们觉得这跟大学没关系。蔡元培在北京大学进行改革的时候也坚守这个原则。北京大学不要工科、农科，就是因为蔡元培觉得这种职业性、技术性的学科是跟大学没关系的。但是理想归理想，很多理想都可能没法变成现实，更不用说这么一个宏伟的理想。所以我们在讨论理念的时候要清楚，理念和实践是有距离的，理念和实践不能画等号，再好的理念和现实都有差别。

我们现在讲的这个 Bildung 的理念，在德国的大学里是否完全实现了呢？实际上是没有的。但是，既然是理念，它就有一种引领和规范性的作用，在现代德国大学里我们还是可以看到这种教育理念的痕迹。大学教育的全面性、丰富性和与实践的距离、与技术的距离，这都是我们在德国的大学里能够看到的。

另外，一旦一个大学制度开始运作，它就有自己的一套运作逻辑，这可能就不是观念能够管得住的。比如说，建构某个观念的时候，看起来是那么回事儿，但是这个观念进入实践后，就按照自己的逻辑运行了，会有一些当初没有考虑到的因素进入其中。很典型的一个例子就是关于自然科学的知识。洪堡等人是研究古典学、哲学和历史的，是一批人文学者。人文学者对自然科学不那么看重，而且当时自然科学的发展水平比较低下。他们就把这些知识划在大学之外，认为这些知识不利于人的发展。但是可以看到，现代德国大学能够显现出来的成就，其实很大程度上就体现在自然科学领域，它们的化学、工程和物理都非常厉害。这怎么解释呢？是它们背离了大学理念吗？这只能说它们在原有的大学理念中加入了新的元素，但是新的元素之所以能够加入并且能够卓有成效地得到发展、培育，同样有赖于制度设计或者理念本身。所以在德国，很多研究自然科学的人也有很好的人文知识基础。很多著名自然科学家在哲学领域都非常有见地，眼界很开阔，以至于很多新学科的产生也有赖于这些学者的这种综合素质，包括人文领域的各种素质。

当然，我们要看到，洪堡的大学理念不可能百分之百地实现，就算在德国大学最辉煌的时代也没有实现，因为这是不可能的，但是一种理念可以为人们指引一个基本的方向。

5. 问：现在的很多大学，包括美国大学和中国大学，都非常偏重于知识或者技能方面的培养，就有点像是在培养机器人。学生各方面的专业技能都很强，但是缺失了那些人之所以为人的东西。例如：有一个优秀的博士研究生，毕业后留在美国做副教授，后来杀害了自己的导师；很多大学生只关注知识本身，关注学业成绩，个人的修养和公德缺失，对周围的同学也不够关爱。我觉得这些现象正好反映出现在的大学缺少洪堡的那种大学理念，就是培养人性中的真善美的理念。我觉得其实应该呼唤这些，呼唤这种教育理念的回归。

答：其实你的问题早在洪堡时代就已经提出来了。18世纪末，大学改革者为什么要反对启蒙运动及其功利主义的教育观？因为当时工业化的趋势已经出现了，改革者反对工业化把人彻底地功能化，反对把人变成螺丝钉或其他任何一个部件，反对人的碎片化、人的肢解。所以，马克思当午也呼吁人的全面发展。

所以在整个的人类教育历史中我们可以看到有两种观念：一是注重人本身能力的培养，二是注重社会功能的发挥。两者应该是一对永恒的主题。总有一部分人在宣传人对社会的价值，总有一部分人在宣传人本身的价值。刚才我为什么要谈启蒙运动呢？因为启蒙运动其实把这个问题更加突出地呈现出来了。德国和法国大学选择的不同理路，其实就反映了在启蒙运动这个背景之下现代教育的两条主线：一条是功利性的、工具性的，另一条就是价值性的。而这两者永远是冲突的，所以今天我们仍然面临选择。可能你会说，我们要学习洪堡大学的模式，但是你想想，如果大学不培养各行各业的专门技术人才，能行吗？学生在学校里一天只读圣贤书，那肯定也不行。

我觉得这两者之间存在一种永恒的张力和冲突，问题的关键在于：在哪个阶段、用什么样的方式、以什么样的比例把两者结合好。我们不能做非此即彼的选择。当时洪堡大学里的学者就是德国社会中的一个阶层，这个阶层实质上就是精神贵族。当时上大学的人凤毛麟角，他们都是精英中的精英。20世纪以后德国大学也扩招，导致大学生人数增加，由此带来了多元的学生构成。德国大学的传统理念已不适用于新时代的学生。很多人选择读大学就是为了获得职业技能，进而获得一个好工作，而不可能是出于单纯的兴趣。我们需要平衡两种逻辑。人的价值肯定不能忽视，但是把其无限放大也会出现问题，因为社会发展的直接推动力还是那些实际的知识和技能。

6. 问：德国的职业教育全球领先，那么现在提倡创新创业、产教结合的模式，会不会加快大学的消亡？技术的不断创新和工业革命的推进，会不会加快大学的消亡？

答：这是一个很好玩的问题。不同的时代说不同的话，今天我们面临的问题和洪堡面临的问题其实不一样。现代大学的功能已经发生了很大的变化，这是洪堡想象不到的。洪堡当时就想培养精英中的精英、全面发展的人。我们现在的高等教育面临的问题是多重的，大学已经开始多元化了，各种各样的机构构成一个总的高等教育体系——在这个体系中，不同的机构承担着不同的任务，这是大家已经接受的现实，而在未来，这些机构可能会不断分化，然后围绕一个共同的目标来合作。而且大学已经无法垄断人才培养了，社会中涌现出了一些其他的知识生产和人才培养机构，我觉得这是一条正确的道路。美国大学之所以能够成功，原因就在于它走了精英化的路子，把精英培养机构移植到了哈佛大学、耶鲁大学等学校，但是没有移植到社区学院。我觉得这是一条好的道路，多元化能够容忍不同的道路。德国的大学之所以能够成功，也是源于多元化的背景。我刚才讲了，德国的技术学院、工业大学照样发展，德国的职业教育非常发达，等等。也就是说，德国有多元的传统，既可以讲洪堡大学精神也可以讲职业教育。职业教育对动手能力的培养很到位，对纯粹思辨能力的培养也很到位。我觉得多元可能就是大学发展的一个总的趋势，而德国在这方面做得非常好：职业教育那么务实、扎实，"仰望星空"的学术研究那么成功。在同一个文化里面，大学教育适应不一样的层次、不同的需求，培养不一样的人，最终形成了一个整体。我们现在就怕"一刀切"：一提转型，大学就全都转型；一提升格，大学就全都升格。这才是最可怕的。尤其是在现代社会，复杂性不断增强，单一的思维是最大的危险。

（录音记录整理：田霖、何芳、马瑶。统稿：马瑶）

石中英

清华大学教授

杜威的价值理论及其当代教育意义 ①

　　2016 年前后，以《民主主义与教育》出版一百周年为契机，国际国内教育学界对于杜威教育思想的研究进入一个新的活跃时期。这种新一轮的杜威教育思想研究热潮在 2019 年达到了一个高峰，因为 2019 年是杜威访华 100 周年，各种纪念活动纷至沓来，相应的研究也持续增多。从近几年已经发表和出版的有关杜威教育思想研究的论文和专著看，可以说，国内教育学界有关杜威教育思想的研究正在逐步扩展和深化，在相当程度上超越了 20 世纪中期以后国内教育学界杜威教育思想研究"泛政治化"与"教科书化"的阶段，朝着人们所期望的"专业化"②方向前进。不过，检视近几年以及更长一段时间国内有关杜威教育思想的研究主题和成果，人们不难发现，与有关杜威的教育本质论、教育目的论、知识理论及其课程与教学思想等众多的研究相比较，有关杜威的价值理论包括教育价值理论的系统研究相对薄弱。黄济、王坤庆在自己的教育哲学论著中只是在教育价值论的部分对杜威的工具价值与内在价值的分类稍有介绍③，对于杜威其他的教育价值和一般价值主张没有介绍和分析。近几年杜威教

①　石中英教授在为北京师范大学教育学原理专业博士生所开设的讲座中有"论教育的精神"等多次演讲。本文系他的最新成果，已经发表于《教育研究》2019 年第 12 期。
②　张斌贤. 呼唤专业化的杜威教育思想研究者 [J]. 教育科学研究，2019(5)：1.
③　参见：黄济. 教育哲学通论 [M]. 太原：山西教育出版社，1998：414–415；王坤庆. 教育哲学：一种哲学价值论视角的研究 [M]. 武汉：华中师范大学出版社，2006：183–184.

育思想研究热潮中少量涉及杜威教育价值理论的研究主要集中在杜威特定的民主价值观及有关教育主张上，如冯加渔的《民主的多重面向：杜威 Democracy and Education 中文译名的世纪流变》①、庞庆举的《杜威教育哲学中的民主及其人性论视角》②等。冉华在研究教育现代化的评价时以杜威的经验主义价值判断理论为基础，试图对我国教育现代化评价的实质、过程和功能进行重新理解。③本文拟在这个目前仍然比较薄弱的杜威教育思想研究主题方面做些整理、分析和讨论，以进一步丰富和推进新时期国内教育学界有关杜威教育思想的研究，求教于大方之家。

一、杜威价值理论的几个基本主张

价值理论是杜威实用主义哲学中的一个重要组成部分，对价值问题的论述贯穿了杜威思想的整个过程和许多领域。杜威明确意识到，价值问题是一个非常复杂的问题，其中掺杂着信仰、习俗、权威、偏好乃至执念等非理性的因素，存在着很多价值分歧。这些分歧有些是由于对价值概念的误用，但是大量的还是与人们的本体论信仰、认识方法、社会立场的不同有关，也就是说，有其深刻的社会文化根源。揭示价值问题背后的思想逻辑和社会文化根源，真正将价值问题纳入人类理性的审视，克服价值问题上的各种二元对立，从而有助于人们经由价值思考而不断地改进自己的行动，是杜威开展价值论述的初衷。

首先看看杜威对于"价值"（value）概念自身的认识。杜威在进行了大量的语言分析后认为，在已有的价值论述中，对"价值"这个词有三种理解：一种是名词意义上的理解，将其看作一些人们所珍视、向往或享受的价值之物；一种是动词意义上的理解，将其看作"珍视""向往""享受""评价""鉴定"等人类活动，这些活动的意义在于进行价值赋予，即赋予原先独立存在的活动

---

① 冯加渔. 民主的多重面向：杜威 Democracy and Education 中文译名的世纪流变 [J]. 华东师范大学学报（教育科学版），2019(2)：29-36.

② 庞庆举. 杜威教育哲学中的民主及其人性论视角 [J]. 全球教育展望，2017(8)：22-32.

③ 冉华. 教育现代化评价的再审视与再理解：基于杜威经验主义路向的价值判断理论 [J]. 教育理论与实践，2018(10)：23-27.

对象（事物、事件、关系等）以价值；还有一种是形容词意义上的理解，在此意义上，"它被用来命名一些东西的特征、性质和限定性条件（'东西'一词在这里所用的是它的广义）。它就好像'好的'、'精美的'和'优秀的'这些词一样"①。杜威认为，绝对主义者和客观主义者倾向于在名词的意义上使用价值概念，把价值看作具有某种先验的、内在的和本质性的好的事物本身。相对主义者、主观主义者则倾向于在动词的意义上特别是在"珍视""向往""享受"的意义上使用价值概念，认为价值就是去"珍视""向往""享受"某种可欲求的东西。由于"珍视""向往""享受"等态度和行动带有比较强烈的个体情感色彩，所以在价值领域只能是人言人殊，没有一个统一的或共同的价值标准。杜威本人则从实用主义哲学立场出发，强调动词意义上作为"评价""鉴定"的价值以及作为形容词的价值，强调价值与行动及其情境的内在关联。杜威并不否认世界上存在价值之物，也不否认人们对某些事物的珍视、向往或享受等心理活动在价值建构中的作用。但是，杜威认为这些价值之物之所以成为价值之物，并不是因为它们自身具备什么先验的、内在的或本质的好，而是因为对它们的选择、获得或改变能够有助于改善人类特定的处境，更好地实现行动的目的。这也就是说，价值之物之所以成为价值之物，乃是人们在特定的行动情境中对它们进行价值评价或鉴定的结果。同样，杜威认为，对某物的珍视、向往或享受也并非总是在最原初的生理或心理需要的意义上发生的，在真实生活中，它们都包含着评价或鉴定的因素，并经由评价或鉴定的行为而得到维持、加强或改变。这就意味着，在杜威看来，价值不是一种抽象的实体、先验的原则或内在的好，也非一种纯粹主观的偏好，而是一种在行动情境中产生并由评价或鉴定等可观察、可调控的理智行为所构成的一种值得珍视、拥有和追求的事物的新的和理想的样态。

其次看看杜威对评价或鉴定也就是价值判断（valuative judgment，也译为评价判断）的论述。杜威认为，价值判断在人类的行为中是普遍存在的，包含着道德判断，但不局限于道德判断。价值判断影响着价值选择，而价值选择指

---

① 杜威.评价理论 [M]. 冯平，余泽娜，等译.上海：上海译文出版社，2007：201.

导着人类现实和未来的行为。由于人们对"价值"一词理解不同，对于价值判断性质的认识也就不同。绝对主义者、客观主义者认为价值是事物先验的、内在的好，因而价值判断就是对事物本身先验的、内在的好的把握，必须诉诸对事物的本体论沉思才能进行。相对主义者、主观主义者则相反，认为价值是人们主观兴趣、欲望或偏好的产物，因此价值判断就是一种情感的表达，是一种"喊叫"（ejaculatory），缺少陈述的实际内容，也难以应用理性加以分析。前一种观点将价值判断引入形而上学的死胡同，后一种观点则将价值判断引入心理主义的歧路。与这些观点不同，一方面杜威把"价值判断"与"关于价值的判断"（judgments about values）相区别，认为前者是一种预测性实践判断，即对人们正在实施的行为系统是否值得、是否有效以及是否能够达到预期成果的判断，后者则是一种"事后判断"，即对一种给定的价值之物或已经实现的效用的记录、分类和陈述。另一方面，杜威认为，价值判断是在特定时间特定地点发生的，以行为的动机（需要、兴趣、向往、欲望等）、手段、目的等行为系统的构成要素为对象或内容的评价或鉴定行为。价值判断要思考的问题并非价值的有无或大小问题，而是下列这些问题：我希望即将通过行动来加以满足的我的需要、兴趣、向往、欲望等是值得的吗？如果我用于驱动行动的需要、兴趣、向往、欲望确实是值得的，那么，接下来什么样的条件、手段以及行为才能够满足它们？需要我付出什么样的努力和代价，又会遭遇什么样的风险或挫折？最后，通过艰辛行动创造出来的价值之物又将在何种意义上以各种方式满足、增强或改变我的需要、兴趣、向往、欲望，并进一步影响到我的下一步行动？显而易见，杜威所说的价值判断伴随着、渗透着并且也指导着人们行为的全过程，不是一种"旁观者的判断"而是一种"当事人的判断"，不是一种"事后判断"而是一种"事先判断"和"事中判断"，不是一种"描述性判断"而是一种"假设性判断"。杜威还认为，这种价值判断作为一种判断，虽然在题材上有自己的特殊性，但是在方法上并没有任何的特殊之处，也看不出排斥科学方法的必要性与合理性。他明确说："没有任何东西在方法论上能使'价值判断'与在天文学、化学、生物学的研究中得到的结论有所区别。……如果不走出'价值领域'而进入物理学、生理学、人类学、历史学和社会心理学领

域的题材之中，我们就不可能得出能被证明具有充分根据的评价判断。只有重
视和考虑这些学科所发现的事实，我们才能确定具体赋值的条件和结果。"①

再次看看杜威对内在价值与外在价值、工具价值与目的价值的论述。内在
价值与外在价值、工具价值与目的价值的区分在价值理论领域司空见惯，直到
今天依然发挥着强有力的思想功能，为人们思考价值问题包括教育价值问题提
供基本的概念框架。杜威之前和同时代的许多哲学家坚持认为某些事物具有内
在价值，而另外一些事物只具有外在价值；某些事物属于目的价值，而另外一
些事物属于工具价值。不仅如此，人们还倾向于认为，就价值比较而言，内在
价值高于外在价值、目的价值高于工具价值。如果在实际的生活中内在价值、
目的价值的优先性没有得到体现，那么就被称为"价值失序"。从杜威的价值
论述来看，他对于这两对价值范畴的区分的态度有一个前后变化的过程。在
1916 年写作《民主主义与教育》一书时，他接受了这种区分和价值顺序，并
做了一些延展性的讨论。例如，他认为，"内在的价值不是判断的对象，作为
内在的价值，不能和别的价值比较，不能说哪个大些哪个小些，哪个好些，或
哪个坏些。内在的价值是无价之宝"②。他还谈到："有时我们不得不有所选择，
我们为了要一个东西，必须放弃另一个东西。这样就建立起喜欢的顺序，价
值大些和小些，好些和坏些。必须联系第三个东西，即进一步的目的来判断
或评价事物。对这第三个东西来说，它们是手段或者工具的价值。"③ 但是，等
到 1949 年他写作《"价值"领域》一文时，就对这种区分进行了批评，认为它
们是古老的绝对主义价值理论和本质主义思维方式的残余。他认为："将'内
在的'这个词用在'价值'上，是如此之矛盾，简直就是武断和回避问题的实
质。……'内在的'这个词在用法上是'本质'这个词的残余。"④ 不仅如此，
他在《评价命题》一文中还认为："一些实际上属于任何一个对象或任何一个
事件的任何一种性质或特性，统统被称为'当下的'、'内在的'或'固有的'。

---

① 杜威 . 评价理论 [M]. 冯平，余泽娜，等译 . 上海：上海译文出版社，2007：215-216.
② 杜威 . 民主主义与教育 [M]. 2 版 . 王承绪，译 . 北京：人民教育出版社，2001：256.
③ 同② 256-257.
④ 同① 202.

它的错误就在于，把这些词所指称的东西解释为与其他东西没有关联的，因而是绝对的东西。"① 为了克服这样的错误，他基于经验的交互性与连续性，认为目的和工具都是相对而言的，甚至说目的本身就构成行为的工具，因此有关工具价值与目的价值的区分以及认为目的价值高于工具价值的观念是有害无益的，对工具价值的贬低本身表明人们并不珍视那些被设定为目的的价值之物。

最后看看杜威对个人与社会的价值关系的认识。个人主义是一种现代价值取向，在西方，也是一种自由主义的伴生物。个人主义主张个人价值的优先性，认为社会或国家存在的合理性与合法性在于对个人正当权利的尊重和维护。个人主义自身缺少一种自我约束的机制，一旦走向极端就会导致唯我主义，对于共同体生活会产生较大的威胁和破坏作用。基于这种担忧，在价值论上，杜威提出了"新个人主义"的主张。新个人主义首先放弃了原子化的个人的概念，在杜威看来，个人"是某种达成的东西，不是在孤立状态下达到的，而是在一定环境……的帮助与支持下"② 达成的。这就是说，社会对于个人而言，是一种构成性因素，并非如传统个人主义所认为的是一种限制性甚至威胁性因素。这就消除了个人与社会之间的二元对立，为认识个人与社会之间的辩证关系开辟了道路。在杜威看来，个人与社会之间的联系不单单是物质上的，也是道德上和精神上的。进一步说，个人只有在和他人的联系中才能寻获安全与保障，一个关心自己福祉的人同时也应该关心社会良善秩序的建立和维护。这种观点也部分地解释了杜威为什么一直倡导一种联合而不是孤立的生活，一种各社会阶层自由交流经验而不是相互排斥和彼此对抗的生活。这种个人与社会关系的本体论思考，也是杜威民主观念的一个重要基础。

杜威的上述基本价值主张，在哲学史上有着重要意义。它既否定了西方古老的价值先验论、实在论，同时又努力地将价值认识从人们主观的兴趣、需要、偏好中拯救出来，展现人类理性在其中的关键作用，同时还努力解决休谟以来有关事实与价值、事实判断与价值判断、内在价值与外在价值、目的价值与手段价值、个人与社会等一系列二元对立问题，开辟了实用主义价值哲学的

① 冯平 . 经验主义路向：上册 [M]. 北京：北京师范大学出版社，2009：109.
② 杜威 . 新旧个人主义 [M]. 孙有中，蓝克林，裴雯，译 . 上海：上海社会科学院出版社，1997：47.

新路径。杜威的价值学说将哲学史上有关价值的研究由超验主义转向经验主义，再由经验主义转变为实验经验主义①，这不仅是价值研究路径的转变，而且对教育研究者思考教育中的价值问题有很大的启发。

二、杜威对教育中价值问题的主要论述

　　教育是一种价值实践，人类对于教育总是充满了价值期盼。同时，教育也是一个充满价值纷争的实践领域。教育领域的价值纷争直接影响到教育决策和教育实践。可以说，教育决策、教育实践和教育改革中的各种争论都有其价值论的根源。杜威生活的年代，也是美国社会发生深刻转型的年代，教育领域充满了价值的纷争。基于自己的价值论述和长期的教育实践经验，杜威对于教育领域的价值问题也做出了许多重要分析，提出了自己深刻而又独到的教育价值主张。

　　教育本身是价值之物，对此人们并没有什么怀疑。但是，在教育有什么价值的问题上，历史上不同的人们却有着不同的甚至是大相径庭的看法。有的人强调教育的实用价值，有的人强调教育的文化价值，有的人强调教育的知识价值，有的人强调教育的社会效率价值，还有的人强调教育的道德陶冶和性格训练的价值，彼此之间争论不已。杜威认为，这些对于教育价值的分类虽然不能说完全没有意义，但是对于真正的教育行为或过程来说却用处不大。离开了具体的教育情境而试图在上述各种价值分类中建立一个价值秩序，则更是荒谬可笑。杜威认为，对于真正的教育行为或过程来说有实质性意义的问题是：教育作为一种人类的实践活动是如何成为价值之物的。基于上述的一般价值理论，杜威认为，如同世上其他的价值之物一样，教育的价值并不是先验的、内在的或自足的，也不是一种个人的情感偏好。只有当那种被称为"教育"的活动能够被学生所珍视、所欣赏并进而所评价、所鉴定，从而整合到学生经验的持续改造过程之中的时候，教育才能成为真正的价值之物，教育的价值也才能真正

---

① 　冯平.杜威价值哲学之要义 [J]. 哲学研究，2006(12)：55–62，124.

地实现。反之，教育就只能是一个抽象的或可能的价值之物，并不能激发起学生身上那种巨大的去尝试、去体验、去反思、去坚持、去改进的愿望与动力，以至于不得不依靠纪律、奖赏、惩罚等措施来维持。

在论述教育价值问题的过程中，杜威也关注到了教育价值领域中的一些分裂或二元对立现象。除了上述提到的内在价值与外在价值、手段价值与目的价值的分裂外，杜威还特别关注自由教育与职业教育的价值分裂以及与之相关的自由科目与实用科目、有用劳动与闲暇生活的价值分裂等。杜威指出，教育实践中"各种价值的分裂和冲突并不是孤立的现象，它们反映着社会生活内部的分裂。如果通过劳动自谋生计和有教养地享用闲暇的机会这两种功能可以平等地分配给社会的各个成员，那末就没有人会想到各种教育机构和所包含的目的彼此之间有任何冲突"[①]。杜威的这种认识及其方法是非常可贵的，在一定程度上与马克思主义的价值视角有相似或契合之处。由这种认识出发，杜威认为，随着工业进步和社会民主的不断发展，这种价值分裂现象会逐步得到克服。不过，杜威也明确意识到，这将是一个漫长且复杂的过程，并且需要人们与陈旧的阶级观念、职业观念以及职业教育价值观念做长期的斗争。就职业观念而言，杜威提出："职业的对立面既不是闲暇，也不是文化修养。它的对立面，在个人方面，是盲目性、反复无常和缺乏经验的积累；在社会方面，是无根据的炫耀自己和依赖他人过寄生生活。"[②] 就此而言，为了职业生活的教育构成现代教育的一个重要价值向度。不仅如此，杜威还认为："职业是一个表示有连续性的具体名词。它既包括专业性的和事务性的职业，也包括任何一种艺术能力、特殊的科学能力以及有效的公民品德的发展，更不必说机械劳动或从事有收益的工作了。"[③] 这表明，在杜威看来，职业生活要求于从业者的，不仅仅是职业的技能，而且包括专业的知识、艺术的能力、科学的素养以及道德的同情心等。因此，那种将职业教育与文化教育或自由教育对立起来的观点是没有根据的，将职业教育限定为技术训练的观点是狭隘的。"如果教育承认职业的全

---

① 杜威. 民主主义与教育 [M]. 2 版. 王承绪，译. 北京：人民教育出版社，2001：268.

② 同① 325-326.

③ 同① 326.

部理智的和社会的意义，这种教育就要包括有关目前状况的历史背景的教学；包括科学的训练，给人以应付生产原料和生产机构的智慧和首创精神；包括学习经济学、公民和政治学，使未来的工人能接触当代的种种问题以及所提出的有关改进社会的各种方法。"① 从这个观点出发，杜威甚至提出，一些自以为在提供文化教育的高等教育就其实质而言也是一种职业教育，一种旨在培养管理者、教学人员和研究人员等的职业教育。

杜威对教育价值问题的讨论也非常注重联系学校教育的实际问题。针对当时学校教育实践中给学生学习的科目划定价值等级的做法，杜威认为："我们不能在各种科目中建立一个价值的等级，企图把它们排列成次序，从价值最小的科目开始，进而到具有最大价值的科目，这是枉费心机的。就任何科目在经验中都具有一个独特的或无可替代的功能来说，就任何科目都标志着生活所特有的丰富的内容来说，各种科目的价值是内在的，或者是不能比较的。"② 不仅如此，杜威还认为："一个科目在某地某时应该有一个为自己的利益供人欣赏的善。……如果一个科目从来没有因其自身而被学生欣赏过，那么它就无法达到别的目的。"③ 这就是说，在杜威看来，每一学科都因其独特的经验内容而有被人珍视、欣赏和喜欢的"内在价值"。如果在教育过程中一个科目的"内在价值"被忽视了或者没有得到充分的实现，亦即它从来没有赢得过学生的关注、兴趣或喜爱，那么它的其他价值也就失去了实现的基础与可能。

针对当时一种流行的观点——不同的学科具有不同的固定价值，彼此之间不可替代，杜威也提出了不同的观点。杜威认为，每一个学科的可能价值是多元的不是单一的。杜威以"科学"为例："科学可以具有任何价值，这视用科学作为手段的情境而定。对有些人来说，科学的价值可以是军事方面的，它可以是增加进攻或防御手段的工具；科学可以有技术方面的价值，作为工程的工具；科学可以有商业方面的价值，作为成功地经商的助手……。事实上，科学为所有这些目的服务，要想确定其中一个作为科学的'真正'目的，将是一种

① 杜威 . 民主主义与教育 [M]. 2 版 . 王承绪，译 . 北京：人民教育出版社，2001：337.
② 同①257–258.
③ 同①258.

武断。在教育上，我们可以肯定，科学的教学应该使科学成为学生生活中的目的，科学之所以有价值，是因为科学本身对生活经验所作出的独特的、内在的贡献。"①在杜威眼中，不仅科学具有多方面的价值，数学甚至诗歌也具有多方面的价值，远远不止流行的观念中某个单一的或某几个有限的价值。杜威明确指出，那种在不同学科之间进行价值分配的流行观点是错误的，它一方面无法帮助师生建立起学科与生活经验之间的整体性联系，另一方面也容易导致学校科目或课程数量的无限增加。杜威的这些观点不仅在当时具有合理性，就是在百年后的今天，对于我们审视学校中的学科价值假设和课程拥挤现象，也依然具有理论意义。

　　教育中个人价值与社会价值的冲突是一个常见的现象。在有的时期和有的学者那里，强调个人价值的优先性。在另一个时期和另外的学者那里，强调社会价值或社会效率的优先性。杜威由于自己明确的"儿童中心"的主张，也往往被人看作个人价值优先论者。其实，这是对杜威极大的误解。杜威基于自己新个人主义的立场，在系统考察从柏拉图到卢梭的教育哲学思想的基础上，认为不能在教育中将这两种价值分割和对立起来。他认为，这两种价值被分割开来和对立起来，有其深刻的社会原因，源自社会中的阶层固化和阶级对立。在杜威看来："一个进步的社会把个别差异视为珍宝，因为它在个别差异中找到它自己生长的手段。因此，一个民主的社会，必须和这种理想一致，在它们各种教育措施中考虑到理智上的自由和各种才能和兴趣的作用。"②当然，这只是杜威自己的价值理想。其实，在民主的社会中，限于社会资源和公共政策的局限性，如何对待教育中的个别差异以及如何解决由社会差异带来的教育不公平，还是非常棘手的问题。在论述个人价值与社会价值的关系时，杜威还顺便讨论了教育中的国家主义与世界主义两种价值取向的关系。总的来看，杜威既不赞成要求个体一味服从的国家主义，也不赞成比较浪漫的世界主义。他的基本立场还是民主主义，在承认国家主权的前提下，强调教育要引导学生积极参与共同生活、广泛增进公共利益，并形成人类同情心，促进所有人相互之间更

---

① 杜威 . 民主主义与教育 [M]. 2 版 . 王承绪，译 . 北京：人民教育出版社，2001：258–259.
② 同①324.

自由、更充分和更有成效的交往和联合。

三、杜威的价值理论及教育价值主张对当代中国教育的几点启示

杜威的价值理论及建立在这些价值理论基础上的教育价值主张对于今天中国的社会和教育依然具有重要的意义。这不仅体现在它们作为学术遗产应该在教育学的教材和课堂中加以系统介绍和深入讨论，而且表现在它们对于思考当下和未来的中国教育改革尤其是教育改革中的价值问题所具有的启示意义。

第一，杜威的一般价值理论和教育价值论述有助于促进教育者和研究者们重新思考教育价值的基本理论问题。在我国现行的教育学知识体系中，对价值和教育价值的概念认识主要是基于马克思主义教科书中的价值定义，即将价值看成客体对主体需要的满足，并根据主体的类型将教育价值划分为个体价值与社会价值，进而根据"社会"范畴的分析进一步将社会价值划分为政治价值、经济价值、文化价值、科技价值等。虽然这种价值的定义和教育价值的分类就其本身而言也没有什么问题，但是由于论者疏于对价值主体的需要及其在教育过程中的实际作用进行具体的分析，常常使得整个的价值定义和教育价值分类停留在抽象的或一般性的水平上，对于具体的教育实践行为不能起到真正的调控或指导作用，容易导致教育价值认知与教育价值实践脱节或知行不一。也有论者在上述价值定义和教育价值分类基础上无视具体的教育条件、环境以及行动的预期结果，武断地将教育的个体价值看成教育的内在价值、目的价值，将教育的社会价值看成教育的外在价值、手段价值，并在两者关系上采取一种二元对立的立场或态度，不自觉地陷入杜威的价值和教育价值论述所批评的境地。在此意义上说，理解杜威对一般价值和教育价值的论述有助于进一步丰富与深化我国教育学知识体系中有关价值和教育价值的认识，启迪教育者进一步反思业已形成的教育价值范畴及其哲学基础，从而形成更加理性的教育价值信念和更加审慎的教育价值选择。

第二，杜威对内在价值与外在价值、手段价值与目的价值以及自由教育与职业教育关系的分析论述有助于我们重新思考教育价值世界中的系列问题。抛

开杜威对于内在价值与外在价值区分态度的转变不说，杜威有关内在价值不可
比较、内在价值的实现是外在价值实现的前提、手段价值与目的价值可以相互
转化，以及职业教育本身并非自由教育的对立面或者内在地包含有自由教育的
价值与自由教育本身也是一种职业教育的系列主张，对于我们今天的教育决
策、实践与改革都具有相当重要的思想价值。毋庸讳言，我们今天的教育决
策、实践与改革中遭遇的一个价值痼疾就是教育功利主义、工具主义和绩效主
义甚嚣尘上，渗透在教育过程的方方面面和教育活动的每一个细节当中。造成
这种价值偏颇的原因当然是方方面面的，但是在观念层面上的一个重要原因就
是忽视了教育的内在价值（仅就教育本身可以成为学生珍视、欣赏、喜欢的对
象以及可以丰富学生的经验世界而言）以及教育内在价值的实现在教育完整价
值实现中的前提性和奠基性作用。与此相关联，人们对教育功利主义、工具主
义和绩效主义的批判反过来也导致一部分人开始过于忽视教育的工具价值、手
段价值，甚至幻想可以在不注重教育的工具价值、手段价值的前提下直接实现
教育的目的价值与理想价值。至于职业教育，虽然早已成为我国教育体系中
的重要组成部分，但是至今依然为狭隘和僵化的职业概念所支配，"在理论和
实践方面解释为工艺教育，作为获得将来专门职业的技术效率的手段"①，作为
"实用的"教育、"次一等"的教育区分于甚至是臣服于自由教育或普通教育。
杜威的有关价值论述能够启迪人们去深入思考造成这种教育体系内部分裂的思
想根源、文化根源和社会根源，构建一种更加平等、开放和融通的教育新体系。

　　第三，杜威的一般价值理论尤其是价值判断理论对于价值教育的思想与实
践有特别的启发。价值教育是完整教育的一个关键和核心部分，培养学生的价
值判断能力是价值教育的一个核心任务。传统上，教育者对学生价值判断能力
的培养主要聚焦在对已发生行为"好坏""对错"以及"正当与否"的判断上，
属于杜威所说的"事后判断"，也就是"有关价值的判断"。由于这种"有关价
值的判断"在多数时候都是一种"旁观者的判断"而非一种"当事人的判断"，
所以这种价值判断的教育并不能真正地提高学生自己在真实行动情境中的价值

---

① 杜威. 民主主义与教育 [M]. 2 版. 王承绪，译. 北京：人民教育出版社，2001：334-335.

智慧，在大多数情况下只是培养起了他们依据已经建立起来的价值系统进行正确价值声明的意识与能力。基于杜威对于价值判断的情境性、预测性以及理性特征的论述，价值教育尤其是价值判断能力的培养一定要从抽象价值原则的传递走向具体的价值行为情境的分析，从事后的价值声明规训走向事前的需要、兴趣、向往、欲望的正当性分析以及事中的实现预期结果的条件、可能、风险的充足性、有效性分析，从注重是否符合一些先验的、权威的或流行的价值原则走向注重如何应用这些原则来指导、判断主体进一步的行动以便更好地实现价值理想。更加重要的是，受杜威的一般价值理论尤其是价值判断理论的启发，教育者在开展价值教育、培养学生良好的价值判断能力的过程中，既要防止陷入绝对主义、教条主义的泥坑，也要防止陷入相对主义、情感主义的泥坑，还要防止把价值与事实、价值判断与事实判断、价值教育与知识教育或科学教育割裂开来甚至是对立起来的做法，充分重视科学态度、知识、方法在价值教育特别是价值判断能力培养中的极端重要性。

第四，杜威的一般价值理论及其教育价值主张有助于教育者和教育研究者深入地思考学科价值和课程改革问题。正如杜威所指出的那样，长期以来，我国教育界确实存在着把不同价值赋予不同学科的现象，过度关注学科的外在价值或工具价值，很少关注学科学习的内在价值、目的价值。比如，教师们会说，艺术培养人们的想象力、哲学培养人们的思维能力、科学培养人们的实证精神、社会学科培养人们的社会意识等，似乎各个学科的价值都是独一无二、互不相容和相互排斥的。在这种情况下，要想培养全面发展的人，满足不断扩展的价值需求，就需要不断地增加学校课程的门类，但各个课程之间又缺少整合，从而导致学校课程总量和学生课业负担的不断增加。与此同时，从中考和高考的主要科目和分值设置出发，在中小学校内部又对不同的学科进行价值分级：某些学科的价值要大一些，如语文、数学、英语等；某些学科的价值要小一些，如物理、化学、生物或者历史、地理、体育等；至于那些还没有被纳入中考和高考科目的学科，则完全没有价值，学生处于可学可不学的状态。就是那些价值大一些的学科，教师和学生在教学过程中也往往忽略其内在价值而过于强调其工具价值或外在价值（分数），不重视其对学生已有相关认知、生活和社会经验的改组与改造。长期以来，我国中小学校就存在课程拥挤的现象，而且于今有愈演愈烈的趋势，观念上的原因就在于这种错误的课程价值分配和学科价值分级思想，这在很大程度上影响到学科育人价值的完整实现。

第五，杜威的一般价值理论及其教育价值主张也有助于教育者和教育研究者进一步深入思考教育实践中个人与社会的价值关系以及国家与世界的价值关系。历史地看，我国教育传统长期是社会本位的，带有浓重的国家主义色彩，强调从社会的立场和国家的立场来看待个人的价值，在很多时候甚至是压制和否认个人价值的合理性的。五四运动以来，个性得到解放，传统的社会本位和国家主义受到冲击。改革开放之后，受西方自由主义和我国独生子女政策的影响，个人主义日渐突出，并存在走向极端个人主义或精致个人主义的危险。近些年来，在新时代中国特色社会主义建设的大环境中，教育界倡导青少年学生把个人的梦想融入国家富强和中华民族伟大复兴的梦想当中，并使实现中华民族伟大复兴中国梦与建设人类命运共同体一致起来，试图建立起一个从个人到社会再到国家和人类的新价值秩序，倡导个人目标与社会目标的相容、国家发展与人类繁荣的和谐。这种新的教育价值秩序与中国古代儒家"修（身）、齐（家）、治（国）、平（天下）"的价值秩序以及杜威倡导的价值理想虽然有着不同的时空背景，但是在基本的价值方向上具有显著的关联性。在今天的教育改革中，极端的个人主义与极端的集体主义一样是不可接受的，狭隘的国家主义与浪漫的世界主义一样也是不现实的。教育改革就其价值取向而言必须在个人价值与社会价值、国家价值与人类价值之间建立起一种内在的一致性，并借由这种内在的一致性建立一种新的价值平衡。

肖甦 北京师范大学教授

超越时空的人道主义教育学

——纪念苏霍姆林斯基诞辰一百周年 ①

苏霍姆林斯基及其教育理论体系闻名于世界，鉴于众所周知的历史背景，他的全面和谐发展的教育学说对中国基础教育界的影响尤其巨大。他用毕生的理论思考和实践探索去证明教育学首先就是人学、必须以人为本的人道主义教育理念。虽然他去世已近半个世纪，但他的教育学说对于我们不仅没有丝毫违和感，而依然具有毋庸置疑的时代意义和世界意义。值此纪念教育大师百年诞辰之际，我们带着迫切的使命感和崇高的敬意再度走近苏霍姆林斯基，检视其教育思想超越时空、超越意识形态的永恒价值和现实影响力。

一、为什么教育学首先就是人学？

苏霍姆林斯基的人道主义教育观生成于他的时代，既离不开其个人成长的生活环境与社会背景，也离不开其教育科学的理论积累和实践探究。"教育学就是人学"，在对教育如此独到精准定性的不断求索中，苏霍姆林斯基为培养全面和谐发展的人、培养有德行的人、培养能自主获得幸福的人殚精竭虑、奉

---

① 肖甦教授的实际演讲题目为"苏霍姆林斯基的教育思想"。本文已经刊于《比较教育研究》2018 年第 11 期。

献毕生。

（一）形成人学教育观的一个重要动因

一百年前在乌克兰中部的一个村庄，一个孩子呱呱坠地。在普通的家庭中，在平凡的日子里，祖辈、父辈对孩子进行了自然、朴实、人本的教育。这个孩子从小学到中学、到师范专科、再到函授高等师范，逐渐长大成人，成为一名中学教师。他就是苏霍姆林斯基。他成长的环境是普通农村，他求学就业的轨迹没有什么特殊，他在生活中积累经验、获取知识、磨砺本领、提升智慧。如果没有战争的爆发，他可能会像千千万万个普通苏联公民一样，在自己的工作岗位上过完乡村教师的一生。

然而，历史没有这个"如果"，第二次世界大战的战火，改变了苏联的命运，也改变了作为普通苏联公民的苏霍姆林斯基的命运。赢得这场反法西斯战争的胜利使苏联人民付出了近2700万条鲜活的生命，几乎没有家庭能幸免于战争的伤害。苏霍姆林斯基的家乡、他的至爱亲人、他自己都成为这场战争的受害者。1941年秋天苏霍姆林斯基以连队指导员的身份奔赴前线参战。残酷的战争让他两度负伤，在第二次身受重伤后的战地手术中，因医疗条件有限，两块弹片无法取出，影响了他的康复。也正是这两块永远留在身体内的弹片重塑了他生命的轨迹和思想的轨迹：连队指导员、退伍转业军人、地方教育管理者、基层乡村学校的校长、用生命致力于人道主义教育探索的理论型实践家。

弹片在体内的滞留开启了苏霍姆林斯基与生命赛跑的倒计时人生。医生告诉他，一旦弹片随血液流动至心脏，生命将戛然而止。小小的弹片给苏霍姆林斯基带来肉体上终身的痛苦，但也促使他不停歇地思考，思考战争的罪恶、和平的意义、人性的本质、教育的功用。他确认，没有人性的扭曲，就不会有战争；个人发展的和谐是社会和谐、世界和平、人类幸福的基本前提；人性的塑造有赖于教育，教育必须培养人性、培养德行；和谐发展以德为先，此乃教育之根本任务。由此伴随大量的教育实践探求，他就教育学的实质做出深刻的解说：教育学就是人学！教育的使命就是培养人性！

在平凡的工作岗位上以及同病痛抗争的日日夜夜里，苏霍姆林斯基将乡村学校作为新的战场，依靠坚定的教育信念，付出丰富的教育智慧，通过梳理丰富多样的教育案例进行理论与实践的转换和提升，用生动鲜活的语言留下了近50 部专著、600 多篇论文、1500 多个教育寓言以及不计其数的教育书信。这数百万字的教育作品，让更多的教育者得以了解其人学教育观的真谛、继续其人道主义教育学的实践探究。

（二）教育必须看见人、必须关注人本身

走进苏霍姆林斯基教育遗产的书山卷海，我们不难发现，他的著作无一不涉及人、人性、培养人、培养真正的人、培养大写的人、培养全面和谐发展的人的内容。他反复强调，教育学首先就是人学，必须注重人本身，必须是和谐的教育。他坚持认为，人在时代变革中的重要地位无可比拟，尽管人类似乎已生活在数学、物理学、电子学的时代，但比电子时代、数学世纪更重要的是，"世界正进入一个'人的世纪'"，而且"现在应当比以往任何时候都更多地考虑：要用什么来充实人的心灵"。① 他指出，自然科学的重要性无须争辩，但同样重要的是施以道德教育、精神影响的问题。苏霍姆林斯基一再申明，教育，首先是教师跟孩子在精神上的经常接触，孩子的生活、健康、智慧、性格、意志、公民表现和精神面貌，孩子在生活中的地位和作用，孩子的幸福，都取决于教师。"教师的职业是一门研究人的学问，要经常不断地深入人的复杂的精神世界。在人的身上经常能发现新的东西，对新的东西感到新奇，能看到形成过程中的人——这种出色的特点就是滋润教育工作者才能的基础"②，"学校教育的理想是培养全面和谐发展的人，社会进步的积极参与者"③。苏霍姆林斯基在自己的著述中提及教育使命和职能的话题时，更多地使用"人"而不是"孩子""学生"来表述，这一语言特点也在相当层面体现出其人学教育观的厚重。

教育以人为出发点，就必须符合人在现实生活中发展的实际需求。针对当

---

① 苏霍姆林斯基 . 和青年校长的谈话 [M]. 赵玮，等译 . 北京：教育科学出版社，2009：166.
② 蔡汀，王义高，祖晶 . 苏霍姆林斯基选集（五卷本）：第 2 卷 [M]. 北京：教育科学出版社，2001：535.
③ 苏霍姆林斯基 . 帕夫雷什中学 [M]. 赵玮，等译 . 北京：教育科学出版社，1999：前言 9.

时或单纯为升学、或单纯为就业做准备的教育目标，苏霍姆林斯基提出，学校的根本目标在于培养全面和谐发展的、富有创造性并精神充实的公民和能收获幸福的个人。他认为这个目标是人一生的基础，有助于升学、就业，既给社会提供创造性的建设人才与合格公民，又保证每个人精神充实且生活幸福。因为"远非每个人都能成为学者、作家、演员，远非每个人都能发明火药，但每个人应当成为自己行业上的能手——此乃个人全面发展的重要条件"①。

基于如此的人学教育观，苏霍姆林斯基强调，教育首先应当看见人、关注人，而且必须要尊重人、相信人，从而完成启迪人、培养人的使命。他认为，每个人都是独立的，每个孩子亦各不相同，每个孩子都是一个独一无二的精神世界。"教师要善于在每一个学生面前，甚至是最平庸的、在智力发展上最有困难的学生面前，都向他打开他的精神发展领域，使他能在这个领域里达到顶点，显示自己，宣告大写的'我'的存在，从人的自尊感的泉源中汲取力量，感到自己并不低人一等，而是一个精神丰富的人。"②

在苏霍姆林斯基眼中，看见人还有更丰富、更人性化的意思。他认为，"看见"与"看到"是不同的。"看见"之更深层的教育含义在于，教育者不只看到人的物理形态，更要看见其精神形态；不仅是看到孩子的现实形态，还应预见其未来形态；教育者应当从孩子身上看见未来的父母，从学生身上看见未来的社会建设者。他曾反复告诫教育者：一个人无论今后成为什么人，他都将成为父亲和母亲，高明的教育之道是"要善于把儿童、少年、男女青年看做是未来的父亲和母亲，要善于从这样的立场来看待教育现象"，因为"再过20年，我们的小学生就会领着自己的儿子来上学，就会跟我们一起来思考怎样更好地教育他"。③ 显然，在这里，把孩子视为未来的父母而实施教育的意义已经不局限于儿童教育学、家长教育学的范畴，而是苏霍姆林斯基整体的人学教育观的起始环节、关键环节。

① 蔡汀，王义高，祖晶．苏霍姆林斯基选集（五卷本）：第 1 卷 [M]．北京：教育科学出版社，2001：47．

② 同① 94．

③ 同① 112．

社会由人集合而成，社会的整体素质取决于个人的素质，人天生无有好坏，教育对塑造精神层面的人至关重要。看见人、看见孩子，是要关注孩子的精神世界；尊重人、尊重孩子，是要尊重将为人父母的孩子；培养人、培养孩子，是要培养和谐发展的孩子。因循这样的人学教育观，人们就不难理解，关注人本身、关注孩子个体的成长，也就意味着关注未来家庭的健康与和谐；关注未来家庭的和谐发展，也就意味着关注以社会基本成员与基本单位的和谐发展为基础的社会整体的健康发展和不断进步。于是，教育影响如此由个别向一般展开，教育功能如此由个体向集群释放，这恰恰又是以人为本的教育哲学命题的有序逻辑拆解。

二、苏霍姆林斯基人学教育观的核心内涵

培养真正的人、全面和谐发展的人是苏霍姆林斯基穷其一生都在思考和探索的问题。他用亲身的教育实践和丰富的理性思考证明了和谐发展的教育必须是德、智、体、美、劳教育相互渗透的立体系统，是以人为本、和谐发展的教育。

（一）人学教育观的核心目标是人的全面和谐发展

他去世前不久在给《国民教育》杂志的信中写道："现在我的健康状况是，再过一段时间，由于战争留在我胸部的两块弹片会向离心脏不远的某条血管移动若干毫米……。在这两块小小弹片容我生存的时间里，我想尽可能多做点事。我要竭尽全力拼命干，以便结束主要的工作：几本尚未写完的书。"人们不禁要问，这位教育家以忘我的意志力笔耕不辍于病榻之上而著成的是些怎样的书？循作者创作年谱看去，我们发现，《怎样培养真正的人》《关于全面发展教育的问题》两部作品醒目地位列其中，它们都是作者写到生命的最后、在其去世后得以出版的重要著作，都是更为深刻、全面、具体地回应书名的集大成之力作。前者是以对59个问题进行作答的形式，从学校、家庭、社会、师生等多个角度，详尽阐述何为真正的人、如何培养真正的人；后者是作者准备

用来申请教育学博士学位的论文，集合了作者毕生对人的全面和谐发展教育一些重大问题的深刻理性思考和对人道主义教育实践探索的经验概括，虽未及答辩，但著作出版后被苏联教育界公认是一篇优秀的博士学位论文。

真正的人应该是什么样的呢？在苏霍姆林斯基眼里，人作为人而出生，应该努力成为一个大写的人、一个真正的人、一个有精神追求的人。真正的人要有精神需求和精神财富，要有信仰，有信念，有自尊，有智慧，有健壮的体魄，有发现美的需要，有劳动的热情和能力，有奉献的精神，有成为好人的热望。"真正的人要有一种精神——人的精神，这种人的精神会在信念与情感、意志与追求之中，会在对待他人和自己本人的态度上，会在分明的爱与憎，在善于看到理想并为之而奋斗方面表现出来。"①

全面和谐发展又是怎样的发展呢？苏霍姆林斯基认为，实现人的全面发展，实际上是实现每个个体的发展，实现每个个体的身心力量的多方面发展，创造个体综合素养得以持续提升的可能性。在他看来，"在一个全面发展的、活生生的、有血有肉的人身上，体现出力量、能力、热情和需要的完满与和谐"，这种和谐里应能看到道德的、思想的、审美的、情感的、身体等的完善。②苏霍姆林斯基细致、立体地用五种角色来勾勒全面和谐发展的形象："和谐的发展意味着人显示为：第一，是社会物质生产领域和精神生活领域中的创造者；第二，是物质和精神财富的享用者；第三，是具有道德和文化素养的人，是人类文化财富的鉴赏者和细心的保护者；第四，是积极的社会活动者、公民，最后，是基于崇高道德的新家庭的建立者。"③全面和谐发展的人集五种角色于一身的观点，不仅体现了个体发展的全面性、和谐性，而且阐明了作为个体的人与社会的人同命运、共发展的逻辑性和动态性，从而再次彰显出教育家人学教育观的深刻性和前瞻性。

---

① 蔡汀，王义高，祖晶.苏霍姆林斯基选集（五卷本）：第 2 卷 [M].北京：教育科学出版社，2001：196–197.

② 苏霍姆林斯基.关于全面发展教育的问题 [M].王家驹，等译.长沙：湖南教育出版社，1984：12.

③ 苏霍姆林斯基.帕夫雷什中学 [M].赵玮，等译.北京：教育科学出版社，1999：前言 9.

（二）实现全面和谐发展的基本路径是和谐教育，主导方向是立德为先

"人是需要教育的，为此必须懂得用什么去教育和怎样进行教育。"① 为了实现培养全面和谐发展的人的教育目标，苏霍姆林斯基以丰富的理论辨析和实践探索予以了翔实论证。他阐明，要实现人的全面发展，必须深入改善整个教育过程，决定学生全面发展效果的重要环节是学校，全面发展思想的渗透路径是实施和谐教育，而"没有和谐的教育工作，就不可能培养出和谐的全面发展的人"②。

苏霍姆林斯基在《关于和谐的教育的一些想法》一文中专门谈到，和谐的教育能把人的活动的两种职能结合起来，实现其平衡发展：一种是人认识和理解客观世界的职能，另一种是人自我表现的职能。后者包括人的"内在本质表现，世界观、观点、意志力、性格在积极的劳动和创造中，以及在集体成员的相互关系中的表现"，恰恰是对这种职能，即在人的表现上，"应当加以深刻的思考，并朝着这个方向改革教育工作"。他指出，现实中教育的弊端就在于人们所关注的"人的表现"出现了片面性、畸形的单方面性——"人的表现的唯一领域就是知识的评分"成为很多学校的普遍现象，这会成为教育不和谐、个体成长不和谐的根源。"如果教师和学校舆论唯一地根据分数来给一个人做出好的或坏的结论，那他就不会努力去当一个好人。因为上课、掌握知识、分数——这只是人的精神生活的一个局部，只是许多领域中的一个领域。而偏偏在这个领域中，许多人会遇到巨大的困难和挫折。"为此，他提醒教育者"时刻都不要忘记：有一样东西是任何教学大纲和教科书、任何教学方法和教学方式都没有做出规定的，这就是儿童幸福和充实的精神生活"。于是，苏霍姆林斯基明确指出："和谐的教育——这就是发现深藏在每一个人内心的财富。共产主义教育的明智，就在于使每一个人在他的天赋所及的一切领域中最充分地

---

① 苏霍姆林斯基 . 和青年校长的谈话 [M]. 赵玮，等译 . 北京：教育科学出版社，2009：163.

② 蔡汀，王义高，祖晶 . 苏霍姆林斯基选集（五卷本）：第 1 卷 [M]. 北京：教育科学出版社，2001：95.

表现自己。人的充分的表现，这既是社会的幸福，也是个人的幸福。"① 显然，在苏霍姆林斯基那里，和谐教育就是创造条件帮助人实现充分的表现，不仅仅是在认识世界、掌握知识的领域得到表现，而是要在天赋所及的所有领域尤其是精神生活中得到充分表现，用他的话说，就是使"人之所以能称其为人"的个性的和谐发展、其精神世界的和谐展现。

那么，和谐的教育、和谐的个性、和谐的精神世界以何为导向，又如何实现呢？苏霍姆林斯基就此回答道：培养全面发展的、和谐的个性的过程就在于，教育者在关注完善人的每个方面及特征的同时，时刻都要清楚它们之间的和谐是由某种主导的、首要的东西所决定的，"这个和谐里起决定作用的、主导的成分是道德"②。他反复强调，"要使我们所教育的人多方面活动的道德丰富性在学校精神生活的一切领域中得到表现"③。在分析科技发展促进社会发展条件下学校知识教育的特点时，苏霍姆林斯基认为，知识在人的道德面貌形成过程中具有非常重要的作用，自然科学知识与关于人的知识、与人的心灵和信念直接相关的知识不仅是同样重要的，而且"在当前这个时代，只有把道德美和智力的丰富性结合起来，不断地向青年们揭示出人的新的品质，你才可能博得年轻人的心灵和理智"④。现代科技与智慧赋予了人如此巨大的支配自然界的权力，以至于一个人就可以决定成千上万人的命运，此人的道德感、对于他人的义务感和使命感就要比知识和智能本身更重要，如核能发电站、铁路枢纽是由按钮控制的，而按钮就是掌握在人的手里！苏霍姆林斯基用俄国著名科学家、哲学家罗蒙诺索夫贴切的名言提醒人们："知识如果掌握在没有道德之人手中，无异于疯子手持着利剑。"所以，他强调必须注重知识水平与道德水平的相互关系，实现人的和谐发展必须立德为先，以德育为引领。"人是一种精神力量。我在这一真理中看到了全部道德教育的一根红线。"⑤ 的确，在苏霍姆林斯基那

---

① 苏霍姆林斯基. 给教师的建议（全一册）[M]. 2 版（修订版）. 杜殿坤，编译. 北京：教育科学出版社，1984：480.

② 苏霍姆林斯基. 关于全面发展教育的问题 [M]. 王家驹，等译. 长沙：湖南教育出版社，1984：12.

③ 蔡汀，王义高，祖晶. 苏霍姆林斯基选集（五卷本）：第 1 卷 [M]. 北京：教育科学出版社，2001：96.

④ 苏霍姆林斯基. 和青年校长的谈话 [M]. 赵玮，等译. 北京：教育科学出版社，2009：178.

⑤ 苏霍姆林斯基. 怎样培养真正的人 [M]. 罗联辉，译. 长沙：湖南教育出版社，1987：1.

里，人的全面和谐发展离不开始终贯穿其中的德育红线，德育既是全面和谐发展的导向，又是和谐教育的标杆，在德智体美劳各育的实施与相互渗透中，它能将一个蹒跚起步的孩子培养成有思想、有信仰、有觉悟、有德性、有可持续发展动力的合格公民。

三、苏霍姆林斯基人学教育观的世界回声

苏霍姆林斯基是世界著名教育家，不仅对中国的影响深远而巨大，而且对世界上许多国家都有影响。不论是昔日社会主义国家阵营中的波兰、保加利亚、蒙古、越南以及独联体各国，还是意识形态相悖的德国、希腊、美国、加拿大、澳大利亚、日本等资本主义国家，都对其有广泛的研究。他的名字在 20 世纪 50 年代就已经从苏联走向了世界。日本学者回忆在 50 年代初，他们就已经访问过帕夫雷什中学；中国教育者到访的最早记载是在 1957 年。苏霍姆林斯基的著作已经被翻译成 59 种文字，不断再版、扩印，各种译本总发行量已经超过了 400 万册。

系统呈现苏霍姆林斯基教育思想在世界的影响、传播和研究，需要专门的梳理和详细的数据支撑，我们姑且将之作为另外的研究专题。这里仅以《比较教育研究》为纪念苏氏诞辰一百周年进行国际范围的特别组稿并发表于本期的专栏文章为对象，看看来自他故乡的人怎样说，来自世界其他国家的学者怎样说。

（一）苏霍姆林斯基的人学教育思想是民族的财富，也是人类的财富

苏霍姆林斯卡娅是苏霍姆林斯基的女儿，也是乌克兰国家教育科学院资深院士，受父亲教育情怀的影响，她也把从事教育研究作为自己终身的职业。在做好本职学术研究的同时，她长期致力于其父亲教育著作的整理和教育思想的收集、挖掘工作，出版和发表了大量著作和研究成果。本次她应约为纪念父亲百年诞辰专门赐稿的题目是《身心健康永远是教育的第一要务——苏霍姆林斯基儿童健康教育观的历史前瞻性》。笔者曾特别问她，为什么不写一个大视角

大题目的文章，向我们介绍一下苏霍姆林斯基在世界范围内的影响，并解读他为什么能给世界的过去、现在乃至未来产生这些影响？她对我说，整理父亲的遗产是因为他的思想体系有很强的教育意义和时代价值，这个时代价值是教育学人人所共知的。而回答苏霍姆林斯基在全世界为何有如此影响，为何能使人们长期、持续地关注这类问题，尤其不应当是她等作为其子女的人的责任。那样的话，子女就是在借父亲的名声，在夸赞他的同时可能也在夸赞自己，这没有教育意义。她要做的是挖掘、研究人们尚未接触到、未发现，而她又因拥有继承其遗产这一优势所能注意到的一些新问题、新领域。她认为父亲的思想和远见是超前的，即超越了他的时代，对当今时代具有现实意义。事实正是如此，她提交的论文是关于孩子的健康教育和健康文明的。当今世界任何东西都在发展、都在变化，唯有孩子的健康是恒久不变的主题，没有这种身体的健康和心灵的健康，世界将不会走远。

乌克兰国家教育科学院院长克列缅教授的文章是从民族国家的角度探讨苏霍姆林斯基思想体系的影响与价值的。他指出，苏霍姆林斯基的教育遗产不仅是民族的，也是世界的财富。对于国家发展来说，苏霍姆林斯基为乌克兰教育科学的发展做出了贡献，其人道主义的、以儿童为中心的超前的教育理念依然起着引领作用。对于世界来说，他的创造性贡献属于全人类，因为在苏霍姆林斯基的人道主义价值体系中，人是核心。人道主义作为培养全人类价值观的基础，是培养"在国家空间和全球化空间中发挥作用的人"所必需的教育的特征。因此，苏霍姆林斯基是乌克兰民族与全人类的共同财富。

（二）苏霍姆林斯基人学教育思想是超越社会制度与意识形态的教育财富

这组国际专稿的作者来自不同地域、不同社会制度的国家，但他们都津津乐道于同一位教育家的思想，一位在社会主义制度下形成极富影响力的教育思想体系的共产主义教育家——苏霍姆林斯基。

波兰曾经是东欧社会主义阵营的成员，曾奉行与苏联完全一致的价值体系和教育观念。波兰科学院教育学委员会名誉主席、耄耋老人列沃维茨基曾在这种共同的意识形态下工作和从事教育多年。尽管如今国家和社会制度已发生改变，但他仍确信"苏霍姆林斯基是坚定的人道主义思想的实践者，他的教育学是充满着人道主义精神的教育学"，是"善良教育学、爱的教育学、心灵教育学和快乐教育学"。他仍呼吁人们向苏霍姆林斯基的教育经典致敬，呼吁要像苏霍姆林斯基那样用普遍的人道主义价值观来衡量人们的生活、展开教育。

澳大利亚的艾伦·科克里尔教授在自己的青年时代被苏霍姆林斯基的名字和学说所吸引，专程自费去苏联做研究并以此为选题完成了博士学位论文。回到澳大利亚后，他在不同类别的教育机构工作过，始终不遗余力地研究、传播苏霍姆林斯基的思想。他不但翻译了苏氏的著作，还把其撰写的德育小故事悉数翻译出来带进了小学生的课堂。他引导孩子们把对故事的理解创作成画，并将这种做法扩展到其他国家的同龄孩子中，让孩子们进行相同素材的个性化创作。每个人对于故事的不同理解呈现出不同的画面，在讲述自己作画的理由和特点的过程中，孩子们不但加深了对故事内涵的理解，而且得到了语言表达锻炼和绘画美的陶冶，可谓德育、智育、美育皆有成效。

德国研究者埃里卡·卡尔特曼博士尤其注重制度的不同、经济环境的不同对于人的影响，对于孩子的异化所造成的影响。她分析指出，资本主义制度下的教育任务是培养儿童的消费者思维，也就是通过培养物质价值观和竞争精神来使儿童远离大自然，而苏霍姆林斯基完全相反，他强调通过"情感文化"来引导、教育儿童与自然交流，唤醒其情感，培养其性格，不仅有助于儿童思维的发展，而且有助于其成长为与其天赋相对应的"真正的""精神上的"人。这是真正的、极其科学的实践教学成果。正因如此，作者确信，在大自然中通过"情感文化"教育儿童的人学教育思想与实践，是苏霍姆林斯基伟大的个人成就，也是他跨越制度与意识形态的鲜明佐证。

另一位澳大利亚学者特伦斯·洛瓦特的文章专业性相对较强，稍令人费解，但是却道出了一个非常重要的事实，那就是在澳大利亚制定国家级的教育计划纲要时，苏霍姆林斯基的人学思想、德育思想具有深刻影响。这种影响在纲要的框架和很多具体方面都有体现。或者可以说，他的这篇文章是苏霍姆林斯基教育理念超越时空、超越意识形态和社会制度的有力证明。尽管澳大利亚这个国家级的教育计划纲要已经完成，但苏霍姆林斯基的教育思想尤其是德育理念仍渗透于澳大利亚中小学课程，影响着师生的观念与行为。

在远离乌克兰的日本，苏霍姆林斯基的思想也一直被研究者们关注着。他们翻译出版了大量苏霍姆林斯基的著作，撰写发表了很多有关其教育思想的研究成果，并在自己的学校实践中进行比对。早稻田大学的岩崎正吾教授长期从事苏联教育研究，早在 1998 年在北京师范大学举办的苏霍姆林斯基教育思想国际研讨会上笔者就与他不期而遇。在这次的特约文章中，他梳理了日本对苏霍姆林斯基以及苏联教育学的研究的特点。他指出，苏联后期颇具影响力的教育改革思潮"协动教育学"（中国学者翻译成"合作教育学"）在很大程度上是受苏霍姆林斯基和谐发展教育观的影响，体现了对学生个体人格的尊重，是在尊重基础上的师生平等的合作学习。这种观点对于当时日本教育改革影响尤甚。

仔细阅读这些文章，我们不难发现，作者们的关注点不约而同地落到了苏霍姆林斯基的人性观、人学观上。有作者就直接阐明，苏霍姆林斯基教育思想超越社会制度的关键就是人道主义。的确，正是因为人、人性、人道主义是苏霍姆林斯基教育思想体系的核心，它才能吸引不同国家教育者的关注，人们才能殊途同归地解读出教育家核心思想的合理性、深刻性和永恒性。

中国对苏霍姆林斯基教育思想已有的传播和研究，无论在规模上还是在数量上，都堪称世界之最。因为我们有世界最大的教师队伍，数量接近 1500 万人。从这个意义上讲，苏霍姆林斯基不仅是中国教育界知名度最高的外国教育家，也应是世界上知名度最高的教育家。苏霍姆林斯基著作已经有 90% 以上翻译成了中文并出版，甚至同一著作有不同的中文译本。截至 2018 年 5 月，教育科学出版社出版的《给教师的建议》已经发行 100.5 万册，《苏霍姆林斯基选集（五卷本）》已发行 13.2 万册；2015 年，人民教育出版社已经把《育人三部曲》《做人的故事》《苏霍姆林斯基教育智慧格言》三部著作纳入"汉译世界教育经典丛书"并出版。据不完全统计，截至 2018 年 1 月，我国关于苏霍姆林斯基研究的专著已接近 50 本，公开发表的相关学术论文超过 10000 篇，硕士、博士学位论文超过 50 篇，这些统计数字应该能说明这位教育大师在中国的影响力。

四、结语

2018 年是苏霍姆林斯基诞辰一百周年，为了肯定和推进苏霍姆林斯基对世界教育的积极影响，联合国教科文组织已正式发文号召开展世界范围内的纪念活动。这进一步证明，苏霍姆林斯基及其教育体系尽管产生并形成于 20 世纪的社会主义苏联，但显然已超越了那个造就他的时代并持续影响到现时代。

苏霍姆林斯基把教育视为自己的生命，视为人类的生命。他扎根于最基层的教育现场，用全部的情感与智慧去爱孩子、爱学校、爱教育，用毕生的精力探索人的培养问题、探索教育的真谛。其思想脉络中最关键、最恒久不变的东西是人的真善美，是人性美德。他所致力于培养的人，是健康的个体、和谐的自己，是合格的未来父母，是故乡的人，是社会的人，是国家的人，是世界的人，是大写的人，是真正的人。正是对人性本真的珍视、追求与塑造，才使这位教育家的理论与实践体系得以超越时空，超越制度，超越种族，超越意识形态。

苏霍姆林斯基把教育视为艺术。他始终在教育的舞台上思考教育的艺术和艺术的教育。阅读他的著作，能够让我们把教育不仅视为美术学意义的艺术，视为发现的艺术、沟通的艺术，还视为情感的艺术、心灵的艺术，更视为成长的艺术、创造的艺术。他的教育信仰、教育理念、教育实践正是仰仗于他思考的艺术、行动的艺术、语言的艺术而深刻生动地流淌于他的著作中、浓缩于他的文字里。徜徉于其作品中，我们在真挚与美感中感悟人格的魅力，在人格的魅力中汲取教育的智慧，在教育的智慧中思考育人的真谛，在育人的求索中激发创造的欲望……。人格要用人格来培养，苏霍姆林斯基用毕生做出了表率。

我们把苏霍姆林斯基视为永恒的财富。时光飞逝，但苏霍姆林斯基并未走远。再度走进这位教育家的思想宝库，他的人道主义教育思想依然鲜活，他的以道德教育为主线的和谐发展教育体系依然具有强大的现实意义，他引用的"知识如果掌握在没有道德之人手中，无异于疯子手持着利剑"的名句比任何时候都更加振聋发聩，更能警醒世人。苏霍姆林斯基既属于他那个年代，又超越了那个年代。尽管不同的时代有不同的主题和任务，但人性的根本实质不变，人学的基本使命不变，昨天的教师、今天的教师，无疑还包括明天的教师，都可以从中受益。

　　苏霍姆林斯基践行了经典，成就了经典，留下了经典，他本身就是一部超越时空的经典！他是一个人格的传奇，一个教育的传奇。值此教育家诞辰一百周年之际，让我们——来自不同地域、不同国度、不同种族、不同学科背景的教育人，一起向经典致敬！

丁道勇

北京师范大学副教授

不可控的学习：菲利浦·杰克逊的学习哲学 ①

一

在一间小学二年级教室门口，我遇到了三个被罚站在门外的孩子。我问他们为什么会被罚站，是因为没做作业，还是因为迟到了。他们回答说，两个猜测都不对，他们刚刚在晨会期间说话了。问题是，为什么说话会被罚站？要知道，说话本身并没有什么错，在另一些时候教师甚至会鼓励学生们说话。要理解罚站的真正原因，就要与课堂生活的特点联系起来看。在一个有几十个小朋友聚集在一起的狭小空间内，对于秩序的渴望，是每一位教师都难以遏制的。这三位小同学之所以会被罚站，并不是因为说话本身。罚站的真实原因，是这三位小同学挑战了教师设定的秩序。而教师之所以对教室内的秩序有这样强烈的维护意向，正是教室环境的特点所致。

杰克逊（P. W. Jackson）曾描述课堂生活的三大特点，分别是拥挤的人群、评价性环境以及不平等的权力关系。这三项特点分别要求教师和学生采取一定的生存策略，结果课堂生活本身对学生产生了一些我们始料未及的影响。在《课堂生活》（*Life in Classrooms*，1968）当中，杰克逊发明、使用了"隐形课

① 原文标题为《不可控的学习：〈课堂生活〉开启的学习哲学》，刊于《北京大学教育评论》2020 年第 1 期。

程"（hidden curriculum）这个概念以指称这些影响。① "隐形课程"这个概念极其成功，很快就得到了众多教育学者的认可甚至青睐。杰克逊写道：

> 人群、表扬和权力结合在一起，让群体性的课堂生活产生了独特的风味。这构成了一种隐形课程。要想顺利度过学校生涯，每个学生和教师都必须掌握它。课堂生活的这些特征提出的要求，可能与学术性要求也就是官方课程相对立。而正是这些官方课程，在过去一直得到了更多的关注。②

　　上述那三个被罚站的孩子，正在学习学校生活中非常重要的一课：一种行为只要破坏了秩序就要受罚，而不论这种行为本身是否合理。由于是生活在拥挤的人群当中，所以课堂生活一定包含大量举手和排队。许多教师满含温情地回顾课堂上小手如林的场景，而其实这个场景并不怎么美好。正因为同一时间只允许一个人说话，才需要由教师来做出允许谁说话的决定，结果就出现了举手的现象。我们期待学生们在每一个问题被提出以后，都能满怀热情地举起手来。我们期待学生们即使没有得到发言机会也不要气馁，因为后面的问题还多得是。于是，一些孩子就这样在课堂上不厌其烦地举手、放下、举手、放下。表达意见的需求和其他各种需求一道，都不得不服从群体生活的规则，排上队才可能得到满足。要注意，这种排队不是出于教师的恶意和忽视，而是班级授课的课堂生活的特点所致。这种排队对孩子们的影响有多大呢？对于一个年级的孩子来说，体贴的老师还会允许他们上课时提出上厕所的要求。但是，等到二年级的时候，如果有孩子胆敢在课堂上提出上厕所的要求，老师很可能就会

---

① 杰克逊首次使用"隐形课程"这个概念，是在1966年发表的一篇文章当中。文中写道："……每一所学校、每一间教室实际上期望学生掌握两类课程。一般来说，教师最关注的东西，或许可以被称为官方课程。它的核心是读写算，包含学校的所有科目，各种学习手册、练习簿以及教学材料也都是服务于它。今日各个课程改革群体喋喋不休、热烈讨论的东西，正是这种课程。另一种课程或许可以被描述为非官方的或者甚至干脆说是隐形的课程，因为至今为止它们都还没有得到什么关注。这种隐形课程也可以用三个R来概括，但不是指读（reading）、写（writing）、算（arithmetic），而毋宁说是纪律（rule）、规范（regulation）和常规（routine），是为了在这个叫作学校的地方过得少一点痛楚，教师和学生都必须学习的东西。"见：JACKSON P W. The student's world[J]. The Elementary School Journal，1996，66(7)：345-357.
② JACKSON P W. Life in classrooms[M]. New York：Teachers College Press，1968：33-34.

说："你下课干吗去了？"可见，连人的排泄需求也是可以被规范的。而所有这一切都和上述三位被罚站的小朋友一样，统统是出于对拥挤人群的适应。能够顺利适应此类课堂的孩子们，未来也就很容易适应流水线车间。他们早就懂得，只有下班（下课）铃声响起，才可以要求吃东西、喝水或者去上厕所。

评价性环境，也是课堂生活的一大特点。这里的评价既包含正式的纸笔测验，也包含教师的大量非正式评价。当教师怜惜地看着一个疲惫的"好孩子"，心想"这孩子昨晚指不定学到多晚"时，就是在做评价。同样，当这位教师一脸不耐烦地看着一个同样疲惫的"坏孩子"时，也是在做类似形式的评价："看，这家伙，晚上不睡觉，光知道玩。"教师对学生的评价是可以不说出来的，一个眼神就足够了。奇妙的是，教师的这种评价很容易被学生们捕捉到。一个教师在课堂上挖苦某个"坏孩子"，然后全班爆出一阵哄堂大笑。这就表明学生们准确捕捉到了教师对该同学的评价。与此同时，他们的笑声，构成了教室中的另一种评价，也就是学生们彼此之间进行的评价。小学低年级段的生活之所以重要，就是因为很多孩子在这期间就已经建立起了自己的公众形象。学生们都知道班上谁是"坏孩子"，不管教师是用"差生""学困生"这样直白的词还是用"后进生"这样富有语言艺术的词来称呼他。最后，更关键的一点是，所有这些评价都终将叠加到学生个人身上，形成无法逃避的、弥漫的评价性环境的巅峰——即使学生一个人待着，也会根据学校标准来评价自己。总之，评价是弥漫在教室当中的，不仅仅体现为考试分数和教室墙壁上张贴的多寡不一的"红苹果"或"绿苹果"。

杰克逊提到的课堂生活的第三个特点是不平等的权力关系。无论教师怎么掩饰，学生都能清晰感受到教室当中的惩罚机制。他们一早就懂得，只要不按照教师期待的方式行事，这种惩罚机制就会立刻被触发。所以，学生从进入校园的第一天开始，就在学习如何满足他人的意愿。那些一心只想满足自己意愿的学生，少不了要吃苦头。所以，无论教师在说"请你跟我这样做！"还是在说"不准！""住手！"，都是在体现一种不平等的权力关系。一位严厉的教师，可能会最大限度地实现对学生课堂生活每一分、每一秒的精细管理。以至于课堂成了戈夫曼（E. Goffman）在《禁闭所》（*Asylums*）中所写的极权机构（寄宿制学校与监狱、精神病院都被称作极权机构①）。但是，不要忘记，即使是在最一般的课堂当中，甚至是在那些号称要进行民主管理的课堂当中，课堂生活中的权力运用机制也是同样精细和彻底的。

对于杰克逊有关课堂生活中的不平等权力关系的论述，还可以基于中国小学课堂生活的特点做一点发展——由于班队干部的存在，中国小学课堂的权力运用出现了复杂的代理人机制。在一间小学一年级教室里，每次做眼保健操，教师都会安排三个孩子站到讲台上。其中，一个孩子负责示范正确的做法，一个孩子负责记录加减分，一个孩子负责监督下面的各位同学。可以看到，这三份工作都是孩子们乐意做的。他们因为教师的授权，可以在眼保健操时段内不做操。另外，在这三份工作当中，孩子们最中意的是监督岗，三个孩子抢着做这活。那个抻直小手、拿手指指着自己同学，一脸严肃认真、大声嚷嚷着"某某某扣一分"的小朋友，已经初步品尝到权力的滋味了。我的学生在实习时，有孩子告诉她："老师，你可以罚他们抄课文。"看，小学生对待同学是多么冷漠无情啊！这就是授权。几乎每个人都有过这样的观察结论，那个被教师指定去办公室搬本子、拿水杯的学生，常常是高昂着头、扬扬得意地走出门的。他们丝毫不觉得自己是在被指使干活，而是觉得自己在那一刻得到了某个权力中枢的授权，感到莫大的荣光。

我的宝宝现年七岁，读小学二年级。她近来起床越来越早。前一天可能是6点30分起床，第二天就想要6点15分起床，而原本7点10分起床也完全来得及。为什么她想要这么早起来呢？原来，她想赶在所有同学之前去教室，这样她就有机会到班主任老师的办公室里取教室钥匙开门了。她说老师的办公室好可怕，因为有很多老师在，进去要喊"报告"。在她心目中，那是一个多么神秘的地方啊！那里隐隐散发着权力的气息，每一次进入都是得到了某种授权，每一次进入都是对权力中枢的窥探。对我们成年人来说，也许只有进入中南海才会有类似的感受吧。我听说一个一年级的小朋友，每天都要设法去老师办公室晃荡几圈。在他小小的脑袋里，已经种下权力上瘾症的种子，他已经开

① GOFFMAN E. Asylums：essays on the social situation of mental patients and other inmates [M]. Garden City，NY：Doubleday，1961.

始探索获取权力的门道了。

　　杰克逊对于课堂生活特点的上述分析（以及我的补充），最终强调的是这些课堂生活特点对于学生的影响。概括来说，没有一所学校会声称，家长送孩子来上学是为了学习隐忍和排队，是为了迎合别人的喜好，是为了学习权术。当然，我相信教师并没有说谎——在读到杰克逊的《课堂生活》以前，他们多半不会这样想问题。所以，当我祝贺北京师范大学的大一新生，祝贺他们在一场为期十多年的耐力竞赛当中获胜、可以十数年如一日按部就班地按着既定秩序稳步前进的时候，并不是在挖苦一个个具体的教师，而是在表达对制度化的学校生活特点的判断。杰克逊说"耐心"是学校生活要鼓励的一种"美德"。显然，这种"美德"落在了我们通常关注的学习范围以外，这种学习不以任何人的意志为转移。《课堂生活》中有关"隐形课程"的内容，实际上正是在谈论这种不可控的学习。

二

　　在 1992 年出版的《不言之教》（ *Untaught Lessons* ）当中，杰克逊把自己对于学习的讨论往前推进了一大步。在《课堂生活》当中，杰克逊并未明确表明观察者的时空定位和观察者在观察中的作用。譬如，"隐形课程"到底是即时的观察结论，是延后一些时日的观察结论，还是在多年以后的观察结论？"隐形课程"是一种可观察的外显行为表现，是一种研究者信誓旦旦的旁证，还是仅仅采集了学习者的主观认识的报告？这些未解答的问题，在《不言之教》当中都得到了不同详尽程度的回答。与《课堂生活》不同，《不言之教》更加中正平和，更少批判色彩。这本书的回答，进一步表明了学习是不可控的。

　　在《不言之教》当中，杰克逊描述了这样一种常见的现象：每个人在孩提时代，都可能幻想过逃离学校；长大成人以后，又有不少人会去重新回顾学校生活。当人们回首往事时，过去的一切似乎都被蒙上了一层浪漫的色彩。过去的那些经历，有机会得到重新定义。曾经被认为重要的那年、那人、那事，现在很可能都不再重要了。而且，所谓的重新定义，也不仅仅涉及对已经经历的

"学习"在重要性次序上的重新安排，它还有更加丰富的内容，有时候甚至会涌现出某种新的东西来。在回顾学校生活时，我们谈论的学习变得如此复杂：有时候，我们以为自己学到了什么，而这种学习很可能并非得自老师（至少不在老师当年的日程表上），很可能只是我们自己的想象。有时候，我们觉得自己突然懂得了老师当时的用心。换句话说，随着时间的推移，我们的学习不只在数量和程度上有所增减，而且学习本身的内容甚至方向都可能发生质的转变。更多的时候，如果我们知道自己对于老师教的东西的理解与别人不一样，我们丝毫不会觉得诧异。这是一个常识，不是吗？这个常识告诉我们，老师根本无法控制他的学生从他那里学到什么。在所有这几种情况当中，教师的教和学生的学，都不能一一匹配：第一种情况可以称作"所学非所教"，第二种情况可以称作"变动的学习"，第三种情况可以称作"一教多学"。除此之外，还有一些并不罕见的情况，会让对学习的观察变得更加复杂：有时候，学习者确实受到了教师的影响，但是学习者本人并不承认；在另外一些时候，学习者确实受到了教师的影响，但是学习者本人并不自知。在所有各类现象当中，最常见的恐怕就是"此情可待成追忆，只是当时已惘然"了。用杰克逊的话来说，关于对人的影响是如何实现的，他的认知总是会"慢一拍"（belatedly[①]）——他总要在事后才能了解某人、某事在自己身上打下的烙印。

那么，指出上述所有这些现象，到底意味着什么呢？它们不是司空见惯的事情吗？的确，它们是很常见的。并且，正因为这种熟悉感，使得这些现象一经指出，就很快滑向意识的边缘、被弃之不顾。杰克逊的穿透力就在于，他总是能够对一些平凡的事情做出不平凡的解读，一如在《课堂生活》中所做的那样。

第一，"遥距观察"视角下的学习。我们要意识到，杰克逊对于上述现象的观察，采取了一种不同于教育测量学的视角。"时隔多年"，凡事就都会变得不一样。这成为和课堂当中的即时评价（"堂堂清"之类的当堂检测）十分不同的一种观察学生学习的方案。换句话说，只要我们坚持对学习进行"近

---

① JACKSON P W. Untaught lessons[M]. New York：Teachers College Press，1992：5.

距观察"，上述这些复杂的学习现象就不会进入观察的范围。我们就仍旧有可能把教师的角色理解为"管道"，把工作方式理解为"忠实取向"（fidelity perspective）的课程实施，并且深信这个过程越准确越好、越高效越好［想一想所谓的"防教师课程"（teacher-proof curriculum）］。① 届时，教师的教和学生的学之间的各种不一致，都会被定义为有待克服的"问题"。而为了衡量这种"问题"的严重性，"可测量"的学习表现（甚至是"标准化的"可测量的学习表现），就成为唯一值得被关注的东西了。这和上述有关学习的描述是多么不和谐啊！一旦把对学习的观察点放到更遥远的时空，对于学生到底"学到了什么"的回答，就会马上变得扑朔迷离起来。很多时候，那些标准化测验能够捕捉到的东西在事后都变得不再重要。这些东西很可能会变成记忆深处的灰色布景，它们很少再有机会得到聚光灯的"关照"。反而是上述那些经由"遥距观察"才能够出场的学习，才会在多年以后仍旧盘桓在学习者的心头。

　　第二，学习者处在定义学习的特殊位置。杰克逊用两个概念来定义学习者在学习问题上做出贡献的方式：第一个概念是"玩味"（pondering），第二个概念是"反刍"（rumination）。② 杰克逊还说这是同一个过程的两个不同的名字。利用"玩味"或"反刍"这两个意象，我们可以很容易地说明"我"在让"学习"成为现实这件事情上做出的贡献。在"学到了什么"这件事上，正是由于我的"搜寻"（searching），才让学习成为现实。当我说，我"意识到"（realize）自己"学到了"的时候，正是我的"搜寻"让我"意识到"自己"学到了"，"搜寻"让学习成为现实。反过来，如果没有"搜寻"、没有"意识到"这个在先的事件，也就不能说我"学到了"。用更富有挑战性的话来说，正是由于我在找，结果才会有它，而并非是先有它，然后才允许我去找。换句话说，如果我放弃了"搜寻"，那么它（亦即学习）也就真的不会是事实了。看，这是和教育测量学多么不一样的假设啊！我们是靠着这种"搜寻"，不断"玩味""反

---

① CONNELLY F M. Teachers' roles in the using and doing of research and curriculum development[J]. Journal of Curriculum Studies，1980，12(2)：95-107.

② JACKSON P W. Untaught lessons[M]. New York：Teachers College Press，1992：15.

刍"过去发生的事。① 学习不再是一个确定的、等待被观测的实验台上的物件，而是一个仍旧未完成的事件。

第三，主观证据被接受为可靠证据。在研究学习问题时，诸如"循证教育"（evidence-based education）遵循的范式青睐可观察的外显行为表现。无论是在纸笔测验中的表现，还是在表现性评价等非纸笔测验中的表现，都要求是可观察的。但是，杰克逊的工作提醒我们去关注一种"非现场数据"（secondhand data）②。这种非现场数据可能是一个普通人对于老师的回忆，也可能是一个艺术家对于上学经历的呈现。杰克逊说，这样的"数据"与那些现场的基于可观测性得到的"数据"一样，都是在研究学习时值得关注的东西。"非现场数据"以及上述有关学习者的概念告诉我们，在回答"学到了什么"这个问题上，以"我以为……"这类语句开头的主观证据恰恰是最可靠的证据。其实，这类主观证据不单单是最可靠的，而且简直可以说是比所谓"客观"证据更加合法的一类证据。比如，在学习一事上，我们无法用"客观"证据去否定一个人的主观报告。只要那个人以为自己学到了某一点，那么其他任何试图否定这一点的"客观"证据就都是苍白的。在"学到了什么"这件事情上，谁也无法否定学习者的主观报告。

在《不言之教》中，杰克逊对各种不可控的学习给出了自己的分析。正是基于上述这些对于学习的理解，杰克逊会说"复杂性位于教学的核心"。他在这里说的"复杂性"，不是指事务繁杂那种意义上的复杂性，因为那种"复杂性"从本质上来说还有可能被化约。杰克逊所说的"复杂性"，是本质上无法被化约的那一类事务的属性。这个道理很简单：一个学生安静地坐在那边，眼睛盯着天花板。他到底在干什么？一旦我们试图对个别人做这一类判断，我们马上就会体验到自己的无能为力。可是，在学习问题上，我们竟然期望自己对更大量的人群做出"客观"的、可信的判断。这不是一件咄咄怪事吗？实际上，杰克逊在《不言之教》中的基本思想是早就有迹可循的。在1968年出版的《教师与机器》（*The Teacher and the Machine*）当中，杰克逊写道："如果我

---

① JACKSON P W. Untaught lessons[M]. New York：Teachers College Press，1992：93.

② 同① xiii.

们真的想要评价课堂生活的影响，那么前测与后测的恰当间隔，不应该是寥寥几个星期或者一个学期，而至少应该是人生的四分之一。"① 这句话所表达的意思，正是多年以后他要详细展开论述的东西：一旦使用"遥距观察"的视角，循证教育所基于的对测量的迷信，就马上变得荒诞起来。在同一本书中，杰克逊还写道："现在和过去一样，对人类福祉最严重的威胁，不是这样、那样的机器，而是那些欢呼和支持在人类事务上使用机械的办法的人。……对我们这个时代最严重的挑战，不是如何设计出更像人一样的机器，而是如何保护人，让人不被像机器那样对待。"② 如果我们把杰克逊评论"程序教学"时说的这段话，与他后期关于学习的理论联系起来看，那么把本质上不可控的学习化约为各种测验工具可以捕捉到的东西，可能就是在学习问题上我们要面对的最严重的挑战了吧。

三

我认识杰克逊学习哲学，进而开始食髓知味，想要为他做一点什么，也同样经历了一个过程。用杰克逊的话来说，这种学习实际上也是"慢一拍"的。我最初接触杰克逊的作品，是在写硕士学位论文的时候。因为要准备关于古德莱德（J. I. Goodlad）的五级课程领域的相关文献③，我查阅了施耐德（J. Snyder）等人撰写的《课程实施》的条目④。我当时的一个印象是，杰克逊主编的 1992 年版《课程研究手册》（*Handbook of Research on Curriculum*）很厉害，质量位居各版之冠。

转年，我在香港中文大学的崇基图书馆遇到了《课堂生活》的英文版，这

---

① JACKSON P W. The teacher and the machine[M]. Pittsburgh：University of Pittsburgh Press，1968：66.

② 同①.

③ GOODLAD J I，KLEIN M F，TYE K A. The domains of curriculum and their study[M]// GOODLAD J I. Curriculum inquiry：the study of curriculum practice. New York：McGraw Hill，1979：43-76.

④ SNYDER J，BOLIN F，ZUMWALT K. Curriculum implementation[M]//JACKSON P W.Handbook of research on curriculum. New York：Macmillan，1992：402-435.

本书让我真正开始爱上杰克逊的作品。（很可惜，内地各大高校图书馆几乎都没有收入这本书。要知道，"隐形课程"是几乎所有中文教育学教科书、课程与教学领域的教科书都会提到的概念。藏书状况和这本书的重要性是高度不匹配的。）杰克逊在哥伦比亚大学读博时所受的训练是心理学方面的，他学术生涯的第一本书是和自己的同事格策尔斯（J. W. Getzels）合著的《创造力与智力》（Creativity and Intelligence，1962）。按照杰克逊自己的说法，"从各种常见的标准来看，我们的课题都是成功的"。但是，他很快就对自己的职业前景感到担忧了，他隐隐感觉到这份职业会让自己远离研究对象。尽管有各种量表、问卷提供的数字，但是他仍旧觉得自己并不真正了解学生。1962 年，他在斯坦福大学的行为科学高级研究中心结识了研究山地大猩猩的动物学者。他发现，这些动物学者才是真正了解自己研究对象的人。这些野生动物研究者们会长时间追踪大猩猩种群，了解它们的每一个生活细节，以至于可以根据大猩猩粪便的温度去判断大猩猩是否远去，以至于乐意在大猩猩睡觉时仔细聆听它们打嗝、放屁的声音。总之，与这些人相比，杰克逊感觉自己过去的研究工作实在是逊透了，似乎只是在动物园里研究野生动物：把野生动物关在笼子里，用棒子戳一戳，看看它会有什么反应，然后信誓旦旦地说自己懂了。

　　野生动物研究者们的方法和杰克逊自己使用的问卷法之间的对比是如此强烈，以至于他从此放弃了过去使用的那一套研究方法。他决定亲自到教室里去，在教室里面研究学生，而不是躲在问卷、量表后面。这才有了《课堂生活》这本书。杰克逊在该书 1990 年的"再版序言"里，详细记述了这段故事。从那时起，杰克逊彻底放弃了过去得自心理学训练、已经娴熟驾驭的那些方法，开始学习用人类学家的眼光来观察课堂。可是，等到他真的在教室里待了一段时间以后，很快就发现自己忍不住要打盹。因为课堂生活总是日复一日、年复一年地重复，并且又总是那么琐碎，太容易让人心生厌倦了。聪明的杰克逊没有去打盹或者干脆离开，而是开始思考这些反复重复、让他一度感到琐碎乏味的东西是不是真的没有意义。要知道，这才是占据了学生学校生活绝大部分时间的内容啊。他的工作成果，我们今天已经可以看到了：《课堂生活》的第一章，对他的观察和思考做了精彩的报告。

　　杰克逊的职业生涯充满了众多转折。[1] 他做过一段时间的中小学老师，在杜威创办的芝加哥大学实验学校服务近 10 年，当过芝加哥大学师范学院的院长并两度在自己任上关闭了这个学院。他在教育研究者群体中的声望主要集中在课程领域（1992 年那本《课程研究手册》是一部典范性的作品），当过美国教育研究协会（AERA）主席以及杜威协会主席。他在年近 40 岁时放弃心理学研究范式，而他在课程领域的卓越声望，也并不意味着他就只是一位课程学者。按照他的学生阿西利亚（R. Arcilla）的说法，杰克逊还是"一个从未和自己的朋友圈分享过自己的教育哲学的教育哲学家"[2]。杰克逊晚年出版的最后一本书名为《什么是教育》，在其中他提到了在芝加哥大学实验学校办公室里发现爱泼斯坦（J. Epsteins）创作的杜威半身像时的喜悦。（在哥伦比亚大学师范学院的走廊上，矗立着一座与爱泼斯坦的作品完全相同的半身像。这是杜威在 70 岁生日前收到的礼物。）更多人不了解的是，杰克逊在芝加哥大学期间曾组织过杜威著作讨论会[3]。令他声名鹊起的"隐形课程"概念，实际上也受益于杜威的"附带学习"（collateral learning）概念[4]。

　　总而言之，杰克逊是一位能在自己面前保持诚实的学者。我将这称为赤子之心。在卢梭、尼采等人身上，我们都可以看到这样的诚实。杰克逊不会因为各种现实的考虑，而去限制自己的好奇心。他要满足自己的头脑，而不只是自己的肚腹，所以他才会数次突破边界，去做自己想做的事。杰克逊职业生涯的各次重新选择，恰恰验证了他自己的学习理论——当年勤勉学习的东西，在多

---

[1]　CUNNINGHAM C A. Beyond poking the chimp with a stick: a tribute to Philip W. Jackson (1928–2015)[EB/OL]. [2019–10–19].http://www.johndeweysociety.org/wp-content/uploads/2015/08/A-Tribute-to-Philip-W-Jackson-by-Craig-Cunningham.pdf.

[2]　ARCILLA R V. Jackson's pedagogy for existential learning[M]// HANSEN D T, DRISCOLL M E, ARCILLA R V. A life in classrooms: Philip W. Jackson and the practice of education. New York: Teachers College Press, 2007: 70–76.

[3]　JACKSON P W. What is education? [M]. Chicago: The University of Chicago Press, 2012: x.

[4]　杜威在《经验与教育》中提到了"附带学习"概念："有一种意见认为，一个人所学习的仅是他当时正在学习的特定的东西，这也许是所有教育学中最大的错误了。关于形成忍耐的态度、喜欢和不喜欢等的附带的学习（Collateral Learning），比之拼音、地理或历史课的学习可能而且往往是更为重要的。因为这些态度对于未来的价值，是更为根本的。"见：杜威. 我们怎样思维·经验与教育 [M]. 姜文闵，译. 北京：人民教育出版社，1991：271.

年以后会被怀疑甚至被抛弃；而当年曾经不屑一顾的东西，事后却被证明是真正打动了自己的。我曾请教哥伦比亚大学的韩森（D. T. Hansen）教授 ①，为什么杰克逊不曾系统整理自己毕生的工作成果，把自己的教育哲学写下来？要知道，杰克逊的作品的确包含某种一以贯之而又愈加精细化的对于学习的理解。在问这个问题时，我们正坐在韩森教授家楼下的花园里。韩森指着庭院中的花花草草说，杰克逊这一生就好像是徜徉在一片美丽的花园当中，眼前有那么多更可爱的东西，谁还有闲情去回顾过去的东西呢？我觉得，这不是韩森对于自家老师的溢美之词，杰克逊的一生就是这样度过的。

出于对《课堂生活》的喜爱，我在 2011 年左右先后向教育科学出版社、华东师范大学出版社推荐过这本书，希望它们能引进它。但是，版权部门反馈说，这本书的版权曾授权给台湾某家出版社，现在处于版权遗失状态，无法引进。没有办法，我只得把自己最喜爱的第一章（其中，杰克逊提出了"隐形课程"）、第五章（其中，杰克逊讨论了"质性研究方法"）译出来，在课上分发给学生们看。不久以后，我在古德莱德的《学校的职能》一书附录的广告中看到，桂冠图书公司计划翻译此书，收录在"教师专业系列"当中 ②。可是，不知道什么原因，该公司最终并未出版这本书。2015 年 7 月 21 日，杰克逊在自己家中平静地过世了。我更加失望，因为再也无法请他就这本书给中国教师写一点什么了。直到大约 2017 年，我偶尔得知这本书真的在台湾出版过译本。文景书局在 2005 年出版了这本书的繁体中文版，书名译作《教室生涯》。③ 可惜的是，当时诚品书店已经不卖这本书了。于是，我写信给文景书局，他们回复说还有点库存，可以去买。现在我手头的《教室生涯》就是这样得来的。我终于得到了一个名正言顺的中文版，可以用来向别人推荐了。

2018 年我在美国哥伦比亚大学师范学院访学，在这期间又想起要找这本书的版权。在师范学院莱弗蒂（M. Laverty）教授的帮助下，我联系到了哥伦比

---

① 韩森最初是杰克逊的研究助手，后来跟随他读博士，二人共处近 40 年。杰克逊和韩森的关系，类似于孔子和他的那些能服其劳的贤人弟子们之间的关系。

② 古德莱德. 学校的职能 [M]. 沈剑平，译. 台北：桂冠图书公司，1999.

③ 杰克逊. 教室生涯 [M]. 解志强，译. 台北：文景书局有限公司，2005.

亚大学出版社负责版权授权事务的布里亚尼克（C. Brianik）女士，跟她申明中国教师队伍规模之巨大（各类教师总数逾 1600 万人）以及这本书人人必读之属性，结果这本书终于可以重新授权了。北京师范大学出版社买回了版权，我很荣幸可以当这本书的简体中文版的译者，有机会把自己的名字和杰克逊这个名字永远印在一起。

四

和最初对《课堂生活》的印象不一样，现在我不再把"隐形课程"这个概念看得多么重要，甚至不觉得这个概念用得有多么妥帖，而是认为《课堂生活》以及《教师与机器》《不言之教》等书根本就是在谈论学习。杰克逊对课堂中发生的学习，给出了一种近乎常识的刻画。概括来说，"不可控的学习"强调了实际发生的学习与能够观测的学习之间的巨大鸿沟。这种鸿沟不是源于落后于技术的、等待缩小的对象，而是学习的本性所致。如果真正接受了"不可控的学习"，那么要做的工作就不是设法改进测量技术，而是对学习进行重新定义。杰克逊的学习哲学，代表了一种与"循证教育"相冲突的对于人类学习的理解，可以用来校正各种因为科学的僭越而被扭曲的认识。

举例来说，与杰克逊的学习哲学相比，当前被热烈讨论的"核心素养"概念是更加落后的。"核心素养"概念，先是迈出了一大步，而后又很快退缩了回来。说它"迈出了一大步"，是因为在"核心素养"的议论当中，人们的确放弃了"课程"时代那种"临行密密缝，意恐迟迟归"的"为成年生活做准备"的思路①，认识到了学校教育无法为那些尚未出现的行业和生活方式做准备。学校教育所能做的，被限定为培养学习者的一些"核心素养"（或译作"关

---

① 我们从博比特（J. F. Bobbitt）和泰勒（R. W. Tyler）的课程开发模式中，可以清晰地感受到这种色彩。例如，博比特的"活动分析"，是以搭建乐高模型的思路来为儿童未来的成人生活做准备的。每一个学科的每一个知识点，似乎都是一个乐高模块。等持续十数年的建设工程完毕之后，各个模块正好搭建完毕，一个合格的公民就培养好了。这是一种古旧的管理学理论，是泰罗（F. W. Taylor）的科学管理理论在教育上的影响和延续。参见：丁道勇. 为成年生活做准备：博比特的课程学主题及其现实意义 [J]. 教育发展研究，2018(18)：65-71.

键能力""共通能力")。"核心素养"的议论和"课程"的议论之间的差异是明显的，这种差异体现了"核心素养"这个概念的伟大之处：放弃事无巨细的具体学识上的筹备，致力于通过一个又一个的学习经验，让学习者本人成长为合格的学习者（或者新版本的有教养的人）。对于合格的学习者来说，无论社会生活如何变动，他们都有能力跟进甚至站至前沿。说"核心素养"的议论"退缩了回来"，是因为它仍旧寄希望于测量和控制那套模式。其实，当人们说这样那样的"核心素养"时，就自动带上了杰克逊的那种"遥距观察"的视角，因为谁敢说某种"核心素养"是朝夕间就能有所建树的呢？可惜的是，"核心素养"的一些支持者，虽然看到了对学习进行"遥距观察"的必要性，但是没有意识到学习的不可控。因此，可以说"核心素养"的支持者真正在意的仍旧只是一些有外在行为表征、可以测量的东西。在突破"课程"上所取得的成就，到了这里被破坏殆尽。

人类渴望实现对学习的控制，期待有一天能够以适当的手段，有效实现自己划定的学习。但是，杰克逊的工作则表明，学习在骨子里是不可控的。阿伦特（H. Arendt）关于"教育的危机"以及教师的"双重责任"的论述①，格林（M. Greene）的"风景""释放想象"概念②，比斯塔（G. Biesta）的"教育之弱""中断教学法"概念③，我个人很抱有期待但是至今仍未达成的与"境界"有关的东西，都与杰克逊的学习哲学同气连声。所有这些理论工作表达的理解，早就被杰克逊以一种朴实的口吻描述出来了。我一直相信，海德格尔（M. Heidegger）的努力代表了 20 世纪后半期的一大哲学转向，亦即对于西方形上学传统的整体反叛，连带着包括对科学和理论的反叛④。在这个时代，人们对任

① 阿伦特. 教育的危机 [M]// 阿伦特. 过去与未来之间. 王寅丽，张立立，译. 南京：译林出版社，2011：163–182.

② 格林. 学习的风景 [M]. 史林，译. 北京：北京师范大学出版社，2016; 格林. 释放想象 [M]. 郭芳，译. 北京：北京师范大学出版社，2017.

③ 比斯塔. 教育的美丽风险 [M]. 赵康，译. 北京：北京师范大学出版社，2018; 比斯塔. 测量时代的好教育 [M]. 张立平，韩亚菲，译. 北京：北京师范大学出版社，2019.

④ 德雷福斯（H. L. Dreyfus）对于海德格尔引领的哲学转向有一个清晰的概括："通过用关乎我们是何种存在者和我们的存在如何紧密关联于世界之可理解性的存在论问题，取代关乎认知者与被认知者的关系的认识论问题，海德格尔与胡塞尔和笛卡尔的传统决裂了。"见：德雷福斯. 在世：评海德格尔的《存在与时间》第一篇 [M]. 朱松峰，译. 杭州：浙江大学出版社，2018：3.

何单一的宏大叙述都抱有怀疑，多视角的诠释才是更受欢迎的。杰克逊的学习哲学及其引领的质性研究方法，与整个时代的哲学转向是一致的。

问题是，阅读《课堂生活》乃至了解杰克逊的学习哲学，对于教师又有什么好处呢？要知道，教育哲学与教育科学的冲突是由来已久的事了。

第一，动摇教师对于教育测量的信心。怀疑造成思考。撼动教师对于教育测量尤其是标准化的纸笔测验的信心，是当前最困难也是最重要的任务之一。我们需要展示在光鲜的外表下，学生们在课堂生活中获得了何种"不可控的学习"。借此，杰克逊提供了有关测量限度的直接证据。这些证据统统落在教育测验的能力范围以外。

第二，唤起教师对于好教育的责任。"好教育"不等于测量所指示的"高质量教育"。教师对于"好教育"的持续追问以及矢志不渝的追求，是造就这种"好教育"的真正保障。各种基于监测的对于"高质量教育"的追求，反而容易让教师的工作堕落为崇尚绩效主义的工作。不可控、不可测并不意味着不重要。那些骨子里无法检测的追求，通过影响教师本人，对教育过程发生了真切的影响。

当我们放弃控制的幻想，学习的不可控性就马上变得可爱许多。拒绝信息的堆砌，始终关注学生个人对于意义的搜寻，这将是热爱杰克逊的读者们的特点。实际上，由《课堂生活》开启的这种学习哲学，对于每个读者来说到底意味着什么，本身就是一个有待于每位读者亲自"搜寻"答案的问题。

丁邦平

首都师范大学教授

基于比较教育学思维的中国教育学反思①

经过一个多世纪的引进、消化、中国化（或本土化），今日中国教育学②已经基本形成了自身的学科体系，并融入中国人文社会科学之中了。本文探讨的"教育学"大体上相当于我国教育学一级学科下的"教育学原理"或"普通教育学"所涉及的研究范围。具体而言，这里所谈的"教育学"既包括欧陆国家的教学论、学科教学论、教学法，也包括英美国家的课程理论（或课程论）、学习理论（或学习论）、教学理论和评价理论，总之是与课堂教学有关的教育教学理论。换句话说，本文所探讨的"教育学"不是作为一个学门的"大教育学"，也不是作为教师教育中一门科目（subject）的"小教育学"，而是作为师范生和教师进行教书育人所需要研修的教育学。本文以比较教育学思维为研究视角，试图对这样的"教育学"做一次跨文化的比较分析，以期为21世纪中国教育学的发展提供些许新的思路，促进当前与今后的教育教学改革与发展，最终希望达成通过理想的教育而实现"立国与立人"的目的。

---

① 本文原为丁邦平教授应邀于2016年10月12日在北京师范大学为教育学原理专业博士生所做演讲的实录，后经整理发表于《湖南师范大学教育科学学报》2017年第6期。
② 这里，需要区分欧陆国家的"教育学"（pedagogy/pedagogics，pädagogik，pedagogie）与英语国家的"教育学"（education/education studies）。前者的原文表达分别为英文、德文和法文，主要是作为师范生为着从事教育教学工作的需要所应掌握的教育学，而后者表达的是作为一个学门的"教育学"（education/education studies）或"教育科学"（educational sciences）。

从 20 世纪世界教育学的演进来看，西方教育学的发展在欧陆国家与英语国家出现了两种不同的路径和范式，这种差异从根本上来说反映了西方文化传统内部的差异。中国从 20 世纪初期就开始学习西方教育学，既引进了欧陆国家的教育学（pedagogy/pedagogics，pädagogik，pedagogie），也吸收了英语国家的教育学（education/education studies），所以发展至今中国教育学就深深地打上了欧陆（包括苏联）和英美两种教育文化的双重烙印。进入 21 世纪以来，我国教育学界开始反思中国教育学走过的百年历程，以"和而不同"的哲学思想为理论基石，试图重新确立 21 世纪中国教育学的发展方向，并依据中国自己的教育文化传统，吸收和综合欧陆、英美两种不同教育文化传统的教育研究范式，开展包括经验性研究在内的多种类型的教育教学研究，重建和完善具有中国教育文化特色而又面向世界的中国教育学，以便有效地促进当前与今后的教育改革与发展。

一、西方教育学的两大传统与中国教育学

教育学在西方并不是一个统一的学科，英语国家甚至不承认它是一个学科，认为它只是一个研究领域。在这点上，教育学与其他人文社会科学迥然不同。其他人文社会科学基本上是统一的，在各种语言里都有一个统一的学科名称。以人类学为例，虽然不同国家的人类学各有自己的特色，但总归是一个学科。例如，挪威、奥地利、英国和美国的四位学者撰写了《人类学的四大传统：英国、德国、法国和美国的人类学》（*One Discipline*，*Four Ways*：*British*，*German*，*French*，*and American Anthropology*）①一书，从这本书的英文书名看，四位不同国籍的作者都承认英国、德国、法国、美国的人类学是一个统一的学科，不过在不同的国家范式不同罢了。但是，从本文所探讨的西方教育学的两大传统看，以德国为首的欧陆国家早在 19 世纪就承认教育学是大学的一门独立学科，而以美国为首的英语国家一般都不承认教育学是一门独立学科，认为

①　巴特，金格里希，帕金，等.人类学的四大传统：英国、德国、法国和美国的人类学 [M]. 高丙中，王晓燕，欧阳敏，等译. 北京：商务印书馆，2008.

它只是一个跨学科的研究领域。

（一）欧陆教育学与英美教育学：两大不同的研究传统与范式

国内最先从跨文化比较的视角关注欧陆教育学与英美教育学这两种不同文化传统的学者，当推华东师范大学国际与比较教育研究所的黄志成教授[①]。他在《教育学报》2007 年第 2 期上发表了《教育研究中的两大范式比较："日尔曼式教育学"与"盎格鲁式教育科学"》。随后，笔者在《比较教育研究》2009 年第 12 期上发表了《教学（理）论与课程论关系新探：基于比较的视角》，在该刊 2011 年第 7 期上发表了《"教学论"与"教学理论"概念之辩》。再后来，王飞博士和笔者在《比较教育研究》2013 年第 1 期上发表了《苏联教学论与美国课程论：在中国的误读与误解》，笔者在《教育学报》2015 年第 5 期上发表了《"教学论"与"教学法"的关系探析：（跨文化）比较教学论的视角》。此外，《教育研究》2013 年第 3 期刊登的笔者的论文《比较教学论：21 世纪比较教育学发展的一个重要领域》也涉及英美的教育科学与欧陆教育学的差异，以及我国如何从国际教育学科两大传统中吸取理论资源以尝试重建比较教学论的问题。

此外，华东师范大学的程亮博士对中外教育学进行了深入、系统的考察与分析，发表了一系列关于教育学比较研究的论文，如他在《教育研究》2016 年第 5 期上发表的《多元的传统与交互的生成——教育学知识建构的跨文化比较》，以及在《华东师范大学学报（教育科学版）》2016 年第 3 期上发表的《教育学制度化的兴起与逻辑》。程亮博士的这两篇论文都可以看作运用比较教育学的学科思维对各国教育学所做的跨文化比较研究。

国际上，基于比较教育学的学科思维对教育学科进行跨文化比较研究的知名学者，就笔者所知，当推挪威教育学者甘顿（B. Gundem）和德国教育学者霍普曼（S. Hopmann）。这两位学者在 20 世纪 90 年代初期就开展了一项关于欧陆教学论与英美课程论两大传统的跨文化比较研究，并于 1998 年出版了《教

---

① 华东师范大学陈桂生教授曾发表过《略论外国的"教育学现象"》（《比较教育研究》1995 年第 2 期），但他在该文中明确表示，他的论文是"把中国教育学同若干国家的部分'教育学'作一番'教育学'意义上的比较"，因此只能算是跨国比较，而不是跨文化比较。

学论与/或课程论：一场国际对话》一书①。随后霍普曼又与美国著名课程论学者韦斯特伯里 (I. Westbury) 和瑞士教学论学者李夸特（K. Riquarts）一起主编出版了《作为反思性实践的教学：德语世界的教学论传统》一书②。这场西方内部两种不同文化传统的教育学科的跨文化对话，可以说是 19 世纪教育学科形成以来西方欧陆文化传统的教育学（包括教学论）与英美文化传统的教育科学之间的第一次直接、深入的对话。2011 年欧洲教育学者比斯塔（G. Biesta）发表了《教育学术研究中的学科与理论：英美国家与欧陆国家建构教育学科的比较分析》一文，这篇论文是从西方两种不同文化传统的视角对英美教育学与欧陆教育学所做的深刻的比较分析。比斯塔认为，"这两种传统在一定程度上说是不可通约的（incommensurable），因为它们运作的基础是根本不同的假设和理念"。在比斯塔看来，"在英语世界，教育研究通常被理解为对教育过程与实践的交叉研究。因此，教育研究高度依赖一系列不同学科的理论输入"。其结果是，"在英美等国家，教育领域的建构所缺乏的是教育学作为一门独立学科的观念"（the idea of education as an academic discipline in its own right）。与之相反，"在欧陆，尤其在德语世界，教育研究显然已发展成为一门独立的学科，有其自身的形式和建立理论的传统"。③ 由此可见，即使在西方两大教育文化传统内部，教育学迄今也尚未完全会通。

（二）中国教育学：学科抑或研究领域？

对于这个问题，国内教育学界有很多探讨④。仅仅从中国教育学的学科立

---

① GUNDEM B, HOPMANN S. Didaktik and/or curriculum: an international dialogue[M]. New York: Peter Lang, 1998.

② WESTBURY I, HOPMANN S, RIQUARTS K. Teaching as a reflective practice: the German Didaktik tradition[M]. Mahwah, NJ: Erlbaum, 2000.

③ BIESTA G. Disciplines and theory in the academic study of education: a comparative analysis of the Anglo-American and Continental construction of the field [J] .Pedagogy, Culture & Society, 2011, 19（2）: 175–176.

④ 2000 年以来，国内探讨教育学学科性质的论文较多。例如，王北生的《论教育学的学科性质》（《河南社会科学》2001 年第 4 期），王洪才的《教育学：学科还是领域》[《厦门大学学报（哲学社会科学版）》2006 年第 1 期]，王鉴、姜振军的《教育学属于人文社会科学》（《教育研究》2013 年第 4 期），项贤明的《教育学作为科学之应该与可能》（《教育研究》2015 年第 1 期），等等。

场来看，人们对这个问题争论不休，莫衷一是。但用比较教育学的学科思维来回答这个问题，答案就比较清楚了。从欧陆教育学的发展历程来看，教育学从一开始就是一门独立的学术性学科，它跟哲学、社会学、人类学、经济学等一样，都属于人文社会科学。而且从德文中"科学"（Wissenschaft）一词的含义来理解，凡是系统的、专门的知识都可以算作科学或学科。教育学至少从1806年赫尔巴特出版《普通教育学》以来，就宣告了自己是独立于哲学的一门学科。而在英语国家，人文学科（humanities）一般被归于科学之列。这与德国文化传统迥然有别。例如，20世纪德国有精神科学（Geisteswissenschaft）的概念。但是从英语国家的教育学传统看，教育学是依赖其他学科的理论与方法所进行的交叉研究，因而不是一门学科（discipline），而是一个研究领域（field of study）。例如，美国著名教育学者舒尔曼（L. Shulman）就认为："教育学本身并不是一个学科。老实说，教育学是一个研究领域。"（Education is not itself a discipline. Indeed，education is a field of study.）①实际上，舒尔曼的这一观点只代表美国及其他英语国家学者的观点，并不代表整个西方学界的观点。

近代以来我国在学习德国教育学和苏联教育学的基础上，形成了自己的教育学传统，教育学也被认为是一门独立的学科。尽管华东师范大学的吴钢曾撰文宣告"教育学的终结"②，但许多教育学者并不接受这一观点，例如郑金洲就曾撰文反驳吴钢③。今天来看，教育学作为一门独立的学科在中国非但没有终结，而是还要不断发展和完善。

二、教育学若干核心概念的跨文化比较

（一）欧陆国家的教育学概念与英美的教育学概念

西方教育学没有形成统一的学科，这也反映在其使用的术语和核心概念

---

① SHULMAN L. Disciplines of inquiry in education：a new overview [M]// JAEGER R M. Complementary methods for research in education. Washington，DC：AERA，1988：16.
② 吴钢. 论教育学的终结 [J]. 教育研究，1995（7）：19-24.
③ 郑金洲. 教育学终结了吗？：与吴钢的对话 [J]. 教育研究，1996（3）：38-44.

上。以"教育学"概念为例，在英语中有两个词来表达，一个是 pedagogy，另一个是 education。尽管 pedagogy 一般可以翻译为"教育学"，但在不同的语境中，有时则不宜翻译为"教育学"，而只能依据不同的上下文翻译为"教学"或"教学理论"。2012 年，美国威斯康星大学麦迪逊分校的华人教育学者梁国立博士在《教育研究》发表专文，详细探讨了 pedagogy 一词的含义。他把 pedagogy 一律翻译为"教法学"①。但是，当我们谈及"××学"时，一般是指一门体制化的独立学问或学科，而 pedagogy 在美国及其他英语国家都尚未成为一门独立的学问或学科。同样，education 一词作为学科名称也是一个容易混淆的概念，有些人望文生义地把它一律翻译为"教育"，其实有时准确的翻译应当是"教育学"。例如，上文提到的舒尔曼关于教育学的观点。再如，下面这一英文句子中的 education，显然也不能翻译为"教育"，而只能翻译为"教育学"："The well-worn phrase that 'knowledge is socially constructed' is reiterated in discussions taking place in the disciplines of anthropology，philosophy，political science，psychology，sociology，as well as education."②（"'知识是社会建构的'这一熟语，除了在教育学讨论中经常被重申外，在人类学、哲学、政治学、心理学、社会学等学科的讨论中也常被提及。"）因为它是与其他五个学科名称并列的学科名称。

欧陆教育学和教学论的源头一般都会追溯到捷克教育学家夸美纽斯的《大教学论》（*Great Didactics/Didactica Magna*）的出版（1632）。夸美纽斯被认为是"第一位真正的欧洲教育学家"③。他的这本书虽然名为《大教学论》（1939年傅任敢先生翻译为《大教授学》），但实际上根据芬兰教学论学者坎萨南 (P. Kansanen) 的考证，17 世纪时 Didactics/Didactica 在欧洲语言里就是教育学的意思④，难怪这本书的内容不仅仅限于教学论，也包括学校教育制度、道德教育

---

① 梁国立. 教法学及其地位和意义 [J]. 教育研究，2012（10）：141-147.

② POPKEWITZ T S. Dewey，Vygotsky，and the social administration of the individual：constructivist pedagogy as systems of ideas in historical spaces[J]. American Educational Research Journal，1998，35(4)：535-570.

③ HOPMANN S. Restrained teaching：the common core of Didaktik [J]. European Educational Research Journal，2007，6(2)：109-126.

④ KANSANEN P. The deutsche Didaktik [J]. Journal of Curriculum Studies，1995，27(4)：347-352.

等教育学的基本内容。教学论可以说是教育学的核心，没有教学论就没有教育学。但是，夸美纽斯的《大教学论》被埋没了 200 余年，直到 19 世纪 40 年代才被重新发现，19 世纪下半叶才引起世人的重视。或许正是出于这个原因，我们在赫尔巴特《普通教育学》一书中看不到夸美纽斯的影子，第斯多惠的《德国教师培育指南》一书中也未提及夸美纽斯的名字及其著作。

欧陆教育学和教学论的另一个源头在德国。程亮博士指出："教育学的制度化最初在德国的发端，一方面与当时中等教育阶段文法学校需要训练有素的教师有关，另一方面深受卢梭发现儿童所激发的泛爱教育运动的影响，同时也离不开现代大学提供的自由土壤。"①19 世纪教育学很快传到其他德语国家和受德国文化影响的北欧国家，后来又传到英国和美国。特别是赫尔巴特教育学及其学派，对世界各国教育学都产生了很大影响。在赫尔巴特教育学里，教学论是重要组成部分，是核心。赫尔巴特认为，教学就是通过内容进行的教育（Instruction is education by content），据此他提出了教育性教学（educating instruction）的思想。他的这个思想，笔者认为是受德国一个重要的教育学概念——"化育"（Bildung）②（也译为"教化"或"教养"）的影响的。"化育"是德国文化所特有的思想，很难翻译成英语或汉语。"化育"与德文中的另一个词 Erziehung（教育）有所不同，后者的英文对应词是 education。"化育"既是指一个人的发展过程——一个由内而外展开的过程和由外而内地"占有"世界的过程，又是指教育目的——个体成为自主、自由的人和民族国家的强大（两者之间有内在的联系）。就前一个目的而言，"化育"或许正如爱因斯坦所言："教育就是当你把在学校所学的忘掉后所剩下的东西。"③

---

① 程亮. 教育学制度化的兴起与逻辑 [J]. 华东师范大学学报（教育科学版），2016（3）：61-70.

② 德文 Bildung 一词，在英文和中文中都难以找到对应的词来翻译。英文有时翻译为 formation（形成）或 erudition（博雅），有时干脆翻译为 education（教育），但德文中另有 Erziehung 一词与英文中的 education 相对应。Bildung 翻译为中文也有多种译法，如"教养""教化""陶冶"等。但这些中文词各有其特定的含义，似乎都很难表达 Bildung 德文原意。笔者把它翻译为"化育"，取其在德文中既与文化（Kultur）又与教育密切相关之意。更详细的探讨参见王飞博士的专著《跨文化视野下的教学论与课程论》（山东人民出版社 2014 年版）第四章"化育（Bildung）在德国教学论中的地位"。

③ EINSTEIN A. Albert Einstein quote[EB/OL]. [2016-09-18]. https：//izquotes.com/quote/56328.

这里需要特别强调的一点是，欧陆国家有一门普通教育学（Allgemeine Pädagogik）。芬兰赫尔辛基大学教育学者尤利萨（M. Uljens）2001 年发表《论作为一门学科的普通教育学》一文，提出"普通教育学是教育学的基础部分，从哲学上探讨化育（Bildung）与教育（Erziehung），并且在传统上是教育学科的核心部分"。普通教育学"是教育科学中的一门基础学科"，"普通教育学传统上涵盖了英语国家的教育哲学理论"。①

由此可见，德国和北欧国家的普通教育学不像英语国家的教育学或教育研究那样，后者主要依赖其他学科的理论和方法进行教育的交叉研究或跨学科研究，所以在英语国家教育学不是一门独立学科。然而在德国和北欧国家，普通教育学形成了自己的基本概念和理论，如"化育""教育""教学计划"（Lehrplän），以及赫尔巴特的"可塑性"和"教育性教学"等，这些都是普通教育学的核心概念，而不是从其他学科借用的概念。这就是在德国和其他欧陆国家，教育学是大学里的一门学术性学科，是一门独立的人文科学的理由。

欧陆国家的教育学发展至今已形成了一个由许多分支学科构成的学科群。除了普通教育学外，还有学前教育学、学校教育学、成人教育学、职业教育学、特殊教育学等。在所有这些学科中，普通教育学是基础，是核心。从赫尔巴特的《普通教育学》（1806）到本纳（D. Benner）的《普通教育学》（2001），普通教育学一直都是德国大学教育学系的学术性学科，是一门规范科学和学科。20 世纪 60 年代处于鼎盛时期的精神科学教育学（Geisteswissenschafte Pädagogik），更是一门典型的人文科学。对于这种格局我们比较好理解，因为这与我国教育学的情形相似。我国在 20 世纪初引进的西方教育学首先就是德国赫尔巴特学派的教育学，20 世纪 50 年代学习的苏联教育学也与德国教育学传统关系密切。

然而，在英语国家的教育学传统里，迄今为止尚未形成像德国和其他欧陆国家那样作为一门独立的学术性学科的普通教育学。20 世纪初以来，美国教育学者曾试图以自然科学的学科标准来要求教育学，因为他们的教育研究主

① ULJENS M. On general education as a discipline [J]. Studies in Philosophy and Education，2001，20(4)：291–301.

要依赖于心理学、社会学、人类学、经济学、管理学、历史学、哲学等学科的理论与方法，所以他们干脆不认为教育学是一门独立的学术性学科。例如，美国大学教育学院里教师教育的课程中有一门"教育学基础"（foundations of education），但这里的"基础"就是指教育哲学、教育心理学、教育社会学和教育史等学科的综合知识。①

美国教育学中与教师教育关系最密切的核心部分，应当是兴起于 20 世纪初期的课程论或课程学（curriculum studies），这是对教育现象和问题本身的研究，实际上类似于欧陆国家的教学论。需要指出的是，如同教学论与教学理论是两个有密切联系但不同的概念一样，课程论与课程理论也是两个有密切联系但有所区别的概念。课程论是学科名称，正如教学论在欧陆国家是学科名称一样，课程理论则是指课程论这门学科里学者所提出的各种理论。在欧陆国家的教学论传统里，原先是不使用"课程"和"课程论"这两个术语的，取而代之的是"教学内容"（Bildungsgehalt/Bildungsinhalte）和"教学计划"，它们属于教育学和教学论的研究范围。在苏联 / 俄罗斯教育文献里，与德语中"化育"含义类似的"教养"（образование）概念也涉及对教学内容的研究。

英国的教育学或教育研究（education studies）与美国的类似，是以其他"基础学科"为支撑的。②20 世纪 60 年代，英国著名教育哲学家彼得斯（R. S. Peters）就明确地说："教育学 (education) 不是一门自主的学科，而像政治学一样是一个领域，这个领域应用历史学、哲学、心理学和社会学等学科。"③另有两位英国教育学者则明确把教育研究定位为一个领域："作为一个领域，教育研究不仅只是广泛，而且多样且复杂。它囊括了广泛而真实的课题和理论观点——从早期教育到终身学习，从教学理论到全球化，从神经科学到人类学——而且运用多种方法与实践。"④

---

① 奥恩斯坦．美国教育学基础 [M]．刘付忱，姜文闵，陈泽川，等译．北京：人民教育出版社，1984．

② 程亮．多元的传统与交互的生成：教育学知识建构的跨文化比较 [J]．教育研究，2016（5）：4–13．

③ 转引自 MCCULLOCH G．"Disciplines contributing to education"？educational studies and the disciplines [J]．British Journal of Educational Studies，2002，50(1)：100–119．

④ LAWN M，FURLONG J．The social organization of education research in England [J]．European Educational Research Journal，2007，6(1)：55．

再如，英国教育学者巴特莱特（S. Bartlett）、伯顿（D. Burton）和裴殷（N. Peim）合著的《教育学导论》①一书，其内容涉及课程理论、学习心理学、教育社会学和政治理论等。它显然与赫尔巴特的《普通教育学》、本纳的《普通教育学》大异其趣：在话语和内容上有天壤之别。正因为如此，英国教育史学者西蒙（B. Simon）指出，英国（指英格兰——笔者注）没有教育学（pedagogy）②。另一位英国教育学者汉密尔顿（D. Hamilton）则认为，英国没有教学论（didactics）③。

（二）欧陆国家的教学论④概念与中国的教学论概念

在欧陆国家尤其是德语国家或受德国文化影响的北欧国家，教学论是大学里教师教育的一门重要的学术性学科。笔者认为，德国教学论的本质不是教给师范生和教师如何进行教学的系统方法（那是教学法的任务），而是要让教师学会反思教育教学问题，并赋予他们从事教育教学工作的专业化知识基础。德国教学论首先是让教师理解"化育"思想和化育理论（Bildungstheorie），从而通过教育性教学实现对学生的"化育"。"化育"是德国教育学和教学论特有的概念。维也纳大学霍普曼教授指出："化育起源于中世纪的神秘主义和浪漫主义世界观，这个词包含有教育（education）、博雅（erudition）、形成（formation）、体验（experience），以及英语中所指的通过学习使个性展开的过程。"他又说："化育超越了掌握内容和形成胜任力与能力（competencies and

① BARTLETT S, BURTON D, PEIM N. Introduction to education studies [M]. London：Paul Chapman Publishing，2001.
② SIMON B. Why no pedagogy in England? [M]// LEACH J, MOON B. Learners and pedagogy. London：Paul Chapman Publishing，1999.
③ HAMILTON D. The pedagogic paradox (or why no didactics in England?) [J]. Pedagogy, Culture & Society，1999，7(1)：135–152.
④ "教学论"一词在欧陆各国语言里拼写和读音都大同小异，如拉丁文是 didactica，德文是 Didaktik，法文是 didactique，意大利文是 didattica，西班牙文是 didáctica，芬兰文是 didaktiikka，瑞典文是 didaktik，挪威文是 didaktikk，俄文是 дидактика。然而，由于英语国家没有形成教学论学科，将英美教育学者的教学理论著作冠以"教学论"的名称，笔者认为是不妥当的。例如，有人把布鲁纳的 Toward a Theory of Instruction 一书径自译为《教学论》（姚海林、郭安译，中国轻工业出版社 2008 年版），但在此书中作为心理学家的布鲁纳只是从心理学角度探讨教学（instruction）问题而已，内容与教学论大异其趣。

abilities），超越了知道某事和能够做某事。"用德国教育家洪堡的话说，化育是
"尽可能多地把握（grasp）世界，又是通过发展独特的自我对人类做出贡献"。
"在化育里，无论做什么和学习什么，都是为了发展自己的个性，展现个体的
能力。按照这个观点，接受学校教育和教学的目的不是把知识从社会传递给学
习者（那是课程所为），也不是把知识从科学或其他领域转化到课堂上，而是
将知识作为发展学生个性和社会性的转化工具。总之，就是通过教学使学习者
得到化育（in short，the Bildung of the learners by teaching）。"①

　　洪堡进一步指出："但是如果我们用我们的语言来讲教化，那么我们以此
意指某种更高级和更内在的东西，即一种由知识以及整个精神和道德所追求的
情感而来、并和谐地贯彻到感觉和个性之中的情操（Sinnesart）。"② 换句话说，
"化育"乃是通过教育而使人获得"向普遍性的提升"，让"他脱离了直接性和
本能性的东西"。③ 这也可以从哲学家伽达默尔的话中得到印证。他指出，"教
化(Bildung) 概念里最明显地使人感觉到的，乃是一种极其深刻的精神转变"④。

　　当代瑞士教学论专家库内利 (R. Künzli) 对"化育"在教学论中的地位做了
精彩的分析。

　　根据教学论的观点，化育是一个超越了知识和技巧本身的概念，是指通过
主动参与到文化遗产中来并创造性地获得它们而形成个体的过程。其最初的任
务不是要问学生如何学习或如何使学生接近知识，也不是确定学生应当能做什
么或知道什么。相反，教学论专家最初的任务是追求文化所赋予的知识和技巧
在形成品德上的意义。这才是考虑对象时所关注的焦点，而正是这一焦点决定
了各种可能的教学方法及其情境与相互之间的联系。教学论首要的基本问题是
要追问，学生为什么要学习这个课题？如果不能至少间接地对化育有所助益，

---

① HOPMANN S. Restrained teaching：the common core of Didaktik [J]. European Educational Research Journal，2007, 6(2)：109–126.

② 加达默尔. 真理与方法：哲学诠释学的基本特征：上卷 [M]. 洪汉鼎，译. 上海：上海译文出版社，2004：12.

③ ULJENS M. On general education as a discipline [J]. Studies in Philosophy and Education，2001，20(4)：291–301.

④ 同② 11.

任何教学目标都是不值得的。所以，首要的任务是依据化育找出将要学习的对象的意义，然后才去追问它能够和应当对学生有何意义，以及学生如何能够自己体验这种意义。[①]

关于教材内容的意义及对于不同学生的意义的观点，是德国教学论及化育理论最富有魅力的地方。这里需要特别指出，教学论指导教师要重视对学习内容及其意义的追问，以及某种学习材料对于不同学生而言有何种意义，学生是否能够自己体验这种意义。这让笔者想起《论语》中孔子在不同的学生问他"仁"字的含义时，根据各个学生的特点予以了不同解答，这就与德国的化育理念有异曲同工之美。

德国教学论除了高度关注学习内容及其意义以及赋予教师专业知识基础外，还旨在使教师获得专业自主（autonomy），从而在教育学理论上让教师获得教学自由和让学生获得学习自由有了哲学依据。根据霍普曼的观点，教学论不是要给教师开出如何教学的处方，而是要提供一个如何理解教育和教学的理论框架，以及教师根据这一框架针对特定的教学内容和特定的学生进行教学的理由，因此，在这个意义上，德国教学论不仅是一种教育教学理论，也可以说是一种反思性实践。

反观我国教学论和学科教学论，在教师职前教育期间只注重对教师教育专业知识的传授，而没有强调让教师获得专业自主和教学自由，更没有提及让学生在教学中体验学习的自由。近30年来，我国教学论和学科教学论受美国课程论的影响，在学科话语中融入了课程论话语，教学论和学科教学论分别变成了"课程与教学论"和"学科课程与教学论"。可惜这种学科话语与形态上的变化，缺少对欧陆现代教学论和学科教学论精华的吸收，也缺乏与英美课程论思想的深度对话。这是我们在重建和完善我国教学论和学科教学论时需要加以特别关注的。

---

① WESTBURY I, HOPMANN S, RIQUARTS K.Teaching as a reflective practice：the German Didaktik tradition[M]. Mahwah，NJ：Erlbaum，2000：46.

（三）德国的教学及教学论与美国的教学及教学理论：概念的差异性辨析

从跨文化比较的视角看，"教学"这一概念在欧陆国家与英语国家是有较大差异的。在德国教育学和教学论传统里，教学（Unterricht）和教学论（Didaktik）的概念虽偏向教师的"教授"行为，但在教学论模式[如教学论三角形（Didaktik triangle）]里，教师的教学、教的内容以及学生的学习是一个整体，这三者之间是互动的。教学论理论研究如此，课堂教学实践也是如此。例如，德文中的"教学"一词，根据《德汉学校教育学小词典》的解释，意思是"有计划和有组织的教与学的形式"[①]。这与中文的"教学"一词的含义是相通的，即教学是教与学的交互过程。但在英语国家，"教学"一词的英文是 teaching/instruction/pedagogy，实际上它们都仅指教师的教，而不是像在德文和中文中那样是指教与学的统一和互动。在美国，教学理论对应的英文是 theory of teaching/instruction，比如泰勒的名著《课程与教学的基本原理》（*Basic Principles of Curriculum and Instruction*），这里的 instruction 虽然译成中文也是"教学"，但它单指教师教的一面，而没有包括学生学的一面。

由于德国教学论对"教学"一词的理解与英语国家教育理论中对"教学"一词的理解有较大差异，德国教学论研究的范围与英语国家课程论或教学理论研究的范围也就有很大差异了。根据德国教学论三角形的观点，教学论是对教学活动的整体研究，包括对教与学的目的、内容（即课程）、方法、手段（媒体）和评价的全方位的研究。教学论既是直接对课堂教学的立体研究，又是与教学实践紧密相连的学术研究。从英语国家对"教学"的理解来看，直接对"教学"进行研究的不只是一个学科，而是有多个研究领域：课程理论研究教学内容如何组织的问题，学习理论研究有效学习的方法问题，教学理论和评价理论则分别研究教师有效教的方法问题以及教师如何进行形成性评价和终结性评价的问题。这里就有四个分支研究领域，而且这些领域的理论知识与学校教学实践的距离比较远。例如，学习理论主要涉及心理学对动物和人的基础性研

---

① 哈同，等.德汉学校教育学小词典 [M].上海：华东师范大学出版社，1990：58.

究，课程理论与课堂教学实践也缺乏联系。

相比较而言，德国教学论则比较接近中国注重实用和整体思维的文化传统。也就是说，教学论不是在实验室里研究出来的理论，而是植根于课堂教学实践并直接为课堂教学实践服务的教学理论。教学论的整体观念（体现于教学论三角形，或我国学者所指的教学论三要素）与中国人认识事物时倾向于整体、有机的观念是完全相通的。这大概是20世纪初期我国教育界容易接受赫尔巴特教育学和教学论的文化心理原因。英国和美国学习赫尔巴特的热情很快就消失了，而在中国赫尔巴特（以及后来的凯洛夫）的教育教学思想一直或明或暗地流行着，直到今天仍然还有很大影响。

近30年来，美国的教育教学理论包括课程理论、学习理论、教学理论和评价理论等，都对中国产生了很大影响。但是我们没有像英国、美国等英语国家那样抛弃欧陆教育学和教学论的学科传统，而是在使它们中国化的基础上形成了中国的教育学和教学论，并利用它们吸收美国的课程理论、学习理论、教学理论和评价理论。21世纪我国教育学和教学论重建的目标是，充分吸收西方两种教育文化传统的优势和精华，使之与中国教育文化传统和教育实践嫁接起来，形成既有鲜明中国特色又面向世界开放的教育学体系。

（四）教学论与教学法的概念：不同教育文化传统的比较

德文中的教学法一词是Methodik，它显然与教学论不是一回事。英文虽然也有教学论（didactics）一词，但它只是对拉丁文的教学论（didactica）或德文的教学论的直接翻译，而实际上在英语国家没有形成教学论学科。在当代英美教育学文献里，当表达"教学"的概念时，除了使用teaching/instruction以外，使用pedagogy一词也比较普遍。英国伦敦大学教育学院设立了六个学系，其中就有课程、教学与评价系（Department of Curriculum，Pedagogy and Assessment）。美国和加拿大一些大学教育学院的课程与教学系名称就是Department of Curriculum & Pedagogy。碰巧，笔者在查阅资料时，发现北京师范大学教育学院英文网站上的课程与教学研究院的英文是Institute of Curriculum & Pedagogy，这个翻译与英美对"教学"的理解相符合，但似乎不符合中国教育学传统。符合中国教育学传统的翻译较适宜使用 Institute of Curriculum & Didactics。

如前所述，德国现代教育学和教学论基本上是以人文科学的"化育"这一重要的新人文主义造念 (construct) 为基础的。教育学和教学论研究的基本问题是如何通过教育、化育和教学，从整体上培养"人"。不同社会和不同时代对"人"的要求不同，而且不同国家或同一国家不同时代的教学论在教学内容上也可能有差异，但在通过教育、化育和教学促进人的启蒙、人的发展、人的自由和人的解放这一点上，在教育学和教学论中从来都是一以贯之的。这就是教育学和教学论所特有的研究范式，是教育学和教学论独特的魅力所在。

相反，美国早在 19 世纪末、20 世纪初就丢掉了欧洲的教育学和教学论传统，甚至连 pedagogy 这个词在 20 世纪都曾被长期弃而不用。因此，美国著名的课程论学者韦斯特伯里在《作为反思性实践的教学：德语世界的教学论传统》一书中坦率地承认："'教学论 (Didaktik)'是思考教与学的（另）一种传统，这在英语世界里几乎无人知晓。"[1] 但是，课堂教学总是需要教学理论指导的，教师在教学时也总是需要讲究方法，所以美国教育学者从 19 世纪下半叶的普及义务教育运动以来，对教学理论和教学方法进行了大量探索和研究，形成了具有美国文化特色的教学方法和教学理论。

如果说德国的教学论偏重研究教师如何教授的理论的话，那么美国的课程论以及具体的课程理论、教学理论、学习理论和评价理论则偏重研究学生如何有效学习的理论。以德国为首的欧陆国家的教学论传统虽源远流长、流派纷呈，但根据德国教育学家霍普曼的观点，各个流派共同的特征是"限制教授"（restrained teaching）[2]。这一核心特征与夸美纽斯在《大教学论》中论述的教学论的目标是一脉相承的，即要"探索一种教导的方法，使教员可以少教，学生可以多学"[3]。而在美国，从杜威开始，课程理论、教学理论、学习理论和评价

---

[1]　WESTBURY I, HOPMANN S, RIQUARTS K. Teaching as a reflective practice: the German Didaktik tradition[M]. Mahwah, NJ: Erlbaum, 2000: 46.

[2]　HOPMANN S. Restrained teaching: the common core of Didaktik [J]. European Educational Research Journal, 2007, 6(2): 109-126.

[3]　夸美纽斯. 大教学论·教学法解析 [M]. 任钟印，译. 北京：人民教育出版社，2006: 6.

理论都强调课堂教学中学生主动学习和学会如何学习。所以，美国的各派心理学都有自己的学习理论，而且学习理论在美国教育界和学术界的地位远高于教学理论。

三、展望 21 世纪的中国教育学

20 世纪与 21 世纪之交，我国教育学界开始对一个世纪以来的教育学建设进行系统、深入的反思，并试图重建中国教育学和教学论。其中既有对作为一个学门的教育学或教育科学的反思，也有对作为一个独立学科的普通教育学的反思，还有对作为师范生学习的一个"科目"的教育学的反思。反思与重建 21 世纪的中国教育学成为当前和今后很长一个时期我国教育学者面临的重大研究任务。中华民族的伟大复兴和教育现代化建设需要新的教育学。

（一）"和而不同"的哲学理念与中国教育学的重建

在 21 世纪，我国教育学者需要以中国教育实践和教育问题为导向，重建中国教育学（Chinese pedagogics）。所谓重建中国教育学，不是完全否定已有的教育学，而是在已经建立起来的教育学的基础上，面向未来进行教育学的智识生产，以适应培养 21 世纪具有国际视野的现代中国人的需要。在国内，老一辈教育学家为我们树立了榜样，例如北京师范大学裴娣娜教授团队开创的主体教育研究和华东师范大学叶澜教授团队创建的"生命·实践"教育学，都可以说是在不同程度上为中国教育学的重建做出的贡献。对于叶澜教授的"生命·实践"教育学，新加坡南洋理工大学国立教育研究所的邓宗怡教授特别在国际教育学界予以充分肯定和好评[①]。在重建中国教育学的过程中，需要什么样的理论基础呢？我们认为，需要从中国文化传统中寻找中国教育学的理论根基。这种理论根基，我们认为可以是"和而不同"的哲学理念。

"和而不同"是我国古代哲学中一个极为重要的理念，它实际上代表了中

---

① DENG Z. Bringing curriculum theory and didactics together: a Deweyan perspective [J]. Pedagogy, Culture & Society, 2016, 24（1）: 75-99.

国人极高的认识论智慧。在追求"和"这一境界的过程中，人的认识具有包容性和创造性。"和"的哲学理念体现在中国古代的政治、军事、自然、人文等方方面面。如《国语·郑语》中记录了西周史伯的论述："和实生物，同则不继。"孔子提出："君子和而不同，小人同而不和。"(《论语·子路》)近年来，中外学者对"和而不同"的哲学理念进行了深入挖掘和创造性转换，剔除其中的专制成分，把它与民主、自由、平等等现代观念融合起来。例如，首都师范大学的王长纯先生发表了系列专题论文，系统阐述了"和而不同"哲学理念对比较教育研究方法论的意义。① 旅美学者王治河博士在其英文专著《过程与多元论：多样和谐的中国思想》中，从"和而不同"的观点出发，结合怀特海的过程哲学，探讨了中国古代儒道释三教合一的成功经验。② 美国著名的比较哲学家安乐哲（R. T. Ames）撰写了《和而不同：比较哲学与中西会通》一书，深入探讨了中国人的"和"的思想和思维模式。③ 这些研究对我们进行教育学和比较教育学研究都非常有启发。正如德国"化育"哲学思想是德国教育学和教学论的理论基础，中国"和而不同"的哲学思想也可以成为中国教育学研究的理论基础之一。

（二）中国教育学研究的五种取向

1. 重视教育学研究的中国教育文化传统

教育学研究的中国教育文化传统是什么？笔者认为包括两个部分。一是中国古代的教育文化传统，包括古代思想家与教育家们对教育目的、过程、内容与方法等的探索与思考。在教育目的上重视培养"君子"、注重社会教化、重视道德教育、强调知行合一，尤其是强调"和而不同"哲学理念的教育文化传统等，都是应当予以继承和发展的。二是近代以来形成的中国教育学研究传

---

① 王长纯．"和而不同"：比较教育研究的哲学与方法（论纲）[J]. 比较教育研究，2009 (4)：1–7；王长纯．再论和而不同：全球化条件下中国比较教育发展的方向（论纲）[J]. 外国教育研究，2005(9)：1–6.
② WANG Z. Process and pluralism：Chinese thought on the harmony of diversity [M]. Piscataway，NJ：Traction Books，2012.
③ 安乐哲．和而不同：比较哲学与中西会通 [M]. 北京：北京大学出版社，2002.

统。对此不应该随便抛弃。提出这个问题，是因为在反思我国教育学研究与发展的过程中，我们发现，近现代以来在前后相衔接的三个30年里，我国教育学研究和教育实践出现了非此即彼的极端偏向。在第一个30年期间（1919—1949），我国教育学研究和教育实践受美国教育理论和思潮的片面影响，忽视了中国自己从古代流传下来的教育文化传统。在第二个30年期间（1949—1979），受当时国际与国内政治环境的影响，我国教育学研究和教育实践完全抛弃了20世纪前半叶建立起来的教育学传统，"一边倒"地偏向苏联教育学，失去了自主探索中国教育学理论的机会。在第三个30年期间（1979—2009），即从改革开放以来，我国教育界虽然能够面向世界吸收各国教育理论和思想，但主要倾向是再次受到美国教育思潮和理论的影响，同时也再次忽视了中国已有的教育文化传统。比如，在课程教学领域里，我们不恰当地把美国的教学理论当成了"教学论"，既忽视了中国古代的教育文化传统，也忽视了中国20世纪初期以来建立的教育学和教学论传统。为何这样说呢？笔者认为孔子的《论语》和体现儒家教育思想的《学记》，早已奠定了中国教育学的学术传统，即高度重视通过学校教育达到"立国和立人"的目的（即建国君民）。为什么清末民初时期我国引进的赫尔巴特教育学深受当时教师的欢迎呢？笔者认为一个重要原因是，赫尔巴特教育学契合中国的教育传统，即重视完整的人的教育，重视人的道德教育，重视教育教学的统一性，重视知识的传授，等等。前些年发生的"钟王之争"，从学术层面进行分析，实际上是不同教育流派和传统的教育学思想之争，其中有许多值得汲取的经验和教训。

2. 重视教育学自身的学科建设：借鉴欧陆传统

这里提出的"重视教育学自身的学科建设"的含义，是指像德国及其他欧陆国家那样，把普通教育学当作一门独立的学术性学科来建设，而不是像英美那样不承认存在作为一门独立学科的教育学，认为教育学只是一个跨学科的研究领域。一方面，我国从清末民初时期引进赫尔巴特教育学以来，就已经在大学建立了独立的教育学学科体制，形成了教育学和教学论学科传统。尽管在第一个和第三个30年期间我国教育研究颇受美国的影响，这种体制和传统受到了质疑与挑战，但国内多数学者还是认为教育学在我国并没有终结，也不应该终结。把教育学当作一门自主的、独立的人文社会科学来建设，就需要 21 世纪的中国教育学人以教育现象、过程和活动为旨趣（interest），开展教育学研究；就需要教育学人像其他人文社会科学学者重视智识生产一样，重视教育学智识的生产。近代以来，中国知识分子在某种程度上不像英美知识分子那样深受唯科学主义思潮的影响，因为中国有深厚的人文传统。比如，梁启超先生在 20 世纪 20 年代就曾反思过西方文化，强调在学习欧美科学时，要树立正确的科学观。他在题为"科学精神与东西文化"的讲演中，深刻地批评了当时中国人对科学的片面理解：

……就是相对的尊重科学的人，还是十个有九个不了解科学性质。他们只知道科学研究所产结果的价值，而不知道科学本身的价值；他们只有数学、几何学、物理学、化学……等等概念，而没有科学的概念。……他们以为只有化学、数学、物理、几何……等等才算科学，以为只有学化学、数学、物理、几何……才用得着科学；殊不知所有政治学、经济学、社会学……等等，只要够得上一门学问的，没有不是科学。我们若不拿科学精神去研究，便做那一门子学问也做不成。……我大胆说一句话：中国人对于科学这两种态度倘若长此不变，中国人在世界上便永远没有学问的独立，中国人不久必要成为现代被淘汰的国民。①

在梁启超先生看来，以科学精神追求系统的真知识，就是科学。这种科学观与德国人对"科学"的理解甚为贴近，而与英美的唯科学主义相去甚远。以这样的科学观来理解教育学，则没有必要像英美那样否认教育学是一门独立的学术性学科，尽管我们也承认教育学确实是"一门捉摸不定的科学"②。

3. 重视教育学跨学科研究：借鉴英美传统

重视教育学作为一门自主的、独立的学术性学科的建设，并不是否定教育

---

① 梁启超. 科学精神与东西文化 [EB/OL]. [2016-09-18]. http：//www.my285.com/xdmj/lqc/055.htm.

② LAGEMANN E C. An elusive science：the troubling history of education research [M]. Chicago：University of Chicago Press，2002.

学理论研究需要借鉴其他学科的理论与方法。如果承认教育学是一门复杂科学，那么借鉴英美教育学者的经验对教育学进行跨学科研究也就是必不可少的。从欧美国家近50年来教育科学发展的经验看，对教育学进行交叉学科研究，也确实提高了对教育现象和问题的认识，丰富了教育科学知识，提升了教育实践的水平。例如，新近的神经教育学或学习科学的研究，对于我们深刻理解建构主义学习理论就很有帮助。[①]另一方面，从我国改革开放以来教育学科发展的经验看，从不同学科（如社会学、人类学、经济学、法学等）视角研究教育学，对丰富教育学理论和改进教育实践也是大有裨益的。

4. 重视教育学经验性研究

在反思中国教育学以往百年的发展历程时，人们还发现，与欧美国家相比，中国教育学研究缺乏经验性研究（empirical research）。所谓经验性研究，既包括量化研究也包括质性研究，即重视运用规范的教育研究方法获取第一手数据资料，从而对教育现象和问题展开研究。这是教育学研究创新和智识生产的基本方式。笔者在英国和美国访学时曾关注过很多种英文教育学期刊上的论文，发现经验性研究成果所占比例较大，而纯粹思辨的理论研究或分析性研究只占较小的比例。这与国外学者的估计相近。例如，几年前美国威斯康星大学麦迪逊分校教育学院的波克维茨（T. Popkewitz）教授应邀来北京师范大学讲学，笔者问他在美国教育科学研究项目和成果中经验性研究占多大比例，他说大约占90%。2015年10月，笔者参加过一次中德教育学科建设专家咨询会议，应邀到华东师范大学访问的德国教育学家本纳教授及其多位同事，在回答袁振国教授关于德国经验性研究现状的提问时说，德国经验性研究约占50%。可见，无论美国还是德国，教育学研究的主要类型都是经验性研究。我国的教育学研究状况如何？经验性研究所占的比例近年来虽有所提高，但恐怕还占不到30%吧？

需要指出的是，做好教育学经验性研究不能轻视理论的作用，也不能轻视理论研究。在经验性研究中，不仅仅要注重经验事实和证据的作用，也要强调

---

① 布兰思福特，等 . 人是如何学习的：大脑、心理、经验及学校（扩展版）[M]. 程可拉，孙亚玲，王旭卿，译 . 上海：华东师范大学出版社，2013.

理论的支持作用和理论之建构。例如，美国著名教育学家舒尔曼提出的教师专业知识基础和知识类型的研究，尤其是他开拓的学科教学知识（PCK）的研究，既有理论建构又有很好的经验性证据支持。[①]

5. 重视不同文化传统的教育学之比较研究

近年来，对中外教育学进行跨文化比较研究引起了国内外教育学者的极大兴趣。在国内，山东师范大学教师教育学院的王飞博士在其博士学位论文的基础上出版了专著《跨文化视野下的教学论与课程论》，同时发表了多篇论文，对欧陆教学论、英美课程论以及我国的教学论和课程论进行了颇为深入的比较分析。[②] 华东师范大学的程亮博士对教育学制度化的兴起与逻辑进行了深入探讨，对德国教育学、美国教育学、英国教育学和中国教育学的特征进行了跨文化比较分析，是中外教育学比较研究的力作。[③] 在国际上，除了上文提及的欧洲学者的跨文化比较研究外，新加坡南洋理工大学的邓宗怡教授近年来发表了关于重建中国教育学和教学论的系列论文，对中外教育学和教学论的差异及融合进行了新的探索，为重建中国教育学和教学论提供了富有启发性的比较视角。[④] 以上关于教育学的跨文化比较研究表明，对不同文化传统的教育学进行跨文化比较研究，对中国教育学的反思、重建和完善也是颇有启发的。

---

① SHULMAN L. Those who understand: knowledge growth in teaching [J]. Educational Researcher, 1986, 15（2）: 4–14.

② 王飞. 德国"教育学—教学论"范式与美国"教育科学—课程论"范式的比较研究 [J]. 清华大学教育研究, 2012（2）: 11–17; 王飞. 跨文化视野下的教学论与课程论 [M]. 济南: 山东人民出版社, 2014; 王飞, 丁邦平. 苏联教学论与美国课程论: 在中国的误读与误解 [J]. 比较教育研究, 2013（1）: 47–51, 57.

③ 程亮. 教育学制度化的兴起与逻辑 [J]. 华东师范大学学报（教育科学版）, 2016（3）: 61–70; 程亮. 多元的传统与交互的生成: 教育学知识建构的跨文化比较 [J]. 教育研究, 2016（5）: 4–13.

④ DENG Z. Constructing Chinese didactics: (re)discovering the German didactics tradition[R]. Jahrbuch für Algemeine Didaktik (JfAD) Yearbook for General Didactics, 2012(2): 108–128; DENG Z. The practical and reconstructing Chinese pedagogics [J]. Journal of Curriculum Studies, 2013 (5): 652–667; DENG Z. On developing Chinese didactics?a perspective from the German Didaktik tradition[Z]. Forum Materials for Postgraduate Academic Forum: Sino-Germany Dialogue on Didactics, East China Normal University, Shanghai, September 13–14, 2013.

于述胜

北京师范大学教授

通情以达理 ①

——《大学》"格物致知"本义及其理论价值

"格物致知"，出自《大学》："致知在格物""物格而后知至"。有人说："他书言平天下本于治国、治国本于齐家、齐家本于修身者，有矣；言修身本于正心者，亦有矣。若夫推正心之本于诚意、诚意之本于致知、致知之在于格物，则他书未之言也，六籍之中，惟此章而已。"② 其实，在先秦典籍中，不仅言"诚意"本于"致知""格物"为《大学》首倡，就连"格物""致知"的学术话语也为《大学》所独有。

然而，自程、朱表彰"四书"且以《大学》为"初学入德之门"以来，历代儒者纷纷言"格物致知"而不一其说。明末理学殿军刘宗周（1578—1645）曰："格物之说，古今聚讼有七十二家。"③ 所谓"七十二家"，当为刘氏就自己所见而言，或许并未网罗无遗。且清初以来，穷经之人续有新说。直至今日，其说当在百种上下。程、朱表彰《大学》，本欲明示学者以为学之方，无奈作为入手处的"格物致知"业已纷争滋惑，就连天资特出的清初大儒毛奇龄，年

① 于述胜教授在本课程有多次演讲，讲题为"原始儒学的世界观与教育观"等。本文已经刊于《教育研究》2020 年第 3 期。
② 卫湜. 礼记集说 [C]// 佚名. 四库全书荟要：经部第 55 册. 台北：世界书局，1988：662.
③ 吴光. 刘宗周全集：第 2 册 [M]. 杭州：浙江古籍出版社，2012：618.

轻时也曾苦于无从下手而"夜半涕泣"。①

　　歧说如此众多，表明该问题既重要且复杂。如今，"四书"又成为普及传统文化教育的基本经典。教之者"不知其义，谨守其数"，固属不当。可是，乱花已迷游人眼，欲知其义，谈何容易！于是，今之解经与教经者，多取便捷之途，沿袭史上影响最大的朱子之说。然而，此乃无奈之举，终非上策。须知，朱子之说在明、清两代曾广受诟病，其改经补传之举，更是令人咋舌。任斯教之责者，若不欲苟且其事，必当认真清理这一文化遗产，涤除旧闻，以来新见，给出理据充分、明确的学术结论。

　　大凡解经，必贵证据。证据所在，有本证与旁证。所谓本证，就是以经释经，尤贵以本经释本经；以他经他书解此经，则为旁证。有本证，其说最牢靠；能辅以旁证，其说更为周备。无本证而仅有旁证，解释力已明显减弱。连旁证亦付阙如，只能算作理论猜想，无从成为一家之说。

　　真相只有一个，说法越多，便意味着臆说越多。导致臆说的主要病因有二。其一，混淆了解经与借题发挥的界限，以己意附会经意，甚至为把己意输入经解之中而不惜改经补传。在这方面，朱子之举最为典型，王阳明或多或少也有此病。其二，没有深入、准确把握《大学》的义理结构、思想脉络，不能循此结构脉络去确定"格物致知"之阐释方向与范围。于是，解说愈多、引证愈繁，离经义愈远。须知，《大学》的义理结构才是最重要的本证。

　　为此，笔者拟先探讨古本《大学》的义理结构，以确定"格物致知"的可能解释方向与范围，再引他经他书以证之；继之，评论古今典型说法之利弊得失；最后，揭示格物致知说的深刻内涵与思想价值。

一、《大学》的义理结构

　　《大学》有古本和今本之异。古本指郑玄作注、孔颖达作疏的《礼记正

---

① 毛氏在《大学知本图说》中回忆自己年少为学之困惑苦恼时说："至于《大学》一出，则'格物'二字至今未解，尚何入圣之功之有与？是以出游十年，道路伥伥，自伤年长大而学不得立，嗟乎已矣！尝坐嵩山土室中，夜半涕泣。"参见：四库全书存目丛书编纂委员会. 四库全书存目丛书：经 173[C]. 影印本. 济南：齐鲁书社，1997：39.

义·大学》，今本指以朱子《大学章句》为代表的《大学》改本。郑、孔注
疏《大学》时，并未认为《大学》有错简、脱简，也不分经、传。朱子解《大
学》，对古本有若干重要改动。其一，改"亲民"为"新民"。其二，以错简为
由，将古本从"所谓诚其意者"至"大畏民志，此谓知本"，按照"三纲""八
目"之序重新编排，分为六章。其三，以脱简为由，增"格物致知补传"于
《大学》传文之中。其四，因袭程子之说，以首章的"此为知本"为衍文而删
除之。朱子的上述做法，缺乏充分理据，最为后儒诟病。明、清两朝部分学者
的研究业已表明，古本《大学》自有其内在逻辑，不改亦可，且更加通畅。①

　　笔者解读《大学》，一循古本之旧，不依今本改窜。然而，古本没有明确
分章，不便于诠释的条理性。为此，根据明、清一些学者的做法，笔者把《大
学》分为六章。"大学之道"至"此谓知本，此谓知之至也"，为第一章；"所
谓诚其意者"至"大畏民志，此谓知本"，为第二章；"所谓修身在正其心者"
至"此谓修身在正其心"，为第三章；"所谓齐其家在修其身者"至"此谓身不
修不可以齐其家"，为第四章；"所谓治国必先齐其家者"至"此谓治国在齐其
家"为第五章；"所谓平天下在治其国者"以下为第六章。首章概括全书要旨，
人们一般称之为"经"；其余五章是对经文的具体阐释，一般称为"传"。②

　　《大学》首章乃全书总纲，已经较为清晰地呈现了全书的义理结构。首章
可分三节。开篇至"虑而后能得"，为第一节，概述大学的根本宗旨。其中，
三纲所言只是一事，"明明德"一语即足以了结之。复言"在亲民"，是为了强
调"明明德"不能脱离伦理生活，必须落实到亲亲、仁民而爱物的社会生活之
中。又言"在止于至善"，是为了强调"明明德"不能半途而废，必须充分展
开、做到极致。而"知止"一段，则论述了明确大学宗旨的重要性。"物有本
末"至"国治而后天下平"，为第二节，概述"明明德"工夫之要目。其中，
"物有本末，事有终始，知所先后，则近道矣"，乃承上启下之语，旨在引出八
目，引出做"明明德"工夫的本末、先后之序来。其下两段，先由末而逆溯其

---

① 关于《大学》之不同版本，毛奇龄的《大学证文》就有比较详明之考证，亦不从朱子的《大学章句》，
其说还是可信的。

② 亦有人（如毛奇龄）认为当依郑注孔疏，不必分析为经与传。其实，分与不分，无关宏旨。

本，再由本顺推出末来。余者为第三节，总结八目，点出了《大学》全书的主题："自天子以至于庶人，壹是皆以修身为本。"

对于八目之间的关系，今人多理解为大学教育的八个阶段："为了实现大学教育的这三大目标，《大学》还明确提出了具体的八条目，即八个基本步骤环节：格物、致知、诚意、正心、修身、齐家、治国、平天下。"① 此乃天大的误会。八目之所以不能被理解为线性阶段结构，理由如下。

首先，《大学》开列八目，旨在让人明于本末之分，能由末返本、统本举末，从根本处用力。要目虽有八，工夫却要下在根本上。如"古之欲明明德于天下者，先治其国"，是说治国就是在平天下，就是平天下之本，而不是说治国乃外在于平天下的另一事项；"欲治其国者，先齐其家"，是说齐家就是在治国，就是治国之根本，而不是说齐家乃外在于治国的另一事项。如果八目之间是泾渭分明的八个阶段，那么，在传文中，《大学》绝不会采用"所谓修身在正其心者""所谓齐其家在修其身者""所谓治国必先齐其家者""所谓平天下在治其国者"之类的表述方式，而会采用"所谓格其物者""所谓致其知者"……之类的方式。至于传文一上来就表述为"所谓诚其意者"，则另有他因，说详于后。

其次，《大学》在追本溯源、论述"致知"与"格物"关系时，不言"欲致其知者，先格其物"，而言"致知在格物"，意味着"致知"就在"格物"之中，两者乃同一过程的两个方面，并非一先一后的两个阶段。不仅如此，如果"平天下"是被作为独立阶段来处理的，那么，《大学》不当置之不论、有头无尾。

再次，也更重要的是，"修身"离不开人际互动，必然展开于家、国、天下的社会生活之中。如果认为一个人可以在家、国、天下之外修身，修好了身再去过家庭、社会和政治生活，就违背了修身的生活逻辑，因而也是荒谬的。同样，作为"修身"手段的"格物""致知""诚意""正心"，也无法脱离社会生活，在"齐家""治国""平天下"之外单独进行。

---

① 王炳照，李国钧，阎国华. 中国教育通史：2[M]. 北京：北京师范大学出版社，2013：126.

　　最后，也最重要的是，《大学》在总结八目时明确指出："自天子以至于庶人，壹是皆以修身为本。"这意味着"明明德"有八目，而八目之根本只有一个，那就是"修身"。"壹是"者，专此也，即专在于修身，不在其他条目。[①]故郑玄曰："格、致、诚、正，修、齐、治、平，都本修身。格、致、诚、正而不本诸身，即二氏玄虚之学；修、齐、治、平而不本诸身，即五伯功利之学。"[②]知、意、心皆为身内所有之物，而格物、致知、诚意、正心，乃修身之要点，都为修身设立，自然要以修身为本；而家、国、天下为己身的不断延展，是修身的实际场域，故齐家、治国、平天下从根本上说都是修身，都从修身获得运转的根本动力。故黄汝亨曰："修身为本一语，结证最妙。心、意、知为内身，家、国、天下为外身。"[③]

　　如此说来，我们与其将八目当作线性阶段结构，不如视之为同心圆结构，它们是以修身为原点、层层外展的同心圆。同心圆与线性阶段结构具有根本区别。在线性阶段结构中，前后环节是彼此独立的，只需循序逐一推进即可。但在同心圆结构中，所有外圈都出自同一中心，都围绕着这个中心转动。因此，每生成一更大圆圈，都须保持圆心不动，并能包容所有更小的圆圈。就八目而言，修身就是圆心，格、致、诚、正就是正定圆心的工夫，齐家、治国、平天下皆为由修身带动起来的、越来越大的外圈。不仅齐家需要格、致、诚、正，治国、平天下亦莫不须格、致、诚、正。故在论证"所谓平天下在治其国"时，《大学》先提"絜矩之道"，絜矩难道与格物致知无关吗？接着又讲"慎德"，慎德不就是诚意、正心以修身吗？又讲"君子有大道，必忠信以得之"，忠信不就是诚意、正心而修身吗？最后以"不以利为利，以义为利"作结，不就是要求治国者明于义利之辨而修正其身吗？

---

①　郑玄注曰："壹是，专行是也。"参见：汤一介.儒藏.精华编：51 册 [C].北京：北京大学出版社，2016：1557.毛奇龄曰："壹，专一也。见《说文》。言专是皆以修身为本。"参见：汤一介.儒藏.精华编：120 册 [C].北京：北京大学出版社，2013：22.毛氏又曰："壹是，专一在是。"参见：汤一介.儒藏.精华编：120 册 [C].北京：北京大学出版社，2013：396.朱子解以"壹是，一切也"，指一切人，与"皆"义相重，误也。参见：朱熹.朱子全书：第 6 册 [M].修订本.上海：上海古籍出版社，2010：17.

②　张振渊.四书说统：卷一 [M].明代石镜山房刻印，日本国立公文书馆藏本.

③　凌廷堪.校礼堂文集 [M].北京：中华书局，1998：140–141.

如此，我们方能真正领悟"自天子以至于庶人，壹是皆以修身为本"一语在全书中的分量。它意味着，整篇《大学》，主题全在"修身为本"上。所以，从"所谓诚其意"以下，所论都以修身为主，旨在确立齐家、治国、平天下的道德根基，完全不涉及齐家、治国、平天下的技术类问题。一言以蔽之，所谓大学之道，不过是修身以明明德于天下之道而已：身修，则己身即成为一家活的道德尺度而使家齐；家齐，则己家即成为一国活的道德尺度而使国治；国治，则一国即成为天下活的道德尺度而使天下平。如此说来，与其将八目视为同心圆结构，又不如视作以修身为原点的涡旋式结构。这是因为，修、齐、治、平一体相连，其中没有丝毫间断：任何修身的举动都会连带起家、国、天下；一个人自身修行得越好，其社会地位越关键，其作用于家、国、天下的积极效应就越大。此即所谓"一家仁，一国兴仁；一家让，一国兴让；一人贪戾，一国作乱。其机如此"。"机"者，牵一发而动全身、一体联动的感应机制也。

总之，《大学》的要义，就在于修身而"明明德于天下"。作为"明明德"于天下的工夫或手段，八目并非八个线性阶段，而是由修身所带动着的由近及远、由小到大的涡旋式结构。相反，若视八目为八个阶段，缘木求鱼般去求取格物、致知、诚意、正心、修身、齐家、治国、平天下之技法，不仅不能领会《大学》要义，反而会觉得《大学》传文文不对题、杂乱无章。

二、在"以修身为本"的思想脉络中把握"格物致知"

如上所述，《大学》的主题在于"以修身为本"：格、致、诚、正都是修身的手段，家、国、天下都是修身的场域，而齐、治、平则为修身所联动。"格物致知"的内涵，也必须在"以修身为本"的思想脉络中加以确定。

要准确理解"格物致知"，首先须确定"知"的内涵。作为修身之要目，"致知"之"知"到底指什么？对此，古今异解有三：朱子以"知识"为说，王阳明以"良知"为说，章太炎以"好恶"为说。三说相较，太炎之说为近。就《大学》文本而言，其内在理据（即本证）如下。

　　首先，《大学》曰："古之欲明明德于天下者，先治其国；欲治其国者，先齐其家；欲齐其家者，先修其身；欲修其身者，先正其心；欲正其心者，先诚其意；欲诚其意者，先致其知。"从这一表述逻辑可以推断出："意"从属于"心"，"心"从属于"身"，"身"从属于"家"，"家"从属于"国"，"国"从属于"天下"。那么，作为其中链条之一的"知"与"意"之间，也一定是"知"从属于"意"的。也就是说，"知"乃从属于情感意向之范畴，而非从属于对象化知识之范畴。

　　其次，《大学》传文一上来就论"诚其意"："所谓诚其意者，毋自欺也。如恶恶臭，如好好色，此之谓自谦。""如恶恶臭，如好好色"，乃理解"知"字及"知－意"关系之关键，"如"字尤为关键。"如"字本义为顺从。故《说文解字》曰："如，从随也。"这段话的逻辑非常清楚：以"毋自欺"解说"诚其意"，又以"如恶恶臭，如好好色"解说"毋自欺"，末以"自谦"表达由诚意所带来的充实和安定感。其中，"好好色""恶恶臭"指自然的好恶之情，即好色来感自然好之，恶臭来感自然恶之。此情不可预期，无须修行，感于物就会自然生成。这意味着，所谓"诚其意""毋自欺"就是顺从好恶之情。这是"致知"之"知"字首先指好恶之情的直接证据。古今释者，多未达此意，或略而不释，或以作为引申义的"犹如""好像"释之。一旦用其引申义，则必增字解经，致使传文语气不畅。①

　　再次，细读《大学》传文可知，好恶之情贯穿了《大学》第二章至第六章的始终。清代礼学大师凌廷堪进行过综合分析。

　　《大学》云："所谓诚其意者，毋自欺也。如恶恶臭，如好好色。"此言诚意在好恶也。又云："所谓修身在正其心者，身有所忿懥则不得其正，有所恐

---

① 如朱子曰："自欺云者，知为善以去恶，而心之所发有未实也……。言欲自修者知为善以去其恶，则当实用其力，而禁止其自欺。使其恶恶则如恶恶臭，好善则如好好色，皆务决去，而求必得之。"参见．朱熹．朱子全书：第6册[M]．修订本．上海：上海古籍出版社，2010：20-21．其解把简洁明快的经义搞得异常繁复难懂。古今诠释者中，唯有郝敬最近其义："'毋自欺'，释诚意；'如恶恶臭，如好好色'，释'毋自欺'。如之而已，非定以好善恶恶尽意也……。'如恶恶臭'，言志气常奋也；'如好好色'，言精神常新也。"参见：顾廷龙．续修四库全书：97[C]．影印本．上海：上海古籍出版社，2002：584.

惧则不得其正，有所好乐则不得其正，有所忧患则不得其正。心不在焉，视而不见，听而不闻，食而不知其味。"忿懥，恶也；好乐，好也。此言正心在于好恶，不离乎视听与食也。又云："所谓齐其家在修其身者，人之其所亲爱而辟焉，之其所贱恶而辟焉，之其所畏敬而辟焉，之其所哀矜而辟焉，之其所敖惰而辟焉。故好而知其恶，恶而知其美，天下鲜矣。"此言修身齐家在好恶也。又"所谓治国必先齐其家者"下云"其所令反其所好而民不从"，此专言好也。又"所谓平天下在治其国者"下云"所恶于上毋以使下，所恶于下毋以事上；所恶于前毋以先后，所恶于后毋以从前；所恶于右毋以交于左，所恶于左毋以交于右"，此专言恶也。下又云：《诗》云：'乐只君子，民之父母。'民之所好好之，民之所恶恶之，此之谓民之父母。"又云："唯仁人放流之，迸诸四夷，不与同中国。此谓唯仁人能爱人，能恶人。"又曰："好人之所恶，恶人之所好，是谓拂人之性，菑必逮夫身。"此言治国平天下亦在于好恶也。终于拂人之性，然则人性初不外乎好恶也。爱亦好也。故正心之忿懥、恐惧、好乐、忧患，齐家之亲爱、贱恶、畏敬、哀矜、敖惰，皆不离乎人情也。①

凌廷堪十分准确地说明了三个问题：其一，人的一切情感，最终都可以被还原为好恶之情，都是好恶之情的引申与变化；其二，好恶乃人性在物我互动过程中的自然情感表现；其三，《大学》传文确实是让好恶之情贯穿始终的。

据此，我们可否如此推断"格物致知"的大致解释方向与范围：所谓"格物致知"，说到底乃修养论问题，亦即如何正确对待和处理人的好恶之情的问题？当然，古本《大学》传文是从"所谓诚其意者"展开论述的，确实未予"格物致知"以直接而明确的界说。为此，我们不得不循此方向，从其他先秦典籍寻求旁证。

在先秦儒家典籍中，与"格物致知"最相关的表述，当为《乐记》中如下这段话："人心之动，物使之然也。感于物而动……。人生而静，天之性也。感于物而动，性之欲也。物至知知，然后好恶形焉。好恶无节于内，知诱于

---

① 凌廷堪. 校礼堂文集 [M]. 北京：中华书局，1998：140–141.

外，不能反躬，天理灭矣。"根据王夫之、王引之、郑玄等人对其中三个关键
字的解释①，《乐记》之语意味着：在人未与外界发生作用时，其天赋性能处于
隐而未显的状态；一旦外物来感，则心知与之相交，而生好恶之情；好恶，就
是人性在与外物相作用时的直接情感表现。无独有偶，除《乐记》外，楚墓简
书《性自命出》（又名《有性》）亦曰：

> 凡人虽有性，心无奠志，待物而后作……。喜怒哀悲之气，性也。及其见
> 于外，则物取之也。……好恶，性也；所好所恶，物也。②

　　"待物而后作"，是说好恶之情不会无端发动，乃物感我而我应之的自然反
应；"好恶，性也"，是说好恶乃人性的自然表现；"所好所恶，物也"，是说
"物"乃激发好恶之情的对象。③可见，在把好恶之情视为物感我应时人性的自
然表现方面，《乐记》与《性自命出》的思路是完全一致的。

　　如果按照这一思路反观《大学》，那么，作为修身首要环节的"格物致
知"，其"物"就是指激起好恶之情的对象（即外物，主要是他人），其"知"
首先是指好恶之情本身。所谓"物格而后知至"，与"物至知知，然后好恶形
焉"一样，是说物感我应，好恶之情自然呈现。就字义而言，"格"者通也，
即心知与外物交感互动之义；"至"者来也（郑玄注），即自然到来、呈现之
义；"致"者使之至，即使良知到来、呈现之义。"格物"之"物"，在《大学》
中与身相对，就是指家、国、天下。朱子曰："明明德于天下者，使天下之人
皆有以明其明德也。"④可见，"天下"者，天下之人也。同理，"国"者，国之

---

① 王夫之认为，"'欲'，谓情也"。参见：王夫之.礼记章句[M].长沙：岳麓书社，2011：
897.王引之认为，"下'知'字当训为接，言物至而知与之接也"。参见：王引之.经义述闻：
卷十五[M].上海：上海古籍出版社，2018：891.郑玄曰："理，犹性也。"参见：汤一介.儒藏：
精华编：50册[C].北京：北京大学出版社，2016：1026.
② 汤一介.儒藏：精华编：281册[C].北京：北京大学出版社，2007：21.
③ "喜怒哀悲之气，性也"，与孟子的"恻隐之心，仁也"一样，是说喜怒哀悲之气乃人性的自
然表现，并非把人性定义为喜怒哀悲之气。但多有释者不明于此，径以人性为喜怒哀悲之气，遂
认为《性自命出》之上、下篇，一为自然人性论，一为道德人性论。
④ 朱熹.朱子全书：第6册[M].修订本.上海：上海古籍出版社，2010：17.

人也；"家"者，家之人也。因而，"格物"之"物"，说到底，就是家、国、天下之人。

如此作解，我们才能明白《大学》传文何以不言"格物致知"，而直接从"诚其意"论起。那是因为，好恶之情出自天性，感于物而动就会自然呈现、自然到来，无从修行，不可预期。这大概是当时思孟一系士人的理论常识，经文中有了"物格而后知至"一语，已足以了结之，故无须传文再赘。不过，自然之情虽无须修行，不可预期，却是人的道德生活的基本出发点，"亲亲，仁也；敬长，义也。无他，达之天下也"（《孟子·尽心上》）。在思孟学派看来，人的一切罪恶，从源头上讲，都出于伪，是对于原发之情的疏离和背弃，故修身的第一要义在于"诚其意"：听从良知的召唤，没有丝毫截留、转换或遮蔽。

正因如此，《大学》传文论修身，一定要从"诚其意"开始。当然，诚意只是诚敬工夫的首要方面，其完整内涵应包括内外一致、知行统一、始终一贯、人我一律。对于儒家来说，修身的根本工夫就是诚敬，故子路问君子，孔子以"修己以敬"作答；《中庸》论修养，以"诚身"为核心，而强调"戒慎""恐惧""慎独""笃恭"等。以此为背景，《大学》第二章才以论诚为中心，来统括对于"三纲"的诠释，并以"大畏民志，此谓知本"作结。所谓"大畏民志"，就是极大地兴发起百姓们的诚敬之心；所谓"知本"者，就是知修身以诚为本。因为离开了诚，德无以明，民无以亲，"止于至善"也无从谈起。朱子未明此义，把诚敬工夫与"三纲"相割裂，打破了《大学》传文的原有次序，先是让传文与"三纲"机械对应，又以错简为由，将首章"此谓知之至也"移至其所补"格物致知"传文之下。程子甚至认为，两个"此谓知本"中有一个是衍文。他们没弄明白：首章的"此谓知本"是指以修身为万事万行之本，此章的"此谓知本"则是以诚敬为修身之本。两者各有所指，并行不悖。

背弃自己的好恶之情则伪而不诚，恶德也随之而起，因而应该诚其意，从随自己的好恶之情，将它确立为自己的行为意向。然而，正如《乐记》所说，"好恶无节于内，知诱于外，不能反躬，天理灭矣"。人们若一味地从随好恶之情而不加节制，就会使情感发用过当。而过当、过分，也会沦为恶。因此，"诚其意"之后，仍当审慎处理自己的好恶之情，而使之发用得当，故《大学》紧承诚意而曰："身有所忿懥，则不得其正。心不在焉，视而不见，听而不闻，食而不知其味。此谓修身在正其心。"这就是说，人一旦为某种对象化情绪所左右，心灵就会凝滞不通、流荡失位，不能主宰自己的行动和生活，因而也就无法修正其身。可见，《大学》"修身在正其心"章之要义，在于摆脱滞而不化的对象化情绪。在众多情绪情感之中，最易滞而难化的就是愤怒，故此章把"有所忿懥"放在首位。

　　情感失当也表现在对他人情感态度的偏颇上。如在家族生活中，对于不同家人，根据其德能高下以及与自己关系的亲疏等，我们自然也会有或好或恶的思想情感。但是，这些情感往往易偏，让我们喜欢某个人而不知其恶，贱恶某个人而不知其善。故《大学》曰："人之其所亲爱而辟焉，故好而知其恶，恶而知其美者，天下鲜矣。"好恶一偏，就会措置失当，不能使家人各得其所。故齐家在修其身，从纠正情感之偏做起。在基于血缘情感的家族生活中，最易偏而难正的就是"亲爱"之情，故《大学》此章把"之其所亲爱而辟焉"放在首位。"辟"者，僻也，也就是偏颇；"之"用如动词，有"毫无节制地去做"的往而不返之义。[①]

　　在论述"治国在齐其家时"，《大学》指出，治国也好，齐家也好，都要从真诚的爱人之心出发，所谓"孝者，所以事君也；弟者，所以事长也；慈者，所以使众也"。其中的"孝""弟""慈"代表的都是真爱，故《大学》紧接着说："心诚求之，虽不中不远矣。"治国者如果真有爱民之心，自然会像父母呵护子女一样，急其所急，想其所想，尽己之所能，为百姓提供最有利的生存条件，其政策、制度与设施又怎能失了大格？更何况，治国之人位高权重，天然地具有以上临下之势，故其身行所波及者广，所传布者速，此即所谓"一家仁，一国兴仁；一家让，一国兴让；一人贪戾，一国作乱。其机如此"。因此，从根本上说，为国者无论贤与不肖，都是在用自己的真实好恶引领天下："尧、舜帅天下以仁，而民从之；桀、纣帅天下以暴，而民从之。"相反，"其所令反其所好，而民不从"。"所令"，代表的是为政者喜欢让他人和民众所做的事；"所

---

① 　郝敬曰："之，向也。言往而不返，即不知止也。"参见：顾廷龙.续修四库全书：97[C].影印本.上海：上海古籍出版社，2002：587.

好",是为政者自己所喜欢并正在做的事。"所令反其所好",表示为政者的治己与治人相割裂。其病理在于"所藏乎身不恕"。这个"恕"字,乃"忠恕"之简化,兼有意诚(忠)与情通(恕)二义:就其求人与求己尺度不一而言,是不诚;就其不能以己之好恶沟通人之好恶而言,是不恕。

然而,家人近而易生爱敬之情,国人远而易有疏离之心。让治国者亲爱国人,并非易事。如何让治国者有爱民之心呢?《大学》所提供的根本方法就是"絜矩之道"。故《大学》论"平天下在治其国"时,开篇就说:"上老老而民兴孝,上长长而民兴弟,上恤孤而民不倍,是以君子有絜矩之道也。"这里的"老老""长长""恤孤",就是上章所说的"孝""弟""慈"之情。在《大学》看来,为国者自己有孝、弟、慈之情需要满足,当知百姓亦有此情,亦当得到满足。这就需要"絜矩之道",也就是"己所不欲,勿施于人"的恕道。

在论及何以实行"絜矩之道"时,《大学》说:"所恶于上,毋以使下;所恶于下,毋以事上。所恶于前,毋以先后;所恶于后,毋以从前。所恶于右,毋以交于左;所恶于左,毋以交于右。此之谓絜矩之道。"领会絜矩之道,有四个要点。

第一,絜矩之道也是恕道,但《大学》不言恕道而别以"絜矩"为言,那是因为这里的恕道是展开于三人关系之中的,三人关系才是政治关系的最简明模型。如果能兼顾"上—下""前—后""左—右"关系,就足以把握所有政治关系。

第二,《大学》不言"上之所恶,己必恶之;下之所恶,己必恶之",而言"所恶于上,毋以使下;所恶于下,毋以事上"。这是为了强调自身的真实好恶才是道德实践的出发点。一个人如果没有好恶之情,道德生活便无从谈起;若不从自己的真实好恶出发,而以他人的好恶为好恶,不仅无以形成道德的自主性,且容易流于伪饰和谄媚。

第三,一己的好恶虽为道德实践的基本出发点,但它还不足以构成道德实践的可靠尺度。一个人如果只囿于一己的好恶(古人所谓"私其好恶"),而不能在换位思考中与他人之好恶相通相合,便不足以达成公平而普遍的行为尺度。"所恶于下,毋以事上"等则以我为主体,通过"所恶"而"毋施"以通上、下之情,使"上—下"之人各得其所,从而达成总体的和谐与平衡。这种有秩序的和谐、通情之理，才是儒家所追求的、具有实质意义的"公"与"平"。

　　第四，《大学》不以"好"而以"恶"来论絜矩之道，一方面是因为"所恶"而"毋施"比起"所好"而"施之"更具备道德上的普遍、正当与可行性。一个众所周知的事实是，在陌生人之间，为他人的痛苦而痛苦远比为他人的快乐而快乐来得容易。另一方面是因为，就治国而言，除害比兴利更为根本。为政者如果不去滋事扰民、妄事兴作、做百姓所深恶痛绝之事，而是让百姓有充分的自主权，百姓常常能把自己当为之事做得更好。

　　"絜矩"的基本要求，是"所恶"而"毋施"。这是《大学》为治国者提供的最平实而可行的修身法则。由于位高势尊，掌握了大量社会资源，面临着各种人间诱惑，故治国之人私其好恶易，公其好恶难。针对这一情况，《大学》进而要求为政者"民之所好好之，民之所恶恶之"。这不是让他们彻底放弃自己的真实好恶，而是希望他们能最大限度地摆脱偏情私欲的束缚，尽可能地公其好恶以通百姓之心。故《大学》意味深长地告诫道："有国者不可以不慎，辟则为天下僇矣。"有国者必慎其好恶，若好恶陷于偏私，必与天下为敌，亦必为天下所僇。说到底，此非天下僇之也，乃其好恶之偏私僇之也。由此可见，絜矩之道乃通达民心民情以立修己治人法度之道。其所处理的中心议题，仍然是好恶问题，是能否与百姓通好恶、同好恶的问题。

　　在"平天下在治其国"章中，"絜矩"节还只是抽象地谈论治国者的修身之道。其下各节，则是从各个方面去具体发挥公其好恶而修身的絜矩之道。治国之途虽多，大要不出理财与任贤两端，而众端皆以"以义为利"为归宿。就理财问题而言，财用乃万民生计所系，一日不可或缺。若能深明德本财末之理，本着开源节流的理财大道，则国计民生之用恒足，这就是与民同好恶的絜矩之道。就用人问题而言，国家的长治久安，总是有赖于有贤能之人治国理政，故举贤退不善，就是与民同好恶的絜矩之道。至于"不以利为利，以义为利"，就是以与民同好恶而国家长治久安为利，而不以私其好恶、满足一己一时一地的贪欲而丧身灭国为利。"义"者理也，它就是在通万民的好恶之情基础上所形成的行为尺度、政治法度。

　　行文至此，当给予"格物致知"清晰而完整的诠解了。一言以蔽之，"格物致知"之道，就是因情见理、通情达理之道，它贯穿于修身工夫之中。"诚意"之前，"格物致知"就是让自己的好恶之情在物感我应中自然呈现。至于"诚意"，只是从随此情而毋自欺。"意诚"之后，此情易有或滞或偏或私之弊：滞者，"有所忿懥"等是也；偏者，"之其所亲爱而辟焉"等是也，亦即好而不知其恶、恶而不知其美也；私者，"所藏乎身不恕""好人之所恶，恶人之所好""拂人之性"等是也。化滞、正偏、去私的根本途径，在于"恕"，在于"絜矩"。《大学》第三章、第四章只言此情不可凝滞、不可偏颇，而不言何以化滞正偏，至第五章才引出个"恕"字来，至第六章又详论起"絜矩"来。如此为文，是为了避免行文的重复，用后章的"恕"与"絜矩"之道，来收束、回应前章的化滞正偏之法。"恕"与"絜矩"的要义，就在于以己情感通家人、国人、天下人之情，而一切修身准则、治平法度皆依此而生。此即"意诚"之后的"格物致知"工夫，此即因情见理、通情达理的修、齐、治、平之道。

三、古今代表性诠释点评

自古以来，说"格物致知"者多至百种，但有一定理据且影响较大者，不过数家之说。其中，早出者为郑玄、孔颖达之说。以"知"为"知识"，有明显知识论取向且影响最大的，为朱子之说。反对朱子的知识论取向，以"知"为"良知"，把"格物致知"严格限定在心性修养论领域的，则为王阳明之说，其说有不少追随者。阳明后学王艮的"淮南格物说"，以"物有本末"至"此谓知之至也"为格物致知之解，自成一家之言，其后也不乏追随者。清儒凌廷堪学礼崇礼，遂本礼以释之，所释虽不免偏狭，却也成一家之言。章太炎通过沟通《大学》与《乐记》，以"好恶"为"知"，最近《大学》本义。现代学者虽续有新说，更有与出土文献相证者，但相关主张大体不出以上诸说之范围，今一并评点如下。

（一）郑玄与孔颖达的"格物致知"说

郑玄注"致知在格物"曰："格，来也；物，犹事也。其知于善深则来善物，其知于恶深则来恶物，言事缘人所好来也。"①孔颖达申述郑注曰："'致知在格物'者，言若能学习，招致所知，格，来也，已有所知，则能在于来物。若知善深则来善物，知恶深则来恶物。言善事随人行善而来应之，恶事随人行恶亦来应之。言善恶之来，缘人所好也。'物格而后知至'者，物既来，则知其善恶所至。善事来则知其至于善，若恶事来则知其至于恶。既能知至，则行善不行恶也。"②

视物我感应为世界运动变化的根本机制，此乃老子、孔子以来先秦诸子的共同理念。郑玄、孔颖达用物我感应来解释"格物致知"，并把好恶作为物我感应的主题，可谓深明其义，值得肯定。故章太炎曰："今观郑君注曰：'格，来也。物，犹事也。其知于善深，则来善物。其知于恶深，则来恶物。言事缘人所好来也。'其义乃至卓。盖孔子曰：'我欲仁，斯仁至矣。'由此推之，我欲不仁，斯不仁至矣。郑君之说，上契孔子，……新建弟子钱洪甫曰，知善知恶是良知，为善去恶是格物。所见不逮郑君殊远。宋翔凤辈不解郑义，乃以五行符瑞说之……。是变精金为败铅也。"③

然而，郑玄以"事缘人所好来也"作解，显然颠倒了"格物"与"致知"的逻辑关系。即不是"致知在格物"或"物格而后知至"，而是格物在致知、知至而后物格了。故章太炎曰："顾由其义，当云知至而后物格，于本记之文为因果相倒，犹惧非作者意也。"④真是差之毫厘，谬以千里。

郑玄不注"物格而后知至"，显然是考虑到它与"致知在格物"乃一顺、一逆的关系，认为两句话讲的是一回事。孔颖达作疏，却把两句话当作两回事分释之。其疏解"致知在格物"时，沿袭了郑注的逻辑错误；对于"物格而后知至"，则解作"物既来，则知其善恶所至。……既能知至，则行善不行恶也"，意思是说：善事恶事来到我面前，我自能辨其善恶，因而自然也能为善不为恶。如此为说，谬乱不通：首先，既然善事恶事都是我招来的，那么，我何以

---

① 汤一介.儒藏：精华编：51 册 [C].北京：北京大学出版社，2016：1540.

② 同① 1559.

③ 章炳麟.章太炎全集：太炎文录续编 [M].上海：上海人民出版社，2014：47-48.

④ 同③ 48.

能明辨其善恶? 其次, 就算我能辨其善恶, 何以便能为善不为恶? 最后, 既然我已能为善不为恶, 何必再言 "诚其意" 以下工夫?

总之, 除了以感应原理作解颇为得当外, 郑注孔疏漏洞百出, 故后世罕有袭其说者。

(二) 朱子的 "格物致知" 补传

朱子认定《大学》因为脱简而缺少了对 "格物致知" 的解释, 遂自补传文以解之。他说:"所谓致知在格物者, 言欲致吾之知, 在即物而穷其理也。盖人心之灵莫不有知, 而天下之物莫不有理, 惟于理有未穷, 故其知有不尽也。是以《大学》始教, 必使学者即凡天下之物, 莫不因其已知之理而益穷之, 以求至乎其极。至于用力之久, 而一旦豁然贯通焉, 则众物之表里精粗无不到, 而吾心之全体大用无不明矣。此谓物格, 此谓知之至也。"①

朱子此举, 颇为后儒诟病。原因在于, 就算《大学》真有脱简, 如此大段擅为补写, 那到底该算作《大学》之说还是朱子之说呢? 不仅如此, 朱子既然视 "格物致知" 为《大学》的入手工夫, 所谓《大学》始教, 却又把 "众物之表里精粗无不到" "吾心之全体大用无不明" 作为格物致知的功效。其中,"吾心之全体", 指根本于天命之性的整个精神世界;"吾心之大用", 指齐家、治国、平天下的伟大事业。这意味着, 作为起始环节的 "格物致知" 已经穷尽了大学工夫。果真如此, 则 "诚意" 以下工夫皆属多余。

朱子认定《大学》有脱简, 是因为他不能按照《大学》的内在思路去解释 "格物致知", 而是根据自己的先入之见, 把 "格物致知" 理解为格物穷理, 又把读书当成格物穷理的主导方式。如此搜索《大学》文本, 当然找不到他所需要的 "格物致知"。其实, 如果把 "格物致知" 置于《大学》"以修身为本" 的思想脉络之中, 就不难发现, 它与 "诚其意" "正其心" 一样, 都是修身的要目和手段, 属于身心修养论问题, 而不是知识论问题。如果抽离格物、致知、诚意、正心, 修身便成为空洞无物之事。任何《大学》的诠释者都无法否认的

---

① 朱熹. 朱子全书: 第 6 册 [M]. 修订本. 上海: 上海古籍出版社, 2010: 20.

是，诚意、正心乃修身之要目。因而，按照"以修身为本"的逻辑，格物致知也一定是修身之要目，决不可外于格、致来谈论修身。故章太炎论定朱子之解时说："徽公言穷至事物之理，则是集众技而有之，于正心修身为断绝阡陌矣。"①

当然，作为长期浸润于传统思想与文化之中的大学者、大思想家，同郑玄等一样，朱子深知物我一体联动的感应原理："格物、致知，彼我相对而言耳。格物所以致知。于这一物上穷得一分之理，即我之知亦知得一分；于物之理穷二分，即我之知亦知得二分；于物之理穷得愈多，则我之知愈广。其实只是一理，'才明彼，即晓此'。所以《大学》说'致知在格物'，又不说'欲致其知者在格其物'。盖致知便在格物中，非格之外别有致处也。"②这一原理，古之通人多能熟知之，今人却倍感陌生，故笔者不得不反复其说。只不过，郑玄所感应的是善恶，朱子所感应的是知识。

在中国现代学术思想史上，笃信朱子之说而最为著名的当为钱穆先生。1941年，钱穆撰成《〈大学〉格物新释》③一文，发表于同年的《思想与时代》上。其文开篇即曰："本篇重提旧公案，虽若仅为古书字句作训诂诠解，然实为两千年儒家思想解决一重要疑题，读者幸勿以为陈古董之拱玩而忽之。"此言揭示了格物致知说在学术史、思想史上的重要地位与价值。

钱穆深知，判断朱子补传之举是否恰当，关键在"补传是否有当于《大学》之本意"。而要判断合乎本意与否，又必以揭示《大学》的思想逻辑为前提。可是，在其后文的论述中，钱先生并没有深入分析《大学》的思想逻辑，而是刻意维护朱子之说。例如，对前人批评朱子补传"陈义过高"的问题，钱先生辩护道："朱子乃为每一人每一事言，终生当下此工夫，非谓第一步是此工夫，此下乃有诚正修齐治平种种工夫也。"证之于朱子补传的"《大学》始教"一语，即知钱说经不起推敲。对前人批评朱子将格物穷理的范围扩展至山川草木鸟兽，钱先生则以《大学》引"缗蛮黄鸟"之诗为之辩护道："是《大

---

① 章炳麟. 章太炎全集：太炎文录续编 [M]. 上海：上海人民出版社，2014：47.
② 朱熹. 朱子全书：第14册 [M]. 修订本. 上海：上海古籍出版社，2010：607.
③ 钱穆. 中国学术思想史论丛：2[M]. 北京：生活·读书·新知三联书店，2009：103-118.

学》亦未尝不格及于鸟兽草木之理。岂可于'格物''物'字，必抹去鸟兽草木自然之理于不谈不论之列乎？"若依钱氏之说，那么，《大学》也曾引"桃之夭夭"之诗，也可据之以释"格物致知"了。最成问题的是，钱文在没有充分理据的情况下，斩钉截铁地说："纵谓《大学》无阙文，亦必有阙义。朱子《格物补传》，至少补出了《大学》之阙义。"这显然是混淆了解经与借经言以发挥己意的界限。它无非表明，钱穆与朱子一样①，旨在用"格物致知"来容纳儒学的重要学问工夫，如《论语》的"博学于文，约之以礼"，《中庸》的"道问学"以及"博学""审问""慎思""明辨"等。可如此一来，《大学》通情以达理的思想要义就被遮蔽了。

今人亦有如此为说者，"经典诠释如何在忠实原意的条件下又有创造性的发挥，真是一个大问题"②。不知若要"忠实原意"，便不当任意发挥，虽"创造性发挥"亦属不当；若要"创造性发挥"，亦不必"忠实原意"，自抒己意即可。也有学者没有对《大学》进行必要的文本分析，就直接把"格物致知"归结为儒家的认识论原则。"我们将《大学》所首倡，朱熹所阐释的'格物致知'论理解为儒家哲学家为中国古典认识论所确立的一条认识论基本原则——人类认识主体必须先亲接对象、认识与理解对象后，方可获得关于对象之正确知识——格物而后致知。"③这种"认识论原则"意义上的格物致知，跟《大学》没有什么关联。

（三）王阳明的"致良知"说

朱子把格物致知理解为道德认识问题，并将对于"物理"的认识也纳入其中。与之不同，王阳明则把格物致知严格限定在心性修养领域。他说："先儒解格物为格天下之物，天下之物如何格得？且谓一草一木亦皆有理，今如何去格？纵格得草木来，如何反来诚得自家意？"④结合朱子对于"明明德"的解

---

① 其实，身处科技昌明、现代认识论思想日渐流行的时代语境中，比起朱子，钱穆先生扩大格致内涵的意愿更加强烈。
② 罗安宪.“格物致知”还是“致知格物”？[J]. 中国哲学史，2012（3）：72-77，63.
③ 薛富兴. 阳明格竹：中国古代认识论史上的一桩公案 [J]. 社会科学，2015(2)：116-126.
④ 王阳明. 王阳明全集：新编本 [M]. 杭州：浙江古籍出版社，2010：130.

释,可以发现,朱子补传背后实隐含一前提,即"明德"(与阳明的"良知"相仿)是伴随着穷理过程而自然展开的。这意味着,人们关于道德的知识越广泛、越深入,其良知便越发达、越充分。果真如此,则今人之良知必远胜于古人矣。阳明之反诘,实即此而发。

对于格物致知的阐释,阳明一生多有变化。其晚年定论,当以《大学问》为代表。

何谓身?心之形体运用之谓也。何谓心?身之灵明主宰之谓也。何谓修身?为善而去恶之谓也。吾身自能为善而去恶乎?必其灵明主宰者欲为善而去恶,然后其形体运用者始能为善而去恶也。故欲修其身者,必在于先正其心也。然心之本体则性也。性无不善,则心之本体本无不正也。何从而用其正之之功乎?盖心之本体本无不正,自其意念发动而后有不正。故欲正其心者,必就其意念之所发而正之,凡其发一念而善也,好之真如好好色;发一念而恶也,恶之真如恶恶臭:则意无不诚,而心可正矣。然意之所发有善有恶,不有以明其善恶之分,亦将真妄错杂,故欲诚之,不可得而诚矣。故欲诚其意者,必在于致知焉。致者,至也,如云"丧致乎哀"之"致"。易言"知至至之","知至"者,知也;"至之"者,致也。"致知"云者,非若后儒所谓充广其知识之谓也,致吾心之良知焉耳。良知者,孟子所谓"是非之心,人皆有之"者也。是非不心,不待虑而知,不待学而能,是故谓之良知。是乃天命之性,吾心之本体,自然灵昭明觉者也。……今欲别善恶以诚其意,惟在致其良知之所知焉尔。……今于良知所知之善恶者,无不诚好而诚恶之,则不自欺其良知而意可诚也已。然欲致其良知,亦岂影响恍惚而悬空无实之谓乎?是必实有其事矣。故致知必在于格物。物者,事也,凡意之所发必有其事,意所在之事谓之物。格者,正也,正其不正以归于正之谓也。正其不正者,去恶之谓也。归于正者,为善之谓也。夫是之谓格。①

---

① 王阳明.王阳明全集:新编本 [M].杭州:浙江古籍出版社,2010:1018–1019.

众所周知，晚年的王阳明是以"致良知"概括其为学宗旨，并以之实现本体（本性、本心）与工夫、知与行之统一的。《大学》言"致知"，《孟子》言"良知"，王阳明把二者结合在一起，形成了自己的"致良知"说。如《大学问》所示，他以"良知"理解《大学》的"致知"之"知"，比起朱子的"知识"说，更接近《大学》本义；他把"格物致知"视为贯彻修、齐、治、平始终的工夫，比起朱子的"《大学》始教"说，更能体现《大学》的真精神。特别值得一提的是，阳明曾说："良知只是个是非之心，是非只是个好恶，只好恶就尽了是非，只是非就尽了万事万变。"① 如此为说，表明他对"好恶"之情的重要性深有体认。

然而，阳明终究没有像《大学》那样，把自发、自然的好恶之情当作道德生活的基本出发点。在他看来，作为经验之心（他称之为"心之所发"或"意之所发"），好恶是有善有恶的，它有待于"良知"去分辨其善恶并管控之。而他的所谓"良知"，实际上是把孟子的"四端"之情本体化、抽象化的产物。经此本体化和抽象化，良知与好恶、理与情便割裂了。于是，"如恶恶臭，如好好色"便不是从随自然之情而无伪，而被理解为"好善如好好色，恶恶如恶恶臭"，这就导致了增字解经的后果，使"诚意"章首节语义不畅。同时，"格物"首先不是物感我应的情感发生过程，而变成了"正物"，即用"良知"去正"物"之不正而使"物"归于正的道德实践过程，这不仅颠倒了"致知在格物""物格而后知至"的本末先后之序，与郑注孔疏同出一误，而且混淆了作为思想活动的格物致知与道德实践活动之间的界限。

（四）王艮的"淮南格物"说

王艮的格物致知说，被称为"淮南格物"。② 朱子、阳明之说虽异，但他们都急于将自己的思想贯注于《大学》诠释之中。与之不同，王艮力图从《大学》文本中寻求"格物致知"之义。他说："'物有本末'，故物格而后知本

---

① 王阳明. 王阳明全集：新编本 [M]. 杭州：浙江古籍出版社，2010：121.
② 首先概括出"淮南格物"说的，盖为赵贞吉的《泰州王心斋墓志铭》："越中良知，淮南格物，如车两轮，实贯一毂。"

也。知本，知之至也。知至，知止也。'自天子以至于庶人'至'此谓知之至也'一节，乃是释格物致知之义。身与天下、国、家一物也，惟一物而有本末之谓。'格'，絜度也。絜度于本末之间，而知'本乱而末治者，否矣'，此'格物'也。'物格'，'知本'也；'知本'，'知之至'也。故曰'自天子以至于庶人，壹是皆以修身为本'也。"①

王艮认为，《大学》首章由"自天子以至于庶人"至"此谓知之至也"，就是用来解释格物致知的。在他看来，《大学》的格物致知以"物有本末"为前提，故"格物"必是格"物有本末"之"物"；以"修身为本"为主旨，故"致知"必是知"修身为本"。因此，所谓格物致知，实际上就是权衡、量度物（身、家、国、天下）之本末而知修身为本。知修身为本，即是"知之至"；"知至"，即是"知止"。

王艮不重视考古，或许不知宋末元初的黎立武早有此说。黎氏曰："'格物'，即'物有本末'之物；'致知'，即'知所先后'之知。盖通彻物之本末、事之终始，而知用力之先后耳。……于物必曰格，于知必曰致者，何哉？《诗》云：'天生蒸民，有物有则。'物之本存乎有物之则，不格则不能知。有物之则存乎止善，不致其知则不能得所止也。"②不同之处在于，黎氏强调一物有一物之理则，故格物致知不仅是通彻物之本末终始而知用力之先后，而且要知晓事物之理则而力行之。这就容纳了朱子格物穷理说的部分内容。

以"淮南格物"为代表的格物致知说，确有其可取之处。它注重从《大学》文本自身寻求证据，并扣紧了"修身为本"这一主题。正因如此，清儒毛奇龄拳拳服膺此说，在《大学证文》中征引刘宗周等十余家之言以证之，并努力在训诂学上为其寻找根据。在《四书剩言》中，毛氏不厌其烦地申述其说。"先仲氏旧论'格物'，谓《大学》并出'物'字，不当一字作两解……。今《大学》既以本末为物，则格物之物即是本末之物。乃又举他物以解格物，则

---

① 王艮.重刻心斋王先生语录[C]//顾廷龙.续修四库全书：938.影印本.上海：上海古籍出版社，2002：337.

② 黎立武.大学本旨[C]//佚名.钦定四库全书：第200册.台北：台湾商务印书馆，1986：742.

即本文一'物'字而前后异义，岂可为训！"① 如此一来，"淮南格物"说似乎更加坚实有据了。后于毛奇龄几十年的全祖望，更加斩钉截铁。"心斋论学，未必皆醇，而其言格物，则最不可易。"② 今之著名学者吴震教授也很认同"淮南格物"，且予以高度评价。③

然而，问题或许并非如此简单。首先，在《大学》首章中，"物有本末，事有终始，知所先后，则近道矣"数语，乃承三纲而论八目之语，它们只是为论八目确定一个一般性前提而已。其意盖谓："任何事物，都有本末之分；做任何事情，都有先后之序；那么，明明德于天下的大学之道，其本末先后何在？"紧随其后，《大学》遂将其本末先后之序和盘托出。如果把"格物"理解为格其"物有本末"之物，把"致知"理解为知其"知所先后"之知，就等于把论证的前提转换为论证的对象，这就违背了《大学》的论述逻辑。其次，《大学》本身已经提供了明确的本末先后之序，何必再由学者格而致之？故钱穆曰："惟《大学》本文……屡言必先云云，是已将物之本末先后明白确定，更不待读者之再格。"④ 此外，首章末的"此谓知本，此谓知之至也"，明显是用来呼应那个一般性前提的，其意盖谓："明明德于天下只有以修身为本，才算把握住了大学之道的根本，才算彻底明白了大学之要义。"如果是用来呼应"格物致知"的，那么，《大学》当谓"此谓物格，此谓知至也"。吾人须知，"知至"与"知之至"，文义大不同。

十分有趣的是，有人居然指责王艮把格物致知解释得浅了，而博学深思的毛奇龄竟也认真回应之，说什么"此处正须浅解"⑤。其实，这跟解释的深浅毫无关联。王艮的根本失误在于：完全没有弄懂从"物有本末"至"此谓知之至也"一节的论述逻辑。毛氏也不顾《大学》的论说逻辑，而斤斤于两个"物"

---

① 毛奇龄. 四书剩言：卷三 [C]// 汤一介. 儒藏：精华编：120 册. 北京：北京大学出版社，2013：36.

② 全祖望. 经史问答：卷七 [C]// 顾廷龙. 续修四库全书：1147. 影印本. 上海：上海古籍出版社，2002：629.

③ 吴震. 王心斋"淮南格物"说新探 [J]. 陕西师范大学学报（哲学社会科学版），2008(1)：95–102.

④ 钱穆. 中国学术思想史论丛：2[M]. 北京：生活·读书·新知三联书店，2009：107.

⑤ 同① 34.

字字义的一贯性。这暴露出舍大义而论字义的局限性。清代考据家常有此弊，不可不知。

值得注意的是，王艮还试图把"格物"与"絜矩之道"联系起来。他说："'格'，如格式之格，即后'絜矩'之谓。吾身是个矩，天下国家是个方。絜矩则知方之不正由矩之不正也，是以只去正矩，却不在方上求。矩正则方正矣，方正则成格矣，故曰'物格'。吾身对上下、前后、左右，是'物'，絜矩是'格'也。'其本乱而末治者，否矣'一句，便见絜度格字之义。格物，知本也；立本，安身也。安身以安家，而家齐；安身以安国，而国治；安身以安天下，而天下平也。故曰：'修己以安人'，'修己以安百姓'，'修其身而天下平'。不知修身，便去干天下国家事，是之谓失本也。"①

格物致知确与絜矩之道有关，但关键在于如何把握这种关系。对于"絜矩之道"，《大学》在第六章中已有明释，即"所恶"而"毋施"，亦即恕道。恕道之要义，是在自己的好恶与他人的好恶的沟通中，形成望人责己的共同行为准则，并身体力行之。也就是说，"所恶"而"毋施"既是思想活动，也是实践活动，是知、行一致的。就思想活动而言，它在通达人、己之情中获得了行为的道理或准则，故其理则不只是抽象的道德知识，而是拥有情感动力的行为准则。就实践活动而言，这一准则具有反身内求性质，首先是对于自己行为的自觉、自主规范（即孟子所谓"反身而诚"），并通过自我规范，让己身化为活的道德尺度。正是在思想活动的意义上，"格物致知"才与"絜矩之道"（或恕道）相互交汇，发生了关联。

王艮在没有明确区分思想活动与实践活动的情况下，就把"絜矩之道"直接归结为反躬自省的实践活动，并在此意义上将"格物"与"絜矩"相联系。这实际上是把"格物"直接等同于实践活动，取消了格物致知的思想活动内涵。他这样做，不仅与前面的格物致知说相矛盾，也与《大学》把格物致知作为思想活动而构成八目之环节的逻辑相背离。

---

① 王艮.重刻心斋王先生语录[C]// 顾廷龙.续修四库全书：938.影印本.上海：上海古籍出版社，2002：337.

（五）凌廷堪的"格物"说

在清代学者中，凌廷堪的"格物"说独树一帜。凌氏乃礼学大师，以《礼经释例》闻名于世。如同王阳明以"致良知"贯通儒者之学一样，凌廷堪也想以礼贯通儒者之学。他说："夫人之所以受于天者，性也。性之所固有者，善也。所以复其善者，学也。所以贯其学者，礼也。故圣人之道，一礼而已矣。……礼之外，别无所谓学也。"①在凌廷堪看来，既然儒者之学以礼为中心，而"格物致知"又属于儒者之学，那么，它自然与礼密切相关。

（《礼记·礼器》）又曰："君子曰：无节于内者，观物弗之察矣。欲察物而不由礼，弗之得矣。故作事不以礼，弗之敬矣。出言不以礼，弗之信矣。故曰：礼也者，物之致也。"此即《大学》格物之正义也，格物亦指礼而言。"礼也者，物之致也"，《记》文亦明言之。然则《大学》之格物，皆礼之器数仪节可知也。……《礼器》曰："礼有以多为贵者，有以少为贵者，有以大为贵者，有以小为贵者，有以高为贵者，有以下为贵者，有以文为贵者，有以素为贵者。"又曰："君子之于礼也，有直而行也，有曲而杀也，有经而等也，有顺而讨也，有撙而播也，有推而进也，有放而文也，有放而不致也，有顺而摭也。"无非格物之学也。《大学》曰："致知在格物。"又曰："物有本末，事有终始，知所先后，则近道矣。"以《礼器》证之，格物非指礼而言者邪？……又考古人所谓格物者，盖言礼之器数仪节，皆各有精义存乎其间，既习于礼，则当知之，非天下之物莫不有理也。晋侯谓女叔齐曰："鲁侯不亦善于礼乎？"对曰："是仪也，不可谓礼。"言物格不能知至也，即格物之谓也。故曰："礼之所尊，尊其义也。失其义，陈其数，祝史之事也。"然则格物不能知至，所谓"文胜质则史"是也。岂参悟木石之说乎……。《论语》记孔子之言曰："恭而无礼则劳，慎而无礼则葸，勇而无礼则乱，直而无礼则绞。"四者独不云学而无礼之蔽。又曰："好仁不好学，其蔽也愚；好知不好学，其蔽也荡；好信不好学，

---

① 凌廷堪.校礼堂文集 [M].北京：中华书局，1998：27.

其蔽也贼；好直不好学，其蔽也绞；好勇不好学，其蔽也乱；好刚不好学，其蔽也狂。"六者亦不云好礼不好学之蔽。而勇而无礼与好勇不好学同谓之乱，直而无礼与好直不好学同谓之绞。由此观之，圣人之所谓学即指礼而言也，明矣。①

凌氏把格物致知与《礼器》的一些论述相联系，认为所谓"格物致知"，就是习熟礼的器数仪节而通晓其思想精义。他强调儒者的修身之学与礼密切相关，这当然是没有疑义的；他以此反对理学家离礼言理、离礼言心性修养，也有矫枉纠偏的积极意义；他如此为说，还可避免把格物致知引向泛求物理之弊。

问题在于，凌氏之解的理据并不充分。他将格物致知与《礼器》联系起来的主要根据在于"礼也者，物之致也"一语。对于这句话，历来有不同解释。但无论何种解释，都看不出它与格物致知有何直接关联。凌氏据此就认定"此即《大学》格物之正义也，格物亦指礼而言"，是相当武断的。就解经方法而言，凌氏采用的是把不同经籍中的相似字句进行比类之法。然而，这种方法的效用是有限的，并非放之四海而皆准。不同经籍中的相似字句能否视同一例，还与它们在各自文本中的思想脉络、问题指向是否一致密切相关。《礼器》的"礼也者，物之致也"，是说礼为人事（即人的思想与行为）之准则。《大学》的格物致知，是在顺应、调适和沟通好恶之情以修身的脉络中展开的，不是直接以礼为认识对象。因此，《礼器》与《大学》并不能相互诠释。说到底，凌氏之说与朱子格物穷理之说大同小异，都把格物致知变成了知识问题，其诠释皆游离于《大学》的主题之外。

（六）章太炎的《致知格物正义》

在众多诠释中，释义最近理者，当属章太炎的《致知格物正义》。其文虽不长（仅1400字左右），却对古今主要解说有精到评点，并如此申述格物致知

---

① 　凌廷堪. 校礼堂文集 [M]. 北京：中华书局，1998：144–146.

之旨：

余读《乐记》："人生而静，天之性也，感于物而动，性之欲也。物至知知，下知字当依《墨经》训接，郑云每物来则又有知，非是。然后好恶形焉。"云物至知知者，所谓致知在格物，物格而后知至也。格者，来也。致者，送诣也。（《说文》。）物来而知诣之，外有所触，内有所受，此之谓致知在格物。受有顺违，名曰好恶，是故墟墓则生哀，宗庙则生敬，孺子入井则生怵惕，少艾在前则生慕欲。精诚发于须臾，无佗念可以夺之，此之谓诚意……。格物致知无善恶，诚意有善亦有恶矣。德润身者，善之诚者也。小人闲居为不善，人之视己若见其肺肝者，不善之诚者也。本记举格物致知诚意，皆泛论心法自然，不待告教，不督以施功，督施功自慎独始，犹《乐记》言施功始于反躬。后儒以三者为功，由是异论蜂起，若寻戈矛矣。若然，此三者为不待说，今本记特揭举是，何其辞之费邪？本记固云，知所先后，则近道矣……。导江于岷山，导河于积石者，行视其水势所从来，非若下游之有浚治矣。且夫去物与知，与夫好恶之诚者，其心如顽空，恶固不起，亦无以止于至善。是以君子不去也。不去，则不惮郑重言之也。[1]

太炎的深刻之处，在于准确把握了格物致知的思想实质。他认为"致知在格物""物格而后知至"乃一物感我而我应之的相互感应过程，所谓"外有所触，内有所受"；这一过程所生成的，是修身主体的直接心理感受，即好恶之情；此感受乃心法（心理活动）之自然，合乎其本性则好之，违逆其本性则恶之，所谓"受有顺违，名曰好恶"；这一好恶之情虽然还不是道德上的善恶，仅凭好恶之情还不足以确立道德法则，它却是道德生活的基本出发点，离开了好恶之情，"其心如顽空，恶固不起，亦无以止于至善"，道德生活便失去了源头活水、生机活力。太炎的上述见解常为当今的研究者所忽视。就笔者目力所及，只有朱翔飞高度重视太炎之说，并给予高度评价，认为其"对'格物'原

---

[1] 章炳麟.章太炎全集：太炎文录续编[M].上海：上海人民出版社，2014：48-49.

义的理解极为简捷、准确"①。

由于没有准确理解"如恶恶臭，如好好色"，没有意识到此语乃揭示格物致知与诚意间关系之关键，太炎似有混淆情与意之嫌，因而认为"诚意"与"格物""致知"一样皆属心法之自然，它有善亦有恶，还不是修身工夫，慎独才是修身工夫之起点。这些都不符合《大学》本意，朱翔飞前文已言之。由此可知，太炎可能还没有完全把握儒家"自然与当然一体"的思想要义：自然乃当然之前提，违背自然者必不当然；当然乃自然的正常状态，自然之过与不及皆非当然。《大学》"诚意"工夫所要解决的，就是能否从随自然之情的问题。"意诚"之所以是善的，就在于它顺应了自然之情。譬如治水，顺其势则善，逆其势则恶。

不过，据"行视其水势所从来，非若下游之有浚治矣"一语可知，太炎总体上还是把握住了《大学》修身之道的命门：《大学》的修身是以好恶之情为基础和中心展开的，"诚意"是顺承其源，其下乃浚治其流之工夫。可惜太炎语焉未详，且只让格物致知止步于直接的情感反应，没有将它与浚治其流的工夫相联系，使格物致知缺少了通情以达理这一后续环节。须知，作为道德生活之基本出发点，好恶之情只提供了行为的原动力，它自身并不足以构成普遍有效的理性法则。要使好恶之情上升为理性法则，获得普遍有效性，还必须化其滞、纠其偏、去其私，运用絜矩之恕道，让一己之情与家人、国人、天下人之情相通相合。情通意合之日，便是具有普遍性的道德意识、行为法则形成之时，作为道德修养工夫的格物致知才趋于完备。离开了通情以达理，格物致知必残缺不全，无法提供充足的道德准则。这大概就是《大学》八目从好恶之情开始，而结束于絜矩以通情、"以义为利"的根本原因。

四、格物致知的思想内涵与理论价值

综上所述，《大学》一书之要义，在于以修身为本而明明德于天下：知、

---

① 朱翔飞.《大学》"格物"解平议 [J]. 孔子研究，2003(1)：51-55.

意、心为内身，家、国、天下为外身；格、致、诚、正为修身之要目，齐、治、平皆为修身所带动。内、外之身休戚与共，修、齐、治、平一体联动，它们可分析而不可割裂，形成了以修身为原点的涡旋式结构。《大学》论修身，则以好恶之情的顺应、调适和沟通为中心。这就是《大学》的基本思想逻辑。只有从此逻辑出发，才能准确把握格物致知的思想内涵，那就是：诚意之前，格物致知表现为在物感我应中生成好恶之情，奠定了诚意工夫的自然前提；诚意之后，格物致知则表现为以己之情通人之情而得其好恶之公，好恶之公即是义理之成，修、齐、治、平之法度因此获得了坚实的基础。通过通情以达理，《大学》有效地实现了情与理的统一：离情而言理，则一切道德法则、治平律例必沦为抽象教条，无法拥有强劲的实践动力；任情而不通理，则一切道德、社会活动必沦为师心自用，无从形成普遍而可以公度的道德准则。

大义明，方能训诂通。由上述大义可知，《大学》的格物致知，乃基于物我感应（感通）之基本原理。①"格"者，感应（感通）也；"物"者，家、国、天下也，说到底，就是与自己相感应之他人。②"知"者，情之应与情之通也，即修身主体的好恶之情以及基于通人我之情的道德判断力；"致"者，使到来也；"至"者，到来也。"致知在格物"，即充分的道德判断力形成于人、己感通之中。"物格而后知至"，即物感我而我应之，而生好恶之情；"絜矩"，就思想活动而言，即以己情沟通人情而达成修己安人之理则与法度。此二者构成了《大学》"格物致知"的完整内涵。就笔者目力所及，古今释《大学》修身条目之字义较为精准者，当属严立三先生。"心者，身之主，而情之所聚也。意者，情之注也。知者，情之感也。物者，感之应也。正者，是也；是者，直也。诚者，

---

① 对于感应之理，刘咸炘言之甚明："世界者，人与万物互相感应而成者也……。万物相感，即成万事。人为本身，纵之感者，父母历史为遗传；横之感者，物质社会为环境。万物之感应人，知之学也。人之感应万物，行之学也。"参见：刘咸炘. 推十书 [M]. 影印本. 成都：成都古籍书店，1996：13-14. 龚鹏程也说："不讲感情，不可能懂中国诗；不讲感通，不可能懂中国思想；不能感而遂通，也不可能懂中国的世道人情。"参见：龚鹏程. 一切以西方模式解释中国的讲法都该停下来 [Z]. 龚鹏程大学堂，2019-05-23.

② 有人问难说："若先儒谓人己该身、心、意、知、家、国、天下，则不然。譬则家、国，城郭也。城郭有人民，而谓城郭即人民，可乎？"毛奇龄答曰："乃又谓家、国、天下是城郭不是人，则齐家、治国将齐此家室、治此城郭乎？抑将齐、治此家、国中之人乎？"参见：汤一介. 儒藏：精华编：120 册 [C]. 北京：北京大学出版社，2013：41.

实也。致者，极也。格者，通也。通物而感，极感而实有诸己，则情动而直，德至而道凝矣。通物者，恕也。极感者，忠也。实有诸己者，反身而诚也。"①

若稍加调整，改"知者，情之感也"为"知者，情之感与通也"，改"物者，感之应也"为"物者，与我相感应者也"，就会更加精准。严先生所以能切近其字义，就在于他明了感应原理，通晓情感为本，本于大义以诂字义。若仅求之字书，则"格"字之义不下20种，"物"字之义也不下10种。两相拼合，"格物"之说将不胜其烦。不明大义，偏取个别字义以附会之，"格物"之说何止百种？

努力探寻《大学》格物致知之本义，并非徒发思古之幽情，而是因为其中蕴含着深刻的理论价值。作为儒家思想主流，孔曾思孟一系最重人情。子贡问孔子："有一言而可以终身行之者乎？"孔子答曰："其恕乎！己所不欲，勿施于人。"（《论语·卫灵公》）《大学》言"恕"言"絜矩"，即本于此。孔子还说："兴于《诗》，立于礼，成于乐。"（《论语·泰伯》）此即发乎情、止于礼义，而成就于情、理浑融之境。孟子曰："亲亲，仁也；敬长，义也。无他，达之天下也。"（《孟子·尽心上》）唯有真纯情意，方能往来不穷、通达天下人之心。孟子又说："以不忍人之心，行不忍人之政，治天下可运之掌上。"（《孟子·公孙丑上》）一切政教设施，莫不以恻隐爱人之情为本；离开了爱人之情，一切政教设施皆为无根之虚文。简书《性自命出》论述得更加晓畅。"道始于情，情生于性。始者近情，终者近义。知［情者能］出之，知义者能入之。"②人伦道德乃情与义的统一体，它始于人情而终于礼义；真正懂得情的人能发乎情而止乎礼义，真正懂得礼义的人能让礼义内通情意。情感是人道的基本出发点。"凡人情为可悦也。苟以其情，虽过不恶；不以其情，虽难不贵。"③它认定有情才有理，无情必无理。"凡人情为可悦也"意味着，唯有真情才是道德生活的原动力，才能使人与人深相感通。可以说，《大学》顺应、调适和沟通好恶之情的修身之道，就形成于这一思想氛围之中。

① 梁漱溟.梁漱溟全集：第4卷[M].济南：山东人民出版社，1991：65.
② 汤一介.儒藏：精华编：281册[C].北京：北京大学出版社，2007：21.
③ 同②29.

作为宋明时代的两大思想巨擘，朱子与阳明出于理、欲对立的价值观，已难以领会《大学》之要义，不同程度地存有割裂情、理之弊病。朱子力倡"理先气后""性即理"之说，不满足于孔子的"仁者爱人"、孟子的"恻隐之心，仁也"之说，而以"爱之理"释"仁"，追求一种"人欲尽处，天理流行"①的醇儒境界。不明"性""理"即人心、人情的常正之态，不明爱人、恻隐之情即是人性的自然表现，不明理从情出、情通理得，遂割裂以至于倒置情、理关系，而以"穷至事物之理"为"格物"之要义、《大学》之始功。于是，整个修身工夫便成了用外在的权威之理去调制乃至强制内在的自然之情，不知不觉地滑向他律道德。朱子曰："苟知其理之当然，而责其身以必然，则夫规矩禁防之具，岂待他人设之而后有所持循哉！"②能"责其身以必然"，即是自立法度。可问题在于，若非通情之理，何以能从"知其理之当然"跨越至"责其身以必然"？朱子说："须是真知了，方能诚意……。今人知未至者，也知道善之当好，恶之当恶。然临事不如此者，只是实未曾见得。"③朱子说知而不行，只是知之不真。这当然没错，但如何能有真知？除却通情，似无良法。朱子却沿袭程颐之说，采取了"穷理"与"居敬"两相倚之法。

（程子）又曰："格物穷理，但立诚意以格之，其迟速则在乎人之明暗耳。"又曰："入道莫如敬，未有能致知而不在敬者。"又曰："涵养须用敬，进学则在致知。"又曰："致知在乎所养，养知莫过于寡欲。"又曰："格物者，适道之始，思欲格物，则固已近道矣，是何也？以收其心而不放也。"此五条者，又言涵养本原之功，所以为格致之本者也。④

"穷理"与"居敬"两相倚之法看似辩证，实则好比硬让两个本不相爱的人结合在一起，并一再劝导之：不相爱吗？那就一起生活吧，生活久了就相爱

---

① 朱熹.朱子全书：第 6 册 [M].修订本.上海：上海古籍出版社，2010：165.
② 朱熹.朱子全书：第 20–25 册 [M].修订本.上海：上海古籍出版社，2010：3587.
③ 朱熹.朱子全书：第 14–18 册 [M].修订本.上海：上海古籍出版社，2010：484–485.
④ 同① 526.

了。没法一起生活吗？那就爱一爱对方吧，有了爱就能生活在一起了。如此彼此推诿，永无相合之日。

　　阳明深知穷究事物之理并不必然能够实践其理，遂力主"良知即理""致良知"，欲通过"致良知"来实现知与行的统一（合一）。就概念构造而言，阳明的"良知"与朱子的"性""理"相比，确实具有"更接近意识活动的性格，更强调道德主体作为活动原则的一面。良知即体即用，既是本体，又是现象；既是未发，又是已发；既是立法原则，又是行动原则，尤其在工夫上使人易得入手处"①。但要知道，阳明所谓"良知"，是将理想状态和理想品格本体化的产物。他毫不吝啬地把一切理想品格奉送给了"良知"②，并宣称"良知"是无间于动静、无时不在的高度圆满体。③ 按理说，这样的"良知"是不会出错的。无奈良知虽人人同具、无时不在，却又"不能不昏蔽于物欲，故须学以去其昏蔽"④。而其所谓"学"，归结为一句话，就是"致良知"。良知"虽有时而或放，其体实未尝不在也，存之而已耳；虽有时而或蔽，其体实未尝不明也，察之而已耳"⑤。这实际上是另一种形式的情、理割裂，阳明只不过把它转化成理性的情（良知之情）与非理性的情（物欲之情）的割裂而已。于是，他在概念上所赋予"良知"的活动性品格，又在他所倡导的道德实践工夫中被取消了。换言之，两种"情"的对立，实质上仍是"理"与"欲"对立。耿宁准确地指出，阳明"良知"的实在性，"是柏拉图意义上的理念的'实在性'，不是某一个理念，而是一或善的最高理念"⑥。由此看来，在割裂情、理关系方面，阳明与朱子格物致知说的差异，或许并不像人们所想象的那么悬殊。因而，由其"致良知"所实现的"知行合一"，仍未免于理论的虚构，远不如《大学》理从情出、

① 陈来.有无之境：王阳明哲学的精神 [M].北京：人民出版社，1991：188.
② 阳明因而有"知是心之本体""诚是心之本体""乐是心之本体""定是心之本体"等诸多提法。总之，一切好的品格无不为本体、本性、良知所有。
③ 如阳明说："良知者，心之本体，即前所谓恒照者也。心之本体，无起无不起……。若谓良知亦有起处，则是有时而不在也，非其本体之谓矣。"参见：王阳明.王阳明全集：新编本 [M].杭州：浙江古籍出版社，2010：67.
④ 王阳明.王阳明全集：新编本 [M].杭州：浙江古籍出版社，2010：68.
⑤ 同④67.
⑥ 耿宁.人生第一等事：王阳明及其后学论"致良知" [M].倪梁康，译.北京：商务印书馆，2014：273.

通情达理来得质朴、真切而易行。

理论是什么？理论就是能使人们思想通达的知识体系。理论若要使思想通达，必先通达思想、呈现思想的内在逻辑。一切思想，都源于生活，起于生活的直接感受。这种感受，就是好恶之情。因为好（喜爱），而思有以拥有之、持续之；因为恶（厌恶），而思有以避免之、去除之，思想遂因之而起。人类若无好恶之情，便无须思想，道德、政治与宗教也无从产生。生活的起点便是思想的起点，思想的起点便是理论的逻辑原点。所谓"素朴、直接"①的哲学理论，就是准确把握思想起点并以之为逻辑原点的理论。生活、思想可以无限丰富、无限复杂，但根本起点只有一个，此即《易传》所谓"易""简"也。更何况，道德法则（道德之理）乃情理而非物理（无情之理）：它不仅起于情，而且以情感的调适、沟通为中心。情理之所以为情理，就在于有情斯有理，无情必无理；理从情出，情通理得。《大学》的格物致知、絜矩之道之所以具有永恒的理论价值，就在于呈现了道德生活和道德修养的这一基本逻辑。

---

① 刘笑敢说："中国哲学有两种研究入径：一种是素朴的、直接的研究，一种是迂回的、切入的研究。"参见：刘笑敢. 中国哲学的取向与入径：以对孟子性善论的研究为例 [J]. 中国社会科学评价，2019(4)：76–82，141.

檀传宝

北京师范大学教授

浪漫：自由与责任

——我迄今为止的教育学术旅程 [①]

无论伟大抑或平凡，每个人都是历史的存在，每个人都必须对自己的历史负责任。

所以如果可能的话，我们时不时都要利用某些瞬间来思考自己的历史。如果"吾日三省吾身"做不到，每隔一段时间做自己人生的"元反思"总是必要和可能的。所以我愿意将今天这次演讲当成一种学术的生命叙事，一个与大家分享并反思我迄今为止的学术生涯的绝好机会。一个教育研究者的研究历程本身，当然是一个"元教育学"研究的案例。它对我自己固然有益，但我更希望对年轻和充满无限希望的你们有用！

迄今为止，我所做过的最主要的研究工作，大致可以概括为"3 + 1"这样一个式子：美学之旅、信仰之旅、政治之旅（即"3"），以及本来没有想要做、却又不得不做的"工作之旅"（即"1"）。以下按照时间顺序向各位逐一说明。

① 本文为檀传宝教授于 2010 年春为北京师范大学教育学博士生课程"教育基本理论前沿"（系该课程首轮，檀传宝教授为该课程的首倡者及主持人）所做演讲的记录，曾经收入《浪漫：自由与责任——檀传宝德育十讲》（华东师范大学出版社 2012 年版）一书。2016 年后檀传宝教授给博士生所做演讲的讲题多为"德育美学观与欣赏型德育模式""教育概念与范畴的研究及其意义"等。2010—2020 年，檀传宝教授的主要研究工作集中于"教师德育专业化""学校德育诊断"等概念研究，以及公民教育的比较研究、劳动教育的基础理论研究等。读者若有兴趣，可以搜索相关著作、论文。

一、美学之旅：德育美学观的研究

美学之旅，主要包括两项研究：一是最基础的理论研究部分，最重要的成果是我攻读博士学位时期完成的专著《德育美学观》[①]；二是后来的德育美学观的应用研究部分，即"欣赏型德育模式"的建构研究。

对于前面这个研究，在上学期大家的博士生课程"人文社会科学研究方法论"中我已经做过专题讲座。我已经向大家详细阐释过如何从美学的视角看教育的问题等。所以我今天有理由换个角度，对这部分内容会讲快一点、简要一些，同时补充以前还没有来得及讲的一些内容。我主要从以下几个方面进行阐述：为什么研究？"发现"了什么？有哪些研究心得？

（一）为什么研究

之所以研究德育美学观，主要的理由我想有如下三条。

1. 教学的乐趣

教学的乐趣主要来自两个方面。一是，我在中学教学（教高中政治课）时，是高考成绩单"最靓丽"的老师（所带班级的高考平均成绩一直是我们县9 所完全中学里的第一名）；二是，也是最令我自豪的一点，我的课堂"技术含量"非常高！"技术含量"高的原因之一是当时作为一个文学青年（我发表过诗歌、小说、散文，是地方作协成员），我的课比较有感染力、吸引力。其实当时我只是有一个最简单的想法，那就是要让我的课堂变得生动活泼起来，让我的课不只是记诵之学，而是要让大家有踊跃学习的兴趣！这种想法到后来当然就是所谓的课堂教学里感性的东西多一点、美感多一点等命题。比较神奇的是，有一年高考题出现了漫画选择题，其所用的那两幅漫画恰恰就是我的一次公开课所展示过的。我本来只是想让课堂活泼一点，于是就在小黑板的正反两面给学生展示了两幅哲学漫画，没有想到那恰好是那年高考题所采用的材

① 檀传宝教授的博士学位论文题为《德育美学观探讨》，出版时改名为《德育美学观》（山西教育出版社 1996 年版、教育科学出版社 2006 年版）。

料！有人说这叫"猜题"，我觉得这不叫猜题，而是叫教学态度认真、"技术含量高"。总之我在教学上的追求一开始就只是像所有正常的老师一样——希望我的学生喜欢我的课而已。但这种想法延续到我做硕士学位论文的时候，我就自然开始想：德育效果这么不好，原因之一就是它的无趣，那么要怎么解决？——就是让它有趣啊。所以到攻读博士学位阶段我就进一步有了建构德育美学观的想法。

2. 研究的优势

我之所以选择德育美学观做博士学位论文主题，除了出于我的感性经验以外，还有一个很重要的原因就是我判断我的研究优势应该是教育学和美学的交叉。因为我在做研究之前已经有过很多美学的学习和美学的实践。美学的学习指的是我大学的学习涉猎了十分广泛的人文社会科学领域，美学的学习就是其中之一。宗白华、李泽厚的书我读过一批。此外大学时代想当作家的我还差不多拜读了（西方、中国）文学史上所有重要的文学作品。工作以后我还通过函授获得了中文系的本科文凭，系统学习过古代汉语、现代汉语、语法修辞、文艺学、戏剧史之类的课程。所以我自己对美学有体会，也有认真的阅读。美学的实践则主要是诗歌和小说、诗歌评论等方面的创作。我做过文学青年、文学社社长，发表过不少作品，这些都是我的优势。

我说以上这两点其实是想说明，一个人的研究要想"出彩"，最重要的条件有两个：一是你对你选择的工作必须有内在兴趣甚至感受到乐趣；二是那个研究课题必须要能发挥你的长处，扬长避短才能实现超越。没有内在的研究兴趣，你的研究就难有真正的创造性。当然你也不要因为对某个课题感兴趣而忽略第二个条件。因为有意义的课题很多，你要尽量选择自己擅长的东西去研究。这样你做起来就会相对轻松，也容易比别人做得更好。从科学研究的绩效上讲，你对科学理论的贡献当然也就可能更大一些。

3. 实践的关怀

我在中学时就已经清清楚楚地感受到：我的政治课（学科教学意义上的"德育"）学生成绩很好，但是实际的德育效果却很差。比如，我教的学生大学毕业后回来做教师、成为我的同事，他们的工作态度就已经与我完全不同了。

我的一个特别亲近的学生，曾经在私下跟我直言不讳地说："檀老师你费了半天劲，最后不就得十块钱奖金嘛！"（那时高考成绩全县第一，学校发奖金十元）那一刻，我特别震惊。这哪里只是十块钱奖金的事情嘛？！他的观念我完全不能理解、接受。我认真、投入地教学，实际上自我牺牲了很多，其中最大的牺牲当然就是我的文学家之梦。但是我的最为朴素的想法之一是：是母校的老师们过去的努力工作才将我送到大学去的，我不能在从课桌上转移到讲台上后就对讲台下我的学生——那些嗷嗷待哺的农家子弟不负责任！我看我的那个学生，完全没有这些"道德"的想法。

所以我当时就想，怎么能够不仅让学生德育课程的高考成绩好，同时还能让他们将在课堂上所学的人生观、价值观真正沉淀为他们的真实人格呢？依据我的经验我就想，如果能将美学和德育相结合，能够让德育富有美感、突破情感障碍的话，也许就可能提高德育的效果？所以当后来有机会到北京师范大学攻读硕士学位、到南京师范大学攻读博士学位的时候，我当然就想在这个领域做比较深入的学习和探索。我的硕士学位论文题目为《思想政治课的审美选择》（论文完成初稿，但没有答辩。因为硕士研究生二年级结束时我顺利"提前攻博"，进入博士研究生阶段了）。博士学位论文的选题也就自然成了"德育美学观"！所以关于德育美学观的写作时间很短，但是体会、琢磨的时间其实很长、很长。

（二）发现了什么

关于德育美学观的研究发现，主要是两个部分：一是一般意义上的，相当于"元研究"部分；另外一个是实体研究部分，即具体的德育美学观的内容。

1. 元研究部分：教育的第三标准

在研究德育美学观的过程中，我的一个重要体会是：迄今为止教育学对审美标准缺乏起码的关注。就是说以往的教育学研究主要关注的是"善"和"真"的标准，没有关注到"美"。所以我反复呼吁要尽快真正建立教育的第三标准（"美"的标准）。

所谓"善"的标准，就是我们教育学十分关注教育活动的"合目的性"，人们研究什么是好的教育、教育怎样为个体幸福和社会发展服务等。这是我们关心较多的课题。另外，教育学也会研究"合规律性"（真）标准，不同的学科的交叉都宣称希望发现有真理性的或者有共识性的"教育规律"或者教育学的"科学知识"。而这种知识不管你承认不承认，都带有"science"（自然科学）的色彩。当然这个也不全错——我们去梳理中外德育思想发展脉络的时候，就能非常清楚地感觉到德育越来越"科学化"：从纯粹哲学思辨到赫尔巴特，再到涂尔干、皮亚杰、科尔伯格，越来越实证，越来越像"science"。但是后来我们发现人文科学的"真"，不一定是"science"意义上的"真"。求善、求真本身都没有错，可惜的是善与真的结合——"合目的性和合规律性的统一"所形成的和谐的状态（美）却被我们大大忽略了，而忽略这一点乃是人类最大的悲哀和错误。

我们的道德生活与教育之所以不幸，很大的一个原因其实就在于我们的生活不和谐、没有美感、质量低下。从形式上讲所谓的美，就是美学家讲的"自由的形式"（李泽厚语）。那么什么叫自由？在美学上就是"合目的性和合规律性的统一"——人只有在特别自由、特别不矫作的时候才能体现出道德的优雅（美）。而教育活动中当一个教师挥洒自如、自由地施教的时候，就意味着他的行为一方面符合教学的规律性，另一方面又是完全合目的性的。好的教学犹如庖丁解牛，在形式上实现了"合目的性和合规律性的统一"。这种教学就是最有美感、最有效率、最合理的教育状态。如果我们只是"合规律性"地教导了学生，仅仅合规律性的教育也许仍然能促进道德发展，但是这种教育行为可能是勉强的、不自由的，因而缺乏美感的。或者，若我们只是有"合目的性"，由于没有同时对教育规律的娴熟驾驭，那么我们的教育就可能是笨拙、低效的，当然也就毫无美感可言。

人类活动无论是在德育还是在别的领域，都很容易追求效率、忘记美感。这就会导致一个局面——多数工作比如课堂教学都是枯燥、了无生趣的。生动有时候就意味着"感性"。不过这里我并不是鼓吹单纯感性的"快乐教学"。这就好比烹调，作料固然重要，但原料、烹调技能本身更重要。所以真正的感性尤其是教育的美感应该是内在的。比如数学课，我是希望数学课可以展示数学美，数学的智慧和乐趣可以让学习数学的孩子体会到智力活动内在的快乐。这里的"智慧""乐趣"其实就是教育内容美的形态。与"智慧"和"乐趣"结合的学习，自然是最"美"的，更是最自由、最人道的！

所以，教育学从现在开始一定要花大力气建立全部教育活动的第三标准。如果我们希望有一个人道的教育，那就必须建立教育的审美标准。

另外一个体会，也算是元研究的，就是教育学与美学交叉的三种水平问题。我认为迄今为止，教育学与美学的交叉，有如下三种水平。

第一种是纯粹外在的交叉，产生了大家熟知的"美育"。对德育而言，美育研究中诸多对于美育育德的研究是十分重要的思想资源。

第二种是水乳交融的交叉，产生了"教育美学"的研究，如德育美、教学美和师表美的研究等。这种交叉也是内在的，但是往往具有效率至上的工具性色彩。

第三种是灵魂性质的，内在的、灵魂的、深邃的交叉。这就产生了美学意义上的自由哲学或理念。美学意义上的自由不同于政治学意义上的自由：美学意义上的自由是"合目的性和合规律性的统一"；而政治学意义上的自由主要是主体的合目的性。当我们说教师应该有自由，在美学意义上才能表达得更为纯粹、全面。

我的德育美学观的建构实际上是在对上述交叉研究做出判断以后完成的。我一方面吸收美育研究中关于美育育德的论述精华、教育美学研究中与德育过程审美化有关的技术层面的合理解释，另一方面，又以德育观念重建、德育境界提升为纲，反过来改造、提升美育和教育美学的研究，最终形成完全属于自己的结论。

2. 实体研究部分：德育美学观的主要观点

我的德育美学观，主要内容就是三论：审美育德论、立美德育论和至境德育论。

审美育德论主要解释美育的善性或者育德功能，它包括立善性、导善性、向善性三个方面。我认为我的贡献之一是我比前人更完整、深入地解释了美育的善性。但为避免与上个学期的课重复，对这个主题我在这里就不再具体展开了。没有听上次课的同学不妨去找《德育美学观》一读。

立美德育论主要是解释德育的立美机制问题，即在形式上如何让德育呈现得具有美感？美的德育是怎样的？这就是"合目的性和合规律性的统一"如何实现的问题。

概括地说，有两点十分关键。第一，我们给学生的德育内容——"道德"的呈现，一定要让学生看到合规律性后面的合目的性，道德是让你的生活更美好的东西，而不仅仅是强制人的"规则"。若能让学生看到规则背后的合目的性，那些规则就会变成值得我们欣赏的人生智慧了。德育、德育，"德"的审美呈现很重要。第二，德育活动形式本身也应具有美的性质，即是"合目的性和合规律性的统一"。美的德育，总是让学生首先看到合目的性的一面，但合目的性背后透着合规律性。当然"德的美""育的美"这两者在表现上会有差别：一个是看到规律性后的目的性，另一个则是看到目的性后的规律性。美学家赵宋光先生将这两种美的形式分别界定为"许诺自由"和"施展自由"。只有当你把这两种机制自觉应用到教学中去，教育内容的美和教育活动形式的美才可能被创造出来。至于具体的立美机制（技术），有很多很多，比如布白原则、师表美的创造、作品美的欣赏等，为避免重复这里也不再具体叙述。但这些机制在"合目的性和合规律性的统一"这点上是一样的，只不过是内容和形式是刚好反过来的。

至境德育论讨论的，当然是德育的境界问题。我认为道德生活与道德教育可以有如下三种境界。

第一，功利的道德与感性的德育。功利的道德生活、感性的德育有合（生物的）规律性的性质，但缺乏合目的性。即没有展示出道德对人的存在提供实质帮助的内在理由，更没有展示出人之为人的目的性的一面。这种教育形式生成的人就是只讲世俗功利、不问道义和良知的"庸人"或"俗人"。这种人永远处于科尔伯格讲的"前习俗水平"。趋利避害是他们唯一的行为原则。自然，这种粗鄙的人格是没有美感可言的，因为它没有起码的合目的性，就连那个"合规律性"也是残缺的——这种人的行为仅仅是符合生物性的规律而已。

第二，社会的道德和理性的德育。社会的道德和理性的德育都是用片面的

"社会"性理由让个人无条件地牺牲、贡献。这种道德没有个体存在的位置，只讲虚幻的国家、社会、家庭目的等。这种情况偶尔也会因为个体处置较好而生成圣贤人格——因为他还是有"人之为人"的目的的，而且他自己确实认为这个目的是他自己个人生活的一部分，那么这个时候他已经做到了合目的性和合规律性的统一。比如文天祥之类的圣贤为国家慷慨赴死，就具有某种崇高的美感，很壮美。但是这种片面的社会或理性的教育最大的概率还是产生"祥林嫂"式的"死人"人格。这种教育也就是"死人"的教育了。"死人"并非肉体意义上的，而是说这种人了无生趣、没有活力、没有感性。这显然是中世纪的道德和德育形态，同时"死人"也是为后现代所诟病的当代人格的一种。简单地说，用抽象的、虚幻的、与个体肉身没有关系的社会目的去教人践行道德就是这里所谓的"社会的道德和理性的德育"。显然，这样的德育一定没有生机也是极端不人道的，从美学的角度讲，这样的教育及其产品是丑的。

第三，最佳的境界，当然是自由的道德和审美的德育。当一种德育呈现出道德人格的美好、人生的温暖、道德的智慧时，这些道德形式都是"合目的性和合规律性的统一"，与之相应的教育也就可能是一种自然流泻而出的美好。月照池水、池水映月，已经分不清了！这种状态就是最"美"好的道德生活。当我们用最"美"好的道德及其生活状态吸引人，用饱含"可欣赏性"的德育去浸润学生，让学习者去"自由"感受最美好的道德智慧、道德人格和道德人生的时候，我们就把这种状态叫作审美的德育。当然这里的美，并不只是指狭义的艺术美，它更多的是指日常德育生活内在、质朴的美感。用德育美培育出来的道德人格会没有丝毫的勉强。因此这种教育培养的人格，是真实、真诚、发自内心地接受"属人"的道德规范，克服了黑格尔讲的"顽强的疏远性"的。我把这种人格叫作"真人"。这种"真人"有三个特点：首先是返真性，"返真"首先是不矫作、真实，像孩童一样；其次是自由性，他遵守的道德有足够的社会意义但又是充分"为己"的，没有丝毫的勉强；最后是神圣性，有"圣贤气象"。由于是自由的，所以是真实的；也由于是自由的，所以有神圣性。

真正自由的道德主体真的可能具有"圣贤气象"的美感。好的德育一定是真、善、美的统一。

（三）若干研究心得

德育美学观的研究实际上延续了很长时间。因为除了德育美学观本身，我后来又持续做过十多年的欣赏型德育模式的研究。作为一个研究者，我可以与大家分享的比较感性的"做研究"的心得主要有两点。

1. 反对枯燥

我认为研究者要有足够的童心。童心意味着创造性，意味着乐趣，意味着研究不至于只有困难。人文社会科学研究常常是很苦的，光是大量的阅读就是一个苦差事。但真正的研究者最好能尝到研究本身的乐趣，所要建构的东西能让自己沉醉其中，感到有意思。只有这样，才可能有持续的努力。愿意殚思竭虑才可能有真正的创造性和创造性的实现。

2. 反对浮躁

我主张研究者要有等待花开的耐心。《德育美学观》写作的时间很短，但是积累、思考的时间却具有我个人生命历程的终身性。我的体会是，没有认真和充分的积累（包括阅读和思考），就不可能有真正好的研究。此外，在做欣赏型德育模式试验时，有些项目学校的课题组成员常常是跟了我五年之后才知道我真正想干什么。所以在学术上、在实践上，研究者都需要有足够的耐心，尤其在与一线学校合作的时候。因为现在真正愿意克服困难做德育的校长、真心跟着你琢磨德育改进的中小学老师，他们的觉悟其实已经比一般人要高很多。即便一时半会达不到我们期望的理想水平，我们也仍然应该感谢他们！所以我觉得我们都要有等待花开的耐心，因为没有充分的成长做准备，花朵是不可能随意绽放的！

二、信仰之旅：信仰教育与道德教育的研究

我的第二个重要研究，是"信仰教育与道德教育关系研究"（1996—1998 年）。

这个研究是我的博士后研究，获得过国家博士后基金的资助，最终研究成果《信仰教育与道德教育》一书也获得过高等学校科学研究优秀成果奖（人文社会科学）一等奖（2003 年）。

但是这一研究的重要性，当然不在这些外在指标上，而在于它涉及德育、教育乃至全部人类生活的根本。但是对于研究者而言，再大的课题也有个人的因缘。

（一）为什么研究

1. 理论的乐趣

如前所述，我并非偶然、突然选择"信仰教育与道德教育关系研究"的。其实在做博士学位论文研究到"真人"人格特征的时候，我就已经开始思考中国传统道德人格中"圣贤气象"这一概念的意味了。"圣贤气象"既有某种美感，又有某种神秘性（神圣性）——其背后实际上是有某种信仰做支撑的。所以说，我在做博士后研究之前，其实已经做了一些相关思考与理论的储备，1996 年夏天回归母校（我于 1991—1993 年在北京师范大学攻读硕士学位）、进入北京师范大学教育学博士后流动站后，我自然就想研究相关主题。总之，研究之前我已经对这个课题有兴趣，也有一定的思考上的积淀了。

2. 自由的环境

"自由的环境"在北京师范大学，是一个很有意思的表达。我的老师，那些可爱的老头们（黄济、王策三、成有信等教授，他们组成了一个导师组），绝对都是严肃的马克思主义者，但是他们在指导学生时并没有要求学生必须按照自己的路数做。他们当然会依据马克思主义的方法论谈他们的想法或建议，但绝不会限制你的思考与想象。这一点，与外界对北京师范大学教育学老先生们的传说有很大的差距。加上我的合作导师黄济先生本身就是一个最仁爱的长者，所以在博士后阶段我十分开心，因为我几乎可以"想做什么就做什么"！我对信仰问题感兴趣，所以就确定要做"信仰教育与道德教育关系研究"。也由于我研究的是我想研究的课题，相对来说乐趣就较多，研究质量也就有一定保障了。

3. 实践的关怀

所谓"实践的关怀"，实际上来源于我当时的一个教育实践观察。我回到
母校的那会儿，北京刚刚颁布了《市民公约》。与此同时，全国也有不少学校
颁布形形色色的教师"教学忌语"、学生"几要几不要"之类的规章（教育常
常与社会同构）。大家知道，理论工作者常常有强烈的"叛逆"倾向——逆向
或批判思维的惯性。当时我就觉得，满世界都是一模一样的想法，背后是不是
有某些问题？光讲行为规范，道德人格的建构就能完成吗？我凭直觉认为可能
不对，认为没有精神内核就不可能有真正的道德。不对，就要展开研究。

（二）发现了什么

在两年极其紧张的阅读和思考之后，我觉得收获颇多。择其要者，列举如下。

1. 三种精神饥渴与信仰教育的意义

我的第一个发现就是，改革开放以来我们中国（大陆）人的精神状态，先
后表征为三种"精神饥渴"，而这三种饥渴都与信仰状态密切相关。

"精神饥渴 1"：基本精神需要被剥夺之后产生的饥渴，那种恢复正常需求
的渴望。比如美育在"文化大革命"中被搞没了、批臭了，追求美被批评为追
求资产阶级生活方式，于是 20 世纪 80 年代初全国开展了"五讲四美三热爱"
的活动，80 年代中期则产生了美学热，有点"美学代宗教"的意思。这其实就
是被剥夺的基本需求慢慢恢复了，人们"嗷嗷待哺"，实际上只不过就是恢复
了正常的精神需求。这个时期中国大陆本来就有一定的"信仰危机"，由于真
善美等基本精神需要的恢复，人们对美学、对纯文学等的热爱实际上刚好弥补
了某些精神上的缺憾。

"精神饥渴 2"：随着社会主义市场经济的建立，由低级需要所推动的整
个社会的发展导致的一个广泛的负面现象，就是当时所说的"穷得只剩下了
钱"——产生了大量的精神上的破产者。当代社会，越来越富的人类为什么会
跳楼？因为绝望。为什么绝望？是因为无穷的欲望波澜壮阔却得不到起码的精
神上的平衡与抚慰。20 世纪 80 年代末、90 年代这种情况越来越严重。今天，
这个问题也仍然没有解决。

"精神饥渴 3"：这个饥渴类型，是全球发达国家和我们共享的现象。后现代思维几乎消解了一切，多元化导致没有价值标准，而没有价值标准意味着精神上无所归依、无法安宁、没有方向。所以"我们处于最好的时代，又处于最坏的时代"。好不容易获得的精神自由，竟然可能意味着意义消解，意味着没有人生的方向！

三种精神饥渴会集中、叠加，如果没有精神家园，人类的境况当然就会很差很差。具体到教育中，德育可不可以没有精神家园？当然不可以。我认为：没有信仰，就不可能有真正意义上的德育——可以有规范意义上的德育，但是不可能有实质意义上的德育！

道德教育的内容，无非规范和价值两个方面，而规范背后是价值，价值最深处就是信仰。如果没有核心的价值（信仰）的话，那么其他价值都是偶然的，而具体价值的表征——规范就更是偶然的了。在做德育美学观研究的时候我就认为，中国德育最大的毛病之一是实利主义意义上的功利主义。这种功利主义，实际上就是只讲实用而不讲原则、信仰。所以后来换一个角度我对中国德育毛病的进一步判断，就是"无根的德育"。"文化大革命"时代的德育是建立在对共产主义的信仰之上的。"文化大革命"之后，很多人的信仰崩溃了，最后只剩下行为规范的部分。行为规范背后的精神内核，已经没有了。怎么办？"无根"，就应当要让它"有根"啊。所以我的研究，就是要探索和建立"信仰－道德""信仰教育－道德教育"之间的内在联系！但信仰这个概念太大，几乎无从下手。所以后来我的研究只好采取了"糖葫芦式"的结构，即把信仰按照形态分为三大块：宗教信仰、政治信仰和人生信仰。每一块各讨论两个问题：第一，某一类型的信仰和道德的关系；第二，那一类型的信仰教育和道德教育的关系。这样就形成了《信仰教育与道德教育》的六大专题。下面的介绍从对宗教信仰的分析开始。

2. 宗教信仰的人生意义/圣化机制等

（1）宗教信仰对人生有重要意义。

1949 年后中国大陆对宗教的认识一直都是基于马克思的视角。所谓"马克思的视角"在这里就是社会革命、社会改造和社会批判的视角。作为一个唯物主义者，马克思的一个重要努力就是要分析宗教信仰背后的社会原因，从而激励人们改革现存的不合理的社会制度，所以他曾说"宗教是人民的鸦片"——鸦片不能从根本上解决问题，反而有麻痹人民的作用。可见马克思对宗教基本上是采取社会批判立场的。但实际上如果我们换一个角度，即对宗教做人生角度的观照，则我们对宗教的性质、功能的认知就可能是完全不同的。因为永远都有一个未知的世界，人类无法把握、心存恐惧，就好比处在一个一无所知的暗屋子里那样，这时候宗教可以给你一个解释的方式，说左边是门、右边是窗，正确与否姑且不论，至少你的惶恐的心可以安定下来。学术界后来有人说当初翻译马克思著作的时候我们翻译错了，马克思的原话应该翻译为"宗教是人民的镇痛剂"。显然，"镇痛剂"是比较中性甚至偏正面的，和"鸦片"的负面隐喻的意思完全不一样。但即便如此，马克思对宗教的批判仍然远多于肯定。宗教信仰所具有的积极的人生意义，仍然需要我们重新（从人生观照视角）审视，予以更多肯定。

（2）宗教信仰对道德教育有重要作用。

概括地讲，我认为宗教信仰对道德人格形成的作用至少可以有如下三种。第一，"磁石效应"：道德外在的行为表现一定要通过宗教信仰等核心价值组合在一起才能形成统一和稳定的人格。人格，需要"同一性"才能成立。许多宗教信徒良好的道德人格的同一性就是靠宗教信仰来维持的。第二，"外婆效应"：不管在外面受了何种委屈，到外婆的臂弯里哭一哭都可以轻松许多，尽管解决不了问题，但是得到了慰藉。这就是前面所说的"人生观照"。第三，"磐石效应"：耶稣基督说，信我的人就像建房子建到磐石上，洪水来了，房子岿然不动，不信我的人就像建房子建在沙滩上，平时没事，一旦洪水袭来房子就轰然倒塌。有信仰就有外在行为规则赖以成立的坚实理由，就心有所"系"。心有所系，才能真正做到心有所安、所定。而心有所定，对德育的意义非常大，正如佛教所说——"因戒生定，因定生慧"。

三种作用也可以说是一种"圣化机制"。有了信仰，你的行为、人生就会变得特别有理由、有意义（有神圣感），从而有确定性，"浩然正气"就是这么来的。如果现实的教育能够像宗教一样建立这种机制，则德育的实效一定会有实质性的提高。此外，各大宗教信仰确立的教育机制也值得我们世俗的德育认真研究、学习。一般来说，无论佛教、道教、基督教、伊斯兰教，它们对信徒的教育都比世俗的学校德育有更多的神圣性、精神性、文化性，在文化深度、教育美感上都比世俗的学校德育强很多。提升文化深度、教育美感是当代中国德育实效提高的关键之一。具体内容我就不展开了，有时间大家可以看看我的《信仰教育与道德教育》一书的有关章节。在宗教的意义及宗教教育经验的借鉴等方面，日本教育学家小原国芳等人也有很多精彩论述可供大家参考。

3. 两种政治－道德关系 / 有效的目的－环境－活动

在中国，政治信仰和道德信仰的关系曾经有两种类型：一是在封建时代，道德标准取代政治信仰，比如古代"举孝廉"的体制，当时就是用道德（孝廉）去推论政治信仰和立场（忠诚）的；另一种是在"文化大革命"时期，政治信仰取代道德标准——你是我的敌人，则师生、夫妇甚至亲子关系都会宣布破裂。古代这种道德取代了宗教意义上的道德，用"类信仰的道德"（比如"天理""天道"）取代政治判断。"文化大革命"时期我们又反过来，用政治信仰完全取代了道德判断。这两种现象都表明我们在道德教育和政治信仰上曾经有过十分疯狂的想法、做法。实践也已经证明这两者都对我们产生过较为负面的影响。

不过没有处理好关系是一回事，政治信仰和道德人格之间的有机联系的可能性，与宗教信仰和道德人格的关系却是同构的。否则我们就无法理解文天祥、夏明翰这样的英烈了。"砍头不要紧，只要主义真。杀了夏明翰，还有后来人。"无论你是否相信夏明翰的主义，你都会为他大义凛然的人格形象感动。而我们对此做教育学的分析，便可以认识到，"砍头不要紧"，原因在"只要主义真"。"杀了夏明翰"于夏明翰这个个体当然是最大的悲剧，但是想到"还有后来人"，就是想到有限的生命可以有无限的意义，个体就可以与历史、与人类的解放联系起来。"成仁"可以赋予"杀身"以神圣性，"赴死"才能"慷慨"！所以有真正政治信仰、理想的人，他的道德行为也会有理由、有意义、有确定性！

在政治信仰的确立及其与道德人格形成之间的辩证关系这个部分，我主要的工作是比较、分析了杜威和苏霍姆林斯基的有关论述。他们虽然一个是民主主义者、一个是共产主义者，具体的信仰内容有很大的差异，但是他们有一个共同点，就是他们都有执着、坚定的政治信仰。杜威信仰民主主义，而苏霍姆林斯基是彻底的共产主义者和唯物主义者。那么他们是如何建议培养民主主义者或共产主义者的？我觉得在教育机制上他们都注意到了以下三个维度。

第一个维度是教育目的的确立。我们知道，杜威有所谓"教育无目的"之说。但杜威说"无目的"，其实指的是教育无"外在的"目的，教育目的要融会贯通在民主的教育活动之中，全部的教育都是要培养民主社会的公民的。苏霍姆林斯基认为教育要培养共产主义者，因为他坚信共产主义是最人道的、最伟大的事业，但苏霍姆林斯基反对"高射炮打蚊子"，反对有事没事全拿共产主义标签说事。他认为那样的教育反而会让人们远离共产主义信仰。对他们两位来说：第一，民主主义、共产主义本身就是道德或者最根本的道德；第二，有了"主义"或者信念的支撑，则具体的道德行为就可能变得自觉而稳定。所以教育目的的澄清对于德育十分重要。第二个维度是教育环境建设。杜威说教育即生活，学校即社会；苏霍姆林斯基强调学习主体对环境建构的参与，他认为园丁培植的花坛鲜花怒放和孩子们自己培育的花坛鲜花怒放对孩子们来说是完全不同的，孩子们通过环境的改造学习道德的意义。第三个维度则是强调教育活动的设计。他们都有很多关于教育活动的宝贵建议，尤其是苏霍姆林斯基。比如苏霍姆林斯基就特别强调仪式活动的意义，精心设计了第一次铃声节（新生入学第一节课）、面包节（孩子们用自己种的麦子做成面包请家长来品尝）等。没有仪式，人们对意义生活的发现就会打折。没有活动，环境就是"死"的，教育目的也无法实现。所以，他们两位强调的教育目的、教育环境、教育活动实际上是相互关联的统一体。

4. 幸福的中介意义 / 学为圣贤的智慧

信仰的最普遍形态，应该是人生信仰（或生活信仰）。因为许多人不见得会有宗教或政治信仰，但是一定有生活或人生的信仰。当然，人生信仰跟宗教信仰和政治信仰有一个明显的不同，就是它本身就是一个信仰的中介——无论是宗教信仰还是政治信仰，最终落实到个人的时候，都成了人生信仰。但有人生信仰的人，可以既没有宗教信仰，又没有政治信仰。一个唯物主义者，他可能什么宗教都不信仰，但是只要作为一个人，他必定兼有自觉或不自觉的人生信仰。

人生信仰其实可以还原为幸福这一命题。因为人生信仰是幸福的保证，而有人生信仰的人是真正幸福的人——因为只有你觉着在过有意义的生活，你才是真正幸福的。当然伦理意义上的"幸福"应区别于感官意义上的"快乐"。"幸福"，是一个很好的词。它是一个中介，是个体与社会的纽带，是感性和理性的结合。一个彻底自私的人注定是孤独、不幸、失去生活意义的人。幸福的个体如果是真实的，必定意味着与他人、社会和历史建立了联系。因为只有与他人、社会、历史建立联系，我们才能超越个体存活的有限性而与永恒建立联系。比如教师的幸福就必须与学生建立联系，幸福有效地联结了个体和社会，使个体因工作而与人类的永恒发展建立联系。此外，幸福不光是教育伦理的问题，而且是全部的教育关键所在。一是教育要造就幸福生活状态，二是幸福能提高教育的效率和实质。效率是指工具意义上的让人因乐学而会学，实质则是精神上当下和永久的主体自由与愉悦的状态。幸福的生活既是精神境界的表征，反过来又能提升个人的精神境界。幸福本身就有道德生活的确证性质，因此幸福本身就有德育的意义。

在中国文化传统中，获得幸福或者拥有信仰的生活的道德学习途径之一，就是"学为圣贤"。学为圣贤的智慧有两个维度。第一个维度就是承认人格上最先进的人是真实存在而且可以学习的。现代人常常很笨，当代人往往很蠢。整个现代社会都是马斯洛讲的"去圣化"的社会，不承认任何神圣的可能性。比如人们喜欢挖掘名人的八卦丑闻，否定任何先进者的伟大和崇高，等等。我们不能否定伟大的存在，因为就连我们自己也有伟大的时候。王阳明的一个学生王艮从外面回来对阳明先生说："满街都是圣人！"王阳明大为赞赏。因为每个人都有显露圣贤气象的瞬间，也都有人格完善的可能性。当代社会人类最愚蠢的地方，就是否定我们人性完善的事实和可能。而否定这点实际上就是否定了人性的完整与真实，这既不科学，也不人道，更不利于道德教育。

中国古代社会鼓励人们学为圣贤，不是说每个人在事实上都一定能成为圣贤。这有很多种解释，比如孟子说，所有人都是麦子，一批麦种撒下去，有的掉在沟里，有的掉在肥沃的土壤里面，长得最饱满的就是圣贤，营养不良的就是芸芸众生了。芸芸众生和圣人之间当然没有本质的区别，所有人在根性上讲都有成为圣贤的可能性，但是后天的客观环境和主观努力并不相同，所以每个人的修为境界就会有很大的差异，道德学习、修养也显得十分必要、重要。

学为圣贤的智慧的第二个维度是指古代社会曾经积累了很多种学为圣贤的教育智慧和教育方式。比如把圣贤分为圣、贤、君子、士，实际上相当于现代教育学的"目标分解"，以方便不同的人依据实际确立各自努力的修养目标。又比如"兴于《诗》，立于礼，成于乐"等，告诉我们很多精彩的道德学习的路径、方法。我们现在常常只是简单地说礼教害人、以礼吃人，实际上古代中国的礼教对于个人来说可能是真实、纯粹、有美感、有意义的。礼教能"吃人"、让人献身，本身就证明当时的教育是十分有效的，不是吗？所以我们要开展信仰教育，古代教育的智慧是值得借鉴的。

最后我想和大家清楚交代，我对"信仰教育"这个词怎么看。我认为也许可以有"信仰教育"这个词，也许我们也可以对"信仰教育"这个概念发起挑战。因为信仰无法通过"教育"形成（这个教育是"我教你"的意思）。但如果我们把教育看成机缘的安排、环境的设置、对信仰发现和确定的某种帮助的话，我认为这个意义上的"信仰教育"概念就是成立的。我们甚至可以说：为了真正幸福的获得，人类必须有信仰教育！

（三）若干研究心得

博士后研究完成后，反思"信仰教育与道德教育关系研究"过程，我觉得我最重要的体会有如下两点。

第一点，研究者应当有点忧患意识。有时候我觉得我们这个社会是不负责任的，表现为大家都不着急。很多人认为许多必须做的工作不做也行，其结果当然是很多本该解决的问题都解决不了。比如中国教育有大量的问题需要解决，可是即便你明确告诉某些当事人，他们也仍然不会有丝毫改变，因为任何改变都是有风险的、需要努力的。理论界也是一样的，半个多世纪以来，中国人创造了什么傲视全球的社会科学理论了？我认为基本没有。当然有各种客观原因，但是我们应该问问自己：都是别人的责任吗？我们每个人都要有忧患意识。我们每个人都是世界、国家和社会的一分子。作为一个公民，如果大家不把世界、国家、民族、社会、事业视为跟你自己息息相关的，那是不可理解的、不能接受的。

第二点，研究者既要反对肤浅，更要反对狂妄。我做这个课题之初曾经认为自己不过是从一个"小"的角度研究德育而已，但是后来随着研究的深入我很快就发现，信仰大、宗教信仰大，任何一个宗教甚至特定宗教里面的一个派别（比如佛教里头的禅宗）都大得让我们不胜惶恐、甘拜下风！所以我的一个深切的体会就是，学术上的谦虚只不过是人格上的诚实而已。狂妄的人都是肤浅的，也是"装"出来的。仔细琢磨久了之后就会发现，连自己倾尽一生所建构的那一小块东西都那么羸弱，都只是沧海一粟，我们还有什么理由去大肆张扬呢？这当然不是说我们不要有自信，每个人都有自己研究的那点靠谱的东西，我们都可以为之自豪（"自恋"）。我在这里只是强调：自信的人不需要通过夸张来装饰自己。每个真正的学者都应该有一个基本学养和教养，那就是谦虚。

三、政治之旅：公民教育的研究

在北京师范大学，成有信教授一直是我最尊敬的老先生之一。

成先生有以下两个方面对我震撼特别大：第一个是他对辩证唯物主义和历史唯物主义的方法论的娴熟、精到的运用；第二个是他运用这个方法论所达到的思维的深度，许多结论尽管讲出来十分简单，但是他的演绎过程给人的启发非常大。比如他说，现代人与古代人最重要的人格差异在什么地方？最重要的差异就是古代人所具有的是依附性的人格，而如果你是一个现代人，你就必须是一个独立的、自由的、有平等意识的人。如果一个现代人还以一种传统的人际关系来与人相处——因为我是老师，所以我说的就是真理，或者自己做了公务员以后还欺下瞒上、逢迎拍马，那么基本上这个人在人格上就没有完成现代化。因为专制人格和顺从人格是一体两面的。逆来顺受、溜须拍马的媳妇，一旦日后成了婆婆，一定会是对她的儿媳妇比任何一个恶婆婆还恶的婆婆！我觉得成老师那些分析十分深刻，尽管当时我并没有将之联系到公民教育之上。

21 世纪以来，我一直把比较多的精力放到公民教育上面。大家可以看我们研究中心的名字，2003 年北京师范大学公民与道德教育研究中心成立的时候，中心的名字就叫"公民与道德教育研究中心"。它不是德育研究中心，也不是道德教育研究中心，而是"公民与道德教育研究中心"。这也就意味着，我在建立这个中心的时候，就已经明确认识到了：在中国社会，在目前，公民教育比道德教育更具有紧迫性。所以，我们把公民教育放在道德教育前面。

（一）为什么研究

那么我为什么要研究公民教育呢？主要原因有如下几点。

1. 生活的观察

这个跟前面讲到的"实践的关怀"是一回事情。我经常想，要做大事，就必须要有一个大的视野与根本的判断。我自己一直在想，现在中国社会要求我们教育理论工作者做的最大的事情是什么？在我看来，公民教育就是最重要的一个课题。

只要我们认真观察、思考就不难发现，我们的教育的所有毛病集中在一点，就是一个体制的问题。比如说，我们为什么没有"世界一流大学"？复旦大学原校长杨玉良讲原因在于"思想的虚脱"，我承认；另外有人讲原因是大学的"行政化"，我也认可这是个理由。但是我觉得他们都没讲到点子上。"思想的虚脱""行政化"都是表象而已。我虽然不是高等教育的专家，但我是高等教育生态里面的一分子，所以在某种意义上讲，我也保持着对高等教育的经验性的观察、研究。我认为，中国之所以没有世界一流大学，是因为目前不具备一流大学赖以存在的必要条件。

我想教育体制要改的话，就是要朝更民主的方向去，那具体怎么做呢？我想我们不外要做两件事情，一个是体制本身的改革，一个是人的培育。体制本身的改革，我们研究者直接作为的空间有限。那我们能做什么呢？我们可以准备好这个体制改革的另外一个条件，就是制度的主体——人。打个比方，我们不能只是让你选举——不问是非地选举，而且我们的政治实践中也已经出现过类似情况，我们乡村一级的选举试点，黑社会、宗族势力什么的都来了。如果我们的国民一直处于这种状态的话，民主对于我们来讲，反而是更危险的选择。所以我们必须想，搞教育研究的我们该做些什么？我们教育工作者应做些什么？答案就是：公民教育。从某种意义上讲，这就是研究者对实践的关怀。

2. 思想的自由

既然我判断公民教育对于中国社会健康发展是最重要、最大的事情，我需要做的就是展开思维的翅膀做最自由的想象和分析。

我认为从信仰上讲共产主义，马克思所描述的理想社会"各尽所能，按需分配"，这是最人道的、最尊重自由个性的社会设计。这个社会理想是值得我们去为之奋斗的。对于共产主义你要正信而不是迷信它，它是一个经得起科学检验的东西。所以，对我来讲，所有能想到的，我都可以去想。当然，作为一个自然的个体，我自己有某些自然的局限，这是没办法的，但我会客观理性地对某一个事情做出判断。中世纪的大学与代表绝对权威的王权保持相对独立的关系，大学应具有一定的学术独立性，在学术上，对于思想自由，还是要尽力去追求。因为不展开去想，就没有真正意义上的批判性。对公民教育这种涉及政治领域的敏感性的研究，更须有思想的解放。没有的话，你没办法有真正的"研究"。我自己的个性是越是你觉得"危险"、不值当，我就偏要试试——如果它是确有意义的课题的话。这就是我所谓的"浪漫"也！

（二）发现了什么

老实说，这些年我的主要精力实际上是放在学习、吸收上的。但是在学习、消化已有研究成果的基础上，我也尽最大努力形成了一些属于自己的学习心得，主要有以下几个方面。

1. 公民概念的厘定

我觉得这非常重要。因为公民教育是培养"公民"的教育，不理解"公民"，当然就无法进行"公民教育"。

公民教育是研究"公"民的教育，不能是"私"民的教育。我认为中文里的"私"有两个意思。一个是一己之私的"私"、私下的"私"，就是只顾你自己家里的那一点事。"私民"首先就是小农意义上的"农民"人格。另一个意思是我属于谁"私有"，即私属的"私"。在封建等级社会里，所有人都属于皇帝，皇帝又属于他那个利益集团。在封建等级社会里，大家都属于别人，这就是依附型人格。大家都是"臣民"，这就是另外一个意义上的"私民"。

我觉得培养公民，一要培养大家参与公共事务的能力，二要培养大家追求独立的人格、追求精神上的自由、追求人权、追求平等等现代人的品质。现代教育如果不追求这些东西，那就不能叫公民教育。公民教育实际上主要就是指培养大家积极地理性地参与公共事务的能力，培养大家追求自由、平等、民主、法制社会的品质。如果否定这一点，就不是搞公民教育。看看全世界各个国家的公民教育吧，虽然各有差异、各具特色，但这些基本的方面是不能更改的。如果更改这一点，就不用提什么"公民教育"了。与此同时，对公民概念的"特殊性"的认识也很重要。如果一讲公民教育，就常常提美国怎么做的、英国怎么做的，想马上照抄，这是非常危险的。因为"公民"这个词，既是历史的概念，又是文化的概念，与之相关的"公民教育"也是如此。

什么是历史的概念呢？就是说从古希腊到现在，"公民"的意思完全不同。就说在古希腊吧，公民身份不是所有人都有的，奴隶没有，甚至一些自由民其实也没有。有段时间，限制比较严的时候，规定财产达到一定级别的自由民才有投票的权利，才能是公民。所以，即使在古希腊，"公民"也是一个摇摆不定的概念，没有一个固定不变的边界。如果从古希腊考察下去的话会发现，不同历史时期，人们对公民概念的界定是大不相同的。

不同的国家、文化也是这种情况。最典型的是法国、德国、英国。就国籍意义上的公民来说，德国是以血统论来定义国籍的，不管你在德国住了多久，如果你的爸爸妈妈没有一方是德国人的话，你想入德国国籍比登天还难。血统论者认为，只有在血统上是我们民族的，才能够保持民族的团结、向心力，一个国家才能称为国家。持血统论的国家，国民可能很团结，但是有排外的问题。而法国是属地论，所以法国存在另外一个问题，就是一个人很容易成为法国公民——只要在法国待上一段时间，尤其是在法国土地上出生的。"二战"后一段时间，不只法国本土，法国殖民地上的人都是法国公民，有同等投票权。它的好处是更自由、平等，但代价就是社会复杂、很难整合。国籍法最有特色的是英国。英国有本土的、属地的、殖民地的、英联邦的等五六种权利不同的公民身份。不同的公民身份相应地拥有不同的权利。所以说，什么人是英国公民，是非常难定义的，得看你依据的标准是什么。如果你的标准是在英国居住，那么这个标准可能松一点。如果你的标准是在英国居住，而且有政治上的投票权等，那就是更严格的标准。所以"公民"这个词，在不同的国家，概念根本不一样。

由此，培养公民的教育，在目标设定上，在内容、方法上肯定也是不一样的。所以没有一个用"拿来主义"的简单逻辑就能够完成的某一国家的公民教育的设计。我还观察到：美国的公民教育更多的是多元文化教育；欧洲的公民教育，在一部分国家如东欧诸国更多地讲自由、权利，而在另外一部分国家（如"老欧洲"国家）更多地讲责任、义务。为什么？很简单，缺什么，就补什么。"老欧洲"国家已经有"太多"的自由，一个人自由到最后不愿意工作，要他工作，他就要闹事。比如过去几年希腊就很热闹。希腊人当然可以上街捍卫自己的合法权利，这可以理解。可是，某些希腊人老想天天喝咖啡、不去工作，这个思维逻辑在全世界看来是不能接受的。所以在一些国家或社会，公民教育本来也应该更强调责任。中国要开展健康的公民教育的话，不能照搬英国或者美国的做法，虽然我们可以参考它们是怎么安排公民教育的。比如说英国就有许多比较好的公民教育实践。其中最值得肯定的就是2002年以后，英格兰地区在小学和初中都实施了公民教育的国家课程。它已经有一套课程体系，我们当然可以参考，但是不能照搬它。因为中国不是英国。

所以无论"公民"还是"公民教育"，在概念的界定上都有一个普遍性和特殊性的问题。注意这个分析的方法论，不仅对概念界定本身，而且对教育实践都极其重要。

2.对公民教育的实践策略的认识

现在我们正在承担一项有关公民教育的国家重点课题。我们课题组的分工是我负责概念的建构和意义的阐发，王啸博士负责具体教育目标和教育方法方面的研究。但关于后者，我也有些自己的想法。《人民教育》让我讲公民教育，我就谈了三个方面的问题，即三个"重构"。第一个是观念重构。"公民教育"实际上是一个中性词，就像"数学教育"一样，本身没有肯定或否定的问题。到底什么样的人是公民、什么样的教育才是合适的公民教育，我们完全可以有自己的界定。不要什么都还没做就开始怕。对于公民教育，必须解放思想，或恢复正常思维。第二个是概念重构。我们必须形成自己的公民教育概念。我们不要搞"拿来主义"的公民教育，要建构中国特色社会主义公民教育。第三个是生活的重构。就是说公民教育首先是一种生活，而非一种学科教学。

公民教育包括但不仅仅是一个课程的变革。公民教育在课程中的落实可以有两种方式。第一种方式就是我们在现有的政治课系统里强化、补充某些公民教育的元素。当然有些元素是本来就有的，比如说社会主义法治、民主、民族团结教育等。实际上，它们在我们现有的道德与法治类课程一直到高中的思想政治课里都是有的，但是一些内容的分量还远远不够。另外还有一些公民教育内容还没有在现行的德育课程里充分体现出来。这就需要对现行课程标准、教材等做一些改造、提升。还有一种方式，就是我们单独设计公民教育国家课程。但即便如此我也仍然觉得公民教育最重要的领域也许不是直接、正式的公民教育课程的变革。公民教育最重要的乃是社会生活的改造，尤其是学校的社会生活改造。因为如果学校不尊重老师、老师不尊重学生，学生被老师操控、学生被学生操控，那他们就已经不是"公民"了。现在青少年的诸多不幸，很重要的原因就是应试教育挤占了所有生活空间。本来在课外活动中有一点点乐趣，比如有些学校开展的班队活动、兴趣小组活动等，但不幸的是，班队活动、兴趣小组活动等又是被老师"指导"的。所以，最后学生被迫接受学校全方位的规训，大量的学生对学校正式教育体制产生疏离，然后产生大量的亚文化，还有亚组织或非正式组织。大量的非正式组织为什么产生？就是因为正式组织根本没有吸引力、都是被老师操纵的——当然也是反公民教育的。所以，我觉得如果学校没有健康的公共生活，班级没有合适的公共生活的话，不可能有真正的公民教育。所以，要开展公民教育的话，就要从班级、学校到社会，全面、仔细地重建我们的日常公共生活。这是最重要的公民教育策略。

3. 对公民教育意义的确认

对公民教育的意义应当如何认识？有人把公民教育看成德育的一个部分，以德育的重要性界定公民教育的重要性。我以为既对又不对。一方面公民教育的确是学校教育或德育的若干具体任务之一，但另外一方面公民教育又是教育性质、目的、方向的表达，是一个全局性命题。而我觉得公民教育的重大意义可以表达为这样一个命题：公民教育是全部中国教育的转型。因为所有的教育变革最根本的都是要促成中国人从古代人格向现代人格的转换。这个教育目的是压倒一切的，是所有教育都要努力去完成的。

课下曾经有同学跟我讨论说，一个普通数学老师太认真抓德育是不是会"划不来"？抓好德育之后是不是白白帮了别人（班主任）？我觉得不是。教育工作者的劳动是一个整体性的劳动。所有教育中人本来都该有培养现代公民的责任。从隐性课程角度看，我们也没办法不做德育，我们只能有做什么样的德育的选择。所以在中国社会如果说公民教育重要的话，它的重要性表现在公民教育代表了中国教育的时代方向——我们整个教育都要，也只能朝那个方向走！所以不仅仅是我们"德育"里面有一个"公民教育"的命题。公民教育的意义在于整体教育性质、目的的转型。进一步地，我们也可以说，公民教育意味着整个社会的转型。否则的话，我们就是小看了公民教育，小看了公民教育的重要性。

（三）研究的心得

1. 反对退缩，学者要有学者该有的担当

这里主要是讲风险上的担当、政治上的担当、社会责任上的担当。

一个真的学者和一个假的学者最主要的差别在哪儿？很简单，讲不讲真话。但是讲真话在社会科学领域里常常是有风险的。故讲不讲真话在人格上也可以转换成另外一句话：他敢不敢承担这个讲真话的风险。所以，你要从事社会科学研究，你就必须要敢于承担一些风险，敢于失去一些东西。作为一个学者，作为一个做学术的人，作为一个真正的共产党人，你都必须要有这种精神。比如说，宁可不要或少要某些名啊、利啊，但是真的研究我还是坚决要做。比如说官当不成了，我就不当了；升不了更大的官，我就不升了；财我发不了了，甚或生活要走向清贫了，我也无所畏惧！"不义而富且贵，于我如浮云"！但真理就是真理，我们只选择这一个。这点勇气都没有的话，你就别想做真学者、真学问。

记得当年成有信教授曾经上过一次令我印象非常深的课。期中考试前老师问我们，你们的作业做好了没有？大家回答没有。期末的时候他又问我们，作业做好了没有？大家还是没做好。成老师觉得很奇怪：这么长时间，怎么区区一篇作业还没做好呢？又问大家，为什么没做好？许多人回答说，没想法！成老师说："没想法，那你们毕业以后都到行政部门去工作吧，都去做公务员。因为公务员不能有太多想法，最好是认为自己的上司是最正确的！个别有想法的人该去哪儿？你们个别有想法的人就努力留大学吧，比如北京师范大学。大学里面恰恰就是要你'有想法'，有这个创造性思维，要你没有思想的禁忌，要你敢于'乱'想、'乱'说。"我觉得，成先生的这个"幽默"的建议对我们是有效的，对你们也有效。如果你要真做学术，就要有而且敢于"有想法"。但"有想法"就有风险，你就必须准备承受一些东西。你什么都不敢，怕失去这个，怕失去那个，那你就别想做真学术、真学者。

2. 反对脑热，现实地推进中国社会的进步

我说要勇于担当，并不是鼓励你狂狷、乱来。

最最基本的一条准则应该是：一个好的学者不能以爱自己的民族、爱自己的教育、爱自己的事业的名义去伤害它们。我曾经跟一个人权活动的激进分子说过，你们不能以人权之名伤害中国人权事业的健康发展。因为一些过于激进的东西明显地不切实际，既不能起现实的作用，最后还害人。人权的教育跟人权事业是捆绑在一起的，要依据社会发展的条件，逐步地、现实地推进。推进中国公民教育的时候，也不能够过分激进。过分激进，一是不科学，脱离社会发展的程度不可能有实际效率；另一个是不人道，因为你过分抽象地鼓吹那些东西，无法实现、徒添烦恼，对特定人群来说，反而是比较残忍的。所以，我觉得做这方面研究的人，一方面要有承担，另一方面要考虑怎样能够理性、稳

妥、有效率地推进这个事业。当然，理性、稳妥、有效率，也可视为一种承担。因为社会、政治性质的研究，你不能光顾方向是正确的，还要做"综合判断"，能踏实地推进这个方向的事业的进步。如果没有这个方法论思维，弄不好，我们的研究反而会对这个社会有害。

四、工作之旅：有心栽花与无心插柳

"有心栽花与无心插柳"主要是说，在北京师范大学工作以后，我也做过很多不喜欢的工作。但是我可以很高兴地跟大家讲，不管喜欢还是不喜欢的事情，只要你认真去做的话，都会有意想不到的喜悦与收获。

首先说说我的教学情况。留校工作之后我主要承担"德育原理"和"教师伦理学专题"两门课程的教学。日复一日、年复一年的常规教学有时候会很枯燥，但是你仍然可以让它生动起来。办法之一就是你必须有创意。我在教"德育原理"和"教师伦理学专题"这两门课程的时候，一开始就有非常明确的意识，那就是我不希望重复别人的话。每次备课的时候我都会对课上要说的做最充分的准备，而后形成讲稿。所以两轮教学下来就形成了两本比较有个性的著作：《学校道德教育原理》（教育科学出版社 2000 年版）、《教师伦理学专题》（北京师范大学出版社 2000 年版）。这两部作品中有许多小而细碎的东西，至今我都感到自豪。可以讲，一方面，它们作为教材，我在写作时借鉴了许多同行的研究成果；但是另一方面，我可以非常自豪地对诸位说，两本书的每一章都有我的"创意"，有完全属于我自己的体会。除了一些具体论述有创意之外，在教材体系上我也是动了脑筋的。

比如《学校道德教育原理》，这是中国大陆 1949 年后第一次明确以"道德教育"为主线建构德育原理教材体系的一本书。2000 年有两本书出版，如果做文献研究的话，这两本书的出版从某种意义上讲是具有历史意义的事件。一本是我的《学校道德教育原理》，一本是黄向阳博士的《德育原理》。我们两个不约而同地、明确地以道德教育为主线去组织德育原理的内容体系，但是我的著作出版稍早一些（2000 年 4 月）。而在《教师伦理学专题》这本书里，我一方面希望在伦理的教育专业特性方面做一些自己的探索，另一方面要努力构建一个自己的微型的教师伦理学系统，即集中讨论教师伦理的六大范畴：幸福、公正、仁慈、义务、良心、人格。我从教师的"幸福"讲起，接着讲到幸福资源的分配问题，即教育"公正"的问题。在教育活动中单讲公正还不够，需要有一个"仁慈"或"教育爱"的伦理作为补充。公正和仁慈以外的东西怎么办，用"义务"去解决。义务内化以后呢，形成"良心"啊。全部良心的完成是什么，当然就是教师"人格"的完成。不一定完全正确，但我自己认为它是一个非常有意思的系统、一个属于我的教师伦理学概念体系！这就是我在从事教学时的想法。我为什么跟大家讲这些？我就是想说：日常工作虽然平常，但可以化腐朽为神奇，有创意地去完成。

除了上述教学之外，还有一些我的工作身份所导致的事情。

头一个是帮学校完成的"4+2"教师教育模式的研究。"4+2"不算什么理论上的创造。但作为一个由我牵头完成的教育对策研究[①]，我的自我感觉是非常好的。因为从未来发展上讲，"4+2"模式代表着中国教师教育的方向。我们知道，传统的"师范教育"是两个"半桶水"——四年本科学习期间师范生既要学习本专业，又要完成教育学、心理学等教育专业课程的学习，其结果是本学科专业学不好，教育专业学得也不怎么样。新型教师的培育，我们需要完整的"两桶水"，即我们必须走学科专业上更充分、教育专业上更厚实的路子，即"大学后"教师教育的模式，我们学校采用的就是"4+2"模式——四年本学科专业学习结束后，用两年时间学习以教育专业为主的课程，成为获得教育学硕士学位的新型中学教师。"4+2"毕业生已经有好多届了。尽管由于高等教育大众化时代的来临，几乎所有专业的硕士找工作时都有某些困难，但是到目前为止"4+2"硕士的就业情况都是不错的。为什么？因为"产品"设计对路、品质提高，在就业市场上当然就供不应求！一位学校领导曾经对我说，"4+2"模式的意义在于它"开中国百年师范教育改革的风气之先"。我完全同意。这一

---

① 　可参考《关于北京师范大学教育体制改革的若干思考》[《北京师范大学学报（人文社会科学版）》2000 年第 4 期] 和《构建适合中国国情的一流教师教育新体制》（《高等教育研究》2001 年第 2 期）这两篇文章。

研究后来逐步演变为学校的"4+X"模式，当时校长还因此获得了全国教学成果一等奖。

另外一个就是教育学院的"精品本科"改革。早在1998年我开始做教育学教研室主任的时候，我们教育学专业的学生就找我"对话"多次，对教育系几十年不变的培养目标、培养模式表达过严重不满。2001年北京师范大学教育学院成立，我成为分管教学的副院长，于是决心立即着手解决问题。我们七个研究小组，一年时间，七易其稿，最终完成了一个比较好的改革方案。首先，我们在全校范围内率先把"教育学"作为一级学科招生，不再像以前那样在招生的时候分什么教育学、教育管理、特殊教育、学前教育等专业。新生入学经过三个学期学习以后，再根据自己的兴趣、意愿，自主选择学习学前教育或者特殊教育等具体专业。与此同时，我们在课程设计上降低了专业课程比重，大幅度增加选修课。也就是说，如果你选的是学前教育专业，你觉得学前教育专业的东西太具体，而教育学专业课程的理论多一点的话，你完全可以在学习学前教育专业课程之余，再学一个教育学专业的核心课程。以上设计除了有利于增强学生的内在学习动机、适应多元化的就业市场之外，另外一个最重要的考虑就是，我们北京师范大学教育学院要培养最优秀的教育学专业的本科生，我们教育学院的本科教育必须是"精品本科"教育！就像在学校层面的教师教育那样，定位十分重要。如果我们还是像培养免费师范生那样，让学生在四年里面既学习学科专业，又学习教育专业，从体制上讲，根本培养不出优秀的教育人才。因此在制度设计上，我们必须提供一个能够使北京师范大学培养出优秀教师的教育模式，以区别于一般师范大学，那就是刚才说的"4+2"。就是说，让学生在四年中全部学习本专业，而后挑选愿意当教师的、成绩优秀的，让他们再经过两年左右硕士研究生程度的教育、心理学科的学习，从而具有两方面完整的素养。但是，大学也不能排斥本科毕业就愿意马上去工作的人去工作。而就业市场常常是未知的，你学的是学前教育专业，说不定人家要的是特殊教育教师。在这种情况下，学前教育专业、特殊教育专业就不宜有太多的专业方向课程。因此从教育理念上说，整个本科教育的面要宽一点、基础要夯实一些，比较细分的专业方向课程就必须压缩。这样做的好处，一个是方便应付多元化的就业需要，另一个是倘若学生要进一步深造如考研究生，其学术基础也会比较扎实，无论愿意朝哪个方向去发展，人家都会欢迎他。实际上我也的确认为北京师范大学教育学专业的本科生本来就是、更应该是全中国最好的本科生。所以培养目标就应该定位为中国教育学科第一流的专业人才。虽然我们不会强制他们，但是我想基本上他们都愿意往教育学科研究生方向去发展。

这就是当时我们的"精品本科"改革设计。这个做法最大的好处是有效改变了我们教育学院本科生的学习生活状态。从那以后，在很长时间内本科生们都没有以前那种对于培养目标和模式的整体抱怨了——再没有来"对话"的了。

总之，在一个行政主导的管理系统里面，你常常必须要完成某种情愿或不情愿的"任务"。在"工作"的维度，我最珍贵的体会有两个。

第一个体会是，许多被迫做的事情，仍然是可以有创造性地去做的。

不要把被迫的事情看作完全"异化"的事情。或者说，本来的确是"异化"的事情，但你可以"不异化"地去做。因为你既然要做这个事情，却又愁眉苦脸，还不如从开始做的那一刻起就非常愉快地去工作，非常有创意地去工作！否则，你不得不做，却又愁眉苦脸，而后你的生活状态差、工作绩效也差，根本划不来。所以，我觉得，将务实的策略、创意的人生融入平常的工作是我重要的人生体会之一。未来结束这个（博士研究生）阶段之后，你们也必须要跟我一样去"工作"，那时候你们要面临跟我一样的问题。希望你们也能将消极的事情积极地办！

第二个体会是关于教育的人生意义和教育的改造的。我只讲两个要点。

一是我觉得教育学应该是一个全民的学问。教育生活是每个人的整体生活所不能够删除、不能够忽略的一个层面，它是人生的一个有机组成部分。如果你希望自己的生活幸福、质量高，那么你最好学习一些教育学。这一点现在我体会得特别深。因为我身边有许多朋友，他们常常会向我咨询一些子女教育的问题。虽然他们是这个领域或者那个领域的高级知识分子，但交谈之后他们还是承认教育学的专业思考对他们有一些启发。所以，我觉得教育学应该是人生的学问，所有人都应该关注。由于我们本身就是学习教育学的，应该说我们比一般人要幸运。因为我们的学习、工作，同时就是我们生活的必需。

另外一个要点是，我觉得学教育学的人应该对教育改造有明确的使命感。教育事业与一般事业不同，它天然就与社会发展联系在一起。中国教育的现实问题如此之多，旁人有抱怨的理由，我们却没有。因为我们的专业是教育学！此外，教育学是一个实践性特别强的学科，空头教育学家没有多大意思。教育学的"用"可以很多，如果可能，应"用"到自己周遭的生活里头去！所以，我非常自豪的就是，除了注意一般的教育研究尤其是德育研究的实践针对性之外，我曾经直接研究和推动过北京师范大学教师教育的"4+2"改革和北京师范大学教育学院的"精品本科"的改革。当然，如果把范围扩大一些，我对北京市、教育部等的某些决策也做出了力所能及的专业贡献。我要强调的是：学以致用，不负苍生，也不负自己的一生，是非常惬意的事情。

已经"讲"了太长的时间了。但最后，我还是想提醒大家去想一些大的问题，就是我们作为人，到底是为什么而来到这个世界上的？我们为什么要学习和工作？

人，尤其是我们普通人，当然要考虑养家糊口、生活得更好，比如获得学士、硕士、博士文凭，做讲师、副教授、教授，租房子、买房子、买更大的房子，如此等等。但是，如果就只是由那一个个具体的功利性的目标牵引着我们不断地走东走西直到生命尽头的话，我们还有统一的人格吗？还有我们一生该做的事业吗？如果你的人生没有一个主题的话，多遗憾哪！因为"上帝"不可能让我们做这样一个实验，这一生过得不好，下一生再重来一次。所以我觉得，为什么学习、工作，我到底应该是谁、该做谁，这些追问对我们人生的成就非常重要。文艺理论里面有一个概念叫"这一个"。说的是你要成功地刻画一个人的人格，一定要充分表现出他的独特性。我觉得人生也一样，机会那么珍贵，你最好不要做另外一个别的什么人，做人就该做你自己"这一个"！这有两个意思，第一个是做你自己力所能及的事情，第二个是做你区别于所有人的事情。我觉得我们每一个人都要首先考虑我们的工作意义，再去工作，然后去做我们力所能及的、最能够发挥我们自己优势的事情。这样，就既有利于我们专业和人生的圆满，也能够更有效地贡献于中国与世界的教育和社会。

最后的最后，我想解释一下我今天演讲的标题。为什么我要用"浪漫：自由与责任"这个标题呢？这是因为我认为浪漫有两种。一种是肤浅的浪漫，它是纯粹的放荡不羁，也许意大利式的爱情就是这种"浪漫"。那表面上也是"浪漫"，但我认为那是较低层次的浪漫，甚或假的浪漫。因为不负责任的浪漫往往无法实现、不具备可持续性。而真正的"浪漫"呢，我认为是高度的精神"自由"和高度的社会"责任"感的完美结合。

有老同事曾经很认真地问我："檀传宝，你觉得你（的人格）最像谁？"我说："我比较像堂吉诃德，或者说我会努力做一个堂吉诃德。"我的那个同事哈哈大笑，说她脑子里也正是这么想的！

在我看来，堂吉诃德是自由、浪漫与责任的最好诠释者。一方面他有最自由的想象力，另一方面他是有责任感、有担当的——明知道不可为，还在那里冲锋陷阵！这种自由与责任的结合就是真正的浪漫。当然堂吉诃德的缺陷在于，他有点笨拙、有点傻。但是，这个"傻"又是跟童心、童趣，跟创造性，跟学者所需要的那份天真的东西联系在一起的。因为这一点，我特别喜欢堂吉诃德，我也在努力做一个堂吉诃德！当然，我并不建议你们一定跟我一样，因为你们更厉害，完全可以找到比堂吉诃德更完美的人生榜样去效法。但是，做人要做"浪漫的人"、要做"这一个"的方法论，肯定是可以供大家参考的。

谢谢大家！

（录音整理：梁明月）